길 있는 길

지리산둘레길 숲 구간 탐방기

손상률 지음

세종출판사

지리산둘레길 탐방에서 길을 벗어나지 않았다는 것과 걸어갈 방향을 알려주고, 걸어온 거리와 걸어가야 할 거리를 표시해놓은 벅수는 둘레길 탐방에서 꼭 필요한 동반자이다. 붉은 팔은 시계 방향으로 진행함을, 검은 팔은 시계 반대 방향으로 진행함을 알려준다. 배꼽의 금속판은 거리를 표시해놓았다. 길이 갈라지는 곳에는 어김없이 서서 둘레꾼이 길을 잃지 않도록 안내한다. 벅수는 장승을 달리 이르는 말이기도 하고, 어리석은 사람을 뜻하는 '멍청이'의 경상도 방언이기도 하다. 저렇듯 진종일 길가에 팔을 벌리고 서서 꿈적도 하지 않고 길 안내를 하고 있으니, 약삭빠른 사람의 눈에는 틀림없는 벅수일 수밖에 없다. 다만 지리산둘레길 누리집에서 제시한 거리 정보와 벅수의 배꼽에 달린 거리 표시가 일치하지 않음이 아쉽다.

출처 : 지리산둘레길 누리집

주황색 철판 벅수는 지리산둘레길 기점과 종점을 동시에 알려준다. 총 21개의 구간 중 [서당-하동] 구간을 제외한 나머지 구간은 거대한 지리산 주능선을 중심으로 순환한다. 그 순환은 시계 방향일 수도 있고, 시계 반대 방향일 수도 있다. 주황색 철판 벅수가 있는 지점에서 출발하여 어느 방향으로든 다음 주황색 철판 벅수가 보이는 지점까지 걸으면 한 구간 탐방이 완성된다.

길 있는 길을 펴내면서

 역사탐방, 문화탐방, 생태탐방이라는 주제를 가지고 지리산둘레길 걷기에 나선 것은, 나를 둘러싼 도시와 문화적 환경이 나의 의식을 너무 고착시켰다는 답답함 때문이었다. 신영복 교수는 그의 저서 '담론談論'에서 우리가 일생 하는 여행 중에서 가장 먼 여행은 '머리에서 가슴까지의 여행'이라고 하였다. 이 말은 이성과 합리성이 만든, 우리가 갇혀 있는 완고한 인식의 틀을 깨뜨리고, 사람과 자연 그리고 세상에 공감하는 애정을 갖기까지의 여행을 의미한다. 바로 이 여행이 공부이고, 그 공부는 많은 시간이 걸리고 부단한 노력이 있어야 한다는 뜻이다. 그리고 또 하나의 먼 여행은 '가슴에서 발까지의 여행'이라고 하였다. 여기서 발은 우리가 발 딛고 있는 삶의 현장을 뜻하며 애정과 공감을 우리의 삶 속에서 실현하는 여행이라는 뜻이다. 결국, 공부란 우리의 의식을 가두는 담벼락을 깨뜨려 애정과 공감을 삶 속에서 실현하는 것이라 할 수 있다. 그러므로 신영복 교수는 담벼락을 깨고 애정과 공감을 실현하는 것이 변화이고 창조라 하였다. 그리고 변화와 창조는 중심부가 아닌 변방에서 이루어진다고 하였다. 지리산과 그 주변은 패배한 자와 쫓기는 자, 그리고 은둔한 자들의 삶이 녹아 있는 변방이다. 내가 지리산둘레길 탐방에 나선 것은 오랜 세월 나의 의식을 지배한 담벼락을 깨고 나를 변화시키기 위하여 변방을 찾는 행위이다. 여행은 걸으면서 하는 독서이고, 독서는 앉아서 하는 여행이라는 말도 있다. 그 말은 독서에서도, 여행에서도 찾을 수 있는 의미가 바로 공부라는 뜻이다. 결국, 지리산둘레길 탐방에서 내가 얻고자 한 것은 의식의 각성이고 자아의 재정립이다.

고려대학교 민족문화연구원 김종혁 연구교수는 "역사에서 '길'이란 무엇인가"라는 글에서 다음처럼 말하고 있다. "길이란 자연적이든 인위적이든 필요에 의해 형성되기 때문에 그 기능이 소멸하거나 대체할 수 있는 새로운 길이 출현하지 않는 한, 좀처럼 사라지지 않는다. 이 상황은 지금도 다르지 않아서 우리가 현재 이용하는 길은 대부분 그 형태가 조금 바뀌었을 뿐, 아주 오랜 기간을 두고 명맥을 이어오던 것들이다. 이 점에서 길의 역사성이 존재한다. 이처럼 길은 유구한 시간성을 담지하는, 박물관 안에 박제되어 있지 않은, 여전히 그 기능을 발휘하면서 살아 움직이는 역사적 유물이며 동시에 사료이다." 이 말은 길에는 인간의 삶이 있고, 그 삶이 공유되고 습득되며 전달되는 과정에서 문화가 형성되며, 문화를 영위하는 과정에서의 사건이 역사가 된다는 의미로 해석할 수 있다. 즉, 길은 역사와 문화를 담고 있다는 뜻이다. 금강산은 빼어나지만 장중하지 못하고 지리산은 장중하나 빼어나지 못하다는 말이 있다. 그러나 지리산은 빼어나지는 못하지만, 장중하기에 그 속에 수많은 피난처를 마련해두고 쫓기는 자, 삶의 터전을 상실한 자들을 품어 주었고, 삶이 어지러울 때 큰 걸음으로 나와 세상을 꾸짖었다. 그래서 지리산의 모든 봉峰과 능선 그리고 골짜기와 자락, 그리고 마을에는 쫓기는 자의 역사, 패배자의 역사, 물러난 자의 역사가 있다. 비록 지금은 묻혀버린 역사이지만, 한때는 꿈을 지닌 자들의 역사였다. 그러기에 그들의 역사는 기록되지 않은 역사이다. 그리고 그 역사 속에는 그들에게 공유되고 습득되며 전달되는 문화가 있다. 지리산둘레길을 걸으면 기록되지 않은 역사를 읽을 수 있고, 그들의 문화를 엿볼 수 있다. 그리고 지리산과 그 주변의 자연은 살아 있는 자연이다. 자연은 자연이 필요로 하는 것을 필요한 곳에 만들어 놓기에 살아 있다. 그리고 자연은 인간이 만들 수 없는 것을 만들기에 위대하다. 그러나 인간은 인간이 필요로 하는 것만 자연을 파괴하여 만든다. 그런 점에서 자연의 변화는 살아 있는 변화이고, 인간이 물리적으로 가하는 자연의 변화는 죽은 변화이다. 결국, 지리산둘레길에는 역사가 있고, 문화가 있고, 생태계가 있다. 역사와 문화, 생태는 삶이다. 삶은 길을 통해 영위된다. 그래서 지리산둘레길은 **길 있는 길**이다. 다만, 천천히 걷는 자만이, 부릅뜬 눈을 가진 자만이, 천착穿鑿하는 사유思惟를 하는 자만이 볼 수 있는 역사이고 문화이며 생태계이다.

지리산둘레길은 지리산 둘레에 있는 전북특별자치도와 경상남도 그리고 전라남도에 속한 5개 시군인 남원시, 함양군, 산청군, 하동군, 구례군의 120여 개 마을을 잇는 총 274km, 800리의 긴 도보길이다. 숲길, 제방길, 논두렁길, 농로, 임도, 도로 등 다양한 형태의 길로 구성된 지리산둘레길을 걸으면 지리산 주변에 터를 잡은 마을 사람들의 삶을 살필 수 있고, 곳곳에 묻혀 있는 역사와 문화를 경험할 수 있으며, 계절에 따라 변화하는 생태계의 다양한 모습을 관찰할 수 있다. 지리산둘레길을 탐방하기 위해 지킨 **원칙**이 세 가지 있다. 첫째는 당일로 구간 탐방을 끝낸다는 것이다. 그런데 시간 조절 실패로 난이도 하로 평가되는 18구간을 이틀에 나누어 걸었으므로 이 원칙이 꼭 지켜진 것은 아니다. 둘째는 대중교통을 이용한다는 것이다. 부산 사상에서 첫 버스를 타고 남원, 함양, 산청, 하동, 구례로 가거나, 구포역에서 06:34에 출발하는 기차를 타고 하동과 순천으로 간 다음 시내버스나 군내버스를 이용하여 구간 시작점에 도착하였다. 군내버스 시간을 맞추지 못할 때는 택시를 타기도 하였다. 탐방을 마치고 부산으로 돌아올 때는 역순으로 교통수단을 이용하였다. 셋째는 전 구간을 혼자서 걷는다는 것이다. 1~4구간은 2017년에 산악동호회원들과 함께 걸었던 구간이지만 혼자서 다시 걸었고, 9~10구간도 동행자와 함께 걸었지만 혼자서 다시 걸었다. 혼자서 걸어야만 자세히 관찰할 수 있고, 세밀하게 분석할 수 있으며, 깊이 생각할 수 있기 때문이다. 이 책에 실린 글은 **기행문**이다. 따라서 공간의 이동과 시간의 흐름에 따른 여정旅程이 있다. 그리고 보고 듣고 조사한 바를 기록한 견문見聞이 있다. 또 그 견문에 대한 느낌을 적은 감상感想도 있다. 이 중 여정과 견문은 지리산둘레길을 걷고자

하는 분들께 심층적인 **안내서** 역할을 할 수 있도록 묘사와 분석에 치중하였다. 한편 감상을 통해서는 역사적, 문화적, 생태적 관점에서 세상을 향해 내가 하고 싶은 말을 적었다. 감상에서 내가 하는 말은 독자의 생각과 다를 수도 있을 것이다. 하지만 감상은 처음부터 **주관적**이기에 다름을 인정하고 읽어주면 고맙겠다. 그리고 고유명사와 동음이의어 그리고 이해를 도울 필요가 있는 어휘는 한자를 함께 적었다. 이는 독자의 이해를 돕기 위한 노파심에서 나온 것으로 이해해주면 좋겠다.

2024년 여름에, 지은이 **손상률**

차례

길 있는 길을 펴내면서 • 8

1구간 [주천-운봉]
　권력을 잡은 그들　　　　　　　　　　••• 17

2구간 [운봉-인월]
　4월의 운봉 - 전쟁과 음악　　　　　　••• 37

3구간 [인월-금계]
　전설에 담긴 진실　　　　　　　　　　••• 56

4구간 [금계-동강]
　공짜는 없지만, 배려와 인정은 있다　　••• 74

5구간 [동강-수철]
　그들의 무사유無思惟　　　　　　　　　••• 97

6구간 [수철-선녀탕-성심원]
　바람재에 부는 바람　　　　　　　　　••• 112

7구간 [성심원-어천-운리]
　어리석은 자들의 우직함　　　　　　　••• 129

8구간 [운리-덕산]
    방울 달고 칼 찬 선비를 찾아서   ••• **149**

9구간 [산천재-위태]
    길에서 만나는 삶   ••• **166**

10구간 [위태-하동호]
    흐르는 물은 최상의 선이다   ••• **185**

11구간 [하동호-삼화실]
    돌다리를 건너다   ••• **200**

12구간 [서당-대축]
    인식의 틀을 깨다   ••• **214**

13구간 [삼화실-서당-하동]
    사실과 진실   ••• **229**

14구간 [대축-원부춘]
    매미를 배우다   ••• **245**

15구간 [원부춘-가탄]
    살煞과 운명運命   ••• **262**

16구간 [가탄-송정]
    화개천 물소리   ••• **279**

17구간 [송정-오미]
　　풍수지리와 대속　　　　　　　··· 304

18구간 [난동-오미]
　　미인을 말하다　　　　　　　　··· 323

19구간 [오미-방광]
　　진정한 자유인　　　　　　　　··· 347

20구간 [방광-산동]
　　오래된 신앙信仰　　　　　　　··· 372

21구간 [산동-주천]
　　민중영웅을 만나다　　　　　　··· 396

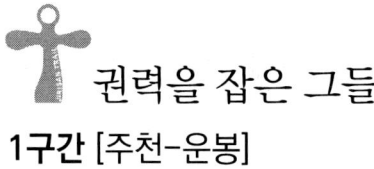
권력을 잡은 그들
1구간 [주천-운봉]

전북특별자치도 남원시 주천면 장안리 외평마을과 남원시 운봉읍 서천리를 잇는 14.7km의 [주천-운봉] 구간은 지리산둘레길 21개 구간 중 제1구간이다. 이 구간은 지리산 서북능선을 조망하면서, 해발 500m 운봉고원의 너른 들과 6개의 마을 잇는 숲길과 제방길로 구성된다. 그리고 과거 운봉현과 남원부를 잇던 옛길이 지금도 잘 남아 있는 구간이다. 회덕에서 남원으로 가는 길은 남원장을, 노치에서 운봉으로 가는 길은 운봉장을 보러 다녔던 길이다. 특히 10km의 옛길 중 구룡치와 솔정지를 넘는 내송에서 회덕까지의 6km는 길 폭도 넉넉하고 노면이 잘 정비되어 있으며 경사도가 완만하여 아이를 동반한 가족들이 솔숲을 즐기기에 더할 나위 없이 좋다.

— 지리산둘레길 누리집에서 수정 인용

출처 : 지리산둘레길 누리집

2024년 3월 31일 일요일 10:30, 지리산둘레길 **남원 주천안내센터** 앞에 선다. [주천-운봉] 구간을 걷기 위해서이다. 약간의 미세먼지가 꼈지만, 날씨는 맑고 포근하다. 참새 몇 마리 짹짹거리는 소리가 정적을 깰 만큼 고요한 곳이고, 바람 한 점 불지 않는다. 오늘의 둘레길 시작점은 전북특별자치도 남원시南原市 주천면朱川面 장안리長安里 **외평外坪**마을이다. 주천면의 소재지이자 '원터'라고도 불리는 이곳은 조선 시대 국가에서 운영하는 숙박업소인 원천원元川院이 있었는데, 이것이 상원천방上元川坊과 하원천방下元川坊으로 나뉘었다. 하원천방은 다시 내방內坊과 외방外坊으로 나뉘고, 내방은 물이 많아 근심이 없다 하여 무수無愁라 불렸고, 외방은 물이 적다 보니 밭이 많아 밭들로 불리다가 음의 와전으로 인하여 밖들로 불리었고, 밖들이 한자로 외평外坪이 되었다. 이 마을 상부에 있는 용궁제龍宮堤와 장안제長安堤에서 발원하여 길옆으로 흐르는 하천의 경쾌한 물소리를 행진곡 삼아 오늘의 둘레길 탐방 첫발을 내어 딛는다. 전체적 진행은 남서에서 북동 방향이다. 커다란 자연석 징검다리를 밟으면서 어린 시절의 추억을 환기하며 하천을 건너고 '지리산 둘레권역 홍보관' 앞을 지나서 주천 기점 0.3km 지점에서 '원천천元川川'을 만난다. 물소리 왕성하게 뿜어내며 맑은 물을 흘려 내리는 제법 큰 하천이다. 이 하천은 해발 1305m 지리산 만복대와 주변에 솟아 있는 산지를 따라 흘러내린 여러 지류의 물을 모아 남원시 주천면 고기리高基里에서 발원하여, 남원시를 관통하다가 요천蓼川에 합류하는 하천이다. 천川이 두 개 들어가는 이유는 지명 원천元川에 내를 의미하는

천川이 결합하였기 때문이다. 원천천을 건너는 길은 두 가지이다. 하나는 나무로 만든 인도교人道橋이고, 다른 하나는 흰 돌을 정사각형과 직사각형으로 깎아 규칙적으로 배치한 징검다리이다. 개천이 있는 시골에서 어린 시절을 보낸 나는 여지없이 징검다리를 건넌다. 짧은 순간이지만 물소리도 듣고 물 냄새를 맡으며 추억을 소환하는 즐거움을 누릴 수 있기 때문이다. 원천천을 건너자 곧 4차선 도로의 횡단보도를 건너고 '장백산로'를 따라 북으로 잠시 걷는다. 보도 우측에는 멋지게 쭉쭉 뻗은 소나무가 일렬로 서서 호위무사가 되어준다. 이렇게 위풍당당한 호위무사를 거느리고 걸으니 괜히 우쭐해진다. 하지만 우쭐해짐도 잠시 **대성쉼터**라는 가게 앞에서 길은 우측으로 90도 꺾어 내송마을로 향한다. 대성쉼터 주인인 듯한 남자가 마당 평상에 녹색 짙은 고사리를 삶아 펼치고 있다. 바야흐로 봄임을 실감한다. 길은 시멘트 포장 농로이다. 길 우측에는 논들이 가로세로로 질서정연하게 펼쳐져 있고, 갈아 놓은 논에는 모내기를 대비함인지 물이 적당히 담겨 있다. 그러나 들판에는 농사철임에도 사람이 없다. 사람뿐만 아니라 쟁기도, 쟁기를 끄는 소도 없다. 농사철이 보여주는 특유의 분주함이 없다. 사람 일을 기계로 대신하는 농사도 이제는 정감 넘치는 생활이 아니라, 소득을 위한 산업에 불과함을 느낀다. 논에 물을 끌어들이는 봇도랑도 시멘트로 규격화되어 있어 곡선이 주는 부드러움은 사라지고 없다. 또 도랑 바닥에는 흙이 없으니 미꾸라지 잡는 즐거움도 없을 듯하다. 그래도 도랑가에는 노란 민들레가 앙증맞게 피어 나그네의 눈길을 끌고, 누런색의 갈대는 지난가을을 그리워하고 있다. 또 돌미나리도 녹색의 생명을 키워내고 있고, 마늘 줄기는 훤칠하게 자라서 미끈한 허리로 관능미를 자랑한다. 쪽파도 무더기무더기 싱싱함을 뽐내고 있다. 도시에서는 도저히 맛볼 수 없는, 봄이기에 즐길 수 있는 눈의 호사를 누린다. 내송마을의 남쪽 입구로 이어지는 농로를 따라가니 **내송마을**과 **와등 삼거리**라는 두 개의 팻말을 가슴에 단 벅수가 서 있다. 와등 삼거리는 지금까지 걸어온 길 뒤에 있는 외송마을로 가는 길, 남쪽 육모정으로 가는 길, 그리고 앞으로 걸어가야 할 개미정지로 가는 길이 나뉘는 지점이며 와등臥嶝은 '엎드린 작은 고개'라는 뜻이다. 주천 기점 1.1km이고 10:52이다.

안솔치라고도 불리는, 남원시 주천면 은송리銀松里 **내송內松마을**은 처음 마을이 형성되었을 때는 뒷산 고개가 소가 누워있는 형국이라 쇠고개, 우치동牛峙洞으로 불렸으나 마을 주변에 송림이 무성하여 솔고개로 불리다 밖솔치와 안솔치로 나뉘면서 밖솔치는 외송外松이, 안솔치는 내송이 되었다고 한다. 둘레길은 마을 안으로 들어가지 않고, 마을 오른쪽 측면을 따라 산 쪽으로 올라간다. 마을 입구에는 근사하고 날렵한 전원주택 두 채가 자리하고, 위로 올라갈수록 마을 전체가 조망되며 옹기종기 모여 있는 시골집들이 정겹게 다가온다. 집들 사이로는 목련이 하얗게 피고 참새 소리가 유난히 크게 들릴 만큼 아름답고 평화로운 마을이다. 멀리서 구~구하고 비둘기 소리 느리게 들려 나그네를 아늑하게 한다. 마을의 상부를 지나며 산으로 들어가는 비포장 임도가 펼쳐지더니 곧 우람한 개서어나무가 숲을 이룬 **개미정지**가 나타난다. 주천 기점 1.7km이고 11:07이다. 정지는 쉼터라는 뜻의 이 지역 방언이니, 개미정지는 개미쉼터라는 뜻이다. 이곳은 예전 구룡치九龍峙 너머 지리산 속 사람들이 남원장을 보기 위해 오갈 때 짐을 풀어놓고 쉬던 곳이며, 주천면 사람들이 운봉장을 보기 위해 오르내릴 때 쉬던 곳이라 한다. 과거에는 주막도 있었다 하나 지금은 흔적을 찾을 수 없고, 나무로 만든 큼직한 수형獸形 개미 한 마리가 개서어나무들 사이에서 세월의 흔적이 담긴, 거무틱틱한 색으로 언덕 위에 앉아 개미정지를 상징하고 있다. 개미정지는 임진왜란 당시 왜적의 침입을 대비하다 잠든, 조금 전 지나온 내송마을 출신 의병장 조경남趙慶男 장군의 발을 개미들이 물어뜯어 왜적의 공격을 알렸다 하여 붙은 이름이다. 조경남 장군은 임진왜란과 정유재란 당시 의병을 일으켜 유격장으로 활약하였으며, 그가 남긴 8권의 '난중잡록亂中雜錄'은 조선 중기 전란의 사료로서 당대의 정치, 문화, 사회, 당쟁, 외교 등에 대한 방대한 역사서로 그 의의가 크다. 특히 임진왜란과 정유재란에 관련한 기록은 이순신 장군의 '난중일기亂中日記'보다 광범위한 내용을 담고 있다. 실존 인물이 전설 속의 신비한 인물로 승화될 만큼 민중의 가슴에 각인된, 위대한 인물의 흔적이 있는 개미정지에서 모자를 벗고 고개를 숙인다. 굵직굵직한 개서어나무들은 아직 잎을 피우지 않아 조금 고독해 보이지만, 당당한 흰색 줄기가 훤칠한 키를 자랑하며 얼마 지나지 않아 드러날 푸른 머리를 꿈꾸며 초봄을 인내하고 있다.

개미정지를 벗어나니 둘레길은 본격적으로 산길로 접어들고, 구룡치를 향한 고난의 오르막이 시작된다. 산길의 좌측에는 구룡봉九龍峰 서쪽 사면에서 흘러내리는 작은 계곡물이 행진곡처럼 경쾌한 소리를 내어 다리에 힘을 넣어준다. 그리고 계곡의 좌우 비탈에는 늘씬한 소나무들이 숲을 이루어 아랫마을이 왜 내송마을인지 말없이 알려준다. 소나무 사이에는 관목들이 적당한 자리에 적당한 크기로 서 있고, 관목 속에는 진달래가 겅성드뭇하게 섞여 새악시 볼처럼 수줍은 연분홍 꽃을 피워 산을 그림처럼 꾸미고 있다. 그리고 그들이 뿜어내는 깨끗한 냄새는 탁한 냄새에 길들어진 코를 시원하게 뚫어준다. 또 청정한 공기가 온몸을 싸고도니 그 신선함에 소름이 돋을 듯하다. 딱따구리는 보금자리를 만드는지 연신 따르르 따르르 나무를 쪼아대며 흥거운 음악을 만든다. 또 쭈쭈비 쭈쭈비 간드러지게 울면서 짝을 부르는 새소리는 세월 탓에 감정이 소진한 내 가슴도 환장할 정도로 뒤집어 놓는다. 이렇게 오감을 풍성하게 해주는 산길을 걸으니 우연히 같은 길을 걷는, 일면식도 없는 한 무리의 산악회원들도 더없이 정겹게 느껴진다. 자연은 사람과 사람을 정겨움의 끈으로 묶어주는 신비한 능력도 지닌 모양이다. 오감의 만족을 극도로 느끼며 가쁜 숨을 몰아쉬니 주천 기점 2.6km에서 중간 고갯마루에 닿는다. 그곳에서 잠시 숨을 고른 후 지금까지보다 훨씬 가파른 오르막으로 발을 옮긴다. 구룡치로 향하는 숲길 주변 풍경은 변함없이 소나무 숲이다. 다만 그 아래 관목의 수가 줄어들었을 뿐, 진달래는 여전히 겅성드뭇하게 피어 무딘 나의 마음을 흔들어 놓는다. 탐방 지도 3.5km 지점에 표시된 **솔정지**를 찾기 위해 열심히 두리번거리지만, 그 위치를 정확히 알기는 어렵고 깔딱 오르막을 숨 가쁘게 오르면서 이쯤이 '소나무 쉼터'를 뜻하는 솔정지겠구나 하고 짐작해본다. 이렇게 가파른 오르막을 오르면서 쉬지 않을 사람은 없을 테고, 이왕 쉬려면 멋진 소나무가 우거진 이런 곳이 제격이 아니겠는가. 솔정지인 듯한 깔딱 오르막을 지나자 제법 널찍한, 그러면서도 편안함을 느끼게 하는 고갯마루에 올라선다. 바로 오늘의 탐방에서 가장 높은, 해발 580m의 **구룡치**九龍峙이다. 주천 기점 3.6km이고 12:20이다. 오른쪽으로는 구룡폭포를 거느리고, 왼쪽 머리 위에는 구룡봉을 이고 있어 구룡치라는 이름이 붙었다. 그 옛날 운봉고원과 지리산 속 사람들이 남원장을 보기 위해, 주천면 사람들이 운봉장을 보기 위해 넘나들던 고개이다. 이 높은 고개를 넘는 고통만큼 민중들의 삶이 팍팍하지는 않았을까. 한 번도 제대로 편안하게 살아보지 못한 이 땅의 민중들의 삶에 연민을 느낀다. 6개의 벤치가 놓여 있는 고갯마루에는 대구에서 온 산악회원들이 선점하여 식사하고 있어 앉아 쉴 엄두도 내지 못하고 곧장 걸음을 옮긴다. 이제부터 길은, 거의 평지에 가까운 완만한 내리막 산길이다. 세상에 이렇게 편안하고 아늑한 길이 있을까. 산속에 발을 들인 후 지금까지도 소나무숲이었지만, 주천 기점 4.1km를 지나는 지점부터는 감탄사가 저절로 나오는, 찬란한 소나무숲이 펼쳐진다. 해발 729m인 구룡봉 남쪽 비탈에 광활하게 펼쳐진 분지에 잔가지 하나 없이 쭉쭉 하늘로만 뻗은 소나무 수십만 그루가 마치 지상에서 가장 빛나는 미인들만 모아 질서정연하게 세워놓은 것처럼 숲을 이루고 있다. 이렇게 아름다운 숲에 안길 수 있는 것은 분명 걷는 자만이 누릴 수 있는 축복이다. 소나무숲에 감탄하며 연신 좌우로 눈을 돌리며 걸으니 잠시 후 연리지 소나무를 만난다. 연리지는 뿌리가 다른 두 나무의 줄기가 하나의 줄기처럼 합쳐진 나무를 일컫는다. 그 앞의 나무판에 소설가 윤근영의 글이 돋을새김으로 씌어 있다. "백두대간 천 세월 묻어둔 이야기로 아낌없이 몸 비벼 싹틔운 정, 산속에 잠재운 그 사랑 노래 늘 아름답구나." 비익조比翼鳥와 더불어 남녀의 영원한 사랑을 상징하는 연리지 앞에서 인간이 꿈꾸는 삶의 일단이 '영원한 사랑'임을 깨닫는다. 완만하게 내려서는 산길은 이제 막 쏟아내는 새싹들로 생동감이 넘치는데, 누군가 정성 들여 쌓아놓은 돌무더기가 초승달을 연상하게 하는, 기품 있는 소나무 아래 의연히 서 있다. 이 지방 사람들에게 **사무락다무락**이라 불리는 돌탑이다. 사무락은 '사망事望' 곧 모든 일이 이루어지기를 바란다는 뜻을 지닌 말을 이 지방 사투리로 운율감 있게 표현한 것이다. 그리고 다무락은 담벼락의 이 지방 사투리이다. 만사형통을 기원하는 돌무더기에 붙여진 이름도 이렇게 음악적인 것을 보니 과연 동편제의 본향 남원골에 내가 와 있음을 느낀다. 어디선가 송흥록 선생의 춘향가 한 소절이 애절하게 들려올 것만 같다. 회덕마을로 내려서기 직전 푸짐한 봄빛이 내리쬐는, 솔방울이 무수히 달린 소나무 아래에서 점심을 먹는다. 비록 혼자이지만 살랑살랑 부는 봄바람을 맞으며 먹는 점심, 그야말로 꿀맛이다. 느긋하게 밥을 먹고 일어서니 시각은 13:30이고 주천 기점 5.5km이다.

산길을 내려서니 구룡계곡으로 흘러드는 작은 개천을 만나고, 징검다리를 건너니 아스팔트 도로다. 주천 기점 5.7km이다. 이제부터 운봉고원이라 불리는, 해발 500m에 펼쳐진 넓은 들판을 걷는다. 처음 만나는 마을은 남원시 주천면 덕치리德峙里 **회덕會德마을**이다. 지리산둘레길 누리집에 따르면, 회덕마을이라는 이름은 인근에 있는 덕두산德頭山과 덕산德山, 그리고 덕음산德陰山의 '덕德'을 한곳에 모아 마을을 이루었다는 뜻을 담고 있단다. 원래는 남원장을 보러 운봉에서 오는 길과 산내면山內面 달궁達宮마을에서 오는 길이 모인다고 해서 모데기라 불렀다고 한다. 회덕마을은 평야보다 임야가 많아 짚보다 억새를 이용하여 지붕을 만들었는데, 이를 새집[茅屋(모옥)]이라 한다. 한때는 마을 전체가 새집이었지만, 지금은 거의 남아 있지 않다. 현재 마을 귀퉁이에 유일하게 남아 있는, '구석집'이라 불리는 새집은 1895년에 지은 후 한국전쟁 때 불에 타 전쟁 후에 다시 지었다고 한다. 이 집은 조선 시대 형식의 새집으로 건물은 4채인데 전라북도 민속문화재로 지정되어 있다. 구석집을 바라보니 어린 시절 살았던 초가가 아련하게 연상된다. 비록 초라하고 볼품없는 집이었지만, 그래도 아늑하고 따스한 집이었는데……. 이제는 고향에 가도 그 집이 없고 집터도 밭으로 변해버렸다. 집도, 집터도 없어졌으니 그 속에서 지녔던 동심도 세월의 흐름 속에 사라지고 노년의 삭막함만 남았다. 하지만 마냥 상념에만 젖을 수는 없는 일,

노년의 상실감에서 벗어나 길을 이어간다. 고원지대인 만큼 낮은 곳보다 바람이 조금 차다. 그러나 봄의 향기를 실어오는 바람에 마음은 다시 소쇄掃灑해진다. 들판의 오른쪽으로 정령치, 고리봉, 세걸산, 바래봉으로 이어지는 지리산 서북능선을 끼고 노치마을을 향해 발길을 옮기니 개불알풀도 만나고 개나리도 만나고 산소를 지키는 육중한 소나무 열 그루도 만난다. 키가 작은 쪽파가 시퍼렇게 무리지어 자라는 것을 보니 봄은 과연 생명력 왕성한 계절임을 실감한다. 주천 기점 6.4km에서 도로를 벗어나 농로로 접어들어 노치마을로 향한다. 13:47이다.

무논이 질서 있게 배치된 들판을 걸으니, 뚜벅뚜벅 소걸음이라는 말이 있듯이 얼마 지나지 않아 주천면 덕치리 **노치蘆峙마을**에 도착한다. 주천 기점 7.2km 지점이다. 이곳 사람들은 원래 갈재마을이라 부르는 곳이다. 갈대가 많은 고개에 자리한 마을이라 해서 붙은 이름이라는데, 행정의 편의를 위해서 갈대 '노蘆' 고개 '치峙'를 써서 노치마을이 되었다고 한다. 갈재마을이 훨씬 정감 있고 운치 있게 들리는데 왜 행정상 지명은 한자이어야 하는지 진한 아쉬움이 남는다. 한국전쟁 때 빨치산을 토벌하기 위해서 마을 전체를 불살랐다는데, 이 마을뿐만 아니라 이 고원에 펼쳐져 있는 모든 마을이 그런 수난의 과정을 거쳤을 것이다. 고통의 역사를 짙게 느끼며 백두대간 길을 가리키는 표지판을 바라본다. 노치마을은 해발 500m의 고랭지로 뒤에는 덕음산德陰山과 수정봉水晶峰이 있고 앞으로는 운봉

분지 건너 지리산 서북능선의 고리봉을 바라보고 있다. 수정봉과 고리봉을 이어주는 백두대간白頭大幹이 전국에서 유일하게 바로 이 마을의 가운데를 통과한다. 그런데 일제가 백두대간의 목을 눌러 기운을 끊는다고 이 마을 앞 들녘에 큰 구덩이를 파고 100kg이 넘는 거대한 '목돌' 6개를 설치하였다. 현재 목돌 5개를 파내어 아랫당산나무 옆 유리집에 모아두었다. '목조임돌' 또는 '잠금돌'이라고도 하는 목돌을 보니 일제의 비열함과 악랄함에 치가 떨린다. 그리고 이 마을의 아랫당산나무는 나이 500년인 느티나무로 지금도 의연하게 서서 마을을 지키고 있고, 윗당산나무는 수령 800년 된 할아버지 소나무로 뒷산에서 이 마을을 수호하면서 백두대간의 정기를 지키고 있다. 한편 노치마을은 비가 내려 왼쪽 주천면으로 물이 흐르면 섬진강 지류가 되고 오른쪽 운봉읍으로 흐르면 낙동강 지류가 되는 수분령水分嶺 마을이다. 마을을 지나니 둘레길은 모처럼 논두렁길로 접어든다. 어린 시절의 추억이 되살아나는 논두렁길, 소 몰고 지나던 길, 소꼴을 베러 무시로 다니던 길, 미꾸라지 잡으려고 맨발로 뛰어다니던 길, 메뚜기 잡으러, 참새 쫓으러 거침없이 다니던 길, 그러나 지금은 고향에 가도 사라지고 없는 길이다. 반가움과 안타까움 속에 걷는 논두렁길도 잠시, 덕산德山저수지를 끼고 따라가는 옛길로 이어진다. 남원시 주천면을 벗어나 운봉읍으로 들어가는 길이다. 시퍼런 봄물이 저수지에 가득한 것을 보니 말 그대로 '춘수만사택春水滿四澤'이다. 저수지가 끝나는 곳에 이 지역 사람들이 옥녀봉玉女峰이라 부르는, 야트막한 야산이 있고 이 산을 통과하는 고개가 질매재이다. 질매는 길마의 이 지역 방언이고, 길마는 짐을 싣기 위해 소 등에 얹는 기구이다. 과연 소 등에 얹어놓은 길마처럼 야트막한 고개이지만 소나무숲이 매력적이며 선연한 진달래 분홍빛이 가슴 설레게 한다. 오늘 걷는 길 중에서 가장 예스럽고 추억을 많이 환기하는, 정겨운 길이 노치마을에서 가장마을 사이의 길이 아닌가 싶다. 질매재를 넘으니 가장마을 배후 입구이다. 주천 기점 9.0km이고 14:25이다.

남원시 운봉읍雲峯邑 덕산리德山里 가장佳庄마을은 하늘에서 내려온 선녀가 화장을 하고 있는 형국이라 하여 원래는 가장佳粧마을이라 불렸는데, 현재는 들녘에 농사짓는 움막 터를 뜻하는 농막 '장庄'을 써 가장佳庄마을로 부르고 있다. 마을 사람들은 옥녀봉 아래에 옥녀직금玉女織錦의 천하명당에 자신들이 살고 있다고 믿는다. 백두대간과 천하명당의 기운을 품은, 아직도 흰 목련이 꽃망울을 머금고 있는 가장마을 한복판의 시멘트 포장길을 통과하니 차도가 나오고, 차도를 잠시 따라가다가 횡단보도를 건너 주천 기점 9.6km인 운봉읍 덕산리 덕산德山마을 앞에서 주촌천舟村川의 좌측 둑길로 접어든다. 그 옛날 달구지가 다니던 길을 연상케 하는 비포장 둘레길이 농로를 겸하여 길게, 그리고 평탄하게 이어진다. 길고 평탄하게 이어지는 천변길에는 벚나무가 적당한 간격으로 서서 꽃망울을 달고는 있지만, 저지대에서는 이미 만개한 꽃을 해발 500m답게 아직 피울 기미를 보이지 않는다. 그래도 경쾌한 행진곡 같은 주촌천 물소리를 벗 삼아 넓은 들판을 바라보며 걷는 발길은 거의 10여km를 걸었음에도 무겁지가 않다. 중간에 가장교佳庄橋를 건너 주촌천 우측 둑길을 따라가다가 주천 기점 11.1km에서 90도 우회전하여 주촌천과 이별하며 남원시 운봉읍 **행정리**杏亭里의 배후로 들어간다. 마을 가운데를 지나며 보니 낮은 자연석 돌담에 노랗게 핀 개나리가 이 고원에도 봄이 오고 있음을 선명하게 보여준다. 그런가 하면 시멘트 담벼랑에는 둘레꾼들을 위해 벽화를 그려 마을을 아름답게 꾸며놓았다. 평지에 자리한 마을을 관통하는 길이 2차선 도로만큼 넓고 집들도 큼직하여 모든 것이 넉넉한 마을처럼 보인다. 마을을 가로질러 동쪽 입구에 도달하니 굵직한 서어나무 두 그루가 당산목으로 받들어져, 이 마을이 서어나무숲으로 유명하다는 것을 상징적으로 보여준다. 원래는 은행나무가 숲을 이루어 '은행몰'이라 부르다가 행정리가 되었다. 지금은 은행나무숲은 없어지고 100년 이상 된 80여 그루의 아름드리 서어나무로 이뤄진 마을 숲으로 유명하다. 비보림裨補林인 서어나무숲은 한 스님이 이곳을 지나다가 마을의 허한 북쪽에 돌성을 쌓든지 나무를 심으라 하여 조성됐다는 전설이 전해진다. 음력 7월쯤에 날을 잡아 술과 음식을 먹고 풍물을 치면서 하루를 즐기는 세시풍속을 '호미씻이'라 하는데, 이를 이 지역 방언으로는 '술메기'라 한단다. 이 마을에서는 지금도 마을 사람들 모두 서어나무숲에 모여 풍악을 울리고 술과 음식을 먹으며 술메기 축제를 즐긴다고 한다. 그리고 이 마을은 조선 중기 이후 민간에 널리 유포되어 온 예언서이자 비결서인 정감록鄭鑑錄에 기록된 십승지지十勝之地 중의 한 곳이다. 십승지는 전쟁이나 재해 또는 질병이 발생했을 때 피란하기 좋은 열 곳으로, 일종의 이상향을 말한다. 외부에서 접근하기 어려운 지리산 고원지대에 이렇게 넓은 평야의 한가운데 자리하고, 앞뒤로는 물 좋은 하천을 거느린 이 마을이 무릉도원이 아니면 어디가 이상향이겠는가. 낙원 같은 행정리 바로 앞으로 흐르는 **공안천**孔安川을 건너면 400년 이상 된 소나무들이 군락을 이룬 숲으로 유명한 운봉읍 산덕리山德里 **삼산**三山**마을**이 있다. 마을 동쪽 삼태산三台山에 세 개의 작은 봉우리가 있어 삼산마을로 불리며, 마을 안길 사이사이로 내가 흐르고 돌담이 정겹다고 한다. 행정리와 삼산마을은 임권택 감독의 춘향전 촬영지이기도 하다. 하지만 삼산마을은 둘레길이 비껴가는 곳이라 마을 앞 구삼산교舊三山橋를 건너자마자 90도 좌회전하여 공안천 우측 둑길로 둘레길은 이어진다. 주천 기점 11.6 km이고 15:20이다.

물소리 활기차게 들리는 공안천변을 걸으며 고개를 우측으로 돌리니 삼산마을 지붕들 위로 소나무숲의 푸른 머리가 보이고, 다시 고개를 좌측으로 돌리니 행정리의 북쪽에 그 유명한 서어나무숲이 선명하게 조망된다. 그리고 공안천에는 지난가을에 말라버린 갈대가 화려한 과거를 꿈꾸며 물 위를 덮고 있고, 버드나무는 곱디고운 연두색을 조금씩 밀어내고 있어 바야흐로 봄임을 알려준다. 봄기운을 만끽하며 공안천을 따라가니 주촌천과 합류하는 지점에 도달한다. 주천 기점 12.2km이고 15:32이다. 공안천은 운봉읍 공안리孔安

里 지리산 서북능선에 있는 해발 1207m 세걸산에서 발원하여 여러 마을을 거쳐 북쪽으로 흐르다가 주촌천과 합류하는 하천이다. 주촌천은 덕운봉德雲峰과 수정봉水晶峰에서 남쪽 사면으로 흘러내린 물이 덕산저수지에 모였다가, 운봉읍 주촌리舟村里에서 발원하여 북쪽으로 흐르다가 공안천과 합류하는 하천이다. 이제부터 하천 이름은 **람천**藍川으로 바뀐다. 두 개의 하천이 합쳐져 덩치가 커진 람천의 우렁찬 물소리를 동무 삼아 우측 제방을 따라 운봉읍 행정리 엄계嚴溪마을로 들어가는 엄계교 앞도 지나고, 주천 기점 13.1km에서 90도 우회전하여 람천 제방을 벗어난다. 벗어나니 남원시 운봉읍 서천리西川里에 있는 서부지방산림청 **남원양묘사업장**으로 들어선다. 넓은 양묘장에는 소나무와 삼나무를 비롯하여 여러 종류의 묘목들이 빽빽하게 모여서 자라고 있다. 이곳에서 기른 묘목들은 나무 심기를 원하는 곳으로 보낸다고 한다. 양묘장을 통과하여 13.5km 지점에서 90도 좌회전하여 운봉읍내로 향하는 도로를 따라 걸으니 대부분 단층 건물이 조르르 이어지는, 전형적인 읍 단위의 거리를 만난다. **운봉**雲峰은 마을 동쪽의 바래봉 정상에 구름이 끼어 있는 절묘한 광경을 자주 볼 수 있어서 붙은 이름이다. 직진하는 길 끝에 운봉초등학교가 있고 그 앞에서 90도 좌회전하여 **서림공원**西林公園 입구에서 오늘의 둘레길 [주천-운봉] 구간 탐방을 마친다. 주천 기점 14.7km이고 16:10이다.

오늘의 지리산둘레길 탐방에서 **노치**蘆峙**마을**을 지났다. 노치마을

한반도의 기운을 끊는다고 일제가 노치마을 들녘에 설치한 목돌

은 뒷산인 수정봉에서 앞산인 고리봉으로 이어지는 백두대간이 마루금에 자리 잡은 마을이다. 백두산에서 출발하여 금강산 설악산 태백산을 거쳐 대략 1400km를 드높은 기상으로 휘달려 온 백두대간이 지리산을 눈앞에 두고 고개를 한껏 낮추어 거의 평지처럼 산맥을 연결하는 곳이 바로 노치마을과 그 앞 들판이다. 노치마을과 들판을 건넌 백두대간은 다시 고개를 들어 지리산 서북능선으로 솟구쳐 지리산 주능선과 연결된다. 그런데 일제가 백두대간의 목을 눌러 한반도의 기운을 끊는다고 이 마을 앞 들녘에 큰 구덩이를 파고 **목돌** 6개를 설치하였다. 이 목돌은 반원을 이루며 두 개를 서로 연결하여 하나의 조임돌이 되니 모두 세 벌이다. '목조임돌' 또는 '잠금돌'이라고도 하는 목돌은 한 개의 무게가 100kg이 넘으며 크기는

가로 120cm, 세로 95cm, 두께 40cm이다. 이 중 5개를 파내어 개인이 보관하고 있던 것을, 2013년 광복절을 맞아 남원문화원이 노치마을 아랫당산나무 옆으로 옮겨와 전시하고 일제의 악행에 대한 경각심을 일깨워주고 있다. 일제는 엄청난 양의 식량과 물자를 조선으로부터 강제로 빼앗아 갔으며 군인, 노동자, 위안부 등 사람을 강제동원하였을 뿐 아니라, 우리 민족의 영혼을 지배하기 위하여 조선어 사용금지, 신사참배 강요, 황국신민의 서사 암기 등을 강압적으로 시행하였다. 그리고 백두대간은 물론 한반도의 주요 길지吉地와 혈맥血脈에 쇠말뚝을 박거나, 인위적으로 길을 내고 저수지를 만드는 등의 행위를 통하여 우리의 민족정기를 말살하려 하였다. 이 노치마을에 설치하였던 목돌 역시 조선의 민족정기 말살 정책의 하나였다. 일제가 이러한 만행을 마구잡이로 행할 수 있었던 것은, 소위 친일파라 불리는 부역자들이 일본 제국주의의 주구 노릇을 하였기 때문이다.

조선 후기 가렴주구苛斂誅求와 학정虐政을 일삼던 부패한 지배계층은 비열하게도 외세를 불러들여 동학농민군을 제압하고, 일제 치하에서 대부분 부역자로 변신하여 고위직에 올라 일제의 개 노릇을 충실히 수행한다. 또한, 아전 이하 기회주의자들은 중하위급 관리가 되어 역시 일제의 개 노릇을 충실히 수행한다. 그러면서 일신과 가족의 안위를 보존하고 부귀영화를 누린다. 그러다 광복이 되자 생명의 위협을 느낀 이들은 잠시 숨었으나 구원자 미국이 군정의 요직에 모두 중용한다. 그리고 이들은 곧 출범하는 대한민국의 이승만 정부에서 일제 시절보다 몇 단계 높은 지위를 독점하면서 부귀영화를 이어간다. 몇 번의 정권 세습 과정을 거치면서도 이들은 견고한 카르텔을 형성하여 한국 사회를 지배하면서 보수保守라는 가면을 쓰고 기득권을 지켜나가는 수구세력이 된다. 정치 권력은 자칭 보수정당을 통하여, 경제 권력은 문어발을 가진 재벌을 통하여, 언론 권력은 자칭 보수 신문을 통하여 한국 사회의 모든 부분을 장악하여 마음대로 주무른다. 보수정당은 수없이 많은 대형사고를 일으켜 사회를 어지럽힐 때마다 정당명을 바꾸어 가면서 대중을 현혹하여 정치 권력을 유지한다. 재벌은 불가사리가 되어 중소기업의 영역마저 먹어치우며 부를 독점한다. 수구 언론은 소피스트를 뺨치는 궤변으로 대중을 우민화하면서 수구 정당과 재벌을 옹호하는 여론을 조성한다. 21세기 들어 일시적으로 민주세력에 정치 권력을 내준 적이 있어도, 이들은 암묵적 카르텔을 더욱 공고히 하면서 한국 사회를 지배한다. 그러다가 2022년 대통령 선거에서 승리하여 정치 권력을 되찾은 수구세력은 서민 대중의 삶은 아랑곳하지 않고 자신들의 이익을 최대화하는 여러 정책을 펼친다. 그뿐만 아니라 그들의 정신적 고향인 일본에 대해서는 철저히 낮은 자세의 외교 노선을 취한다. 먼저 일제강점기에 강제동원을 당한 피해자들에 대한 배상금을 일본의 전범 기업이 배상하라는 대한민국 대법원의 판결에 대해 제3자 변제안을 제시하여 일본의 환심을 얻는다. '제3자 변제안'은 일본의 가해 전범 기업의 사죄와 배상 참여 없이, 일제강점기에 강제동원을 당한 피해자들에 대한 배상금을 한국의 어용단체인 '일제강제동원피해자지원재단'이 변제하는 방식이다. 이에 대한 선물로 일본은 2024년 3월 16일 윤석열 대통령을 일본으로 초청하여 한일정상회담을 개최한다. 이 회담에 대하여 부산대학교 진시원교수는 "한일정상회담 내용에는 심각한 문제가 많다. 정상회담은 한·미·일 군사협력 강화를 위해 역사문제와 영토문제 국민식생활 문제를 일본에 모두 양보한 회담이었다."라며 "특히 일본 정부와 정치인들은 지난 한일정상회담을 계기로 독도 문제, 후쿠시마 오염수 방류 문제 등을 모두 언급했고, 정상회담 직후 보란 듯이 초등학교 교과서 왜곡까지 강화했다."라고 한 바 있다. 또 전교조 세종지부는 "윤석열 정부가 강제징용 노동자에 대한 제3자 변제안이라는 선물을 준 대가로 이루어진 방일 회담이라 애초 기대가 없었지만, 그 결과는 예상보다도 더 굴욕적이었고 참담했다."라며 "강제동원 문제에 대한 일본 정부의 사과도, 가해 기업의 배상 참여도 없고 피해자가 반대하는 제3자 배상안을 공식화하며 일본에 면죄부를 주었고 지소미아 완전 정상화 조치까지 일본이 원하는 것은 모두 내어주고 정부가 얻은 것은 무엇인가."라고 꼬집었다. 그리고 "한국에 대한 수출규제 해제와 화이트리스트 회복 조치는 결정되지 않았으며 후쿠시마 오염수 방류에 대한 협조 요구에 더해 독도와 위안부 문제 논의까지 '청구서'만 잔뜩 받아들고 왔다고 하니 일방적인 조공 회담이었음이 드러났다."라고 지적했다. 아울러, 동아시아의 군사적 대결 구도를 강화할 한미일 군사협력을 더 강하게 추진해나가기로 하면서, 한국을 미국과 중국의 세계 패권전쟁 한복판으로 밀어 넣는 결과를 낳았다고 비판했다. 요컨대 한국의 수구세력은 과거 일본 제국주의가 강점기 시절에 저지른 악행에 침묵함으로써 자신들의 정체를 숨기고 있으며, 다시 일본에 기대어 자신들의 기득권을 보전하려고 굴욕적인 저자세를 숨기지 않는다. 오늘 노치마을에서 본 **목돌**은 과거 일본이 저지른 악행을 다시 상기시켜 줄 뿐만 아니라, 수구세력이 대한민국 사회를 지배하고 있음을 확인하게 해주는 소중한 역사적 자료이다. 현대 역사학 연구의 지침을 제시한 역사학자 에드워드 핼릿 카는 '역사는 과거와 현재와의 끊임없는 대화'라는 명제를 남겼다. 또한, 그는 역사가의 주된 임무는 '있었던 일'을 기록하는 것만이 아니라 '있었던 일'을 평가하고 비판하는 일이며, 따라서 역사적 사실이라는 것도 역사가에 의해 창조되는 것이라고 밝히고 있다. 내가 지리산둘레길을 걷는 것은, 비록 역사학자는 아니지만, 역사 현장을 찾아 '있었던 일'을 평가하고 비판하는 소중한 체험을 하려는 것이다. 그리고 굴욕의 역사에서 현재를 진단하고 미래를 설계하여, 다시는 굴욕의 역사를 되풀이하지 말자는 결기를 다지는 노력이다.

 # 4월의 운봉 - 전쟁과 음악
2구간 [운봉-인월]

전북특별자치도 남원시 운봉읍 서천리와 남원시 인월면 인월리를 잇는 9.9km의 [운봉-인월] 구간은 지리산둘레길 21구간 중 제2구간이다. 이 구간은 오른쪽으로 바래봉과 고리봉을 잇는 지리산 서북능선을 조망하고, 왼쪽으로는 수정봉과 고남산으로 이어지는 백두대간을 바라보며 운봉고원을 걷는 길로, 옛 통영별로와 제방길로 구성된다. 9.9km 전 구간이 제방길과 임도로 되어 있고 길 폭이 아주 넓어 여럿이 함께 걷기에 좋은 평지길이다. 황산대첩비, 국악의 성지, 송흥록 생가 등 문화적이고 역사적인 요소들을 골고루 즐기면서 걷기에 좋은 길이다.

- 지리산둘레길 누리집에서 수정 인용

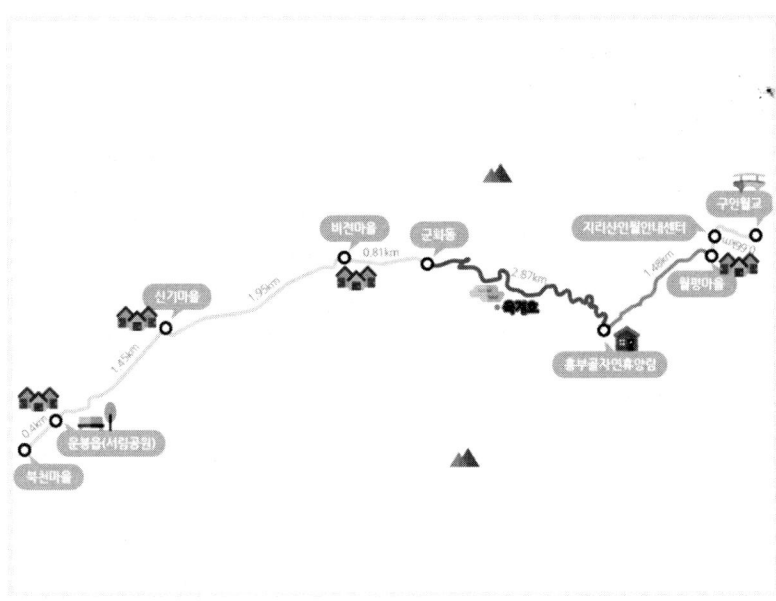

출처 : 지리산둘레길 누리집

2024년 4월 12일(금), 오늘은 지리산둘레길 [운봉 - 인월] 구간 탐방에 나선다. 전북특별자치도 남원시南原市 운봉읍雲峯邑 **서천리**西川里 서림경제사업장 앞에서 남원시 인월면引月面 인월리引月里 달오름마을까지 9.9km의 거리를 설레는 마음으로 출발한다. 무엇을 접하고, 누구를 만나서 어떤 느낌을 받을 것인가를 기대하면서. 10:00이다. 전체적으로 서쪽에서 동쪽으로 걷는 길이다. 날씨는 맑지만 옅은 구름이 끼고 햇살도 엷어 걷기에 좋다. 미풍이 살랑 불어 온몸에 지리산의 정기가 감겨든다. **운봉**은 마을 동쪽에 있는, 지리산 서북능선 상의 고리봉, 세걸산, 바래봉, 덕두산이 자주 구름에 덮여 신비로운 분위기를 자아내는 데서 연유한 지명이다. 지리산 서북능선의 서쪽 비탈 자락에 자리 잡은 해발 500m 운봉고원 지대의 중심고을이지만 전라도의 변두리에 해당하는 험난한 산지이다. 봉우리가 높아 늘 구름이 가리고, 자주 비를 뿌리는 산악 기후이다. 그리고 고리봉 전설에 의하면 옛날 큰 홍수가 일어나 세상이 물에 잠기게 되자 겨우 목숨을 건진 몇 사람이 배를 타고 표류하다 고리봉을 발견하고 배를 고리에 묶어 목숨을 건지게 되었다고 한다. 한편 서천리는 마을 서쪽에 람천藍川이 흐르기 때문에 붙은 지명이다. 운봉의 신비를 온몸으로 느끼면서 출발 200m 지점에서 **서림공원**西林公園을 만난다. 공원 입구에는 보기 드물게 돌장승 두 기가 서로 마주 보고 서 있다. 북쪽이 남장승이고 남쪽이 여장승이다. 운봉 지역이 배의 형국이라 배를 움직이는 짐대(돛대)도 같이 있었으나 현재는 장승만이 남아 있다. 마을의 허虛한 곳을 방어하고 서쪽을 진압하기 위해 세워졌다고 하는 돌장승에는 각각 '방어대장군防禦大將軍'과 '진서대장군鎭西大將軍'이라는 글이 몸에 새겨져 있다. 남장승인 방어대장군은 머리에 모자를 쓰고 튀어나온 둥근 눈에 주먹코와 아래로 쭉 뻗은 송곳니가 있다. 가슴에 수염이 있으며, 귀가 없는 것이 특이하다. 여장승인 진서대장군은 머리에는 벙거지 모양의 모자를 쓰고 둥근 눈에 주먹코와 귀가 있다. 다른 여자 벅수에서는 찾아보기 드물게 속눈썹이 깊이 새겨진 것이 특징이다. 이 돌장승들은 벙거지의 제작형식이나 표현기법이 다른 점으로 보아 만든이가 다른 듯하다. 구전에 따르면 장승이 부부싸움을 하다 진서대장군의 목이 부러져 마을 사람들이 붙였다고 한다. 두 장승은 마을의 허한 곳을 지키기 위한 신앙의 대상이지만 엄숙함과 함께 해학적이고 정겨운 표정을 품고 있어 고원의 팍팍한 삶을 견뎌내야 했던 운봉 사람들의 안녕에 대한 염원과 웃음의 정서를 담고 있는 듯하다. 공원 안에는 오래된 느티나무 당산이 있고 그 아래는 대리석 제단이 놓여 있다. 1만㎡ 규모의 서림 공원은 지역 주민이 휴식을 취하고 문화생활을 할 수 있는 시민 공원이다. 모범생처럼 단아한 모습으로 서 있는 수십 그루의 느티나무가 공원의 안락함을 보여주고, 충혼탑과 9개의 비석이 공원의 깊은 유서를 알 수 있게 해준다.

서림공원을 나와, 한창 보수공사를 하는 서림교西林橋 앞에서 발길을 오른쪽으로 90도 돌려 둑방길로 접어든다. 상류에서 공사라도 하는지 흙탕기를 머금은 **람천**을 왼쪽 길동무로 삼고, 운봉읍 **북천리**

北川里를 오른쪽에 끼고 넓고도 평탄한 둑방길을 따라 운봉읍 신기리로 향한다. 바람은 산들산들 포근하게 불어주고, 햇살은 옅은 구름에 가려 걷기에 딱 좋은 날씨이다. 거기에다 눈은 황홀경에 빠진다. 람천의 좌우 측 제방에 심어진 벚나무가 꽃을 흐드러지게 피워 화려한 꽃길을 만들어 놓았기 때문이다. 내가 사는 부산은 벚꽃이 거의 지고 마마 자국 같은 꽃술만 남아 있는데, 고원지대인 운봉 지역은 지금이 개화의 절정을 이루고 있다. 이 꽃길을 오롯이 혼자서만 눈에 담으며 걷는 것은 그 누구도 누릴 수 없는 호사이다. '별유천지비인간別有天地非人間'이란 이백의 시구가 이곳에서 나온 건 아니지만, 인간세계가 아닌 별천지를 걷고 있다는 착각에 빠진다고 나무랄 사람은 없을 듯하다. 요즘 '꽃길만 걸어라.' 하는 덕담이 유행하는데, 나는 오늘 그야말로 꽃길을 걷고 있다. 그리고 풀들도 이제 언덕을 덮을 만큼 무성하다. 해충을 잡기 위해 불태웠던 논 언덕에도 새파란 풀이 풍성하게 자라고 있다. 겨우내 말랐던 풀이 새롭게 태어나는 것을 영국의 BBC는 '기적'이라 한 바 있다. 과연 기적이다. 그저 놀라울 뿐이다. 어디에다 생명의 근원을 감추었다가 봄이 되면 이처럼 왕성한 푸름을 뿜어낼까. 풀은 뿌리 밑에 온갖 애벌레를 자라게 하고, 줄기 사이사이에는 먹이사슬의 약자들을 위하여 보금자리도 제공하고, 숨을 곳도 제공한다. 그뿐만 아니라 동물들의 먹잇감이 되기 위해 스스럼없이 자신의 몸을 내어주기도 한다. 정말 이타적이다. 자신을 위해서가 아니라 남을 위해서 끊임없이 생명을 키우는 존재가 풀이다. 곱디고운 푸른 빛을 발하는 이들에게 잠시 외경심畏敬心을 표하기 위해 허리를 굽힌다. 굽히니, 과거 푸른 소나무가 마을을 에워싸고 있어서 벽송동碧松洞이라 불렸던 **북천리**의 평화로운 모습이 더욱 평화롭게 보인다.

화려한 벚꽃길을, 푸름이 왕성한 둑방길을 눈에 가득, 가슴에 가득 담으면서 걷다 보니 운봉 기점 1.0km에서 신기교新基橋를 건너고 람천의 좌측 제방을 따라 걷는다. 오른쪽으로는 람천을 데리고, 왼쪽으로는 운봉읍 **신기리**新基里를 세우고, 비포장이라 더 정겨운 길을 걷는다. 벚꽃길은 계속 이어진다. 운봉고원이 마을을 보호하는 듯한 명당에 자리 잡았다는 신기는 우리말로 새터인데 언제 만들어진 마을이기에 새터일까. 둘레길 누리집에 따르면 임진왜란이 휴전상태에 접어들던 때에 비교적 전란의 피해가 적은 정착지를 찾던, 마을에 맨 처음 들어와 터를 잡은 사람들이 새 삶을 시작하는 터전이란 뜻으로 지은 마을 이름이란다. 소 형국인 마을 북쪽 쇠잔등 고개가 움푹 들어가 북동풍을 막지 못한다고 하여 그 자리에 쇠한 기운을 막고자 마을 주민들이 직접 토성을 쌓고 숲을 조성했다고 한다. 이 숲은 마을 당산제를 올리는 당산 숲이기도 하다. 둘레길은 논 서너 필지를 사이에 두고 마을을 스쳐 가므로 마을 안으로 들어가지는 않는다. 마을 앞 논 몇 곳에는 밀이 시퍼렇고도 무성하게 자라고 있어 봄의 왕성한 생동감을 체감한다. 신기리 앞 2.0km 지점에서 사반교를 건너 둘레길은 다시 람천을 좌측에 거느리고 흙길로 이어진다. 화려한 벚꽃길도 좌측에 계속 이어진다. 그리고 벚꽃 위로 이성계 장군의 전설적 무용담이 서린 **황산**荒山이 삼각형으로 우뚝 솟아 운봉 들판을 내려다보고 있다. 또 둑방길의 우측에는 노란 민들레와 애기똥풀꽃이 따스하고도 천진한 웃음을 머금고 앙증맞게 피어 있다. 한편 벚나무 줄기 사이로 보이는 람천에는 원앙 한 쌍이 그야말로 원앙답게 다정히 유영하고 있다. 그리고 키 작은 조팝나무 한 그루가 하얀 꽃을 풍성히 달고 천변에 서 있다. 참으로 아름답고 아름다우며 아늑한 천변길이다. 시조 시인 유재영柳在榮이 쓴 **둑방길** 몇 구절이 저절로 떠오른다.

부리 긴
물총새가
느낌표로
물고 가는

피라미
은빛 비린내
문득 번진
둑방길

어머니
마른 손 같은
조팝꽃이
한창이다

물총새도 없고 은빛 비린내도 번지지 않았지만, 왠지 있을 것만 같은 착각은 도시에서는 결코 접할 수 없는 길을 걷는 탓은 아닐까. 어머니 마른 손 같은 조팝꽃도 많지는 않지만 피어 있기에 어머니에 대한 그리움으로 문득 가슴이 울컥해지기도 한다. 둑방길의 서정을 마음껏 즐기며 걷다 보니 자칭 타칭 동편제마을로 부르는 운봉읍 화수리花水里 **전촌前村**에 다다른다. 황산대첩비가 있는 앞마을이므로 '앞마을' 또는 '앞몰'이라 하였는데 지명을 한자로 바꾸면서 전촌이 되었다. 사적지에 인접해 있어 항상 수려한 환경을 유지하며 아름답고 깨끗한 마을로 정평이 나 있다. 마을 입구에는 수백 년 된 소나무숲이 천하일품의 풍치를 자랑한다. 소나무숲 앞에는 큼직한 검은 바위 위에 '동편제마을'이라 새긴 커다란 화강암 북이 얹혀 있고, 치맛자락을 왼손에 여미어 잡고 쥘부채를 오른손에 든 채 창唱에 몰입한 여류명창의 동상이 서 있다. 그리고 동상 뒷마당에는 낮으면서도 널찍한 나무 무대가 설치되어 있고, 그 위에는 북으로 추임새를 넣는 남자 고수가 좌정하여 마당 앞 명창과 조화를 이룬다. 어디선가 애절한 판소리 한 소절이 튀어나올 것 같은 분위기가 풍기는 마을이다. 운봉 기점 3.9km이고 11:15이다.

전촌 앞 람천을 가로지른 다리를 건너니 '네모난 돌기둥이 있는 큰 집'이라는 뜻을 가진, 운봉읍 화수리花水里 **비전碑殿마을**에 당도한다. 대번에 왜 비전마을인지 알겠다. 마을 좌측에 **황산대첩비荒山大捷碑**가 날렵한 기와 전각에 안치되어 있어 붙은 이름이다. 고려 우왕

6년인 1380년 9월, 금강 어귀로 침략한 왜구들은 최무선의 최신 화포 공격을 받아 배가 모두 없어지자 육지로 올라와 충청도를 거쳐 함양까지 갔다가 다시 지리산을 넘어 운봉과 인월에 주둔하여 살인, 방화, 약탈을 자행하며 서쪽의 광주를 거쳐 도망가려 하였다. 이에 삼도도순찰사 이성계 장군이 군대를 거느리고 왜구의 퇴로를 차단한 다음 비전마을의 뒷산인 황산 정봉鼎峰에서 왜장倭將 아지발도阿只拔都를 화살로 쏘아 죽이고, 밤새 달아나는 왜구를 섬멸했다. 이후 조선 선조 10년인 1577년 운봉현감 박광옥이 이곳 화수리 비전마을에 황산대첩비를 건립하였다. 굵으면서도 빽빽한 서어나무 사이에 몇 그루의 우람한 소나무가 숲을 이루어 남향의 전각 전체를 에워싸고 있어 아늑한 정취를 풍기는, 위대한 민족영웅의 사적을 접하기 위해 삼문三門의 동협문東夾門을 지나 마당으로 들어선다. 정면에는 대첩비각大捷碑閣이 있고, 그 안에는 커다란 거북 좌대에 장군의 업적을 기록한 비석이 서 있다. 그러나 지금 내가 보고 있는 이 비석은 원래의 것이 아니라고 한다. 일제 시절 일본인들이 비문을 쪼아 대첩비를 파괴하였는데, 광복 후 1957년에 비문을 다시 새겨 본래의 좌대에 세우고 1973년에 보호각을 만들었다고 한다. 그리고 대첩비각 우측에는 일본인들에 의해 파괴된 비석 조각을 모아 안치한, 1977년에 건립된 파비각破碑閣이 있어 일제의 악랄함을 보여준다. 또 좌측에는 사적비각事績碑閣이 있고, 그 안에는 황산대첩 전황과 비각 건립 취지가 기록된 비석이 안치되어 있다. 일본은 국토의 80%가 산악지대인지라 절대적으로 식량이 부족한 국가이다. 부족한 식량을 실어갈 목적으로 대한제국을 강제로 병합한 일제는 악랄한 약탈 행위만 저지른 것이 아니라, 우리 민족의 자존심과 영혼을 제거하려 하였고 국가의 자주성마저 파괴하려 하였다. 일제의 야만적 행위가 아직도 파괴된 비석으로 남아 있는데, 스스로 한국 사회의 주류 계층이라 일컫는 상당수가 친일파들의 후손이라는 것을 어떻게 이해해야 할지 안타까움에 맑은 하늘 보기가 민망하다. 전각 옆에는 잘생긴 서어나무 10여 그루가 아기 손같이 곱고 보드라운 연두색 잎을 뿜어내면서 전각을 지키는 것 같아 그나마 위안을 받는다.

황산대첩비를 벗어나서 비전마을로 들어서니 마을 입구에 **가왕歌王 송흥록宋興祿 선생과 국창國唱 박초월朴初月 선생의 생가**가 소담하면서도 정갈하게 복원되어 있다. 삼간의 초가가 부드러운 곡선을 드리우며 낮게 자리하고 있고, 작은 마당의 왼쪽 귀퉁이에는 모형 우물도 정감 있게 자리 잡고 있다. 그 앞은 야트막한 담이고 담 밖에는 앵두나무 두 그루가 서 있다. 어디선가 "앵두나무 우물가에 동네 처녀 바람났네~~." 라는 민요 한 자락이 박초월 선생의 건드러진 목소리로 흥겹게 들려 올 것만 같다. 큰마당 동쪽에는 박초월 선생의 생가가 역시 초가삼간으로 복원되어 있는데 부엌의 위치가 송흥록 생가와 반대로 동쪽이다. 그리고 큰마당 중앙에는 소리하는 송흥록 선생과 북 장단을 넣는 고수의 모습이 동상으로 세워져 있다. 송흥록은 무당들이 굿을 할 때 귀신을 달래려고 부르던 진양조 가락을 최초로 판소리에 도입하여 **동편제**를 완성하였고, 계면조를 접목하여 판소리 표현력을 증대하였으며, 경상도 민요 리듬인 메나리조를 전라도 판소리에 도입하여 민족예술로 승화시켰으니 가왕이라 불려도 조금도 손색이 없는 분이다. 동상 근처에서 흘러나오는 명창 박초월 선생의 심청가 중 인당수 투신 가락을 들으면서, 녹음기가 없던 조선 시대에 활동한 송흥록 선생의 동편제 한 가락을 들을 수 없음에 진한 아쉬움을 남긴다. 동편제의 시조인 송흥록 선생과 그의 후손인 송만갑, 그리고 박초월 선생을 기념하기 위해 이 마을 뒤편 황산 서쪽 비탈 끝자락에 **국악國樂의 성지聖地**가 세워졌다. 유네스코 세계무형문화유산인 판소리 다섯 마당 중 춘향가와 흥부가의 공간적 배경이 되는 남원은 국악의 산실로 국악의 성지가 세워질 만하여 잠시 둘레길에서 벗어나 국악의 성지를 찾기로 한다. 황산에서의 창칼 부딪치는 소리와 판소리 가락이 교차하는 비전마을을 벗어난, 운봉 기점 4.2km 황산교荒山橋 앞에서 몸을 좌측으로 돌려 국악의 성지로 향한다. 11:50이다. 아스팔트 도로를 따라 제법 경사진 언덕을 오르니 주차장이 나오고, 여기서 우측으로 방향을 틀어 계단을 오르니 중간에 우람하면서도 단아하게 관리된 소나무가 나를 반긴다. 다시 계단을 오르니 원형 광장이 나오는데, 잘 깎은 화강석과 매끈한 잔디가 깔린, 아주 넓은 광장이다. 달 뜨는 봄밤이나 여름밤에 명창들이 판소리라도 들려준다면 정말 환상적인 음악제가 될 것 같다. 원형 광장 북쪽에 운상문雲上門이 있고, 그 안에 신라 시대 남원에서 활약한 거문고의 명인 옥보고玉寶高 선생과 가왕

송흥록 선생 일가를 비롯한 국악 선인先人의 묘역을 조성하고 위패位牌를 봉안하였다. 그러나 앞으로 걸어야 할 둘레길과 시간을 핑계로 운상문 안으로 들어가기를 포기하고 만다. '운상문'이라는 이름은 옥보고 선생이 음악을 공부한 '운상원雲上院'에서 땄다고 한다. 운상문 좌측에 '소리길'이 있어 계단을 밟고 내려가니 2층으로 된, 기와지붕 곡선미가 돋보이는 '전시체험관'이 산뜻하고도 무게 있게 자리하고 있다. 이곳에서는 다양한 프로그램을 운영하여 일반인들이 국악의 아름다움과 즐거움을 체득할 수 있게 해준다. 전시체험관 앞 벤치에서 물 한 모금으로 갈증을 달랜 후 국악의 성지를 벗어난다. 벗어나며 뒤돌아 전체를 다시 조망하니 성지 전체를 에워싼 소나무숲이 정말 가경이다. 지리산 주변은 어디를 가나 소나무숲이 펼쳐지는데, 그중에서도 이곳의 소나무숲은 단연 뛰어나다. 아마도 국악의 성지를 성聖스럽게 만들기 위해 관리한 덕분이 아닐까. 올라왔던 길을 되돌아 다시 둘레길에 복귀한다. 12:20이다.

둘레길은 람천 좌측 제방을 따라 이어지고 눈부신 벚꽃은 계속 길동무가 된다. 하지만 무슨 이유로 포장공사를 하는지 모르지만 포클레인 한 대가 길을 막고 있고, 바닥에는 자갈을 깔아놓아 걷기가 아주 불편하다. 걷기를 좋아하는 사람은 누구나 비포장 흙길을 선호한다. 발이 편안하고 방순芳醇한 흙냄새를 맡을 수 있기 때문이다. 운봉 기점 4.8km에서 둑방길을 벗어나 왕복 2차선 도로를 만난다. 하지만 람천은 우측에 계속 흐르고 당연히 벚꽃길도 이어진다.

좌측의 황산 남쪽 비탈 끝자락에는 검은 기와로 지붕을 인 신축 농가와 붉은 기와로 지붕을 인 전원주택 몇 채가 눈길을 끄는, 예쁜 마을이 있다. 운봉읍 화수리 군화동이다. **군화동**軍花洞은 1961년 큰 홍수 때 화수리 수재민들의 가옥을 군인들이 13가구를 지어주었는데, 이주 후 마을 이름을 '군인들이 만들어준 화수리'란 뜻으로 군화동으로 부르게 되었다고 한다. 군인들의 대민봉사 자세를 읽을 수 있는 마을이라 더 정갈하게 보이는지도 모르겠다. 군화동 앞을 지나 운봉 기점 5.1km 지점에서 24번 국도를 만나고, 이어서 람천 위에 놓인 화수교花水橋를 건너면서 람천과 잠시 이별하고 천변의 화려한 벚꽃길과도 작별한다. 바로 이 지점이 전략적 요충지가 되어 치열한 황산대첩이 벌어진 계기를 제공한 곳이다. 황산의 남쪽 비탈과 덕두산 자락의 옥계동玉溪洞 화수교 사이는 폭이 겨우 75m 정도로 좁은 동시에 람천이 흐르고 있어 동부에서 서부로 넘어오는 외적이나 세력을 막았던 전략적 요충지였다. 그래서 충청도를 거쳐 함양까지 갔다가 다시 지리산을 넘은 왜구들이 운봉과 인월에 진을 치고 있었고, 이에 삼도도순찰사三道都巡察使 이성계 장군이 황산에 군대를 먼저 주둔시키고 정봉鼎峰에서 왜장 아지발도를 화살로 쏘아 죽이며, 밤새 달아나는 왜구를 섬멸했다. 이때 아지발도가 흘린 피가 람천을 벌겋게 물들이고 바위 속에까지 스며들었다고 한다. 지금도 그 바위를 깨면 붉은색이 보이니 사람들은 이를 **피바위[血巖**(혈암)**]**라 한다. 거세게 흐르는 람천의 어딘가에 피바위가 있다고 하는데, 아둑시니같은 내 눈에는 보이지 않는다. 전략적으로 유리한 황산을 선점하고 왜구들을 섬멸한 장군의 탁월한 전투력과 용맹함에 경의를 표하면서 다음 여정으로 발을 옮긴다. 화수교를 건너 왼쪽으로 방향을 꺾으면, 길은 산을 오르는 임도로 변하고 제법 커다란 저수지 둑 밑을 지난다. 지리산 서북능선 덕두산 끝자락에 자리한 **옥계**玉溪**저수지**이다. 옥처럼 고운 계곡을 흐르는 물을 막아 만든 저수지, 그 저수지의 왼쪽으로 꺾어 올라서니 쪽빛 물이 잔잔하게, 그리고 그득하게 담겨 마음을 시원하게 만든다. '춘수만사택春水滿四澤'이란 표현이 절묘하다고 여기며, 혹시 도연명 시인이 우리나라에 와서 '사시四時'를 지은 게 아닐까 하고 말도 안 되는 상상을 해본다. 운봉 기점 6.3km이고 13:00이다.

이제부터 둘레길은 남원시 인월면引月面 인월리引月里로 접어들어, 지리산 서북능선의 끝봉인 해발 1151m 덕두산 북쪽 비탈의 무릎 근처를 걷는다. 사토沙土로 잘 정비되어 보송보송한 임도를 따라 구불구불 오름내림의 산길을 걸으니, 모퉁이를 돌 때마다, 고개를 꺾을 때마다 기막힌 파노라마가 펼쳐진다. 오전에 옅은 구름이 가렸던 하늘은 벽공으로 바뀌고, 키 큰 나무들은 서로 다른 녹색으로 의연함을 드러내며, 언덕배기에는 봄풀들이 쑥쑥 크느라고 허리를 드러내어 관능미를 자랑한다. 그리고 숲속에는 지난가을의 화려한 추억을 머금은 갈색 낙엽이 두툼하게 쌓인 속에, 사이사이 파란 새싹들이 기를 쓰고 자신을 키우고 있다. 피톤치드 가득한 숲속에 오래 있기 위하여, 이렇게 운치 있고 낭만적인 경치를 온몸으로 체감하기 위하여, 봄 햇살 푸짐하게 쏟아지는 임도 옆 잔디밭에서 점심을 먹기로 한다. 밥은 누구와 먹느냐에 따라 맛이 달라진다지만, 어디에서 먹느냐도 맛을 달라지게 한다. 건너편 황산의 세 봉이 웅장하게 연결되는 능선을 바라보며 먹는 밥은 간편식이지만 진수성찬처럼 느껴진다. 먹으면서 생각하니 왜 '거칠 荒(황)'을 쓰는 荒山(황산)인지 금방 알겠다. 해발 698m 황산의 정상부가 바위 절벽으로 불쑥 솟아 쉽게 사람의 접근을 허락하지 않을 것 같기에 붙은 이름일 듯하다. 20여 분 정도의 점심 이후 꿈틀거리는 뱀처럼 구불구불한 산속 임도를 온몸으로 봄을 느끼며 걷다가 마지막 고개에 올라서는 순간 눈은 또 한 번 화려함의 극치에 빠진다. 지리산 서북능선의 북쪽 끝자락을 흘러내리는, 흥부골 휴양림의 뒷산이 마치 겸재 정선이 그린 한 폭의 진경산수화眞景山水畵 같다. 아니 어떤 개구쟁이가 캔버스에 마구잡이로 물감을 뿌려놓은 것 같다. **흥부골 휴양림**에는 남부지역 최대의 잣나무숲이 있는데 아마도 그 잣나무 숲이 이렇게 황홀경을 빚어놓은 것 같다. 산 곳곳에 적당히 자리 잡은 무수한 꽃나무들이 때맞춰 꽃을 활짝 피워 잣나무숲과 조화를 이뤘기에 눈이 멀 정도의 아우라(aura)를 만들어 놓았는지도 모르겠다. 자연이 뿜어내는 색의 조화에 감탄을 연발하며 흥부골 휴양림 앞, 운봉 기점 7.7km에서 방향을 좌측으로 틀어 아스팔트 비탈길을 내려가니 길가에 아담한 주막이 자리를 잡고 나를 유혹한다. 평소 산행 중에는 술을 거의 마시지 않지만, 이렇게 화창한 봄날에, 이렇게 운치 있는 곳에서 어찌 쉬어가지 않으며, 어찌 막걸리 한잔하지 않으랴. 비록 혼자이지만 자연을 벗으로 삼아 양재기에 막걸리를 따르니 바로 곁에 있는 나무에 복숭아꽃이 분홍빛 다소곳이 머금고 피어 있다. 그 도화 한 송이를 따다 잔에 띄운다. 목으로 넘기기 전에 눈이 이미 환상적이다. 술은 입으로만 먹는 줄 알았는데 눈으로도 먹는다는 것을 오늘 처음 알았다. 그 좋은 술을 목으로 넘기니 다사로운 정이 온몸으로 전해져 온다. 기분 좋은 취기를 느끼며 주막을 나서자마자 도로를 벗어나 작은 계곡을 건너고 나란히 선 낙엽송들이 여린 싹을 내밀고 있는, 호젓한 산길을 오솔오솔 내려간다. 잠시 후 다시 도로를 건너 달오름마을 뒷산인 작은 야산 숲길로 들어선다. 야산이지만 지리산 주변답게 소나무숲이 예사롭지 않다. 소나무숲이 제공하는 시각적, 후각적, 촉각적 혜택에 온몸을 맡기고 넓고도 편안한 산길을 걸으니 막걸리 한잔 걸친 머리가 다시 소쇄瀟灑해진다. 간혹 양지꽃과 애기똥풀꽃이 무더기로 피어 길가를 노랗게 물들여 봄 길을 아름답게 한다. 봄을 마음껏 즐기며 걷다 보니 산길이 끝나는 지점에 인월면 인월리 **달오름마을**이 널찍하면서도 편안하게 평지에 자리하고 있다. 서쪽 배후로 마을을 진입하니 담벼락에 다양한 벽화를 그려 아름답고 정겨운 마을로 꾸며놓았다. 이 마을은 과거 '새동네'로 불리다가 후에 **월평月坪마을**이 되었는데, 마을형국이 반월을 닮아 월평이 되었다는 설도 있고, 마을이 동쪽 팔량치八良峙를 마주하고 있어 달이 뜨면 정면으로 달빛을 받는다고 하여 월평이라 불렀다는 설도 있다. 그 월평마을은 2010년에 운치 있고 서정성 짙은 달오름마을로 이름이 바뀌었다. 마을을 통과하여 인월면 인월리 달오름마을에 있는 구인월교舊引月橋에서, 화수교를 건너며 헤어졌던 람천과 재회하면서 오늘의 [운봉-인월] 구간 탐방을 마무리한다. 왜구의 횡포에서 백성을 구한 위대한 장군의 전쟁 승리와 사람의 감정을 가장 솔직하게 만드는 음악이 공존하는 고원 운봉과 인월을 걸을 수 있었음에 고마움을 느낀다. 운봉 기점 9.9km이고 14:25이다.

동편제를 창시한 가왕(歌王) 송흥록 생가

신과 인간이 서로 소통하게 하는 매개자인 무당이 굿을 하면서 부르는 이야기 형식의 노래를 **서사무가**敍事巫歌라 한다. 서사무가는 기록이 아닌 입으로 전승된다는 점에서 구비문학이고, 일정한 인물과 사건을 갖춘 이야기로 되어 있어 서사시이다. 서사무가는 내용의 측면에서 신이 내리기를 비는 청배請拜, 강림한 신이 인간을 향하여 잘못을 꾸짖거나 재수와 복록 등을 약속하는 공수, 인간이 신에게 소원을 비는 축원祝願, 신과 인간이 서로 어울려 화합하며 유대를 강화하려는 오신娛神으로 구성된다. 무가는 노래가 아닌 말로 된 대목도 적절하게 섞여 있고, 상황에 따라 달라질 수 있는 즉흥적 손동작이 또한 적지 않다. 구연하는 사건과 분위기에 따라 엄숙하기도 하고, 장엄하기도 하며, 애절하기도 하며, 해학적이기도 하다. **판소리**는 서사무가가 갖는 예술성을 바탕으로 생겨난 예술 장르라고 국문학자들은 그 기원을 설명한다. 판소리도 기록이 아닌 입으로 전승된다는 점에서 구비문학이고, 일정한 인물과 사건을 갖춘 이야기로 되어 있다는 점에서 서사시이다. 그리고 노래로 전달하는 창, 노래가 아닌 말로 된 대사인 아니리, 창자의 몸동작인 발림, 고수의 북장단, 고수나 청중이 흥을 돋우기 위해 창 중간에 넣는 추임새로 연행演行한다는 점에서도 서사무가와 유사성이 있다. 그러나 판소리 가창은 장단과 선율의 음악적 변화가 심하다는 측면에서 서사무가보다 예술성이 강화된다. 장단은 가장 느린 진양조에서 중모리, 중중모리, 자진모리, 휘모리로 갈수록 점점 빨라진다. 이러한 장단에 평조, 우조, 계면조의 선율을 배합하여 작품을 다채롭게 전개한다. 그리고 판소리는 전승 지역과 창법에 따라 동편제와 서편제로 나뉜다. 동편제東便制는 송흥록宋興祿의 법제를 계승한 유파로 섬진강의 동쪽 지역인 남원과 구례를 중심으로 전승되므로 붙은 명칭이다. 동편제 소리는 비교적 우조를 많이 쓰고 발성을 무겁게 하며, 꼬리를 짧으면서도 굵고 웅장하게 소리하는 시김새로 짜여 있다. 서편제西便制는 박유전朴裕全의 법제를 계승한 유파로 섬진강의 서쪽 지역인 해남, 진도 등에서 전승되므로 붙은 명칭이다. 서편제 소리는 비교적 계면조를 많이 쓰고 발성을 가볍게 하며, 꼬리를 길게 늘이고 정교하게 소리하는 시김새로 짜여 있다. 이 외에도 경기도 남부와 충청도 지방에서 전승된 중고제中高制가 있었으나 현재는 전승이 거의 끊겼다. 그리고 판소리는 서민예술에서 출발하였지만, 양반층에서도 환영받는 국민예술로 발전할 수 있었던 폭과 유연성을 갖고 있다는 점에서도 서사무가를 뛰어넘어 완전한 예술이 될 수 있었다. 판소리는 매우 해학적인 표현과 재담으로 청중을 웃기면서 봉건적 질서와 유교적 이념을 희화화戲畵化하는가 하면, 비장한 언어와 표현을 통해서 민중의 애환을 절실하게 묘사한다. 또 판소리 속에는 소박하고 익살맞은 서민문학의 체취가 풍기는가 하면, 고고하고 우아한 멋을 추구하는 양반문학의 전아典雅함도 나타난다. 거기에 조선 후기의 새로운 사회상과 시대상을 사실적으로 반영하고, 민중의식의 성장을 충실히 대변하면서 사회의 변화를 다각도로 보여준다. 이렇게 뛰어난 예술성을 지닌 음악이면서, 우리 고유의 전통 예술인 판소리가 점점 대중의 관심에서 멀어지고 있어 안타까움을 불러일으킨다. 판소리가 대중성 확보에 어려움을 겪는 이유는 먼저 가사 내용이 잘 전달되지 않는 문제가 있다. 판소리 가사가 고사古事와 관련되어 있거나 일상에서 잘 사용하지 않는 어휘로 구성되어 있어 일반인들이 듣기에 어렵기 때문이다. 또 전라도 사투리를 창자의 독특한 어법으로 발음하다 보니, 표준어에 익숙한 청자에게 명확하게 들리지 않는 점도 문제이다. 판소리가 대중성 확보에 어려움을 겪는 두 번째 이유는 대중이 따라부르기가 어렵다는 점이다. 판소리는 특별한 수련을 요구하는 전문 가객이 독특한 창법으로 노래하므로 일반인들이 쉽게 따라부르기가 어렵다.

모든 것이 살아서 꿈틀거리는, 푸른 물감이 세상을 온통 지배하는, 람천의 벚꽃길이 유난히 화사한, 아름답고 낭만적인 4월의 시골길과 산길을, 볼 것은 다 보고, 들을 것은 다 듣고, 접할 것은 다 접하고, 풍기는 것은 다 맡고, 먹을 것은 다 먹으며 지리산둘레길 [운봉-인월] 구간을 걸었다. 그리고 남원시에서 복원해놓은, 판소리 동편제의 창시자 송흥록 생가와 국창 박초월 생가를 견학하였다. 그리고 한국 소리의 총본산 국악의 성지를 다녀왔다. 두 곳 모두 우리 고유의 음악이자 종합예술인 판소리를 계승하고 발전시키자는 취지로 만들어진 곳이다. 하지만 고유성만으로 대중의 사랑을 강요할 수는 없다. 누구나 쉽게 내용을 알 수 있고, 쉽게 따라 부를 수 있도록 전문가들은 판소리에도 변화를 가할 필요가 있을 것 같다. 또 대중도 음악 장르의 다양성 확보라는 측면과 고유문화의 발전적 계승이라는 측면에서, 판소리에 관심을 두고 사랑할 필요가 있겠다.

전설에 담긴 진실
3구간 [인월-금계]

전북특별자치도 남원시 인월면 인월리와 경상남도 함양군 마천면 의탄리까지 모두 20.5km를 잇는 [인월-금계] 구간은 지리산둘레길 21구간 중 제3구간이다. 이 구간은 지리산둘레길 시범 구간 개통지로 지리산 북부지역에 자리한 남원시 산내면(山內面) 상황(上黃)마을과 함양군 마천면 창원리(昌元里)를 잇는, 옛 고갯길인 등구재를 중심으로 지리산 주능선을 조망하면서 넓게 펼쳐진 다랑논과 6개의 산촌을 지나 임천(林川)까지 이어지는 길이다. 제방길, 농로, 차도, 임도, 숲길 등이 구간 전체에 골고루 섞여 있어 하천과 마을, 산과 계곡을 다양하게 느낄 수 있는 구간이다.

- 지리산둘레길 누리집에서 수정 인용

출처 : 지리산둘레길 누리집

거대한 녹색의 군단이 온 세상을 덮고 있는 2024년 5월 25일 토요일, 오늘은 전북특별자치도 남원시南原市 인월면引月面 인월리引月里 **달오름마을**에서 지리산둘레길 [인월 - 금계] 구간 탐방을 시작한다. 09:30이다. 이 구간은 총 거리 20.5km이고 해발 650m 고개를 넘어야 하는, 대부분 둘레꾼이 1박 2일로 여정을 계획할 정도로 힘들고 어려운 구간이다. 그리고 오늘의 전체 진행은 서북에서 동남 방향이다. [주천-운봉] 구간부터 함께 걸었던 람천藍川을 왼쪽에 끼고 둑방길을 걷는다. 쪽빛 하천이라는 람천의 물은 쪽빛이 아니라 약간 흐리다. 막 모내기를 끝낸 논물이 하천으로 흘러들어 탁해진 것 같다. 하지만 람천 역시 녹색의 지배를 벗어날 수 없어 물 흐르는 부분을 제외한 둔치는 전부 갈맷빛 갈대로 덮여 있다. 물결이 일렁일 정도로 바람이 불어 차가움을 느끼지만, 엷은 구름이 햇살을 가려주어 걷기에는 좋다. 그리고 달을 맞는 정자 '영월정迎月亭' 앞에는 굵은 연륜을 자랑하는 서어나무 한 그루와 꼿꼿한 잣나무 한 그루가 빛나는 녹음으로 치장하고 달 대신 공간을 채우고 있다. 첫발을 내디디니 넓은 들판은 벌써 모내기도 끝나서 어린 모들로 가득하고, 붉디붉은 장미 몇 송이도 5월의 화려함에 가세한다. 길은 소달구지 한 대가 지날 정도의 폭을 지닌 람천의 우측 제방 흙길이다. 벚나무가 잎을 무성하게 달아 녹색의 터널을 만든, 세상에서 가장 편하게, 가장 화려하게 걸을 수 있는 길이다. 벚꽃이 만발한 시기에 찾아오면 그 역시 장관이겠지만, 녹색이 만들어내는 벚나무의 장관도 꽃에 뒤지지 않는다. 눈이 부시게 푸른 5월의 하순이다. 서정주 시인은 "눈이 부시게 푸르른 날은 그리운 사람을 그리워하자."라고 했던가. **사람 사는 세상**을 만들기 위해 온 힘을 기울였던 대통령, 계란으로 바위 치기가 뻔한 지역에 주저 없이 출마하며 지역주의를 타파하려 했던 정치인, 권력자가 국가의 주인이 아니라 국민이 국가의 주인임을 일깨워준 지도자, 초록이 이렇게 세상을 아름답게 하듯이 따뜻한 정이 넘치는 아름다운 세상을 만들려 하였던, '내 마음속 영원한 대통령' 노무현 전 대통령이 그립다. 이틀 전 15주기를 추도하면서 정겨운 미소가 저절로 떠올랐던 전직 대통령, 5월의 세상을 지배하는 초록의 크기만큼 그가 그립다. 길가에 핀, 희디흰 찔레꽃이 뿜어내는 방순한 향기처럼 짙게 그가 그립다.

그리운 사람을 그리워하며, 초록과 순백純白의 조화가 절묘한, 너무나 감미로워 정신을 마비시키는 찔레꽃에 코를 맡기고, 람천의 경쾌한 물소리에 귀를 빼앗기며, 초록의 산야에 시선을 던지면서 걷다 보니 남원시 인월면 **중군리**中軍里이다. 인월 기점 2.1km이고 10:03이다. 황산대첩 당시 이성계 장군의 본진本陣이 주둔하였다 하여 붙은 이름이라고 마을 입구에 세워놓은 대리석에 새겨놓았다. 마을 입구에는 성문을 만들고 그 위에 8개의 기둥을 세우고, 다시 그 위에 팔작지붕을 얹은 건물을 짓고 '中軍亭'이라는 현판을 달아서 마을의 자부심을 드러내고 있다. 운봉에서 이곳에 이르기까지 황산대첩에서 승리한 이성계 장군의 유적과 업적 및 전설이 광범위하게 남아 있어, 장군을 향한 이 지역 주민들의 흠모와 존경이 어떠

한지를 알 수 있다. 일본은 전 국토의 80%가 산악 지대인 식량 부족 국가로, 우리나라에서 식량을 빼앗아 가기 위해 왜구倭寇들의 준동 蠢動이 끊임없이 이어져 왔었다. 즉 왜구의 침략은 약탈이 목적이었다. 그러다 보니 왜구들로 인해 백성들이 겪는 고통은 이루 말할 수 없었을 것인데, 이성계 장군이 이들을 시원하게 격파하였으니 그가 흠모의 대상이 되는 것은 어쩌면 당연한 일일지도 모른다. 살육과 약탈에서 백성을 구한 위대한 장군을 기리는 빗돌 앞에서 잠시 옷깃을 여미고는 60여 호가 지금도 살고 있다는 큰 마을의 가운데를 통과한다. 집은 대부분 팔작지붕을 얹은 기와집으로 안정감과 중후함을 느끼게 한다. 마을 전체는 깨끗하고 단아하며 평화롭다. 그리고 참새 소리가 시끄럽게 들릴 정도로 고요한 마을이다. 마을 뒤로는 해발 1153m 덕두산德頭山이 구름에 잠겨 마을을 보듬듯이 받치고 있어 참으로 아름답다. 마을을 벗어날 즈음에 흰 꽃과 자주 꽃이 섞여 핀 감자밭을 만난다. 괜히 캐보고 싶다. 감자는 먹는 재미보다도 캐는 재미가 나는 좋다. 흙 속에 묻혔던 굵은 감자알이 밖으로 나와 손에 잡힐 때의 그 뿌듯함이 좋기 때문이다.

중군리를 벗어나자 인월 기점 2.9km에서 둘레길은 두 갈래로 나뉜다. 10:24이다. 아랫길은 삼신암을 지나는 길이고 윗길은 선화사를 경유하는 길이다. 나중에 수성대 삼거리에서 다시 만나는 길이지만 윗길은 7년 전에 걸었던 길이고, 아랫길은 그때 가지 않았던 길이라 삼신암 방향으로 발을 옮긴다. 이어지는 길은 시멘트 포장 임도이다. 느릿한 비둘기 소리와 뭇 새들이 내는 구애의 노래를 교향악으로 들으며 소나무숲이 울창한, 경사가 거의 없이 평탄한 산속 임도를 편안하게 걷는다. 좌측 소나무숲 아래로는 람천이 경쾌한 소리를 내며 아직도 길동무가 되어주고, 건너 해발 770m 수청산 서쪽 비탈 역시 소나무숲이 녹음의 윤기를 좌르르 흘리고 있어 눈을 호강하게 한다. 길옆 곳곳에는 찔레꽃이 피어 청색과 백색의 조화를 이루며 달콤한 향을 뿜어내고 있다. 시각 후각 촉각을 만족시켜주는 숲길을 걷는다는 것은 자연을 향한 열정을 가지고 스스로 찾아오는 자만이 누릴 수 있는 특권이다. 그런데 승용차 한 대가 지날만한 임도 양옆 콘크리트와 맞닿은 흙이 심하게 뒤집혀 있다. 멧돼지가 먹이활동을 한 흔적이다. 잡식성인 멧돼지는 주식인 도토리나 열매가 산에서 고갈되면 땅을 뒤져서 지렁이나 벌레 등을 잡아먹는다. 아마도 시멘트와 닿아 있는 흙에 적당한 먹잇감이 많이 있는 모양이다. 그러기에 2km 정도 이어지는 임도변이 모두 뒤집혀 있는 게 아닐까? 평지로 이어지던 임도는 3.9km를 지나면서 우측으로 꺾이면서 서서히 오르막으로 변하더니 갈수록 경사도가 높아진다. 당연히 다리는 팍팍해지고 숨은 가빠진다. 하지만 덕두산 동쪽 자락에서 흘러내리는 계곡의 물소리가 귀를 시원하게 해주고, 간혹 보이는 감나무와 밭에 무리 지어 있는 호두나무의 잎이 발산하는 연두색 윤기에 시각적 즐거움을 누리면서 걸으니 어느덧 임도를 벗어나 계곡물이 흐르는 숲속 공터에 도착한다. 남원시 인월면 중군리에 속하는 수성대이다. 인월 기점 5.0km이고 11:07이다.

수성대守城臺, 지리산둘레길 누리집에서는 "과거 전란 때 외성外城을 수비하는 수성군守城軍이 잠복한 곳이라 하여 불리게 된 지명이다."라고 그 유래를 설명하고 있다. 하지만 어떤 전란이었는지 구체적으로 밝히지 않았고, 외성이 있었다면 내성內城이나 본성本城이 있었을 텐데 그것을 설명하는 문헌 사료史料도 부재하고, 인근 지역에 고고학적 증거물도 없어 반신반의할 수밖에 없다. 다만, 물이 흐르는 깊숙한 골짜기에 제법 널찍한 공터가 있으니 군사들이 잠복하기에는 적당하다고 여겨진다. 과거 이곳에 자연마을이 있었다고 하나 지금은 흔적조차 찾을 수 없다. 다만, 작지만 명징한 담潭이 아담하여 몸을 담그고 싶고, 경쾌한 물소리에 온몸이 시원함을 느낀다. 잠시 앉아 신발 끈을 다시 매고 수성대를 떠난다. 이제부터 길은 반가운 숲길이다. 발을 들이는 순간 숲속은 놀라운 변신을 꾀하고 있다. 교목은 교목대로, 관목은 관목대로, 풀은 풀대로 생명을 키워내기 위해 푸름을 마음껏 뿜어내고 있다. 누군가 숲을 보고 나무를 보지 못함도 옳지 않고, 나무는 보고 숲을 보지 못함도 옳지 않다고 했던가. 세상사에 대한 균형 잡힌 시각의 중요성을 빗댄 말이지만, 오늘은 겉으로 보는 숲이 정적이라면, 숲속의 세계는 동적이라는 점에서 온몸으로 접하는 자연의 즐거움을 강조하는 말로 받아들이고 싶다. 지리산 서북 능선의 끝 봉우리인 덕두산의 아랫자락을 감고 도는 산길은 오르고 내리며 굽이굽이 휘도는 가운데 5월의 절경을 만끽하다 보니 인월면 중군리에 속하는 **배너미재**에 도착한다. 인월 기점 5.8km이고 11:28이다. 배너미재는 지리산 지역이 물에 잠겼을 때 배가 넘나들었다 해서 붙은 이름이다. 운봉의 배마을(舟村里(주촌리)], 배를 묶어두었다는 고리봉, 고리봉에 배를 매어두었을 때 가장 밑바닥인 지점이라 하는 행정리杏亭里, 그 배를 내려다보던 갈대밭 자리라고 하는 노치마을, 모두 아주 먼 옛날에 온 세상이 바다가 된 적이 있었다는 대홍수 설화에서 유래한 지명들이다. 이러한 지명들은 그만큼 오래된 지리산 주변의 역사를 반영하는 것이라 할 수 있다. 배너미재에 있는 두 기의 묘소가 인상적이라 여기며 고개를 넘으니 급경사 내리막이 이어지고, 어느 정도 경사가 완만해지니 벌써 탱자 크기의 열매를 단 호두나무가 길옆에 나열하고 고사리밭이 펼쳐지면서 마을 근처에 다가왔음을 직감한다. 상부에 구름을 얹은 지리산 주능선을 조망하면서 몇 걸음 내려서니 남원시 산내면山內面 **장항리**獐項里의 수호신인 상당산목上堂山木을 만난다. 보호수로 지정된, 나이 400살의 거대한 소나무이다. 자연 숭배 사상이 반영된 당산목은 마을마다 있는데, 홰나무나 느티나무를 모시는 경우가 많다. 그런데 이 마을은 소나무를 당산목으로 모시고 있다는 점이 특이하다. 아마도 지리산 자락에 자리한 마을이라 그럴지도 모른다. 여전히 방순한 찔레꽃 향을 맡으며 바로 아래 팽나무 하당산목下堂山木 앞에 내려서서 고개를 오른쪽으로 돌리면 마을 전경이 한눈에 들어온다. 맞배지붕을 인 집도 간혹 있지만 대부분 팔작지붕을 인 기와집들이 옴폭한 바구니 터에 사이좋게 모여 있고, 집과 집 사이에는 녹색 풍성한 나무들이 맛깔스러운 음식 위에 놓인 고명처럼 마을을 아름답게 장식하고 있다. 어쩐지 행복한 사람들이 모여 사는 마을

일 것 같다. 노루[獐(장)]의 목[項(항)]을 닮아서 붙은 이름이라기에 마을을 벗어나면서 눈여겨보아도 흉물스러운 상업용 건물 때문인지, 뻥 뚫린 도로 때문인지, 아니면 청맹과니 같은 내 눈 탓인지 노루목의 모습이 잘 드러나지 않는다. 중군리에서 헤어졌던 람천 위를 지나는 장항교를 건넌다. 운봉읍에서부터 지금까지의 둘레길을 동행하였던 람천과는 이제 완전히 헤어진다. 람천은 남원시 산내면 입석리立石里에서 만수천萬壽川을 받아들이고, 경상남도 함양군咸陽郡 마천면馬川面 가흥리佳興里에서 덕전천德田川을 흡수하면서 임천林川으로 이름을 바꾸어 흐르다가 함양군 유림면柳林面 장항리獐項里에서 경호강鏡湖江에 합수되기 때문이다. 오늘의 둘레길 종점인 금계마을에서 만날 하천은 임천으로 이름이 바뀌어 있을 것이다. 장항교를 건너고 다시 국가지원지방도 제60호선 도로를 건너니 남원시 산내면 **대정리** 매동 앞마을이다. 인월 기점 7.5km이고 12:13이다.

이제부터 매동으로 가는 길은 시멘트로 포장된, 제법 가파른 임도 겸 농로이다. 둘레꾼에게 가장 비호감非好感의 길은 오르막 포장도로이다. 유난히 발도 아프게 하고, 다리도 팍팍하게 하고, 몸도 무겁게 하기 때문이다. 그래도 오래간만에 대하는 곳의 풍광을 눈에 담느라, 몸으로 받아들이느라 기쁨과 즐거움을 안고 적당한 속도로 걷는다. 지치지 않도록! 길옆의 사과는 벌써 열매를 달았고, 감은 아직 꽃망울을 머금고 입을 꼭 다물고 있으며, 매실과 보리수 열매는 한창 익어가는 중이다. 얼마 후면 묘한 향기를 발산할 밤꽃도 맺히

기 시작했고, 찔레꽃은 여전히 청순한 모습으로 달콤한 향기를 뿜어낸다. 찔레꽃 향기에 취해, 온통 푸른 산에 취해 걷다 보니 매동 입구 삼거리에 닿는다. 인월 기점 8.7km이고 12:35이다. **매동**梅洞은 남원시 산내면 대정리大井里에 속하는 자연마을이다. 마을 형국이 매화꽃을 닮아서 매동이란 이름을 갖게 된 이 마을은 하늘을 향해 늘씬하게 자란, 울창한 송림이 마을을 둘러싸고 있어 운치를 더해준다. 조선 후기 공조참판工曹參判을 지낸 매천梅川 박치기朴致箕가 심신을 단련하기 위해 지은 '퇴수정退修亭'과 그 후손이 지은 재실인 '관선재觀仙齋'가 있는데, 우거진 소나무숲을 뒤로 두르고 앞으로는 만수천이 흐르며 발밑에는 흰 너럭바위들이 어우러져 뛰어난 풍광을 자랑한다. 박치기 생존 당시에는 백여 명에 달하는 시인과 묵객들이 퇴수정 밑 너럭바위인 세진대洗塵臺에 모여 풍류를 즐겼다고 한다. 매동 앞을 흐르는 만수천은 萬壽川이라는 기록도 있고 萬水川이라는 기록도 있다. 지리산 노고단老姑壇 아래 심원深遠마을에서 발원하여 달궁계곡과 뱀사골 및 지리산 여러 골짜기의 맑은 물을 받아들여 굽이굽이 흐르는 하천이라는 점에서 萬水川이 적절할 듯하다. 이 만수천은 남원시 산내면 실상사實相寺 부근에서 람천에 합수하여 임천林川으로 이름을 바꾸어 흐른다. 운치 있고 유서 깊은 마을 매동은 둘레길에서 벗어나 있어 마을 안으로 들어가지 않고 입구 삼거리에서 잠시 점심을 먹는다. 까치, 뻐꾸기, 비둘기, 검은등뻐꾸기, 그리고 참새까지 어울려 만들어내는 아름다운 화음에 넋을 놓으며 먹는 간편식은 어느 진수성찬보다 입을 감미롭게 한다. 감미로운 식사 후 마을 입구 삼거리에서 좌측으로 방향을 틀어 해발 1079m 소룡산小龍山의 남쪽 비탈 시멘트 임도를 타고 오른다. 12:55 이다.

둘레길 우측은 풍치가 뛰어난 소나무숲이 이어지고, 좌측은 고사리밭이 펼쳐진다. 고사리밭이 끝나는 지점에서 흙길 임도로 바뀌고 좌우는 모두 소나무숲으로 변한다. **빽빽한** 소나무가 뿜어내는 피톤치드와 송진 냄새에 취해 다리의 피로를 잊고 걸으니 서진암 입구에서 우측으로 방향을 틀어 소룡산 허리를 감고 도는 숲길로 들어간다. 인월 기점 9.4km이고 13:17이다. 정말로 좋아하는, 마음이 딱 통하는, 쳐다만 봐도 그저 좋은 누군가와 같이 걷고 싶은 기막힌 오솔길이 펼쳐진다. 교목과 관목이 서로 존중하듯이 적당한 간격으로 서 있는, 풀은 풀대로 무성하게 삶의 영역을 확보하고 있는 산길이다. 바람은 산들 부드럽게 내 몸을 감싸고, 도시로 돌아가면 분명히 그리워할 맑은 공기도 코를 시원하게 뚫어주고, 아직도 짝을 찾지 못해 구애의 노래를 부르는 여러 새가 귀를 즐겁게 해주는 산길을 걷는 것은 분명 행복이다. 하지만 이 아름다운 숲속에도 고달픈 산민山民의 삶의 흔적이 남아 있다. 인월 기점 10.0km에서 지리산둘레길 누리집에서 **떼보네논**이라고 소개하는, 농사를 포기한 논의 흔적을 발견한다. '떼보'는 '떼쟁이'의 전라 방언이다. 떼쟁이는 '떼를 잘 쓰는 사람'이라고 한다면, 떼보네논은 떼를 쓰듯이 억지로 만든 논이라고 생각해야 하지 않을까. 이렇게 높고 험한 산속에 논을 만들어 농사를 지어야 생계를 유지할 수 있다면, 떼보라도 예사 떼보가 되어서는 논을 만들지 못할 것 같다. 한때는 삶의 터전이었던 산속 논은 산민이 떠나자 온갖 나무와 풀들이 자라 이제는 숲으로 변하고 있다. 고단했던 산민의 삶에 연민을 느끼며 다시 숲속 길을 걷는다. 고독해 보이는 고사목도 만나고, 사람을 깜짝 놀라게 하는 뱀도 보면서 오르락내리락 산길을 잠시 걷다 보니 인월 기점 10.6km에서 다시 남쪽 내리막 포장 임도를 만난다. 13:50이다.

　임도를 따라 내려가다 보니 좌측은 밭이고 몇 발자국 가지 않아 마을이 나타난다. 한 가지 생각이 정리된다. 포장 임도나 농로가 있는 곳은 마을이거나 논밭이 있는 곳, 즉 삶의 터전이고, 숲속의 산길은 산객을 위해 만들어진 휴식의 길이라는 점이다. 삶에서 생활도 중요하고 휴식도 중요하다면, 포장길이라 하여 불평하고 산길이라 하여 선호할 일만은 아니다. 다 같이 소중하고 가치 있는 길, 열심히 걸으면서 삶의 자세를 가다듬는 것이 둘레길을 내어준 주민들에게 보답하는 길이라고 생각하다가 중황마을 입구에 도착한다. 댕기 묶은 처녀처럼 볼그레한 앵두가 한가득 달린 나무가 있는 집 앞에서 좌측으로 몸을 돌리니 남원시 산내면 중황리中黃里 **중황마을**로 들어선다. 이제부터 둘레길은 중황마을을 서에서 동으로 관통하며 이어진다. 중황리에는 하황下黃, 중황中黃, 상황上黃 등 3개의 자연마을이 있는데, 둘레길은 이 중 중황마을과 상황마을을 통과한다. 상당히 높은 비탈에 자리한 두 마을 앞으로는 가파른 경사면을 따라 다랑논들이 아스라이 멀게 펼쳐진다. 다랑논은 산비탈을 깎고 돌을 쌓아 층층이 만든 계단 논을 말하는데, 얼마나 논이 부족했으면, 얼마나 쌀이 필요했으면, 다른 지역에서는 분명히 밭이어야 할 곳을 논으로 만들었단 말인가. 처음 다랑논을 개간하였을 사람들의 노고가 선명한 아우라가 되어 눈에 어린다. 하지만 중황마을에 자리한 집들은 과거의 농가가 아니고, 거의 펜션처럼 지어진 전원주택이다. 과거의 고달픈 삶의 흔적은 사라지고 여유롭고 낭만적인 삶이 담긴 집들이 듬성듬성 서 있고, 마당과 울타리는 정원수와 화려한 봄꽃들로 치장하여 마을 전체가 화려한 별세계처럼 되어 있다. 아름다운 중황마을을 통과하고 잠시 숲길을 걷다가 상황 소류지沼溜池를 지나면서 이제는 **상황마을**로 올라간다. 경운기 한 대 다닐 만한 농로 겸 둘레길 옆의 다랑논은 이제 막 모내기를 마쳤는지 어린 모들이 착근着根을 준비하고 있다. 다랑논을 지나니 작은 사과밭이 있고, 벌써 골프공 크기의 열매도 달려 있다. 500년 넘는 세월을 마을 사람들과 함께 한 느티나무가 있는 '등구령 쉼터'를 지나면서 경사는 본격적으로 가팔라진다. 울타리에 핀 짙은 분홍빛 작약에 시선을 빼앗기기도 하고, 구근아이리스의 매혹적 보라색에 넋이 나가기도 하며, 커다란 솜사탕 모양의 딱총나무꽃에 동심을 소환하기도 하면서 다리의 고통을 애써 외면한다. 오르던 길을 멈추고 뒤를 돌아보니 중황리 아래로 길게 펼쳐진 남원시 산내면 전체가 한눈에 들어와 눈을 시원하게 하며 잠시 고통을 잊는다. 다시 몸을 돌려 고개로 오르니, 따르르 따르르 딱따구리가 나무 쪼는 소리와 아직도 짝을 부르는 애절한 새소리가 발바닥의 아픔을 잊게 한다. 길 양옆에 청순하면서도 소박하게 핀 찔레꽃의 짙은 향기를 에너지원으로 하여 가쁜 숨을 몰아쉬며 드디어 등구치의 고갯마루에 오른다. 인월 기점 13.9km이고 15:15이다.

아홉 구비를 올라야 해서 **등구치**登九峙라고도 하고, 거북의 등을 닮은 고개라서 **등구치**登龜峙라고도 한다. 북쪽의 해발 1187m 삼봉산과 남쪽의 해발 904m 백운산 사이의 능선에 있는, 과거 목재 운반로였던 고개로 옛날 함양 사람들이 남원에 일을 보러 가든가, 남원 사람들이 함양을 오갈 때 넘었던 고개이다. 해발 650m의 높은 고개를 넘어야만 했던 옛사람들의 삶이 얼마나 고달팠을지를 생각하니, 오늘날 우리의 삶이 새삼 그들에게 미안하게 느껴진다. 경상남도와 전북특별자치도의 경계이고 남원시와 함양군의 경계이며 마천면과 산내면의 경계이자 중황리와 창원리의 경계이다. 아무리 땅을 내려다보아도 갈라져 있지 않다. 행정상의 편의를 위해 단순히 관념적으로 만든 경계일 뿐인데도 마치 거대한 담이라도 쌓아놓은 듯, 서로를 미워하고 갈등하며 단절감마저 가지려 하는 것은 위정자들이 만든 우민화에 우리가 속는 것은 아닐까. 등구치를 넘어 잠시 가파른 산길을 내려가니 창원리 뒷산인 삼봉산의 동남쪽 허벅지를 감고 도는 포장 임도를 만나 좌측으로 방향을 튼다. 인월 기점 14.6km이다. 우측에는 마을로 직접 내려가는 농로가 밭 사이로 나 있으나, 농작물에 손을 대는 둘레꾼이 생기는 바람에 민원이 발생하고 주민들이 길을 열어주지 않아 지루하고 딱딱한 시멘트 포장도를 2km나 돌아가야 하는 불편을 겪는다. 그래도 기세 좋게 뻗은 소나무와 잣나무에서 눈의 시원함을 얻고, 갑자기 마주치는 바람에 서로 놀란 다람쥐의 재빠름도 보고, 한결같이 방순한 찔레꽃 향기에 취하기도 하며 걸으니, 다리는 팍팍하지만 그리 손해 보는 기분은 아니다. 도시 어느 곳에서도 이렇게 건강한 자연과 함께할 수 없기 때문이다. 멀리 남쪽으로 촛대봉 - 연하봉 - 제석봉 - 천왕봉 - 중봉으로 이어지는 지리산 주능선의 장쾌함은 덤으로 즐기면서 인월 기점 16.7km에서 창원리의 북쪽 옆구리로 진입한다. 16:03이다.

경상남도 함양군 마천면馬川面에 속한 **창원리昌元里**는 자연마을인 '창말'과 '원정元井'의 첫 글자를 합성하여 만든 법정 명칭이다. 창말은 조선 시대 마천면의 세곡稅穀 창고가 있던 마을이라서 붙은 이름이고, 원정은 마을 가운데 있는 우물의 물이 맑고 질이 좋아 약수로 널리 알려져 붙은 이름이다. 해발 1187m 삼봉산의 동남 비탈 아랫자락에 길게 펼쳐진 창원리는 마을 앞에 해발 992m 법화산法華山이 우람하게 막고 있어 밖에서 찾아내기 어려운 산속 마을이다. 조선 시대 세곡은 국가 재정에서 가장 중요한 물자이자 사람에게는 생명줄이기도 한 곡식이다. 당연히 외부 세력이 호시탐탐 노릴 수 있는 대상이므로 꼭꼭 숨길 필요가 있고, 숨기기에 적당한 장소로 이 마을이 적격이었을 같다. 비교적 낮고 평평한 구릉지들을 계단식으로 개간하여 다랑논을 만들어 경작하는 사람들이 사는 마을로 들어서니 호두나무가 곳곳에 서서 앙증맞은 열매를 닥지닥지 달고 있고, 감나무도 줄지어 서서 열매를 막 달기 시작하고 있다. 전체적으로 아늑하면서도 평화롭게 느껴지는 마을이다. 마을 우측 산자락에는 느티나무로 보이는, 굵은 당산목 두 그루가 마을의 횡액을 막으려는 듯 위엄 있는 자세로 마을을 내려다보고 있다. 그리고 길가의 모든 곳에는 찔레꽃이 곱게, 향기롭게 피어 있다. 5월의 자연을 더욱 아름답게 만드는 찔레꽃이다. 좌우 측의 석축과 그 위의 숲, 그리고 절묘한 경사 탓으로, 시선이 향하는 곳에 하늘만 보이는 **하늘길**을 통과하니 곧 창원리를 벗어난다. 인월 기점 18.2km이고 16:40이다.

마을을 벗어나자 길은 다시 숲길로 바뀌고, 방향도 다시 금대산金臺山 쪽 오름으로 바뀐다. 몸은 이미 지쳤는데 또다시 오르막을 걷자니 그야말로 천근만근의 무게를 느낀다. 그래도 가야 한다. 이곳에 보금자리를 틀 수 없는 한 가야 한다. 그리고 금계에서 17:25에 출발하는 함양행 군내버스를 타지 못하면 부산 가는 막차를 놓치기 때문에도 걸어야 한다. 팍팍한 다리를 끌고 제법 긴 거리를 오르니 드디어 수평으로 걷는 길이 나오고 이어서 내리막으로 접어든다. 곳곳에 잣나무들은 의연하게 서 있고, 숲길은 소쇄瀟灑하고도 상큼해서 위안을 받는다. 그리고 새들이 들려주는 사랑의 합창도 내게 활기를 준다. 숲길은 나를 올린 만큼 가파르게 내리쏟는다. 그래도 이 숲만 벗어나면 오늘의 종착지인 금계金鷄마을일 것이라는 기대감으로 몸의 균형을 잡는다. 다시 달콤한 찔레꽃향이 코에 스민다고 느껴질 때 오늘의 종점인 함양군 마천면 의탄리 **금계마을** 지리산

이성계 장군의 본진이 주둔하였던 중군리

둘레길 함양센터 앞에 도착한다. 인월 기점 20.5km이고 17:20이다. 함양행 군내버스 출발 5분 전이다.

고려 우왕 6년인 1380년 9월, 금강 어귀로 침략한 왜구들은 최무선의 최신 화포 공격을 받아 배가 모두 없어지자 육지로 올라와 충청도를 거쳐 함양까지 갔다가 다시 지리산을 넘어 **운봉과 인월**에 주둔하여 살인, 방화, 약탈을 자행하며 서쪽의 광주를 거쳐 도망가려 하였다. 이에 삼도도순찰사三道都巡察使 이성계 장군이 군대를 거느리고 왜구의 퇴로를 차단한 다음 황산荒山 정봉鼎峰에서 왜장倭將 아지발도阿只抜都를 화살로 쏘아 죽이고, 밤새 달아나는 왜구를 섬멸했다. 장군이 아지발도를 쏘아 죽일 때 날이 저물고 마침 그믐밤이라

적군과 아군의 분별이 어려워 왜장에게 화살을 쏠 수가 없었다. 이에 하늘을 우러러 "이 나라 백성을 굽어살피시어 달을 뜨게 해주소서."하고 간절히 기도하자 잠시 후 보름달이 떠 개미 기어가는 것까지 분간할 수 있을 만큼 천지가 밝았고, 이때를 놓치지 않고 이성계 장군은 여진족 출신 장수 퉁두란과 합작으로 화살을 쏘아 왜장을 죽였다. 이때 이성계 장군이 달을 끌어올렸다 하여 인월引月이라는 지명이 생겨났다. 여기서 이성계 장군이 간절히 기도하여 달을 끌어올렸다는 것은 허구이다. 이는 이 지역에서 구비전승口碑傳承되는 전설에 담긴 내용이다. 이때 **구비**란 비석에 새긴 것처럼 오래도록 전해 내려온 말이라는 뜻으로, 예전부터 민중 사이에서 입으로 전하여 내려온 이야기나 노래를 의미한다. "구비전승은 사실을 전하려는 경우에도 사실을 이탈하며 전승자의 의식에 따라 사실을 바꾸어 놓는다."라고 조동일 교수는 그의 저서 '민중영웅 이야기'에서 말하고 있다. 이 말은 전승자의 의도에 따라 사실이 과장 혹은 축소되거나 허구적 내용이 가미될 수 있음을 의미한다. 또 조동일 교수는 "사실을 작자의 의도에 따라 재창조해야 소설이 될 수 있고, 소설의 독자적인 의의가 생길 수 있다."라고 하였다. 이 말은 설화의 탄생과 전승 과정에도 적용될 수 있으며, 이성계 장군이 기도를 통해 달을 끌어올린 설화는 전승자가 의도를 가지고 재창조한 사건이다. 구비문학의 창조자와 전승자는 피지배계층인 민중이다. 이때 전승자인 민중이 재창조한 의도는 무엇이었을까? 그것은 민중이 겪는 고통을 없애 주는 자가 진정한 영웅이고, 진정한 영웅은 초인적 능력을 지니고 있으며, 초인적 능력을 지닌 영웅이 통치자가 되어야 백성의 삶이 편안해진다는 진실을 말하고자 함이었다. 여기서 초인적 능력이란 따뜻한 마음으로 백성을 어루만지고 고통에서 구할 수 있는 능력을 의미한다. 그리고 그런 능력을 지닌 사람이 진정한 지도자임을 말하고자 한 것이다. 이성계 장군은 황산대첩에 이어 1382년 함경도 동북면에 침입한 여진인 호발도胡拔都 군대를 물리치고, 무장으로서는 드물게 우왕에게 '변경邊境을 편안하게 할 계책[安邊之策(안변지책)]'을 제시하여 백성들의 고통을 덜어준다. 그리고 고려 왕실과 외척 귀족들, 사전주私田主, 농장주들이 소유하고 있던 사전을 혁파하고 과전법을 시행하여 재정 고갈을 해소한 것 역시 백성들의 부담을 덜어주는 정치였다. 이성계 장군의 따뜻한 마음을 읽은 백성은 그에게 지지를 보내고, 그 지지를 등에 업은 장군은 조선을 건국하고 임금이 된다. 요컨대 국정 최고지도자는 언제나 따뜻한 마음으로 백성들이 고통 없이 살게 해주는 능력을 지녀야 한다는 것이다. 그것이 이성계 장군의 초인적 영웅 설화를 창조하고 구비전승하는 민중의 의도이다. 현대 사회 대한민국 국민의 의도 또한 이와 다르지 않을 것이다. 따뜻한 마음으로 국민의 아픔을 어루만져 주는 지도자의 출현을 기대해 본다.

공짜는 없지만, 배려와 인정은 있다
4구간 [금계-동강]

경상남도 함양군 마천면 의탄리 금계마을과 함양군 휴천면 동강리를 잇는 12.7km의 [금계-동강] 구간은 지리산둘레길 21구간 중 제4구간이다. [금계- 동강] 구간은 지리산 자락 깊숙이 들어온 6개의 산중마을과 사찰을 지나 임천을 만나는 길이다. 사찰로 가는 고즈넉한 숲길을 걷다가, 용유담과 법화산 자락을 조망하며 임천을 따라 걸으며, 운서고개와 구시락재를 넘는 임도 구간도 있다.

- 지리산둘레길 누리집에서 수정 인용

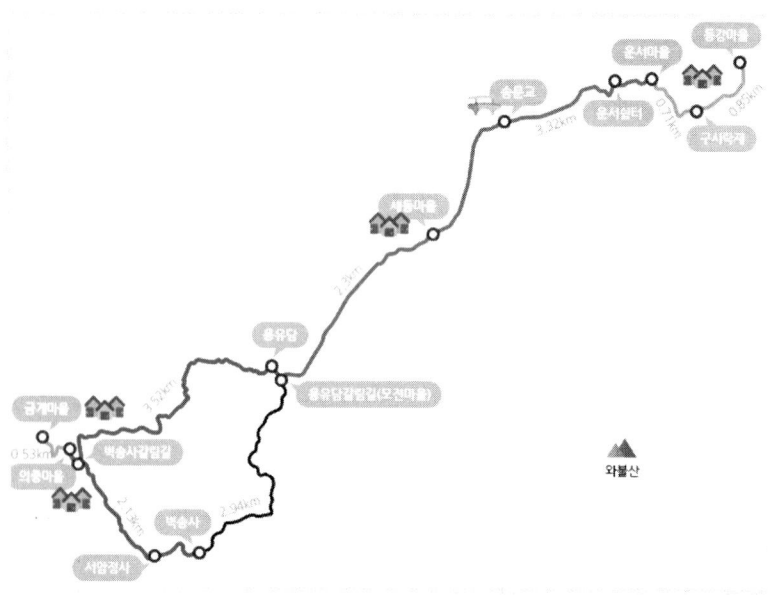

출처: 지리산둘레길 누리집

2024년 4월 23일(수) 10:00, 경상남도 함양군咸陽郡 마천면馬川面 의탄리義灘里 **금계金鷄마을**에 있는 지리산둘레길 함양센터 넓은 마당에 선다. 예전 마천초등학교 의탄분교 자리이다. 마당 귀퉁이에는 작은 식당이 있고, 그 앞에는 식당 주인아주머니가 봄나물을 데쳐서 말리려고 펼치고 있다. 봄 냄새와 봄 색깔 가득 담은 질경이, 고사리, 다래순, 취나물 등이 풍성하게 널려 군침을 자극한다. 마을 뒤에는 해발 852m 금대산金臺山이 온통 연두로 치장을 한 채 우뚝 마을을 내려 보고 있다. '지리방장智異方丈 제일금대第一金臺'라는 말이 있다. 부처가 앉는 자리인 연화대蓮花臺의 별칭인 금대가 지리산 조망처로 으뜸이라는 뜻이며, 방장方丈은 지리智異의 다른 이름이다. 자태 뛰어난 금대산 남동쪽 자락에 자리한 마을이라 '황금닭'과 관련한 기막힌 설화라도 있을까 하여 아무리 알아보아도 그런 것이 존재하지 않는데 왜 금계일까. 조선시대 민간 예언서인 정감록鄭鑑錄에 금계동金鷄洞이라는 이상적 공간이 나오는데, 이 마을의 경관이 하도 좋아서 누군가가 마을 어귀에 '金鷄洞'이라는 글자를 써 붙이는 바람에 금계마을이 되었다고 한다. 원래는 노디마을이었다고 한다. '노디'는 신수가 나쁜 자식을 위하여 어버이가 일종의 액막이로 냇물에 놓는 징검다리인 '노두'의 이 지역 사투리이다. 이곳 사람들이 마을 앞을 흐르는 임천林川을 건너 '의평義坪마을'을 오갈 적에 건넜던 징검다리가 노디라서 노디마을이라 불렸다. 노디라는 이름이 이 마을 사람들의 현실적 삶에서 유래하였다면, 금계라는 이름은 현실의 고통이 없는 이상세계에 대한 소망이 투영된 이름인 듯하다.

임천에는 맑고 시원한 물이 콸콸 흘러 봄의 생동감을 더한다. 지리산 고리봉에서 발원하여 남원의 운봉, 인월, 산내 들녘을 가로질러 흐르는 람천藍川은 남원시 산내면山內面 입석리立石里에서 만수천萬水川을 받아들이고, 함양군 마천면 가흥리佳興里에서 덕전천德田川을 흡수하면서 임천으로 이름을 바꾸어 흐르다가 함양군 유림면柳林面 장항리獐項里에서 경호강鏡湖江에 합류한다. 금계마을을 출발하여 노디 대신 들어선, 임천을 가로지르는 의탄교義灘橋를 건너 둘레길 4구간 탐방에 나선다. 오늘의 전체 진행은 서남에서 동북 방향이다. 오전 10:00이다.

하늘은 구름 하나 없는 벽공碧空이고, 미풍은 온몸을 부드럽게 감싼다. 세상은 초록의 군단이 지배하고 있다. 약간의 땅 자락만 있으면 연두는 파고들어 기존의 짙은 녹색과 절묘하게 조화를 이룬다. 의탄교에서 바라보는 금계마을의 집들도 신록 속에 겨우 비집고 앉은 듯하다. 꽃이 순간적이고 국소적인 아름다움을 보여준다면, 녹색은, 아니 신록은, 아니 연두는 온 천하를 오랫동안 아름답게 꾸며놓는다. 그래서 정희성 시인은 '연두'라는 시에서

    "아쉽기는 해도
    더 짙어지기 전에
    사랑도

    거기까지만

섭섭기는 해도 나의 봄은
　　거기까지만"

이라고 읊었다. 세상이 연두일 때만 사랑이고 봄이라는 거다. 그만큼 연둣빛 세상은 눈도 마음도 황홀하게 하여 누군가를 사랑하게 만든다. 황홀경에 빠져 의탄교를 건너면 의평마을이다. 금계金鷄, 의중義中, 의평義坪마을을 합쳐 의탄리라고 한다. **의탄**義灘은 고려 시대 나라가 필요로 하는 물품을 생산하여 공납하던 의탄소義呑所가 있었다 하여 불리는 이름이다. '소所'는 왕실과 관아 등 국가에서 필요한 공물을 생산하던 고려의 특수 지방 행정 구역이다. 그렇다면 이 지역에서 무엇을 생산하였기에 '삼킬 呑(탄)'을 썼을까. 의탄소에서 생산된 공물은 무엇인지 알려지지 않았으며, 지명의 의미와 변화상도 쉽게 찾기 어렵다. 다만 의탄소의 '탄呑'이 숯을 의미하는 '탄炭'과 소리가 같은 점과 의탄리 일대에 나무가 풍부한 지역인 점을 고려하면, 숯을 생산하였을 가능성을 염두에 둘 수 있다. 그러면 마을 이름에 '숯 탄炭'을 쓰지 않고 '여울 탄灘'을 쓰는 까닭은 무엇일까. 아마도 임천을 흐르는, 옥같이 고운 물이 만들어 내는 여울이 하도 좋아서 같은 음을 지닌 탄灘을 쓴 것이 아닐까 하고 나름대로 추측해본다. 평지에 있는 마을이라 **의평**이라 불리는 마을 입구에는 수령 樹齡 500년의 느티나무 당산목이 육중한 모습으로 시원한 그늘을 늘이고 나를 맞는다. 오늘의 목적지가 이곳이라면 시원한 막걸리라도 한 사발 들이키고 편안하게 쉬고 싶건만, 가야 할 길이 30리라 사진한 장을 담고 발길을 옮겨 의중마을로 향한다. 의중마을은 의평보다 높은 구릉에 있는 마을이라 언덕을 올라야 한다. 의평과 의중을 연결하는 길은 차량이 통행할 수 있는 도로이지만, 둘레길은 숲속 산길로 따로 이어진다. 숲길 입구에서 몸을 뒤돌려 시선을 좌우로 던져 본다. 좌측에는 지리산 서북능선의 끝에 있는, 해발 1187m 바래봉과 1153m 덕두산이 부드러운 능선을 드리워 남원시 인월면으로 완만하게 기울어진다. 바래봉과 덕두산의 정상은 아직 겨울인지 연두색은 없고 회색만 있다. 정면은 금대산 아래 금계마을이 조용히 들어앉아 있고, 약간 우측 법화산 남쪽 끝자락에는 산을 파내고 거대한 천왕대불天王大佛을 조성 중인데 몇 년째 공사가 지지부진하다. 부처를 향한 지극한 불심을 표현하려는 것인지, 무자비하게 환경을 파괴하려는 것인지 참으로 모호하다. 신앙심은 외형적 크기와는 무관하게 인간의 마음에 달린 것이다. 그리고 자연은 인간이 소유하는 것이 아니라, 그 자체로 영원한 것이다. 자연이 파괴당하는 안타까움 속에 둘레길을 내기 위해, 일부러 만든 가파른 숲길로 치고 오른다. 좌우의 참나무들이 연두색 잎을 밀어내느라 연신 햇빛을 삼키는 사잇길을 5분 정도 오르니 의중마을 측면 언덕 정점이고 여섯 그루의 우람한 소나무들이 마을을 보초병처럼 지키고 있다. 언덕을 내려서니 의중마을 입구이다. 금계 기점 0.5km이고 10:25이다. 한국전쟁 당시 의평, 의중마을을 비롯한 칠선계곡 일대의 마을들은 빨치산 토벌을 위한 국군의 소개疏開 작전으로 모두 불타 없어졌는데 전쟁 후 다시 복원한 아픔이 있다.

둘레길은 의평마을과 의중마을을 연결하는 도로를 북에서 남으로 가로질러 마을을 좌측에 끼고 둥글게 오르는 산길이 된다. 마을 안에는 닥나무로 한지 재료를 만들던 '삼굿터'가 있다는데 둘레길이 마을을 우회하므로 직접 볼 수가 없어 아쉽다. 길옆에는 줄기 높이가 약 50cm인 하얀 미나리냉이가 지천으로 피어 고단한 나그네의 마음을 어루만져 준다. 그리고 고사리 따는 할머니와 반가운 인사도 나누는 사이 수령 500년인 의중마을 윗당산목 느티나무 아래에 도착한다. 벌써 잎을 무성히 단 거목이 드리워 주는 그늘이 시원해서 좋다. 그늘에서 바라보니 의중마을은 복지福地인 산속 바가지 터에 포근하게 들어앉은 마을이고, 멀리 북으로 해발 997m인 법화산法華山이 근엄하게 보인다. 이곳에서 용유담으로 직진하는 길과 벽송사를 거쳐서 용유담으로 가는 길이 갈라진다. 나는 보고 보아도 언제나 그리운 도인송과 미인송을 만나기 위하여 벽송사로 가는 오르막 숲길을 택한다. 벽송사로 향하는 숲길은 엊그제 내린 비로 촉촉하고, 경사도 완만하다. 완만하면서도 먼지 하나 없는 숲에는 예의 소나무들이 하늘을 찌를 듯한 기세로 뻗어 있고, 이제 막 새순을 뿜어내는 참나무들은 숲을 더 신선하게 만들어 도심에 찌든 폐부를 시원하게 뚫어준다. 기막히게 아름다운 지리산 자락의 숲길을 편안하게 오르니 어느덧 벽송사 가기 전에 자리한 서암정사이다. 금계 기점 2.2km이고 11:15이다.

서암정사瑞庵精寺의 입구에는 일주문 대신 웅장한 돌기둥이 두 개 있고 한자로 쓰인 네 개의 문장이 흰 대리석 돌기둥의 앞뒤에 검게 음각으로 새겨져 있어 찾아온 중생을 압도한다. '생명의 근원은 하나'라는 내용보다 돌기둥이 주는 위압감이, 돈으로 감은 듯한 물질성이 경건함보다는 약간의 반항심을 불러일으킨다. 반항심을 안고 경내로 들어서니 웅장한 석조물인 대방광문大方廣門이 우리를 맞는다. 이름은 크고 넓은 부처의 세계로 들어가는 문이지만, 실제로는 말과 달리 좁다. 문을 통과하니 아미타불과 지장보살을 모신 석굴 법당이 나그네를 맞는다. 이 석굴 법당은 천연 암석으로 둘러싸인 곳으로 한국전쟁의 원혼들을 위로하기 위해 조성하였다고 한다. 조형미가 뛰어난 석굴 법당을 비롯하여 돌, 소나무, 꽃, 연꽃, 잉어가 헤엄치는 연못 등이 잘 가꾸어진 정원처럼 나그네의 시선을 사로잡는다. 원래는 벽송사의 부속 암자였으나 지금은 사찰로 승격하였다. 하지만 다른 절에서 느끼는 외경심畏敬心이 일어나지 않는 것은 신심도 물질과 상응한다는 세속의 가치관이 조용한 절에까지 파고들었음을 느꼈기 때문일까. 넓은 수관樹冠을 자랑하는, 황목련黃木蓮이라고도 불리는 대웅전 앞의 일본목련日本木蓮조차도 커다란 꽃봉오리를 달고 화려함을 뽐낸다. 화려함과는 상반되는 허전함을 안고 서암정사를 벗어나 벽송사로 향한다. 11:25이다. 벽송사로 가는 길은 가파른 아스팔트 도로이다. 제법 땀을 흘리며 굽이를 돌며 오르다 보니 한 쌍의 목장승을 만난다. '금호장군禁護將軍'이라는 이름을 가진 여장승과 '호법대신護法大神'이라는 이름을 가진 남장승이 마주 보고 서서 벽송사를 지키고 있다. 원래 이 자리에 있던 목장승은 세월의 흐름 속에 너무 많이 손상되어 벽송사 경내에 보호각을 세워 그 속에 옮겨 보존하고, 그들을 대신하여 새로 세운 것이라 하지만 이 역시 부서지고 삭아서 머리와 몸통이 갈라져 있다. 경건한 자세로 합장을 하고 다시 벽송사로 향한다. 허리에도 통증이 오고 다리는 무거워진다. 하지만 지금도 벽송사의 절집 안에는 득도를 위해 고행하는 스님들이 가부좌를 틀고 앉아 있을 것을 생각하면 이깟 고통쯤이라도 견뎌야 스님들을 뵐 낯이 서지 않을까 하는 생각이 든다. 생각 속에 걸음을 옮기니 이내 **벽송사**碧松寺에 도착한다. 경내에서 가장 먼저 만나는 것은 목장승 보호각이다. 각閣 안에는 1910년대에 세워진 목장승 두 기가 서 있다. 재질은 밤나무인데, 왼쪽의 장승은 머리 부분이 불에 타 없어졌고 왕방울 눈도 하나만 남아 있으며 코도 거의 알아볼 수 없다. 몸통도 부패하여 반쯤만 남아 있으며, '禁護將軍'이라는 글자가 음각되어 있다. 오른쪽 장승은 둥근 짱구 모양의 민머리에 공을 박아놓은 듯한 왕눈, 그리고 주먹코의 모습이다. 몸통에 새겨놓았던 '護法大神'이라는 글자는 비와 바람에 삭아 보이지 않는다. 무서우면서도 순박하고, 익살스럽게 생겨 입가에 미소가 돌게 한다. 이 목장승은 가루지기타령에 나오는 변강쇠와 옹녀의 전설과 관련이 있다. 가루지기타령에는 변강쇠가 옹녀와 지리산으로 들어와 살면서 나무 대신 장승을 땔감으로 사용하다 혼쭐이 난다는 내용이 나오는데 그 주요 무대가 벽송사를 중심으로 한 함양군 마천면 일대라고 한다. 다음에 만나는 것은 도인송道人松과 미인송美人松으로 불리는 두 그루의 소나무이다. 도인송은 도인답게 굵고 우람하며 하늘을 향해 쭉 뻗어 있다. 어떤 시련과 고통도 이겨낼 듯한, 어떤 유혹에도 흔들리지 않을 듯한 당당한 자세로 서 있다. 미인송은 역시 미인답게 여리고 호리호리한 자태를 가지고, 그리고 절대 훼손되지 않을 정절을 푸른 가지로 이고 도인의 사랑을 기다리며 도인송을 향해 기울어져 있다. "미인이 도인에게 연정을 품고 유혹을 했으나 도인은 흔들리지 않았다. 그러자 미인은 연정을 버리고 존경의 마음으로 곁에서 바라보기로 했다."라는 전설이 지극히 당연하다고 느껴진다. 벽송사를 가장 잘 상징하는 것은 이곳에서 유래했다는 가루지기타령보다도, 이곳에서 득도한 지엄선사보다도, 서산대사와 사명대사보다도 두 그루의 푸른[碧(벽)] 소나무[松(송)]가 아닐까.

도인송이 서 있는 언덕에서 아래를 내려다보니, 벽송사의 전경이 한눈에 들어온다. 특히 적절한 여백을 두고 적당한 크기로 각각의 자리를 잡은, 단청이 화려하지 않은, 수수한 몇 채의 절집들은 이곳이 수도 도량道場임을 알려주려는 듯이 고요히 앉아 있다. 그 위로 비치는 사월의 투명한 햇살은 면벽한 수도승의 명철明哲한 깨달음을 도우려는 듯 조용히 지붕 위에 내려앉는다. 이렇게 아늑하고 평화로운 이곳이 한국전쟁 당시에 빨치산 야전 병원으로 쓰였고, 토벌군들이 불을 질러 절도 타버리고 많은 목숨이 주검으로 변해버린 적이 있었다고 한다. 많은 사람은 이 사건을 단지 '역사의 아픔' 내지는 '아픈 역사' 정도로 치부하고 만다. 과연 그럴까. 그들이 바랐던 것은 일제와 악덕 친일파에게 빼앗긴 농지의 균등 분배를 통해 실제 농사짓는 이들의 노동력이 착취당하지 않고 땀 흘린 만큼의 소득으로 모두가 고통스럽지 않게 살자는 것이었다. 그러나 광복된 대한민국은 그들의 소망을 들어주지 않았고, 이에 불복하여 무기를 들고 지리산에 모여든 그들은 결국 한을 안고 흙으로 돌아간 것이다. 세월이 흐르고, 기술과 문명은 고도로 발달하고, 삶의 방식이 엄청나게 변해도 빈부의 차이, 계층 간의 갈등은 갈수록 심해질 뿐이다. 그들이 가슴에 안고 간 한은 아직도 우리의 삶 속에 진행형으로 남아 있다. 역사의 상처가 아니라 역사의 진행형이다. 언제쯤이면 모두가 고통이 없는 평온한 삶을 누릴 수 있을까. 그들이 죽어간 자리에서 스스로 고통을 자초하며 중생의 아픔을 어루만지기 위해 면벽하는 수도승들의 고행은 우연이 아니라, 필연일지도 모르겠다. 김광림 시인의 '산'의 한 구절처럼 "면벽面壁한 노승의 눈매에/ 미소가 돌아."서 득도한 자비를 고통받는 중생을 위해 베풀어 주기를 기원하며 벽송사를 떠난다. 금계 기점 2.9km이고 12시 20분이다.

벽송사를 벗어나 왼쪽으로 발길을 돌리니 숲길이다. 엊그제 내린 비로 촉촉한 땅 위에 숲은 그늘을 드리워 서늘한 기운으로 착 감겨 온다. 상쾌하다. 천왕봉에서 중봉中峰과 하봉下峰을 따라 흘러내린 지리산 동북능선의 아랫자락을 오르고 넘는 아름다운 숲길이다. 잠시 경사진 비탈을 오르니 평탄한 능선을 만난다. 마치 융단 위를 걷는 기분이다. 모전마을로 내려서기 직전의 삼거리 고갯마루에서 화려한 점심을 먹는다. 사월의 신록이 일산이 되어 햇빛을 가려주고 상큼한 바람이 비단처럼 온몸을 휘감는, 편안하고 수려한 숲속에서 소박한 도시락을 먹는 것이 어찌 화려한 점심이 아니겠는가. 느긋하게 점심을 먹고 모전마을로 내려간다. 금계 기점 3.8km이고 13:15이다. 내려가는 길 역시 지리산 특유의 편안함을 주는 길이다. 급경사도 아니고, 험난한 바위도 없다. 굵은 참나무와 서어나무가 신록을 만들어 내는 4월의 숲이 약동하고 있다. 교목은 교목대로, 관목은 관목대로, 풀은 풀대로, 지난가을 몸을 누인 낙엽은 낙엽대로 각자의 자리에서 각각의 영역을 확보하고 고요히 약동하고 있다. 나도 숲의 부분이 된 듯한 착각 속에 숲길을 유유히 내려간다. 아니, 숲이 주는 그늘을 타고 고요히 흘러가는 것 같다. 고요히 흘러내리니 함양군 휴천면休川面 송전리松田里 **모전毛田마을**이다. 이름 그대로 순전히 밭만 있는 마을이다. 과거 농경 사회에서는 찢어지게 가난한 마을이었을 텐데, 지금은 상업용 건물과 펜션이 새로 들어서고 있어서 원래 마을의 형태는 없어지고 화려한 마을로 탈바꿈하고 있다. 논이 없는, 이런 산골 마을이 오히려 휴양지나 귀농지로 인기를 얻고 있으니 삶의 환경도 시대의 변화에 따라 호불호好不好가 달라지는 모양이다. 의탄리에서 이별한 임천은 잠시 용유담이라는 절경을 만들었다가 다시 흐른다. 금계 기점 5.6km이고 14:00이다.

용유담龍遊潭을 눈에 담기 위해 잠시 둘레길을 벗어나 100m 정도 서쪽으로 이동하여, 용유담 위를 가로지르는 용유교龍遊橋 위에 선다. 지리산 북쪽 비탈에 있는 모든 계곡물이 모여 흐르는, 엄천강嚴川江이라고도 불리는, 맑은 임천은 이곳 용유담에 이르러 장방형의 평평한 호수를 절묘하게 만들어 놓는다. 화강암 괴석이 첩첩이 쌓인 담변潭邊과 신록이 덮인 산자락은 옥빛 물과 어울려 마치 용이 하늘로 날아오르는 형상을 빚어놓는다. 그리고 담에 담긴 맑은 물, 그 속에 비친 지리산 그림자, 그 옆의 절묘한 화강암 바위들은 보는 이를 황홀하게 한다. 이런 명승지에 어찌 전설이 없겠는가.

"옛날 신선 마적도사가 종이에 쇠도장을 찍어서 나귀에게 부쳐 보내면 그 나귀가 어디론가 가서 식료품과 생활필수품을 등에 싣고 오게 된다. 그 나귀가 용유담 가에 와서 크게 울면 마적도사가 쇠막대기로 다리를 놓아 나귀가 용유담을 건너오곤 하였다. 하루는 마적도사가 나귀를 보내 놓고 마고할미와 장기를 두고 있었다. 그때 마침 용유담에서 용 아홉 마리가 놀다가 싸움을 시작하였다. 용이 싸우는 소리에 아무 소리도 들리지 않고 장기에만 골몰하고 있었다. 나귀가 와서 울었는데도 마적도사는 용이 싸우는 소리, 물 흐르는 소리에 나귀의 우는 소리를 듣지 못하고 장기만 두고 있었다. 나귀는 강변에 짐을 싣고 서서 힘을 다해 울부짖었으나 반응이 없어 그대로 지쳐서 죽었다. 이렇게 나귀가 죽어서 바위가 되었는데 그것이 곧 나귀바위다. 마적도사는 장기에 몰두하다 나귀가 죽는 줄도 몰랐다고 화를 내며 장기판을 부수어 버렸다. 그 장기판 부서진 조각이 돌이 되어 지금도 군데군데 흩어져 있다."

이 전설에는 두 가지 의미가 담겨 있다. 하나는 이곳이 용과 신선이 노닐 만큼 신비로운 절경이라는 것이다. 다른 하나는 경치나 잡기에 지나치게 집중하게 되면 패가망신할 수도 있다는 가르침을 준다. 무관심 속에 죽어간 나귀바위와 마적도사가 깨버린 장기판 조각들을 직접 보려면 용유담으로 내려서야 하지만, 가야 할 길이 멀다는 핑계로 다음을 기약하며 둘레길로 돌아온다. 용유담을 떠나면서 길은 지리산 동북능선 상의 해발 1214m 와불산臥佛山 발목에 걸친, 단선의 아스팔트 도로를 따라 4km 정도를 지루하게 걸어야 한다. 좌측 나무들 사이로 언뜻언뜻 보이는 임천의 맑은 물을 길동무로 삼고, 간간이 들리는 교교姣姣한 새소리와 물 흐르는 소리, 바람 소리가 어울려 만드는 멋진 교향악에서 위안을 받으며 딱딱한 길이 주는 발바닥의 고통을 이겨낸다. 한여름을 방불케 하는 뙤약볕이 내리쬐는 뜨거운 길을 임천 건너 법화산의 빛나는 신록과 한가한 닭울음 소리에서 위안을 받으며 걸으니 어느덧 휴천면 송전리 세동에 닿는다. 금계 기점 7.9km이고 14:40이다.

세동細洞 근처는 조선 시대 유명한 한지 생산지였다. 마을 주변 산에는 닥나무가 지천이어서 닥나무 껍질을 삶고, 종이를 뜨는 일로 분주한 마을이었다. 그리고 불과 50년 전만 해도 마을의 모든 가옥은 산과 계곡에서 자라는 억새로 띠를 이어 지붕을 얹은 새집[茅屋(모옥)]이었다. 이제 닥나무밭은 칡넝쿨로 덮이고 종이 뜨는 일상과 새집 지붕의 아름다움은 볼 수 없어도 바위를 담으로 이용한 집, 너럭바위에 앉은 집, 바위틈으로 솟는 우물 등 자연 속에 안긴 산골 마을의 모습은 지금도 변함없다. 이 마을의 당산제는 높은당산, 윗당산, 아랫당산 세 곳에서 지내는데, 특히 윗당산제는 별도로 술 한잔을 더 부어 올렸다고 한다. 이는 사도세자가 인재를 구하러 다니다가 이 마을 윗당산목 밑에서 쉬어갔는데, 나중에 그가 뒤주에 갇혀 죽자 이를 애석하게 여긴 마을 사람들이 그를 추모하기 위해서라 한다. 그러나 한국전쟁 당시 소개령에 의해 마을이 없어지면서 당산제는 사라졌다. 세동을 지나도 팍팍하게 이어지는 아스팔트 도로를 쉬지 않고 걷는 것은 분명 고통이다. 고통을 인내하며 임천 건너 법화산 능선 자락에 자리한, 함양군 휴천면 문정리文正里 **백연**白蓮**마을**에 시선을 던진다. 이 마을에는 형제투금설화兄弟投金說話가 전해 온다. 고려 시대 선비인 이억년과 이조년 형제가 길을 가다가 황금을 두 덩이 주워서 나누어 가졌다가 임천에 황금을 던져버렸다는 이야기이다. 이들은 다섯 형제로 이름이 백년百年, 천년千年, 만년萬年, 억년億年과 조년兆年이다. 이들 중 넷째와 다섯째가 설화의 주인공이다. 첫째인 이백년과 넷째인 이억년이 이 마을에 살았으며, 넷째 이억년의 무덤이 현재 마을 뒷산에 있다고 한다. 금덩이를 주워 나눠 가진 아우가 별안간 그것을 강물에 던졌다. 형이 그 이유를 물으니 아우는 "제가 평소에는 형을 사랑하였으나, 지금 금덩이를 나누고 보니 형이 미워 보입니다. 따라서 이 물건은 상서롭지 못한 물건이라 차라리 이것을 강물에 던지고 잊어버리려고 그랬습니다."라고 대답하였다. 형도 "네 말이 과연 옳구나." 하며 역시 금덩이를 강물에 던져버렸다. 이 설화는 사람의 삶을 더욱 바람직한 상태로 만드는 것은 재물이 아니라 사람 사이의 믿음을 바탕으로 한 도리임을 깨우치게 한다. 그리고 재물보다 형제의 우애가 소중하다는 가르침을 준다. 지금의 지명인 백연白蓮마을은 첫째의 이름을 딴 백년百年마을에서 변한 지명이다. 설화가 가르치는 소중한 가치를 가슴에 담으며 걸으니 길가에 "커피 무료입니다. 숙박하는 집 아닙니다. 영업하는 집 아닙니다."라는 글이 쓰인 팻말이 나의 눈길을 끈다. 설마 하는 마음으로 잠시 길옆으로 들어가니 인자한 표정의 장년 주인이 믹스커피와 정수기를 비치해두고 스스로 타서 먹으란다. 이렇게 고마울 데가……! 비록 정수기에 담긴 물이지만 지리산 계곡의 맑은 생수이니 많이 드시고 가라는 말씀 속에는 도시에서는 도저히 느낄 수 없는 정이 내가 마시는 커피만큼이나 달고도 짙게 들어 있다. 산길을 걷다가 지친 나그네에게 베푸는 따뜻한 정에 저절로 고개를 숙인다. "고맙습니다."라는 말만 남기고 떠나는 내가 아주 작아지는 느낌이다. 커피 음수장을 벗어나니 임천을 가로지르는, 송전리松田里와 문정리文正里를 잇는 송문교 앞이다. 금계 기점 9.6km이고 15:15이다.

둘레길은 **송문교松文橋**를 건너지 않고 직진으로 이어진다. 송문교 건너 좌측 천변에 예사롭지 않은, 검은색이 멋진 바위 언덕이 있고, 그 위에 기품이 늠름한 소나무가 자라고 있다. 바로 와룡대臥龍臺이다. 과연 비범한 용이 누운 듯하다. 와룡대의 비범함을 눈에 담고 시멘트 포장으로 폭이 좁아진 농로를 따라 하얀 미나리냉이 무더기와 노란 죽단화의 아름다움에 마음을 뺏기며 운서리로 향하는 고개로 오른다. 오르면서 눈은 연방 좌측 임천의 흐름을 따라 새우섬을 찾는다. 임천은 금계마을에서 동쪽으로 거의 직진으로 흐르다가 운서 고개가 있는 산자락이 북쪽으로 돌출하면서 드러난 바위 절벽에 막혀 북쪽으로 90도 꺾어 흐른 후 다시 동쪽으로 우회한다. 그러면서 하천 가운데 새우처럼 등이 굽은, 아주 작은 섬을 만들어 놓았다고 한다. 이를 **새우섬**이라 하는데, 이곳에 세종의 서자이자 세조의 이복동생인 한남군漢南君이 사육신死六臣 사건에 연루되고, 단종의 복위를 꾀하다가 발각되어 위리안치圍籬安置되었다고 한다. 이후 한남군은 온통 거센 물살로 둘러싸인, 작은 새우섬에 갇혀 철저한 감시를 받다가 유배 3년만인 1459년 30세의 나이로 사망하였다. 사약을 받아 죽었다는 설도 있고, 자연사하였다는 설도 있으나 어느 설이 맞든 비운의 죽음임에는 틀림이 없다. 어느 해인가 홍수가 났을 때 새우섬은 없어져 산자락에 붙은 지 오래라고 한다. 하지만 새우섬 앞을 지나는 임천은 말없이 흐르다가도 비라도 내리면 비겁한 권력 앞에 절망해야 했던 젊은 왕자의 절절한 설움과 한이 맺힌 듯 소리 내어 거칠게 울곤 한단다. 임천 건너 함양군 휴천면 남호리南湖里에는 한 맺힌 한남군의 이름을 딴 한남漢南마을이 있어 나그네의 마음을 안타깝게 한다. 흰 물보라를 일으키며 급하게 흐르는 여울 위로 두 마리 왜가리가 조용히 비행하며 억울하게 죽은 왕자의 한을 달래는 듯하다. 길게 이어지는, 다소 오르막의 농로를 한참 걷다

보니 운서雲西 고개에 도착한다. 고개를 내려서면서 함양군 휴천면 운서리雲西里를 통과한다. **운서리**는 서쪽에 있는 산지에 자주 구름이 끼어 붙은 지명이라는데, 운치 있는 마을 이름이라 여기며 목을 이리저리 돌리니 과거와 현대가 공존하는 마을이다. 옛날 새마을운동 당시에 개량된 집들이 동네 가운데에 자리 잡고 있고, 최신식 펜션 몇 채가 외곽에 자리 잡은 형태의 마을이다. 골이 깊은 주름과 검게 그을린 살갗이 인고의 세월을 말해주는 듯한 할머니 한 분이 고추 모종을 내고 있고, 며느리인지 딸인지 알 수는 없지만, 도시적 분위기를 지닌 젊은 여인이 이를 돕고 있어 흐뭇한 분위기를 연출한다. 다시 한 굽이를 돌아 고갯마루에 올라서니, 구시락재이다. 금계 기점 12.0km이고 16:20이다.

구시락재, 어디에 알아보아도 그 이름의 유래를 알 수 없다. 다만 영남학파의 조종祖宗인 김종직金宗直이 함양군수로 재직할 때 이 고개를 넘어 천왕봉에 올랐다는 이야기가 그가 지은, 지리산 탐방기인 유두류록遊頭流錄에 전한다고 한다. 세조가 조카인 단종을 죽이고 왕위를 찬탈한 것을 항우項羽가 의제義帝를 죽인 것에 빗대어 비난한 조의제문弔義帝文 때문에 훗날 연산군에 의해 부관참시를 당할 만큼 강직한 성품의 학자였던 김종직을 500년의 세월을 건너뛰어 이곳에서 만나는 것은 참으로 반가운 일이다. 오죽했으면 호조차도 '눈에 보이는 천박한 것을 경계'한다는 뜻의 점필재佔畢齋였을까. 이 기심에 학자의 양심조차도 쉽게 팽개치는 현대의 지식인들은 그를 귀감으로 삼아야 하지 않을까. 권력에 눈이 어두운 훈구파들에게 고난을 겪던 그의 심정이 담긴 칠언절구七言絶句 보천탄즉사寶泉灘卽事를 떠올려 본다.

> 桃花浪高幾尺許 (도화랑고기척허)
> 　복숭아꽃 뜬 냇물이 얼마나 불었는고.
> 根石沒頂不知處 (흔석몰정부지처)
> 　솟은 바위 아주 묻혀서 알 수가 없네.
> 兩兩鸕鷀失舊磯 (양양로자실구기)
> 　쌍쌍이 나는 가마우지 옛 터전을 잃어
> 啣魚却入菰蒲去 (함어각입고포거)
> 　물고기를 입에 문 채 풀 섶에 드네.

물고기를 잡아먹고 살아야 하는 가마우지가 물을 떠나 풀 섶에 들어야 하는 심정처럼, 권력에 눈먼 기득권 세력에게 쫓겨 불의의 세상에서 물러나야 했던 김종직의 심정은 오죽했을까. 뱁새가 황새 따라갈 수 없듯이, 아무리 그의 심정을 공감하려 해도 공감이 안 되는 안타까움을 느끼며 구시락재를 넘어 동강리로 들어선다. **동강리** 桐江里, 임천 변에 오동나무라도 멋지게 숲을 이루고 있을까를 기대하고 마을 배후로 내려오지만, 오동나무 군락은 보이지 않는다. 여러 가지 종류의 과실수가 마을 주변에 산재하여 있고 마을은 제법 규모가 크게 보인다. 이곳 역시 과거의 집들과 신식 펜션이 공존하고 있고, 완만한 경사를 따라 평화롭게 펼쳐져 있다. 다만 육중하게

벽송사를 가장 벽송사답게 하는 도인송

솟은 팽나무 당산목 네 그루가 마을의 안녕을 지키려는 듯 마을 뒤쪽에 굳건하게 서 있는 것을 보며, 운서 고개를 넘을 때 헤어졌던 임천을 다시 만나며 함양군 휴천면 동강리 평촌坪村에서 오늘의 지리산둘레길 탐방을 마친다. 금계에서 이곳까지 총 12.7km이고 16:35이다.

기회비용機會費用이라는 말이 있다. 오스트리아 경제학자 '프리드리히 폰 비저'의 저서에서 유래한 경제개념이다. 사전에서는 기회비용을 '한 품목의 생산이 다른 품목의 생산 기회를 놓치게 한다는 관점에서, 어떤 품목의 생산 비용을 그것 때문에 생산을 포기한 품목의 가격으로 계산한 것'이라고 정의하고 있다. 예를 들면, 구두 또는 운동화 중 하나만 생산할 수 있는 기업이 구두를 생산한다면 운동화 생산을 포기하여야 한다. 이때 포기한 운동화 생산 비용이 기회비용이다. 기회비용의 개념은 경제의 영역을 넘어 정치 또는 사회적 행위의 타당성을 판정하는 기준이 될 수도 있다. 가령 2016년 10월부터 2017년 3월까지 총 20차에 걸쳐 진행된 '박근혜 정권 퇴진 촛불집회'에 연인원延人員 약 1700만 명의 시민이 참가하여 부도덕한 정권을 퇴진시켰다. 이들 중에는 학생도 있었고 직장인도 있었으며 상업에 종사하는 사람도 있었다. 이때 집회에 가담한 학생은 공부를 소홀히 하는 기회비용을 치렀고, 직장인은 직장 일을 소홀히 하는 기회비용을 치렀으며, 상인은 일시적으로 가게 문을 닫아야 하는 기회비용을 치렀다. 하지만 정권 퇴진 운동은 성공하였고, 시민들이 치른 기회비용은 정치적, 사회적 타당성을 지니는 비용의 지출이 되었다. 그런가 하면 개인의 비경제적 행위에도 기회비용이 존재한다. 가령 어떤 사람이 결혼했을 경우 그 결혼의 기회비용은 독신으로서 누릴 수 있는 자유일 것이다. 실제로 이런 기회비용이 결혼으로 얻어지는 이익보다 크다고 믿어 일부러 결혼하지 않고 독신으로 지내는 사람들도 있다. 한편 절에서 종교적 수양에 매진하는 스님의 경우는 어떨까? 세속과 마찬가지로 절에서도 살림은 해야 한다. 절에서 살림을 맡는 것을 '사판事判'이라 하고, 도를 닦는 것을 '이판理判'이라고 한다. 사판을 맡으면 이판을 제대로 하기 어려우므로 '이판사판'이란 말이 생겼다. 사판승에게는 이판이 기회비용이다. 그러므로 기회비용의 문제는 선택의 문제이다. 인간의 모든 행위는 선택으로 결정된다. 기회비용을 최소화하고, 결정비용을 최대화하는 선택이 경제적 관점에서는 탁월한 선택일 것이다. 그런데, 정치적, 사회적, 개인적 기회비용을 치르는 문제, 즉 우리가 삶의 문제에서 선택의 기로에 섰을 때 무엇을 선택하는 것이 옳은가에 대한 절대적인 기준은 없다. 결혼 후에 '내가 이렇게 힘들게 살아야 하는 결혼을 왜 했을까.'라고 후회하는 사람이 있다면, 그는 기회비용을 잘못 치른 것이다. 반대로 결혼 생활에 만족감을 느끼며 행복해하는 사람이 있다면, 그는 기회비용을 잘 치른 것이다. 따라서 기회비용의 선택 기준은 삶의 맥락과 환경, 그리고 각자의 주관적 가치에 따라 상대적일 수밖에 없다.

　기회비용 개념을 바탕으로 생겨난 말이 있다. 바로 **세상에 공짜는 없다**는 말이다. 사람이 살아가면서 끊임없이 행하는 선택은 반드시 기회비용을 지출해야 하기 때문이다. 하지만 이기적인 사람은 도저히 이해할 수 없는 기회비용을 치르는 선택을 하고, 행하는 사람도 있다. 평생 힘들게 모은 돈을 선뜻 장학금으로 기부하는 사람도 있고, 소문내지 않고 불치병 어린이를 돕는 사람이 있는가 하면, 어려운 가정을 돕기 위해 소액을 정기적으로 기부하는 다수의 시민도 있다. 한편 타인을 위한, 사회를 위한, 자연환경을 위한 노동에 시간을 내거나 재능을 기부하는 사람도 있다. 이들 모두 자신의 이익을 위해 돈을 쓰거나 시간을 투자할 수 있으며, 노동과 재능을 활용할 수 있을 것이다. 그런데 아무런 이익이 발생하지 않는데도 기회비용을 지출하는 선택과 행동을 무엇으로 설명할 수 있을까? 그것은 인간이 이기적 존재이기도 하지만, 이타적 존재이기도 하기 때문이다. 이를 증명하는 '최후통첩 게임'이라는 이론이 있다. A에게 돈을 주고 B와 나눠 가지라고 한 뒤, A가 과연 몇 퍼센트의 금액을 B에게 제안하는지를 지켜보는 것이다. 만약 A의 제안을 B가 거절하면 두 사람은 한 푼도 가지지 못하고 게임 진행자가 도로 회수하는 조건이다. 인간은 이기적 존재임을 전제하는 보수 경제학에 따르면 A는 제로에 가까운 최소금액을 제안하고 B는 단돈 1원이라도 수락하는 것이 타당하다. 그러나 행동경제학자들의 무수한 실험 결과 최후통첩 게임에서 A는 평균 45%를 B에게 제안하였고, B는 제안 금액이 25% 미만일 때는 대개 거부하였다. 거절당하면 A도 손해를 보기 때문에 자신의 몫을 일부 포기하더라도 B를 실망하지 않게 해줄 필요가 있고, 제안 금액이 너무 적으면 B도 A에게 반감이 생기기 때문이다. 이 게임은 이스라엘 출신의 심리학자로 2002년 노벨 경제학상을 받은 '대니얼 카너먼'에 의해 제안되었다. 이 게임을 통해 보여주고자 한 것은 인간은 이기심만 가진 존재가 아니라 상호 의존성을 지닌, **이타심도 가진 존재**라는 것이다. 나는 오늘 무료 커피 음수장飲水場에서 정이 가득 담긴, 따뜻한 커피를 마셨다. 그 음수장을 개설한 사람은 기꺼이 기회비용을 지출하고, 둘레길을 걷는 고단한 나그네에게 편안한 휴식을 제공하려는 이타심을 지닌 사람이다. 그리고 음수장에서 무료 커피를 마신 나는 약간의 시간을 기회비용으로 지출하였다. 하지만 그 시간이 아깝다는 생각은 전혀 들지 않았다.

따라서 오늘 내가 마신 커피는 사실은 공짜이다. 우리는 우리의 삶을 지나치게 경제 논리에 매몰시키는 것은 아닐까? 세상에 공짜는 없다지만, 따뜻한 배려와 인정은 있다.

그들의 무사유 無·思·惟
5구간 [동강-수철]

경상남도 함양군 휴천면 동강리와 산청군 금서면 수철리를 잇는 12.1km의 [동강-수철] 구간은 지리산둘레길 21구간 중 제5구간이다. 이 구간은 아름다운 계곡을 따라 산행하는 즐거움을 누리며 걷는 산길로, 4개의 마을을 지나 산청에 이르는 구간이다. 한국 현대사의 아픔을 간직하고 있으며, 그 상처를 치유하기 위해 추모공원이 조성되어있는 구간이다. 이루지 못한 사랑 이야기가 담긴 전설이 전하는 폭포도 만나는, 지리산 자락 장꾼들이 함양과 산청 그리고 덕산을 오가며 생계를 이었던 구간이기도 하다.

- 지리산둘레길 누리집에서 수정 인용

출처 : 지리산둘레길 누리집

2023년 4월 26일(수) 10:08 지리산 천왕봉에서 중봉과 새봉을 거쳐 북으로 흘러내린 능선의 끝자락에 자리한, 해발 734m 꽃봉이 급경사를 이룬 곳에 자리 잡은 경상남도 함양군咸陽郡 휴천면休川面 동강리桐江里 평촌坪村에서 지리산둘레길 [동강-수철] 구간 탐방을 시작한다. 전체적으로 서북에서 동남 방향으로 진행한다. 평촌은 대한민국 농촌 여러 곳에 산재한 마을 이름이다. 당장 [수철-성심원] 구간에서도 같은 이름의 마을을 만날 것이다. 평촌이라는 마을의 공통점은 들이 넓다는 점이다. 이 마을도 천왕봉에서 동북쪽으로 흘러내린 능선의 끝자락에 자리한 꽃봉을 배산背山으로 하고 임천林川을 임수臨水로 한 제법 널찍한 들판이 있는 시골 마을이다. 마을은 고요하다. 마을 뒷산은 겨울을 이겨낸 소나무가 뿜어내는 검초록과 활엽수가 뱉어내는 연녹색이 조화를 이루고 있다. 산이 험준하여 곰이 골짜기로 떨어져 죽었다는 곰골, 맑은 물이 흐른다는 새미자골, 작은 차돌이 많아 사람이 다니기 어렵다는 차돌배기골도 그 속에 있을 것 같다. 아니 있다고 한다. 6년 만에 만나는 벅수가 방향과 거리를 알리는 팔을 벌려 반가움을 표한다. 2017년에 [주천-운봉], [운봉-인월], [인월-금계], [금계-동강] 구간까지 걷다가 중단한 후 6년이라는 시간이 지난 오늘부터 다시 지리산둘레길을 다시 걷기로 하였기 때문이다. 벅수의 빨간 팔이 가리키는 쪽으로 오늘의 목적지 수철리를 향해 몸을 옮긴다. 농사철임에도 넓은 들판에는 사람이 없다. 오직 트렉터 한 대만이 논바닥을 뒤집고 흙을 고르고 있다. 길은 시멘트 포장 농로이다. 금방 평촌에 이어진 동강리 기암機岩마을에 도착한다. 하지만 마을 이름의 유래가 된 신틀바위는 보이지 않는다. 신틀은 짚신을 삼을 때 신날을 걸어 놓는 틀[機(기)]인데 바위[岩(암)]가 그 신틀을 닮아 붙은 이름이란다. 그리고 신틀바위에 얽힌 전설도 있다는데 어디에서도 알 수가 없다. 민중의 소망과 절망이 담긴 것이 전설이고, 그리고 그 전설은 우리가 마땅히 알아야 할 무형문화재인데, 함양군 누리집에도 수록되어 있지 않고 기암마을에 와서도 그것을 들을 수 없다니 참으로 안타까운 일이다. 기암마을을 뒤로하고 흰젖제비꽃과 노랗고 앙증맞은 애기똥풀꽃이 가득한 길옆 논 언덕에 연신 눈을 주면서 포장 농로를 따라 걷는다. 온몸으로 봄을 느끼면서……! 걷다 보니 오봉천五峰川을 가로지르는 자혜교自惠橋를 만난다. 동강 기점 1.2km이고 10:35이다. 자혜교를 건너지 않고 우측으로 몸을 틀어 방곡리로 방향을 잡는다. 그리고 함양군 마천면馬川面 의탄리義灘里 금계金鷄마을에서부터 동행하던 임천林川과도 이별한다. 엄천강嚴川江이라고도 불리는 임천은 직진하여 경호강과 만나고, 나는 우회전하여 산속으로 들어가야 하니까. 몸을 돌리는 순간, 하얀 꽃을 마치 함박눈처럼 수북이 달고 있는 괴불나무 한 그루가 눈에 들어오고, 그 나무 끝자락 언덕 위에 곡선미 날렵한 한옥 한 채가 우아하게 자리 잡고 있다. 산과 물이 절묘하게 조화를 이루는 곳에 자리한 멋진 집이라고 생각하는 순간 우연히 만난, 산청군山淸郡 금서면今西面 자혜리自惠里에 사는 할머니께서 3억짜리 집이라고 하신다. 가치 평가의 척도가 오직 화폐밖에 없다는 인식이 시골 할머니마저 비켜가지 않는 게 안타깝다.

10:42에 곧 동강리 **점촌**店村 입구에 도착한다. 참혹한 역사의 현장이다. 네이버 지식백과에는 그날의 참상을 다음과 같이 서술하고 있다. "이들(국군 11사단 9연대 3대대 병력)은 1951년 2월 7일 13:30 함양군 휴천면 동강리 점촌으로 내려갔다. 군인들은 가현마을, 방곡마을에서 한 것처럼 귀중한 물건과 가축들을 **빼낸** 다음, 21가구 60명 주민을 동네 우물가로 모이게 한 뒤 집을 모두 불태우고 주민들을 몰살했다." 국민의 재산을 지키고 생명을 보호해야 할 국군이 도리어 국민을 죽인 것이다. 처참하고 억울하게 죽은 그들의 원통함을 아는지 모르는지, 70여 년이 지난 지금의 점촌은 눈부신 신록 아래 그저 평화롭기만 하다. 마을 입구는 큼직한 돌을 쌓아 만든 화단에 화려한 철쭉이 빛을 발하고 있고, 최신식 펜션 몇 채가 나그네를 유혹하고 있다. 옛날 토기와 철기를 만들던 마을이라는데, 지금은 신축 중인 저수지의 제방 아래 갇힌 마을이 되어 옛 모습을 잃은 것 같다. 안타까움 속에 점촌을 떠나 경상남도 산청군 금서면으로 들어선다. 군郡 경계를 나타내는 표지판이 없어 아쉽다. 포장도로를 걸어 곧 산청군 금서면 방곡리芳谷里에 세워진 산청함양사건 추모 **기념공원** 입구인 회양문廻陽門 앞에 도착한다. 동강 기점 2.6km이고 10:58이다. 이곳은 국군 제11사단(사단장: 최덕신 준장) 9연대(연대장: 오익경 중령) 3대대(대대장: 한동석 소령)가 청소하듯이 작전 지역을 쓸어버린다는 뜻의 '견벽청야堅壁淸野'라는 작전명으로 지리산 공비 토벌 작전을 벌이던 중, 1951년 2월 7일에 인근 가현마을, 방곡마을, 자혜마을, 점촌, 서주마을 양민良民 705명을 공비와 내통한

'통비분자通匪分子'로 몰아 학살하였는데, 이때 억울하게 죽은 영혼들을 추모하기 위해 만든 묘역이다. 적의 침략으로부터 국가를 지키고 국민의 생명을 안전하게 하는 것이 주된 임무인 군대가 자국민을, 더구나 무장도 하지 않았고 저항도 하지 않았던 양민을, 대부분 어린이와 여성을 포함한 노약자들을, 공비와 내통했다는 증거 제시도 없이, 수사도 하지 않고, 기소와 재판 절차도 없이, 단지 작전 지역에 살고 있다는 이유 하나만으로 705명이나 되는 국민의 목숨을 무자비하게 빼앗아버린 악행에 모골이 송연해진다. 이후 11사단장 최덕신은 수사 대상에 포함되지도 않았고, 9연대장 오익경은 무기징역을, 3대대장 한동석은 징역 10년을, 국회 진상조사단의 활동을 방해한 김종원은 징역 3년을 선고받았다. 그러나 이승만은 이들을 1년도 되지 않은 다음 해 모두 특별사면해버렸다. 그 후 최덕신은 5.16쿠데타 후 외무부 장관이 되고, 한동석은 박정희로부터 강릉시장에 임명되며, 김종원은 경찰에 특채되어 자유당 말기에 경찰 총수인 치안국장이 되어 부귀영화를 누린다. 이러한 사실로 미루어 볼 때, 한국전쟁 당시 이곳을 비롯하여 거창 등 전국에서 자행된 양민학살은 일부 군인들이 저지른 잘못이 아니라, 이승만을 우두머리로 하는 친일 집권 세력이 자신들의 권력과 부를 지키기 위해 암묵적으로 저지른, 천인공노할 살인행위이다. 국민을 보호하는 국가가 아니라, 자신들의 권익을 지키기 위해 국민도 죽여버리는 범죄집단 같은 정부가 저지른 만행이다. 어떤 경우에도 국민은 하늘과 같고, 역사는 정의의 편에 있으며, 인명人命은 절대의 가치가 있음을 확인하고, 억울하게 죽은 영혼들을 추모하고 기억하기 위하여 건립한 '추모공원'이 지향하는 가치가 오늘날의 현실에서도 아직 요원하게 느껴진다. 음지를 벗어나 양지로 돌아오라는 소망을 담은 회양문 지붕을 옅은 구름이 스산하게 덮고 있고, 차가운 바람은 온몸으로 파고들어, 산속으로 들어가려는 나그네의 마음은 수수愁愁롭기만 하다. 그러나 오늘은 걷기를 결심하고 왔기에 무거운 발길을 옮겨 회양문을 벗어나 쌍재로 향한다. 오전 11:10이다.

추모공원에서 산 쪽으로 100m 지점에 서 있는 벅수에서 거리를 파악하고 **방곡리** 입구에서 마을을 쳐다본다. 마을 사람들을 향한 군인들의 무차별 난사에 영문도 모른 채 비참하게 죽어가는 주민들의 모습이 아비규환阿鼻叫喚으로 연상된다. 산청군 금서면 생존자 최금자씨의 증언이 네이버 지식백과에 다음과 같이 수록되어 있다. "엄마가 숨 막힐 듯이 나를 껴안는 순간 천지를 뒤엎을 듯한 총소리가 들리고 나는 바로 정신을 잃었다. 한참 후 깨어나 보니 엄마 머리는 온데간데없고 몸뚱이만 나를 안고 엎어진 채였다." 이 얼마나 비참한 일인가. 전혀 상상할 수 없는 잔인한 인간 사냥이다. 치가 떨린다. 그러나 지금은 화려한 철쭉과 펜션이 과거를 포장하고 있다. 그런다고 추악한 과거가 잊히지는 않을 것이다. 애통함 속에 저수지 상단에 있는 방곡교를 건너 타원형의 저수지 길을 걷는다. 지리산 오봉천의 맑은 물이 흘러들어 모인 물이라 그런지 유난히 명징明澄하면서도 짙다. 그 물 위에 비치는 추모공원의 전경이 마치 한의 자국처럼 시퍼런 멍으로 남은 것 같다. 마침 고독한 왜가리 한 마리가 조각 바위에 서서 무심히 물속에 비친 추모공원을 바라보고 있다. 동종同種을 살해할 수 있는 유일한 동물인 인간끼리의 살육과 그로 인한 한을 저 왜가리는 아는지 모르는지……!

잠시 후 발길을 오른쪽으로 돌려, 내 몸은 **상사계곡**相思溪谷으로 안겨든다. 순간 강하게 불던 바람은 완전히 잦아들고, 옅은 구름마저 걷히고 푸짐한 봄 햇살이 온몸을 부드럽게 감싸니, 달콤한 꿈을 꾸는 듯 아늑하다. 지리산 자락의 봄은 온몸으로 느껴야 제격인가보다. 어제 내린 비로 수량이 증가한 탓인지 계곡물은 경쾌한 소리로 흐른다. 마치 봄의 왈츠를 연주하듯이……! 왈츠의 경쾌함에 발을 맞추어 촉촉하고 완만한 계곡을 오르니 제법 큰 두 개의 검은 바위 사이로 은빛 물줄기가 3단으로 비류飛流 낙하落下하고 있다. 풍부한 수량은 아니지만 휘날리는 은빛 물보라에 햇살이 분산되어 제법 신비로운 느낌을 준다. 동강 기점 4.5km에 있는, 산청군 금서면 자혜리 왕산王山 서쪽 비탈에 있는 **상사폭포**相思瀑布이다. 하늘은 푸르고 숲은 연녹색으로 화려하다. 오전 11:45이다. 상사폭포는 이루지 못한 사랑의 전설이 깃든 작은 폭포이다. 산청군 누리집에서 전하는 전설은 다음과 같다.

"옛날에 양반집 처녀와 평민 총각이 서로 사랑하다가 처녀 부모의 반대로 끝내 뜻을 이루지 못하자 총각이 이 바위에서 떨어져 죽었는데, 그 원혼이 뱀이 되어 나타나 처녀의 목을 감고 눈물을 받아먹다가 끝내 둘 다 죽어서 바위가 되었다고 한다. 그 뒤 바위 주변에 괴상한 일이 일어나므로 이를 달래기 위하여 무당을 불러서 굿을 했다고 전하며 주변에 뱀이 지나간 흔적이 남아있다고 한다."

전설에는 당시를 살아가는 민중의 소망이 담기기 마련이다. 그 소망은 신분 차이를 뛰어넘는 사랑의 성취이다. 그러나 그 민중의 소망은 결국 좌절하게 되어있다. 금기禁忌(taboo)를 깰 수 없기 때문이다. 그 금기는 신분질서의 유지이다. 두 사람의 사랑이 이루어지면 당시 사회를 지탱하던, 지배계층과 피지배계층 간의 위계질서가 깨어지고 사회는 혼란에 빠진다. 그러니 총각과 처녀는 죽음으로 비극을 맞을 수밖에 없다. 그들의 슬픈 흔적을 확인하기 위하여 아무리 쳐다보아도 청맹과니 같은 내 눈은 뱀이 지나간 흔적을 찾을 수 없고, 두 개의 바위 중 어느 것이 총각이고 처녀인지 알 수도 없다. 하지만 어쩌랴. 마치 그들의 마음을 읽은 것 같은 박목월 시인의 임이라는 시를 바치며 그들을 위로한다.

      내사 애달픈 꿈꾸는 사람
      내사 어리석은 꿈꾸는 사람

      밤마다 홀로
      눈물로 가는 바위가 있기로

기인 한밤을
눈물로 가는 바위가 있기로

어느 날에사
어둡고 아득한 바위에
절로 임과 하늘이 비치리오

'절로 임과 하늘이 비치는' 일이 전설 속 처녀와 총각에게는 일어 날 수 없지만, 오늘날의 처녀와 총각에게는 일어나기를 기원하며 다시 탐방로를 따라 쌍재를 향하여 발길을 옮긴다. 상사바위의 슬픔을 덮으려는 듯 숲은 질서정연하게 왕성한 봄의 생명력을 알린다. 교목은 하늘을 가릴 정도로 무성한 잎을 내밀고, 그 아래 관목도 적당한 간격으로 자신의 영역을 차지하며, 그 아래 틈틈이 풀들이 자리 잡아 연녹색의 건강미를 자랑한다. 폭이 좁은 호젓한 숲길을 느긋하게 오르니 물소리, 새소리, 바람소리는 마치 교향악처럼 들려오고, 푸르고 파란 하늘과 숲은 눈을 현혹한다. 도시에서는, 차에만 의존하는 사람들은 결코 느낄 수 없는, 산길을 걷는 사람만이 만끽할 수 있는 행복이다. 동강 기점 5.3km에서 다시 포장 임도를 만난다. 쌍재로 가는 임도이다. 산길을 걷기로 작정한 사람에겐 흙길이 좋다. 발에 닿는 촉감이 좋고 흙이 뿜어내는 향이 방순芳淳하기 때문이다. 하지만 어쩌랴. 걷지 않고는 안되는 길, 포장도가 싫어도 쌍재를 향하여 걸음을 옮긴다. 제법 경사진 임도를 느릿하게 오르다 보니 어느덧 쌍재이다. 동강 기점 6.2km이고 12:42이다.

쌍재는 예전 함양 휴천면에서 산청방면으로 오가는 사람들의 왕래가 잦았던 고갯마루로 주막과 마을이 있었다고 한다. 그러나 도로가 잘 연결되고, 자동차로 이동하는 일이 대부분인 오늘날에는 걸어서 고개를 넘는 사람들이 거의 없어지니, 주막도 마을도 사라짐이 당연지사이다. 이제는 고을과 고을을 이어주는 통로 기능은 사라지고, 지리산 둘레꾼들을 위한 경로로 스스로 역할을 제한하니 격세지감隔世之感이다. 한편 쌍재라는 이름은 쌍둥이 고개라는 뜻인데, 왜 쌍재일까? 그것은 잠시 후 내가 가야 할 전망대 우측에 있는 '고동재'와 쌍둥이처럼 닮았다 해서 붙은 이름이란다. 쌍재에서 우측으로 몸을 90도 전환하니 다시 흙길이 나타나고, 오늘 처음 만나는 가파른 경사가 눈에 들어온다. 그러나 길지 않은 경사이기에 금방 올라 다시 좌측으로 몸을 틀어 능선길을 걷는다. 능선의 좌우 곳곳에서 붉은 산철쭉과 연분홍 철쭉이 늘어서서 나를 반겨준다. 반겨주는 꽃을 접하며 '철쭉'이라는 식물에 대한 나의 무지를 깨닫는다. 이때가 되면 황매산이나 지리산 서북능선 등을 붉게 물들이는 산철쭉을 철쭉으로 잘못 알고 있었고, 진짜 철쭉은 '연달래'로 잘못 알고 있었던 것이다. 지리산둘레길을 걸으면 이렇게 자연에 대한 지식을 정확하게 바로 잡을 수 있는 기쁨을 누릴 수 있다. 애써 다리에 힘을 주어 얕은 봉우리를 오르니, 산불감시초소가 있는 해발 616m **전망대**이다. 오늘 탐방에서 최정점이다. 동강 기점 7.1km이고 13:17이다. 이곳은 조망의 즐거움을 느낄 수 있는 곳으로, 동쪽으로는 금관가야의 마지막 임금인 10대 양왕讓王의 무덤으로 전해지는 구형왕릉仇衡王陵이 있는 왕산王山과 산청 문인들의 자부심이 담긴, 뾰족한 봉우리가 붓과 같다 해서 이름 붙은 필봉筆峰을 손으로 잡을 듯이 볼 수 있다. 그리고 멀리 동남쪽으로는 쇠를 생산하여 모아두었다는 둔철산屯鐵山과 꼭대기가 곰같이 생겼다 하여 이름 붙은 웅석봉熊石峰이 조망되고, 필봉과 웅석봉 사이로 산청읍이 보인다. 한편 서쪽으로는 지리산의 주봉인 천왕봉天王峰과 중봉中峰을 비롯해 지리산 동북부 능선의 연봉連峯을 감상할 수 있으며, 360도 모든 방향을 조망할 수 있다. 이곳에서 일망무제로 바라보는 세상은 참으로 웅장하고 넓어서, 나이 들면서 잃어버린 호연지기가 되살아나는 듯하다. 한참을 눈동자를 굴려 장엄한 세상을 눈과 가슴에 담은 후 간단한 점심을 해결하고 고동재로 향한다. 향하는 오솔길의 좌우는 온통 참나무 숲이다. 그 숲 사이로 난 길을 걷다 보면 둥굴레처럼 생긴 풀이 무성한 것을 볼 수 있다. 그런데 자세히 보니 둥굴레가 아니다. 간혹 어떤 풀에는 하얀 종鐘 모양의, 옥수수 알갱이만 한, 앙증맞은 꽃이 한 줄로 졸망졸망 달려있다. 어디선가 들은 적이 있는 그 은방울꽃이다. 본격적인 개화는 5월이나 6월이라야 한다지만 그래도 4월 하순에 몇 송이의 은방울꽃을 만난다는 것은 행운이다. 은방울꽃 군락지를 뒤로하고 붉은 산철쭉이 만개한 길을 꽃 속의 왕자처럼 늠름하게 걷는다. 작년 가을의 화려한 색을 추억으로 안고 떨어진 갈색 낙엽이 발밑을 푹신하게 하니 걸음은 아주 가볍다. 가벼운 걸음 속에 고동재에 닿는다. 동강 기점 8.5km이고 14:06이다.

고동재는 지리산 동부 능선과 연결된, 산청군 금서면 수철리水鐵里 서북쪽에서 금서면 오봉리五峰里로 가는 고개인데, 고동 모양으로 생겼다고 해서 고동재라 부른다고 한다. 쌍재와 쌍둥이 고개이다. 가지 않은 길은 언제나 아쉬움이 남는 법, 오봉리로 가는 임도를 한참 바라보다 수철리 방향으로 발길을 옮긴다. 오봉리는 둘레길 구간에서 벗어나 있기 때문이다. 차량이 교행할 정도의 넓은 시멘트 포장 임도를 따라 수철리로 향한다. 도로 양쪽으로 산철쭉이 경성드뭇하게 피어 골짜기를 붉게 물들이고 있고, 각종 나무는 윤기 좌르르 흐르는 연두색으로 자신의 몸을 치장하고 있어, 바야흐로 봄이 세상을 덮고 있음을 알려준다. 이곳저곳으로 연신 던지는 시선은 황홀하지만 3.6km나 되는 포장도로를 내리막으로 걸으니 발이 아프다. 그래도 눈의 즐거움 속에 전화기에 저장된, 아들이 연주하는 대금 소리로 귀에 즐거움을 더하니 발의 통증을 잊을 수 있다. 마을에 가까워지니 밭에는 파, 마늘, 보리가 싱싱하고도 건강한 녹색을 발한다. 또 논과 밭에는 거름과 비료가 쌓여 있어 바야흐로 농사철이 임박했음을 알려 주지만, 봄이 되면 느끼는 농촌의 분주함은 없다. 허리가 몹시 굽은 할머니 한 분이 밭을 고르고 있고, 할아버지 한 분이 고추 모종을 내고 있을 뿐이다. 다만 산자락에 현대식 펜션 몇 채가 들어서 전형적 농촌과 부조화를 이루는 것이 어색하다. 아쉬움 속에 **수철리의 회락정**會樂亭에 도착하며 지리산둘레길 [동강-수철] 구간 탐방을 마무리한다. 동강 기점 12.1km이고 15:10이다.

산청함양사건 추모 기념공원

  2차 세계 대전 당시 유대인 학살에 주요 역할을 한 **오토 아돌프 아이히만**이 온 세계가 지켜보는 가운데 1961년 이스라엘 예루살렘의 법정에 섰을 때 세상은 경악하였다. 많은 사람은 그가 악의 탈을 쓴, 이상(異常) 인격을 가진 자일 것으로 추측하였으나, 전체주의를 철학적으로 규명하고자 했던 여성 철학자 **한나 아렌트**는, 그녀가 쓴 '예루살렘의 아이히만'에서 "아이히만은 우리가 살아가면서 만날 수 있는, 평범한 이웃집 아저씨와 다름이 없다."라고 썼기 때문이다. 그렇다면 평범해도 너무 지나치게 평범한 아이히만이 수백만 명의 유대인 학살 주범이 된 이유는 무엇일까? 그것은 그가 자신에게 맡겨진 일에 최선을 다하는 근면성과 성실성을 가졌기 때문이다. 그는 유대인을 효과적으로 수송하면서 동시에 살해할 방법을 제시하라는 상부의 지시를 받아들여 가스실이 설치된 열차를 고안하였고, 수많은 유대인이 그가 고안한 열차에 설치된 가스실에서 죽음을 맞았다. 즉, 그는 상부에서 하달되는 지시를 아무런 비판 의식 없이 맹목적으로 실행하였을 뿐이고, 그 결과 몇백만에 이르는 소중한 생명이 죽음으로 내몰린 것이다. 만약 그가 '생명의 존엄성, 살인의 비도덕성'과 같은 보편적 도덕 관념을 가지고 상부의 지시를 거부하였다면 대학살의 범죄는 피할 수도 있었을 것이다. 철학자 아렌트는 아이히만이 행한 대학살의 원인을 **무사유**無思惟에서 찾는다. 그녀는 '타자의 입장에서 생각하고 판단할 수 있는 능력'을 '사유思惟'라 하고, '타자의 입장에서 생각하려는 시도 자체를 하지 않는 것'을 '무사유無思惟'라 하며, 아이히만은 반드시 사유해야 할 것을 사유하지 않았기 때문에 그처럼 무서운 범죄를 저질렀다고 한다. 마찬가지다. 산청 함양 양민학살 역시 최덕신, 오익경, 한동석, 김종원 등이 반드시 사유해야 할 것을 사유하지 않았기 때문에 일어난 범죄이다. 또 상사바위 전설 속의 비극은, 서로를 애타게 사랑하는 처녀와 총각의 입장을 고려하지 않고, 양반이라는 신분에 집착한 처녀 아버지의 무사유가 비참한 결과를 초래한 것이다. 무사유로 인한 비극은 '산청 함양 양민학살 사건', '거창 양민학살 사건' 이후로도 멈추지 않고 있다. 4.19 혁명 때 수많은 젊은이의 죽음도 이승만 정권의 무사유 때문이며, 5.18 민주화운동 당시 수많은 광주시민의 죽음도 전두환 일당의 무사유 때문이었다. 그리고 현재에도 끊임없이 일어나는 성차별, 계층 차별, 지역 차별, 집단 내의 따돌림 등도 반드시 사유해야 할 것을 사유하지 않기에 생기는 범죄이다. 누군가가 여행은 새로운 광경을 보는 것이 아니라, 새로운 눈을 갖는 데 의의가 있다고 하였다. 거기에 보태어 여행은 새로운 의식을 깨닫는데 그 가치가 있다고 나는 말하고 싶다. 무사유로 무장한 윤석열 정부에 의해 민주주의가 위기를 맞고 있다. "민주주의 최후의 보루는 깨어 있는 시민의 조직된 힘"이라고 한 노무현 전 대통령의 말이 떠오른다. [동강-수철] 구간을 걸으면서 '사유해야 할 것은 반드시 사유해야 한다.'라는 깨달음을 얻음으로써 깨어 있는 시민의 한 사람으로 진일보한다.

바람재에 부는 바람
6구간 [수철-선녀탕-성심원]

경상남도 산청군 금서면 수철리와 산청읍 내리 풍현마을 성심원을 잇는 16.2km의 [수철-선녀탕-성심원] 구간은 지리산둘레길 21구간 중 제6구간이다. 지리산 동쪽 기슭의 지막리와 평촌리, 그리고 매촌리 대장마을을 지나 산청읍을 휘돌아 흐르는 경호강을 따라 걷는 길이다. 그리고 웅석봉의 깊숙한 골짜기 선녀탕을 경유하여 산허리를 걷기도 한다. 쉼 없이 흐르는 강의 흐름을 느끼며 누구나 쉽게 걸을 수 있는 순한 길이지만 한센인들의 괴로운 삶이 어린 성심원도 만난다.

– 지리산둘레길 누리집에서 수정 인용

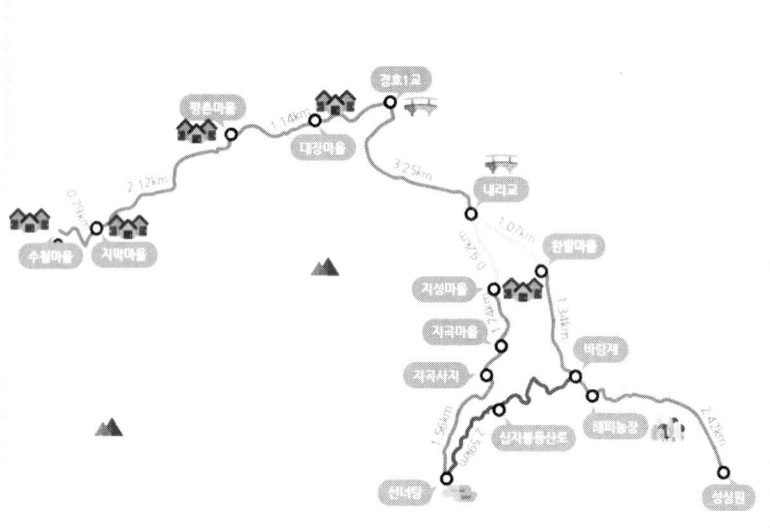

출처 : 지리산둘레길 누리집

2023년 5월 3일 산청 군내 버스를 타고 경상남도 산청군山淸郡 금서면今西面 수철리水鐵里에 도착한다. 10:30이다. 지리산둘레길 [수철-선녀탕-성심원] 구간을 걷기 위해서이다. 마을 뒤 서쪽은 천왕봉에서 북으로 뻗어내린 지리산 동북부능선과 해발 1049m 왕등치王登峙가, 북쪽은 해발 926m 왕산王山과 858m 필봉筆峰이, 남쪽은 천왕봉에서 왕등치를 거쳐 웅석봉으로 이어지는 웅석지맥이 마법의 성처럼 둘러싸고 있고, 멀리 앞쪽은 맑은 경호강이 흐르는, 배산임수 마을 수철리이다. 5월의 무성한 초록이 마을을 덮고 있고, 마을 앞으로는 왕등재에서 흘러내리는 맑은 냇물이 마을을 적시고 지나가는, 아름답고 평화로운 마을이다. 옅은 구름이 해를 적당히 가려주고, 참새 지저귀는 소리가 동요처럼 들리는 수철리 마을회관 앞에서 [수철-성심원] 구간 탐방을 시작한다. 무엇을 만나고, 무엇을 느낄지 가슴이 설렌다. 수철리에서 산청읍까지 동진하다가, 산청읍에서 성심원까지는 북에서 남으로 진행한다. 수철리는 옛날 무쇠로 솥이나 농기구를 만들던 철점이 있어서 무쇠점 또는 수철동水鐵洞이라 불리었다. 이곳에서 그리 멀지 않은 곳에 '쇠를 모으는 산'이란 뜻의 둔철산屯鐵山이 있고, 쇠를 달구어서 생활용품을 만들 정도의 기술을 옛날부터 가진 마을이라는 점에서 이 마을이 고대 철기 문화권이었음을 추리할 수 있다. 그리고 금관가야의 마지막 임금인 10대 양왕讓王의 무덤으로 전해지는 구형왕릉仇衡王陵이 있는 왕산이 곁에 서 있어 이곳이 가야의 영토였음을 증명해준다. 고구려, 백제, 신라, 3국이 강력한 중앙집권 체제를 형성하던 시기에 오늘날의 경상도 지역과 전라도 지역 일부에 '부족연맹 국가'를 형성하였던 가야加耶는 철기문화가 발달하였음에도 불구하고, 강력한 국가로 성장하지 못하고 562년에 신라에 흡수되고 말았다. 쇠를 다루는, 우수한 기술을 활용하여 무기를 만들고 강한 군대를 길렀다면 오히려 신라나 백제를 병합할 수도 있었을 텐데 멸망한 이유는 무엇일까? 그것은 중앙집권 체제를 형성하지 못하고 부족 연맹체에 머물렀다는 것과 쇠를 다루는 기술을 생활용품 제작에 한정하였기 때문일 것이다. 평화로운 공존을 추구한 연맹체 형태나, 쇠를 살상 도구로 이용하지 않은 선의는 오히려 오늘날의 민주주의 이념에 부합하는데도 불구하고, 가야가 역사의 변방으로 사라진 것은 역사의 모순이라 아니할 수 없다. 수철리에서 출발하여, 논두렁길을 걷고 얕은 구릉을 넘으니 지막리에 도착한다. 수철 기점 0.8km이고 10:45이다.

산청군 금서면 **지막리紙幕里**는 본래 '지막芝幕'이었다고 한다. 마을 뒷산에 약초의 하나인 지초芝草가 많아 막幕을 쳐놓고 채취하였다 하여 지막이라 불렀으나, 이후 닥楮(제)이 더 유명해지며 종이를 만들기 시작하여 종이 '지紙'로 바뀌었다고 한다. 지막리에는 경의사상敬義思想으로 유명한, 위대한 성리학자 남명 조식 선생과 그의 제자 덕계 오건 선생에 관한 이야기가 전해지는 **춘래대**가 있다. 덕산德山에 은거하던 남명南冥 조식曺植(1501~1572) 선생과 산청에 살던 덕계德溪 오건吳健(1521~1574) 선생은 사제지간으로 지막리 남쪽에 있는 밤머리재를 넘나들며 서로 교류하였다고 전해지는데, 지막리에 있는 자연동천에 그 흔적이 남아 있다. 지리산 왕등치 아래 절골에서 시작한 지막계곡은 마을 앞을 흐르면서 호리병 목처럼 잘록한 곳을 통과하면서 절경을 빚어놓는다. 이곳은 양편으로 고목이 서 있고 아래로는 맑은 물이 흐르며, 그 옆 절벽에 '紫煙洞天(자연동천)', '春來臺(춘래대)', 덕계 오건 선생이 노닐던 곳이라는 뜻의 '德溪吳先生杖屨之所(덕계오선생장구지소)'라는 글자가 새겨져 있다. '동천洞天'은 '산천으로 둘러싸인 경치 좋은 곳'을 뜻한다. '자紫'는 신선이나 제왕이 사는 신성한 집의 빛깔이라는 의미가 있고 '연煙'은 안개가 자욱하다는 뜻이다. 따라서 자연동천紫烟洞天은 '자줏빛 물안개가 피어오르는, 아름다운 곳'이라는 뜻으로 신비로운 분위기를 자아낸다. 그리고 덕계 선생이 스승인 남명 선생을 만나면 봄과 같이 따스함을 느껴 스승이 오는 것이 마치 봄이 오는 것과 같다 하여 춘래春來라고 하였다 한다. 명나라 사상가 이탁오李卓吾는 사제師弟보다는 사우師友라는 말이 좋다고 하였다. 친구가 될 수 없는 사람은 스승이 될 수 없고 스승이 될 수 없는 사람은 친구가 될 수 없다고 하였다. 그렇다면 제자 역시 친구가 될 수 있는 사람이어야 하지 않을까. 그런 점에서 남명 선생과 덕계 선생의 교유는 '벗 사이의 맑고도 높은 사귐'을 의미하는 지란지교芝蘭之交의 전형이라 하겠다. 권력과 부귀영화를 마다하며 오로지 학문을 증진하고 몸과 마음을 갈고 닦기에만 몰두하였던 두 선비의, 스승과 제자의 아름다운 교유가 새삼 우러러 보이는 것은 오늘날의 세태가 지나치게 부와 권력과 명예에 집착하기 때문이 아닐까. 이기는 자만이 살아남을 수 있는 자본주의적 경쟁

논리 속에 인간 사이의 따뜻한 정과 신뢰가 무너져 버린 탓은 아닐까. 춘래대에 앉아 자줏빛 물안개를 바라보며 봄을 노래하는 고고한 학자들의 봄 마중이 새삼 부러워지는 것은 무슨 까닭일까. 돌돌돌 흐르는 맑은 물을 보며 세속에 물든 몸과 마음을 부끄럽게 여기며 몸을 돌려 평촌리로 향한다. 길은 시멘트로 포장된 농로이다. 들판은 여느 곳과 마찬가지로 한가하다. 그러나 허리를 구부려 살펴보면 고구마 모종도 이미 옮겨놓았고, 논밭도 잘 정지되어 모를 내거나 씨만 뿌리면 될 것 같다. 감나무와 뽕나무는 곱디고운 초록으로 아름다운 자태를 드러낸다. 길가에는 민들레, 고들빼기, 애기똥풀이 앙증맞고 노오란 꽃들을 지천으로 피워내고 있어 세상을 빛나게 한다. 지막계곡과 수철계곡이 만나 금서천今西川이 시작하는 지점에서 둑방길을 걷는다. 흙길이다. 걷는 이에게는 흙길이 좋다. 발밑에 닿는 느낌이 부드럽고, 그윽한 향이 좋기 때문이다.

금서천을 가로지르는 평촌1교를 건너 산청군 금서면 **평촌리**坪村里로 들어선다. 수철 기점 2.6km이고 11:21이다. 이름 그대로 평평한 들판에 있는 마을이다. [동강-수철] 구간 시작 지점인 함양군 휴천면 동강리에도 평촌이 있었던 것을 상기한다면 평촌은 '점촌'과 함께 아마도 대한민국에서 가장 흔한 시골 마을 이름일 것이다. 이 마을은 들말, 서재말, 제자거리, 건너말 등 4개의 자연마을을 들말로 불러오다가 한자로 평촌이라 했다고 한다. 이 중 제자거리는 남명 선생이 산청을 다녀갈 때 덕산의 제자들이 이곳까지 와서 기다렸다가 모시고 갔다는 설에서 유래하였다고도 하고, 남명 선생이 제자인 덕계 오건을 찾아와 지막리 춘래대에 올라 놀다가 헤어질 때 제자들이 이곳까지 배웅했다는 데서 유래하였다고도 한다. 어느 설이 맞는지는 모르겠으나, 남명 선생 같은 위대한 학자를 흠모하고 선비들을 숭앙하는 지역민들의 자긍심이 반영된 지명이라 하겠다. 마을 북쪽에 붓 모양으로 뾰족하게 솟은 봉우리를 필봉筆峰이라 칭한 것도 산청 사람들의 학문에 대한 긍지가 반영된 것이라 한다. 길은 마을 남쪽의 금서천을 따라 비잉 돌아 나간다. 담潭에 담긴 옥빛 물 위에 5월의 신록이 조화를 이루어 절묘한 풍경을 만들어낸다. 평화롭고 아름다운 마을이다. 11:26에 평촌2교를 건너 평촌을 벗어나 대장마을로 향한다. 곧 다가올 장마를 대비하기 위함인지 포클레인을 동원하여 하천을 정비하고 있고, 금서천 건너에는 농공단지가 조성되어 있고 큰 공장이 몇 개 보인다. 걷는 도중 간혹 싱싱함의 극치를 보여주는 청보리도 만나고, 하얀 복분자꽃도 보고, 역시 하얀 아카시아꽃의 달콤한 향기에 황홀경을 경험하기도 한다. 과연 계절의 여왕 5월의 자연이다. 11:44에 대장大牀마을에 들어선다. 수철 기점 4.1km이고 산청군 금서면 매촌리梅村里라는 법정리法定里에 속한 마을이다. 마을로 들어서니 쭉 뻗은 골목의 정면에 제법 무성한 매화나무 두세 그루가 매화 대신 무성한 잎을 달고 의연하게 서 있다. 마을 안에 매화낙지梅花落地라는 명당이 있어서 매촌이라 하였다는 설이 있다고 하는데 혹시 이곳이 바로 그 명당이 아닐까 생각해 본다. 매화가 떨어진 땅 '매화낙지', 매화는 고결한 꽃이고, 이 꽃이 떨어지면 향기가 사방에 퍼진다고 한다. 따라서 매화낙지는 자손의 발복이 큰 땅으로 명성과 인망이 높은 후손들이 태어나는 명당이라는 것이 풍수장이들의 설명이다. 실제로 이 마을에서 훌륭한 인물들이 태어났는지는 알 수 없으나, 잘 살기를 바라는 민중의 소망이 담긴 기복사상祈福思想의 일환이 반영된 것이라 하겠다. 집의 담에는 꽃을 벽화로 그려놓아 나그네의 마음을 편안하게 한다. 주민들의 고운 마음에 고마움을 느끼며 마을을 벗어나 대장교를 건너고 우측으로 90도 몸을 돌려 산청읍으로 향한다. 지막을 지나면서 동행하였던 금서천은 이제 그 역할을 다하고 경호강에 합류한다. **경호강鏡湖江**은 산청군 생초면生草面 어서리於西里에서 진주의 진양호까지 80여 리(약 32km)의 물길을 일컫는 이름으로 국가 하천인 남강南江의 상류이다. 11:51이다.

다시 몸을 좌측으로 90도 돌려 경호강을 거슬러 걷는다. 길은 포장도이나, 심은 지 얼마 되지 않은 메타세쿼이아 가로수의 연두색이 싱싱하고, 경호강의 물은 이름 그대로 거울처럼 맑고 호수처럼 잔잔하게 흐른다. 강의 언덕에는 유채꽃이 자연적으로 피어 강바람에 노란색의 군무群舞를 보여준다. 다시 우측으로 90도 몸을 틀어 경호강1교를 건너 **산청읍**에 들어선 후, 다시 우측으로 90도 회전하여 경호강을 오른쪽에 끼고 물 흐르는 방향으로 함께 걷는다. 물이 나를 따라 걷는지, 내가 물을 따라 흐르는지 구분이 되지 않는다. 아니 구분할 필요가 없다. 내가 물이면 어떻고, 물이 나이면 어떠하랴.

장자가 꿈에 나비가 되었는데, 자기가 나비인지 나비가 자기인지 알 수 없었다고 한다. 나도 호접지몽胡蝶之夢 속 주인공이 된 듯하다. 과연 산고수청山高水淸한 산청山淸이다. 오죽하면 산청의 옛 이름이 산 그림자 길게 늘어진 산음현山陰縣이었을까. 산은 높고 물이 맑은 이 고을이 전국의 지자체 중 인구가 두 번째로 적은 곳이라 하니 언제 통폐합의 위기에 처할지 알 수 없는 일이다. 안타까운 일이다. 12:10에 래프팅 기지 앞에 도달하고, 그 앞 강가에 내려가서 빵과 두유로 점심을 해결한다. 유유히 흐르는 강을 바라보며 하는 식사는 보잘것없지만, 마음으로는 진수성찬이다. 20분가량 식사를 마치고 경호강을 동무 삼아 다시 걷기 시작한다. 정면에 보이는 꽃봉 전망대를 이정표 삼아 평탄한 포장도로를 밟아가니 멋진 외양을 지닌 산청고등학교를 지나고 꽃봉 바로 아래서 내리교를 만난다. 수철 기점 7.7km이고 12:50이다.

내리교內里橋는 산청읍 옥산리玉山里와 내리內里 사이에 세워진, 경호강을 가로질러 차량과 사람이 건너다니는 교량이다. 과거에는 내리 사람들이 통나무와 소나무 가지를 엮고 그 위에 진흙을 덮어 만든 섶다리를 이용하여 읍내로 나가고 들어왔으나, 경호강의 수량이 불어나면 떠내려가기 일쑤여서 마을이 섬처럼 고립되는 일이 잦았다고 한다. 지금의 현대식 교량이 건설된 후 편하게 산청 장에 갈 수 있어 산청읍민의 긍지를 갖고 살고 있단다. 다리를 건너니 둘레길은 두 갈래로 나뉜다. 직진하면 우뚝한 웅석봉 아래 웅석골과 선녀탕을 만나는, 총 거리 16.2km의 길이 되고, 좌회전하면 총 거리 12.2km의 한밭과 경호강 사이를 걷는 길이 된다. 이왕 걷기로 작정한 길, 거리는 멀지만, 많이 보고 많이 알고 많이 생각하고 싶어서 선녀탕으로 향하는 길을 택한다. 길은 아스팔트 도로이나, 머리를 들고 좌측의 둔철산과 우측의 웅석봉을 번갈아 바라보며 걷기에는 편하고 안전한 면도 있다. 마당머리도 지나고 뒤뜰마을과 금당마을을 거쳐 딸기, 감자, 옥수수, 고구마가 대표 작물이라는 지성 휴양마을도 스치고, 한밭이라 부를 만한 제법 너른 들판을 왼쪽에 끼고 걸으니, 지성마을 표지석을 거쳐 13:18에 지곡마을에 도착한다. 경호강 안마을이라는 뜻을 지닌 내리이지만 금당, 뒤뜰, 지실, 내동, 지성, 지곡, 안골, 풍현 등의 자연부락이 산재한, 제법 넓고도 큼직한 법정리이다. 이제부터 길은, 아스팔트와 시멘트 포장도가 번갈아 나타나는, 완만한 오르막이다. 완만하지만 오르막은 다리를 무겁게 하는 것, 약간은 무거운 다리를 옮기니 **내리저수지**가 나타난다. 수철 기점 9.7km이고 13:30이다. '춘수만사택春水滿四澤'이라 하였던가, 시퍼런 봄물이 가득하다. 시퍼런 봄물이 고이기 시작하는 지점에 펜션 한 채, 농가 두어 채가 있는 마을이 나타난다. 이 마을 근처에 통일신라 때 창건된 '지곡사智谷寺'가 있었다는데, 아둑시니 같은 내 눈은 아무리 보아도 그 위치를 알 수가 없다. 또 거북 모양의 비석 받침돌 '귀부龜趺' 두 개가 밭 어딘가에 있다는데 역시 찾을 수가 없다. 지곡사 터에서 100여 미터 위쪽에는 옛 지곡사의 이름을 그대로 딴 새로운 지곡사가 있다. 이 사찰은 1958년에 덕이德伊 스님이 지었다는데, 옛 지곡사의 가람 배치와는 무관하다. 옛 지곡사지智谷寺址와 귀부를 찾지 못한 아쉬움 속에 걸음을 옮기니 웅석계곡을 만난다. 갈수기라 수량은 적지만, 맑은 물이 흐른다. 지금은 웅석계곡으로 부르지만, 지금도 지곡마을이 있고 과거 지곡사도 있었다는 것으로 보아 예전에는 '지곡智谷'이라 하지 않았을까? '지혜를 얻는 골짜기', '슬기를 깨닫는 골짜기'라는 지곡이 단순히 웅석봉에서 이름을 빌린 웅석계곡보다 훨씬 의미 있게 다가온다. '지知'의 의미를 국어사전에서는 '알다. 깨닫다. 분별하다. 기억하다.' 등으로 풀이하고 있다. 우리가 흔히 지식知識이라는 단어를 쓸 때 사용되는 바로 그 '知'이며, 대체로 객관적 의미를 지닌다. 반면에 '지智'의 의미는 '슬기(롭다), 지혜, 사물의 도리道理, 시비是非, 선악善惡을 잘 판단하고 처리하는 능력.' 등으로 설명하고 있다. 따라서 '智'는 '지성智性'이라는 단어를 합성하고, 대체로 가치가 개입된 의미로 쓰인다. 현대사회에서 특정 분야에 대한 지식을 가진 사람들은 넘쳐나고 있다. 그들 중에서 어떤 이는 그 지식을 선량하게 사용하여 인간의 삶의 질 향상에 이바지하는 지식인도 있지만, 지식을 악용하여 사회에 심각한 문제를 불러일으키는 자들도 허다하다. 즉, '知'는 그 자체는 객관적이나, 그것을 이용하는 사람들의 주관에 따라 가치가 달라지는 것이다. 하지만 처음부터 유용한 가치가 담긴 '智'는 인간다움이 사라지고 있는 오늘날 꼭 필요한 덕목이다. 그렇지만 지성을 가진 교양인은 점점 사라지고 있음이 현실이라 안타깝기 짝이 없다. 지곡에서 '지智'가 필요함을 절실히 깨닫고 계속되는 오르막을 지곡과 함께 오른다.

팍팍한 다리를 옮겨 시멘트 임도를 꾸준히 오르니 **선녀탕**仙女湯이라고 쓰인, 크고 노란 글자가 눈에 들어온다. 수철 기점 11.2km이고 14:00이다. 경향신문이 '한국의 명수名水 백선百選'의 하나로 선정했다는, 선녀가 목욕한 곳이라는 바로 그 선녀탕이다. 아주 아름답고 명징한, 제법 큼직한 담潭이라도 있을 것이라는 기대감을 안고 가까이 다가가니 높이 1m, 폭 30cm 정도의 폭포라 부르기에는 아쉬운, 작은 수폭水瀑이 있고, 그 아래 한 사람 정도 몸을 담글 수 있는 웅덩이가 있을 뿐이다. 거창한 이름과는 달리 초라한 모습에 실망감을 감출 수가 없다. 그러나 위압적인 웅석봉이 수직으로 서 있고, 좌우로 거대한 능선이 옹위하고 있는, 그래서 사람들이 접근하기 어려운, 웅석골의 깊은 지점이라 '선녀들이 목욕할 만한 곳'이라는 신비로움을 부여하기에 충분한 곳이다. 곰이 떨어져 죽은 계곡이라 하여 곰골이라고도 불리는 웅석골의 선녀탕 앞에서 웅석봉이 주는 위의威儀에 경외감을 느끼며 다음 여정으로 몸을 돌린다. 몸을 돌리니 웅석봉에서 동으로 흘러내리는 능선에 자리한, 해발 900m 십자봉의 무릎 정도를 거의 수평으로 감고 도는 비포장 임도가 나를 반긴다. 5월의 빛나는 신록이 만드는 숲길을 오로지 홀로 걷는다. 여리디여린 참나무 새잎이 둘레꾼을 반기고, 위로만 곧장 뻗어 오른 금강송도 송화를 피워 그 아래 길을 걷는 나그네를 어루만지고 있다. 또 휘파람새가 허리가 휘도록 교성嬌聲을 뽑아내고, 나무들이 마구 뿜어내는 피톤치드가 온몸을 부드럽게 감아주는 산길을 걸으니, 이보다 더한 행복은 어디에도 없을 것 같다. 아쉽게도 짧은 거리에서 잠시 행복을 맛보는 사이 '십자봉 등산로 입구'에 도착한다. 수철 기점 12.8km이고 14:25이다.

십자봉 등산로 입구에서 잠시 신을 벗어 발의 통증을 풀고 바람재로 향한다. 이제부터는 다시 포장임도 내리막이다. 급경사 길의 좌우는 온통 대나무 숲이다. 대나무 숲이 무성한 모습은 과거에 이곳에 마을이 있었음을 의미한다. 그러나 지금은 마을은 없고 '약초 재배'라는 팻말을 울타리에 붙인 집이 한두 채 있을 뿐이다. 세상의 변화는 웅석봉 자락의 삶의 모습도 바꾸어 놓는다. 격세지감 속에 내리막을 부지런히 걸어 **바람재**에 닿는다. 수철 기점 13.7km이고 14:43이다. 왜 바람재라는 이름을 가진 고개인지 대번에 알겠다. 지금까지 불지 않던 바람이, 이곳에서는 제법 강한 동남풍이 풍현 마을 쪽에서, 성심원 쪽에서 불어오고 있다. 바람[風(풍)] 고개[峴(현)], 바람재가 곧 풍현風峴이다. 바람재에서 성심원 가는 길의 절반은 줄곧 포장도로 내리막이다. 한센병에 걸려 깊은 절망과 고통 속에 살았던 시인 한하운, 다음은 그가 한센인 수용시설이 있는, 전라남도 고흥군에 있는 소록도로 가는 심정을 읊은 **전라도** 길이라는 시 전문이다. 부제는 -소록도로 가는 길-이다.

가도 가도 붉은 황톳길

숨막히는 더위뿐이더라.

낯선 친구 만나면
우리들 문둥이끼리 반갑다.

천안 삼거리 지나도
수세미 같은 해는 서산에 남는데

가도 가도 붉은 황톳길
숨막히는 더위 속으로 절름거리며
가는 길.

신을 벗으면
버드나무 밑에서 지까다비를 벗으면
발가락이 또 한 개 없어졌다.

앞으로 남은 두 개의 발가락이 잘릴 때까지
가도 가도 천리 먼 전라도 길

 바람 부는 고개 마을 풍현 **성심원**聖心院에 살았던, 지금도 살아 있는 한센인들이 수용시설에 들어가는 심정이 이와 같지 않았을까. 길가의 아카시아, 이팝나무, 찔레, 딸기 등의 나무들이 흰 꽃을 무성하게 피우고, 애기똥풀, 고들빼기, 민들레, 산괴불주머니, 유채 등의 풀들이 노란 꽃을 무수히 피워내어 신록과 절묘한 조화를 이루어도 그들의 눈에는 모두 붉은 황톳길로만 보였을 것이다. 내리교를 건너머 헤어졌던 경호강을 다시 만나 함께 걸어도, 5월의 자연이 아무리 아름다워도, 가도 가도 끝없는 천 리 먼 소록도 가는 길이었을 것이다. 발가락 한 개 없어지는 일은 아무것도 아니었을 것이다. 아무리 그들의 절망을 공유하려 해도 결코 공유할 수 없음에 안타까움을 느끼며 평지의 2차선 도로를 걸어 산청군 산청읍 내리 풍현마을 성심원 정문에 도착하며 오늘의 탐방을 마친다. 모두 16.2km를 걸었고 15:20이다.

살아도 산 것이 아니고 죽어도 동정마저 받지 못하는 사회의 완전한 타자, 완전한 이방인으로 살아야 했던, 문둥이로 불려야 했던

호모 사케르가 집단 거주하는 성심원

이들이 한센인들이다. 그들도 인권을 가진 사람이라고 생각은 하지만 막상 마주치면, 코가 짓물러져 흉한 모습과 손가락 한두 개 떨어진 손을 보고는 모두 기겁하고 피해 버리는 벌레 같은 생명이다. 밤중에 경호강을 몰래 건너오는 한센인이 있을까 봐 한 손엔 횃불을, 다른 손엔 몽둥이를 들고 인근 마을 주민들이 지켰다고 하는 기피의 대상이다. 소나 양은 희생물로 바칠 수 있는 생명이다. 그래서 희생양犧牲羊이라는 말도 있고 이양역지以羊易之라는 말도 있다. 그러나 지렁이나 벌레는 죽여버려도 아무런 문제가 되지 않지만, 희생물로는 바칠 수 없는 생명이다. 철학자 강신주가 쓴 **철학적 시 읽기의 즐거움**에 따르면, 살해하는 것은 가능해도 희생으로는 바칠 수 없는 생명체를 이탈리아 철학자 조르조 아감벤은 벌거벗은 생명이라는 뜻의 **호모 사케르**라고 명명하였다. 문둥이라 불리며 사람으로부터도, 사회로부터도 보호받지 못하고 살아야 했던 이들이 바로 호모 사케르가 아닐까. 벌거벗은 생명이 아닐까. 호모 사케르, 벌거벗은 생명이 집단으로 거주하는 곳이 바로 **성심원**이다. 성심원은 1959년 진주 한센인 마을이었던 구생원에서 내부 갈등으로 이주해 온 60여 명의 한센인이 직접 흙과 짚, 돌을 날라서 만든 생활 공간이다. 그 후 지역주민들과의 충돌, 끊임없이 이어지는 내부적 갈등을 겪으면서도 조금씩 변화를 이루어 비교적 평화로운 현재에 이르고 있으며, 70대 이상의 한센인 100명 정도가 수용되어 있다고 한다. 그러나 그들이 겪은, 지금도 겪고 있는 멸시와 소외는 결코 풀 수 없는 한으로 응어리져 있을 것이다. 한하운 시인은 나는 문둥이가 아니올시다라는 시에서 이렇게 울부짖는다. "아버지가 문둥이올시다/ 어머니가 문둥이올시다/ 나는 문둥이 새끼올시다/ 그러나 정말은 문둥이가 아니올시다." 한하운은 자신도 문둥이 이전에 행복을 누릴 수 있는 권리를 지닌 어엿한 인간이라고 절규한 것이다. 이 절규는 곧 성심원 한센인들의 절규일 것이다. 철학자 **강신주**는 다음과 같이 말한다.

> "그렇지만 과연 문둥이들만 호모 사케르일까요? 주변을 한 번 둘러보세요. 벌거벗은 생명들이 얼마나 많은지. 동남아시아 출신의 노동자들, 종로 3가에 하는 일 없이 모여 있는 노인들, 을지로 지하철역 안의 체념한 노숙자들, 취업을 하지 못하고 거리를 배회하는 젊은이들. 역사적으로 살펴보아도 이런 사례는 무수히 많습니다. 종군 위안부 할머니들, 광주의 시민들, 아우슈비츠의 유대인과 집시들. 한하운의 시가 중요한 이유는 그가 바로 이런 모든 벌거벗은 생명들의 목소리, 다시 말해 배제된 자들의 울부짖음을 강렬하게 대변하기 때문입니다."

이제 20년 정도가 지나면 한센인은 없을 것이라 한다. 그리고 성심원도 새로운 방향을 모색하고 있다 한다. 성심원을 지역사회, 지역주민과 함께하는 열린 복지시설로 활용하여 복지증진을 통한 사랑의 공동체를 만들어 간다는 것이다. 지금 성심원 정문에는 코로나 때문에 출입을 제한한다는 팻말이 붙어 있다. 입구에서 들여다

보는 성심원은 고요하기만 하다. 그러나 경호강 위를 불고 있는 바람은 여전히 거세다. 성심원 안의 고요와는 상관없이……!

어리석은 자들의 우직함
7구간 [성심원-어천-운리]

경상남도 산청군 산청읍 내리 성심원과 단성면 운리를 잇는 16km의 [성심원-어천-운리] 구간은 지리산둘레길 21구간 중의 7구간이다. 이 구간은 웅석봉 턱밑 해발 800m까지 올라가야 하는 힘든 오르막과 탑동으로 가는 긴 내리막 임도를 품고 있어 다소 힘든 구간이다. 풍현마을과 어천마을을 이어주는 아침재, 웅석골에서 흘러 경호강에 다다르는 어리내, 탑동 가는 길에서 올려 보아야 하는 달뜨기능선과 내려 보아야 하는 청계저수지가 아름다운 구간이다. 단속사터였던 탑동에서 동서삼층석탑과 당간지주 그리고 산청 삼매 중 하나인 정당매를 만나는, 역사와 문화를 찾아 걷는 길이다.

— 지리산둘레길 누리집에서 수정 인용

출처 : 지리산둘레길 누리집

다음은 한센병 환자 **한하운** 시인이 노래한 **파랑새**라는 시의 전문이다.

나는
나는
죽어서
파랑새 되어

푸른 하늘
푸른 들
날아다니며

푸른 노래
푸른 울음
울어 예으리

나는
나는
죽어서
파랑새 되리

죽어서라도 파랑새가 되어 푸른 세상 마음껏 날아다니고, 푸른 소리 한껏 지르고 싶은 한센인 한하운 시인의 심정은 곧 성심원 한센인들의 꿈이었을 것이다. 그래서 그런가 붉은 장미 흐드러지게 핀 5월의 담장에 손바닥에 새 한 마리 얹은, 해맑은 웃음 가득한 소년이 그려져 있는, 경상남도 산청군山淸郡 산청읍山淸邑 내리內里 풍현風峴마을 **성심원** 정문에 2023년 5월 15일 월요일 09:56에 도착한다. 지리산둘레길 [성심원-어천-운리] 구간을 걷기 위해서이다. 진행 방향은 전체적으로 북에서 남으로 향한다. 하늘은 맑고 녹색은 한껏 싱그러우며 장미는 유난히 붉다. 그 앞을 흐르는 경호강은 경쾌한 왈츠 리듬을 쏟아낸다. 아름답고 평화로운 성심원의 겉모습이다. 그 안에는 성인聖人 유의배(만 77세, 스페인 이름 '루이스 마리아 우리베') 신부가 있다. 그는 1980년부터 현재까지 성심원 주임신부로 무려 43년간 한센인들을 돌봐 온 사람이다. "편견 NO", "한센인들은 살아있는 그리스도"를 외치며 얼마 전까지도 고인이 된 환자들을 손수 염습하여 편안하게 하느님의 품으로 보낸 성직자이다. 한센병은 과거에 겪은 것일 뿐 옮는 병이 아니라는 인식을 몸소 보여준 헌신적 실천가이다. 가톨릭에서 신부神父는 주교 다음가는 성직자로 성사를 집행하고 미사를 드리며 강론을 하는 사람이다. 그러나 유의배 신부는 이러한 위엄 있고 근사한 역할 대신에 사람으로서의 대접을 받지 못하는 한센인들을 위해 온몸을 던지는 험난한 길을 택한 성인이다. 그것도 이방인으로서······! 그 결과 그는 2023년 제12기 국민추천포상 모란장을 받았다. 그러나 그는 편안하고 화려한 일에 익숙한 다른 성직자의 눈에는 어리석은 사람이다. 하지만 그 어리석음이 육체적, 정신적 고통 속에 살아가는 한센인에게 희망을 주고 기쁨을 느끼게 한다는 점을 다른 성직자들은 모를 것이다.

정문에서 100m 남쪽에는 성심원 한센인들의 고통을 상징적으로 보여주는 나루터가 있다. 사각 문 형태의 콘크리트 구조물이 서 있고, 그 옆에는 나루터의 내력을 설명하는 판이 있다. 성심원 뒤 서쪽에는 해발 1100m 거대한 웅석봉의 가파른 언덕이, 북쪽은 바람재가, 남쪽에는 아침재가 포위하고 있으며, 앞 동쪽에는 푸른 경호강이 가로막고 있어서 성심원은 그대로 고립된 섬이었다. 유일한 통로는 나룻배였으나, 외부인이 들어오는 통로였을 뿐 성심원 사람이 나가는 통로는 아니었다. 그 속에 갇힌 한센인들은 누구나 누리는 평범한 일상이 얼마나 그리웠을까? 가정을 꾸리고, 자식을 낳아 기르고, 논밭에서 일하고, 이웃 사람과 인사하고, 화나면 술도 마시고, 즐거우면 노래하고, 심심하면 이웃 마을에 마실도 가는, 그러한 삶을 얼마나 살고 싶었을까? 그렇게 살지 못하는 한을 아는지 모르는지 경호강의 맑은 물은 그냥 흐른다. 풍현이라는 마을 이름에 걸맞게 바람이 간지럽게 불고, 강 언덕에는 찔레꽃이 흰 무리를 이루어 달콤한 향을 짙게 풍긴다. 한센인들의 한을 아는지 모르는지 자연은 한결같이 아름답고 평화롭다. 성심원에서 남쪽으로 0.5km를 걸으니 분기점이 나온다. 10:15이다. 왼쪽은 어천마을로 가는 길이고, 오른쪽은 곧장 아침재로 가는 길이다. 그러나 우천공愚川公을 만나는 것이 오늘의 중요한 여정이라 당연히 어천마을 쪽으로 길을 잡는다. 작은 도랑을 건너 숲속으로 들어간다. 숲속 길은 단정하면서도 정감 있게 정비되어 있다. 한 사람이 넉넉하게 걸을 수 있는 폭을 확보하고, 바닥은 평탄하게 닦여 있는 흙길이다. 그리고 숲은 늘씬하게 뻗은 소나무가 주를 이루는 가운데 군데군데 편백이나 참나무가 무리 지어 서 있고, 그 아래 관목들이 나름의 영역을 차지하고 시원하게 숨쉬기를 하고 있다. 그 속을 기분 좋은 오르내림이 반복되는 흙길이 끊어질 듯 이어진다. 원래 있던 길이 아니라, 둘레길을 걷는 나그네를 위해 새로 만든 길이다. 사유지를 기꺼이 열어준 땅 주인에게 고마움을 느낄 수밖에 없다. 참으로 아름다운 힐링의 길을 걸으며 행복을 누리는 중, 아쉽게도 성심원 기점 2.6km에서 숲을 벗어나 어천교 앞에서 아스팔트 도로를 만난다. 10:50이다.

차들이 쌩쌩 달리는 도로를 아슬아슬하게 걸어 11:00에 산청군 단성면丹城面 방목리放牧里 어천魚川마을 입구에 도착한다. 성심원에서 3.4km 지점이다. **어천마을**이라 새긴 입석이 건장하게 서 있고, 휴식을 위해 만든 듯한 정자가 정겹게 나그네를 맞는다. 잠시 앉아서 수분을 섭취한 후 마을 안으로 들어서며 산청읍에서부터 동행하던, 맑은 물이 흐르는 경호강과 아쉽게도 이별한다. 둘레길은 한재를 넘어 덕산으로 가는, 마을을 관통하는 왕복 2차선 호암로 오르막 도로이다. 오르막길을 걷는 것은 쉬운 일이 아니지만, 강가 아랫마을에서 산자락 윗마을까지 길게 이어지는 마을 전체를 눈에 담을 수 있는 것은 분명 호사이다. 상업용과 주거용의 구별이 어려운, 근사한 집들이 옴폭 파인 바구니 터에 적당한 간격으로 서 있고, 나무와 화초들이 보초병처럼 집을 지키고 있는, 마치 그림 같은 마을이다. 과거에는 우천愚川이었다가 지금은 어천인 이 마을의 우리말 이름은 '어리내'이다. 그러니까 어리내는 마을을 관통하는 하천의 이름이자 마을 이름이다. 그 어리내의 수정같이 맑은 물이 마을 가운데를 통과하며 화룡점정畵龍點睛의 풍경을 완성해주는 마을이다. 원래 살던 사람들은 60~70년대에 모두 떠나고 현재는 새로 이주해온 사람들이 전원생활을 누리거나 펜션 영업을 하는 곳으로 변했다. 조선 효종 때 선비 권극유權克有가 벼슬을 버리고 이곳으로 내려와 문사文士들을 벗하며 시를 짓고 풍류를 누렸다는 데서 그의 호를 따 이곳을 우천愚川이라고 하였다. 우천의 본명은 권숙정權叔正이었는데 이곳에 살면서 자신의 어리석음을 시로 썼다.

> 勘笑詩人權叔正 (감소시인권숙정)
> 　　시인 권숙정이라니 참으로 우습구나!
> 名愚何事辱川流 (명우하사욕천류)
> 　　어리석게 이름 지어 어찌 냇물을 욕되게 하는고.
> 身己覺違時尙照 (신기각위시상조)
> 　　내 몸은 세상이 숭상하는 것을 잊었으니,
> 水難堪擧而此盖 (수난감거이차개)
> 　　물에 얼굴 대하기가 부끄럽구나!

세상 사람들이 숭상하는 가치인 탈속을 잊고 벼슬에 연연하다가 이제 늦게 이 맑은 냇물에 얼굴을 대하니, '맑고 바르다'라는 뜻의 淑正(숙정)이라는 이름으로 시를 쓴다는 것이 부끄럽고 어리석다는 의미를 담은 자성시自省詩이다. 그는 스스로도 어리석다고 하였지만, 입신양명만을 절대적 가치로 추구하던, 당시 대부분의 선비 눈에도 어리석은 사람으로 보였을 것이다. 비록 높지는 않지만, 선공감참봉繕工監參奉이라는 벼슬을 팽개치고 산골에 은둔하였으니…….
이후로 이곳은 우천 혹은 어리석은 내[川(천)]라는 뜻의 어리내로 불리다가 어천으로 바뀌었다. 우천 혹은 어리내를 그대로 두었다면 훨씬 매력적인 이름이었을 텐데, 물고기잡이를 생업으로 삼지 않는 마을임에도 불구하고 어천이 되었으니 진한 아쉬움이 남는다. 아쉬움 속에 꾸준한 오르막을 걸어 아침재에 도달한다. 성심원 기점 약 5km이고 11:50이다.

왜 **아침재**일까? 지금은 다른 길이 있지만, 이 고개는 과거 어천마을과 풍현마을을 이어주는 유일한 통로였다. 풍현마을 사람들이 어천마을을 지나 한재를 넘어 덕산德山이나 원지院旨로 나갈 때 이 고개를 넘으며 아침을 맞는 고개라서 아침재라 부르지 않았을까. 지금은 아침이 아닌 점심때이지만, 아침재에서 몸을 왼쪽으로 틀어 완만한 경사의 임도를 걸어 웅석골 어리내 골짜기로 향한다. 5월의 초록이 점점 짙어감을 새삼스럽게 느끼며 거대한 웅석산의 깊은 사타구니로 한없이 들어가니 어쩌면 속세로 돌아오지 못할지도 모른다는 생각도 든다. 하지만 굳이 속세에 집착해야 할 일도 없으니 이대로 자연의 부분이 되는 일도 나쁘지 않을 것 같다. 고들빼기를 비롯한 노란 야생화들은 여전히 길가를 장식하고 있고, 구근아이리스의 매혹적인 보라색도 나그네의 눈길을 끈다. 혼자서 산길을 걷는다는 것은 산에 들에 마구잡이로 피어 있는 꽃들과 눈길을 마주치고 미소를 나누는 시간을 갖는 것과 같다. 하지만 계속 이어지는 임도는 혹시 내가 엉뚱한 길을 가고 있는 건 아닌가 하는 불안감을 주기도 한다. 불안감을 느끼는 순간 빨간 팔과 검은 팔을 벌리고 서 있는 **벅수**를 발견한다. 빨간 팔은 시계 방향으로 진행하고, 검은 팔은 시계 반대 방향으로 진행하는 길을 알려준다. 불안감을 떨치면서 동시에 반갑다. 내가 길을 벗어나지 않았다는 것을 알려주고, 걸어온 거리와 걸어가야 할 거리를 표시해놓은 벅수는 둘레길 탐방에서 꼭 필요한 동반자이기 때문이다. 벅수는 장승을 달리 이르는 말이기도 하고, 어리석은 사람을 뜻하는 '멍청이'의 경상도 방언이기도 하다. 저렇듯 종일 길가에 팔을 벌리고 서서 꿈적도 하지 않고 길 안내를 하고 있으니, 약삭빠른 사람의 눈에는 틀림없는 벅수일 수밖에 없을 것이다. 눈을 들어 나무를 보고, 길가의 꽃과 대화하며, 벅수를 보고 반가워하다 보니 결국에는 웅석봉의 사타구니 같은 **어리내 골짜기** 깊숙한 곳에 도달한다. 성심원에서 6.5km이고 12:25이다. 눈을 드니 거대한 웅석봉이 묵묵히 내려다보고 있다. 아래로 흘러 어천마을 가운데를 흐르는 어리내 상류의 투명한 물에 발을 담그고 점심을 먹는다. 비록 빵과 두유뿐인 간편식이지만 산해진미가 따로 없다.

웅석골에서 한참을 신선놀음하다가 13:00에 웅석봉 하부 헬기장을 향하여 출발한다. 이제부터는 본격적인 등산이다. 그것도 경사가 매우 심한 웅석산의 비탈을, 웅석봉 사타구니에서 왼쪽 옆구리를 거쳐 어깨까지 1km를 걸어 올라야 한다. 둘레꾼을 위해 지그재그로 길을 정비해 놓았지만, 1km밖에 안 되는 웅석산의 옆구리는 지겨울 정도로 길게 느껴진다. 긴 만큼 다리에 가해지는 고통도 비례하여 커진다. 고통을 감내하며 이렇게도 된 비탈을 걸어 오르는 나 또한 편안함을 추구하는 현대인들에게 어리석은 자로 보이지 않을까? 최첨단 디지털 및 IT 기술을 이용한 기계가 인간을 움직이지 않아도 되게 만들어 버린 오늘날의 관점에서는 고통을 자초하는 나는 분명 어리석은 사람이다. 그러나 사람을 위해 발달시킨 문명이 오히려 사람 위에 군림하며 지배하는 모순 속에서 사람 사이의 관계는 멀어지고, 고독한 사람이 늘어나는 오늘날 우리에게 필요한 것은 무엇일까? 그것은 바로 타인의 고통을 공유하는 것이다. 그리고 고통받는 사람을 위해 자신을 희생하는 것이다. 고통을 공유하고, 타인에게 희생하기 위해 필요한 것은 무엇일까? 그것은 고통의 체험이다. 중생을 구제하기 위해 석가釋迦는 가부좌를 틀고 7년을 고행하였고, 인간의 원죄를 대신 사함을 받기 위해 예수는 기꺼이 십자가에 못 박히는 고통을 감내하였다. 공자孔子는 진리를 구하기 위하여 여러 제자와 13년 동안 중국 천하를 철환轍環하였다. 석가와 예수, 그리고 공자는 자진하여 고통을 체험하였기에 고통받는 수많은 인류를 구원할 수 있었다. 그래서 철학자 라이프니츠는 고통을 궁극적 선을 이루기 위한 신의 섭리가 실현된 과정이라고 한 것은 아닐까? 오늘 내가 겪는 이 육체적 고통도 타인이 겪는 고통을 조금이나마 공유할 수 있는, 그래서 아주 작은 선이라도 실현할 수 있는 바탕이 되었으면 한다. 고통이 갖는 의미를 생각하며 오르다 보니 어느새 **웅석봉 하부 헬기장**이다. 성심원 기점 7.5km이며 14:20이다. 산길은 한 시간에 2km를 걷는 것이 보통인데, 1km를 오르는데 한 시간 20분이 걸렸으니 오늘의 오르막이 가팔랐는지, 그리고 얼마나 힘들었는지를 실감한다.

웅석봉의 어깨에 해당하는 하부 헬기장에는 근사한 정자와 의자가 설치되어 있어서 나그네의 뭉친 다리 근육을 풀기에 안성맞춤이다. 정자에 앉아 웅장한 녹색 삼각뿔 웅석봉을 바라보며 당분과 수분을 보충하며 휴식을 취한다. 아름다운 자연 속이라 그런지 혼자이지만 외롭지 않고, 집이 아니지만 편안하다. 편안하다고 마냥 머무를 수 없는 일, 가야 할 길이 멀기에 몸을 세운다. 앞에 펼쳐진 두 갈래의 임도 중 좌측은 한재를 거쳐 청계리로 가는 길이고, 우측은 내가 가야 할 운리로 가는 길이다. 가지 않은 길은 언제나 아쉬운 법, 좌측을 한참 바라보다 우측 오르막 임도로 발을 내딛는다. 14:35이다. 이제부터 점촌까지 6.3km 정도를 인가가 전혀 없는 산속 임도를 걸어야 한다. 10분 정도 오르막을 걸으니 다시 삼거리가 나오고, 벅수의 붉은 팔이 운리를 가리키는 좌측으로 방향을 잡는다. 이제부터는 6km 끝까지 내리막이다. 내리막이지만 평지로 느껴질 정도로 완만하다. 완만하고 긴 길을 함께 걸어줄 동행자를 소환한다. 바로 **달뜨기능선**이다. 웅석봉에서 큰등날봉과 마근담봉을 거쳐 용무림산이 있는 남쪽으로 뻗어내리는 달뜨기능선을 오른쪽 어깨 위에 걸치고 긴 길의 동행자로 삼는다. 천지가 개벽해 세상이 온통 물에 잠겼을 때 꼭대기에 딱 달 하나 앉을 만한 공간만 남았기에 달뜨기 능선이라 한다는 이야기가 이 능선 주변 마을에 전한다고 한다. 그리고 이병주의 소설 '지리산'에는 남부군 총사령관 이현상이 이끄는 빨치산들이 지리산 조개골에 은신할 때 이 능선 위로 뜨는 달을 보며 하염없이 고향과 가족 생각에 젖었다고 한다. 나의 산행 경험에서 볼 때 지리산 치밭목 대피소나 새봉 아래 새재마을에서 바라보면 이 달뜨기 능선이 손에 잡힐 듯이 선명하게 보인다. 만약 그 위로 달이 뜨면 두고 온 가족과 고향의 모습이 겹쳐질 수밖에 없었으리라. 그리고 가족과 고향에 대한 그리움은 깊은 슬픔으로 다가올 수밖에 없었으리라. 그들이 달뜨기능선 위에 뜬 달을 보며 하염없이 가족과 고향을 그리워하면서도 끝까지 싸우다 죽어 간 까닭은 빼앗긴 것을 되찾아 평등한 세상을 만들어 보고자 함이었다. 그러나 그것이 '계란으로 바위치기'라는 것을 아는 사람들에게는 그들은 어리석은 자들에 지나지 않았다. 그러나 그들이 비록 어리석게 보였을지라도 그들로 인해 우리는 '평등'의 가치를 아직도 소중하게 간직하고 있다는 점에서 결코 어리석었다고 할 수만은 없을 것이다. 지금은 대낮이라 능선 위에 달이 뜰 리 없겠지만, 그래도 고개를 뒤로 젖혀 능선 위의 달을 찾아보지만 역시나 달은 없다. 달 없는 달뜨기능선 아래는 신록의 숲이 파노라마를 이루고, 찔레, 아카시아, 때죽나무 흰 꽃이 지천으로 수를 놓고 있다. 그 숲길을 빨치산들의 한을 상기하며 그저 묵묵히 걷고 있다. 걷다 보니 청계저수지도 보이고 이어서 단성면 청계리清溪里 점촌店村에 도착한다. 성심원 기점 13.8km이고 16:15이다. 웅석봉 하부 헬기장에서 이곳까지 6.3km 거리를 01:40에 걸었다. 오늘날의 '점店'은 상품을 파는 곳이란 의미가 강하지만, 산업화 이전 우리나라의 '점店'은 가내 수공업의 의미가 강하다. 따라서 점촌은 수공업 제품을 만드는 마을을 의미한다. [동강-수철] 구간에서 만난 점촌은 토기와 철기를 만드는 곳이었다는데, 지금 이곳 점촌은 무엇을 만드는 곳이었을까? 어디에도 그것을 설명해주는 데는 없고, 전원주택 및 펜션 몇 채가 경성드뭇하게 들어서 있을 뿐이다. 다만 원래 점촌은 청계저수지에 수몰되고, 주민의 일부는 저수지 상부로, 또 다른 일부는 제방 아래 현재 내가 있는 위치로 이주하였단다. 산업 구조의 변화는, 세월의 흐름은 사람들의 삶의 모습도 상전벽해桑田碧海로 바꾸어 놓는다.

1km를 더 임도를 따라 내려와 16:30에 단성면 운리雲里 탑동塔洞 입구에 도착한다. 으레 마을 외곽으로 돌아갈 줄 알았는데, 의외로 마을 가운데로 가라고 벅수가 길을 안내한다. 골목을 직진도 하고 꺾기도 하면서 마을을 통과한다. 둘레꾼들을 배려해서인지 담벼락에는 멋진 동양화풍의 그림도 그려놓아 눈을 즐겁게 한다. 새마을 운동 당시 개량된 구식 가옥도 아직 남아 있고, 담 아래에는 작약이 화려하게 피어 있기도 하다. 마을을 벗어나는 곳에 있는 밭에서는 짙은 거름 냄새가 추억을 환기하기도 한다. 주말이면 많은 둘레꾼

이 몰려와 마을을 시끄럽게 할 수도 있고, 담 너머로 엉큼한 시선을 던지며 사생활을 침해할 수도 있을 텐데 불편을 무릅쓰고 둘레길을 열어준 탑동 주민들의 열린 마음이 참으로 고맙다. 고마움 속에 골목을 나서니 마을 바로 앞에서 먼저 정당매를 만난다. 흰 꽃을 피우는 **정당매**政堂梅는 우리나라에서 가장 오래된 매화나무 중의 하나라고 한다. 고려 말기의 문신 강회백이 어렸을 때 단속사에서 글을 읽다가 매화나무를 심었는데, 나중에 그가 국가 행정을 총괄하던 관직인 정당문학政堂文學에 오르자 그의 벼슬 이름을 따 정당매라고 이름 지었다 한다. 매년 3월이 되면 고결하고도 은은한 향기를 단속사터 가득 흩뿌리는 정당매는 수령 640년, 나무 높이 3.5m이다. 4개의 줄기 중 3개의 줄기는 말라 죽었고 남은 1개의 줄기에 가지 일부를 접붙이기하여 후계목을 키우고 있으며, 현재 이 후계목에서 매화가 핀다고 한다. 선비 정신을 가장 상징적으로 보여주는 매화, 참 선비 남명南冥 선생은 이 정당매 앞에서 이별한 사명대사 유정四溟大師 惟政 (1544~1610)에게 '贈山人惟政(증산인유정, 유정 스님께)' 라는 오언절구五言絕句 한 수를 보낸다.

花落槽淵石 (화락조연석)
　　조연의 돌 위에 꽃이 떨어지고,
春深古寺臺 (춘심고사대)
　　옛 절 축대에는 봄이 깊었소.
別時勤記取 (별시근기취)
　　이별하던 때를 잘 기억하구려.

青子政堂梅 (청자정당매)
　　정당매에 푸른 열매가 맺었을 때이니.

　정당매 앞에서 이별한 사명대사를 그리워하는 남명 선생의 간절함이 푸른 매실梅實에 선명하게 투영된 시이다. 우리에게 사명대사로 더 잘 알려진 유정 스님은 남명의 제자는 아니지만 많은 교류가 있었던 것으로 알려져 있으며 정신적, 학문적 영향도 받았다고 전한다. 그래서인지 임진왜란이 일어나자 남명 선생의 많은 제자가 의병장이 되었던 것처럼, 유정 스님도 승려들을 규합하여 의병으로 왜적과 싸워 큰 공을 세웠다. 유유상종이라 했던가. 의로운 사람은 의로운 사람끼리 교류할 수밖에……! 500년 세월을 뛰어넘어 위대한 신념을 지닌 두 의인을 이 정당매 앞에서 만날 수 있는 것은 내가 둘레길을 걸어 이곳에 왔기 때문이다. 지리산둘레길을 걷는 것은 이렇게 역사적 인물들의 발자취를 찾을 수 있고, 그들의 정신문화를 발견할 수 있기에 의미 있는 체험이다.

　두 의인의 정신이 푸른 열매로 열린 듯 무성하게 달린 매실을 눈에 담고 바로 옆 **단속사지**斷俗寺址 **삼층석탑** 두 기基를 만나러 간다. 16:50이다. 하나는 보물 제72호로 지정된 동東 삼층석탑으로 이중二重 기단基壇에 3층 탑신塔身으로 구성되었으며, 단아한 아름다움과 균형미가 돋보인다. 다른 하나는 보물 제73호로 지정된 서西 삼층석탑으로 동탑과 쌍둥이 모양이지만 훼손이 심한 것이 아쉽다. 문화재는 선조들의 문화적, 정신적 창조 활동으로 이루어진 결과물이므로, 그 속에는 우리가 계승해야 할 역사적 문화적 가치가 담겨 있다. 따라서 그것이 유형이든 무형이든 최선을 다해 보호해야 할 필요가 있다. 관계 당국의 세심한 관리가 당연히 있어야 하겠지만, 일반인들도 문화재가 갖는 소중한 가치를 마음에 새기고, 그것을 아끼고 지키는데 정성을 쏟아야 하겠다. 한편 두 기의 석탑 앞에 펼쳐진, 옛 단속사 터의 크기를 통해 절의 규모가 매우 컸음을 짐작할 수 있다. 또 원래 위치에 서 있는 동·서 삼층석탑이 전형적인 신라 석탑의 형태이며, 주변에는 본존불을 안치하는 가람의 중심 건물인 금당지金堂址와 경론의 강설講說이 이루어지는 건물인 강당지講堂址의 초석이 남아 있어 신라 시대의 가람 배치를 짐작할 수 있다. 이밖에도 절터에서는 통일신라 시대의 와당을 위시하여 비碑 조각이 출토되고 있으며, 근처에는 최치원崔致遠이 쓴 광제암문廣濟嵒門 각석刻石이 있어 단속사가 지어진 시대를 추측할 수 있다. 그리고 '속세와 단절한 절'이라는 이름은 단속사가 수도를 위한 도량道場이었음을 알려 준다. 단속사가 지녔던 문화적, 예술적, 종교적, 정신적 가치를 짐작해 보며, 폐사되어 버린 것에 안타까움을 남기고 0.7km 떨어진 단성면 운리雲里로 내려가 오늘의 둘레길 탐방을 마무리한다. 17:05이다. 총 16km를 7시간 10분에 걸었다.

우공이산愚公移山이란 고사성어가 있는데, '어리석은 사람이 산을 옮긴다.'라는 뜻이다. 이는 불가능해 보이는 일도 쉬지 않고 꾸준히

어리석은 신부 유의배가 있는 성심원의 벽화

행하면 마침내 해낼 수 있음을 비유적으로 표현한 말이다. 이 고사성어의 배경설화를 요약하면 다음과 같다.

"중국의 북산北山에 우공愚公이라는 아흔 살 된 노인이 살고 있었다. 그런데 우공의 집 앞에는 거대한 태항산太行山과 왕옥산王屋山이 가로막고 있어 생활에 매우 불편하였다. 그러던 어느 날 우공은 가족들에게 다니기에 편리하도록 우리 가족이 힘을 합쳐 두 산을 옮기려고 한다고 말하였다. 아내가 반대했지만, 우공은 뜻을 굽히지 않고 다음 날부터 작업을 시작하였다. 우공과 아들, 손자는 지게에 흙을 지고 발해渤海에 버리고 돌아왔는데, 꼬박 1년이 걸렸다. 이 모습을 본 지수智叟라는 노인이 이제 멀지 않아 죽을 당신인데 어찌 그런 무모한 짓을 하느냐고 비웃었다. 그러자 우공은 내가 죽으면 아들이, 아들이 죽으면 손자가 계속할 것이라고 하였다. 두 산을 지키던 산신이 이 말을 듣고는 큰일이라고 여겨 즉시 옥황상제에게 달려가 산을 구해달라고 호소했고, 이 말을 들은 상제는 두 산을 각각 멀리 삭 땅 동쪽과 옹 땅 남쪽으로 옮기도록 하였다."

　남들이 뭐라고 하든 묵묵히 산을 옮기려고 시도한 우공의 노력과 믿음, 끊임없는 열정이 옥황상제를 감응感應시켜 도저히 불가능해 보였던 일을 성취한 것이다. 지수는 '지혜로운 노인'이라는 뜻이고 우공은 '어리석은 노인'이라는 뜻이지만, 지혜로운 사람은 약삭빠른 사람이고 어리석은 사람이 세상을 바꿀 수 있는 유능한 사람이라는 뜻으로 읽어야 할 것이다. 오늘의 지리산둘레길 탐방에서 만난 성심원의 유의배 신부, 어리내의 권극유 선비, 진종일 뙤약볕 아래 서서 말없이 길 안내를 하는 벽수, 달뜨기능선을 바라보며 향수를 달랬던 빨치산들, 정당매 앞에서 이별한 남명 선생과 사명대사, 그리고 수도를 위해 속세와 단절한 단속사의 승려들, 이들은 권력을 쥐고 부를 추구하며 명예를 얻고 화려한 삶을 동경하는 세속적 인간의 관점에서 보면 모두 어리석은 사람이다. 그러나 우공이산의 고사가 가르치듯이 어리석은 사람만이 산을 옮길 수 있음을 깨달아야 한다. 그래서 신영복 선생은 "현명한 사람은 자기를 세상에 잘 맞추는 사람이다. 반면에 어리석은 사람은 그야말로 어리석게도 세상을 자기에게 맞추려고 하는 사람이다. 그러나 역설적이게도 세상은 이런 어리석은 사람들의 우직함으로 인하여 조금씩 나은 것으로 변화해간다는 사실을 잊지 말아야 한다."라고 말한 바 있다.

스스로 우공이 되고자 했고, 실제로 우공의 삶을 살았던 전직 대통령이 있다. 바로 **노무현** 전 대통령이다. 그는 상당한 수임료를 받는 '회계, 세무 전문 변호사'를 던지고, 민주화 운동을 하다가 부림사건에 연루된 대학생을 위해 무료변론을 맡았을 뿐만 아니라, 스스로 민주투사가 되어 1987년 6월 민주항쟁에 앞장선다. 같은 해 거제도 대우조선 사건에서 경찰이 쏜 최루탄에 맞아 대우조선 노동자 이석규가 사망하자 이상수 변호사 등과 사인 규명 작업을 하다가 제삼자 개입, 장식葬式 방해 혐의로 경찰에 구속되기도 한다. 이 모두 약삭빠르고 자기 이익에 밝은 사람들의 눈에는 어리석은 사람으로 보인다. 이후 통일민주당 김영삼 총재의 공천으로 1988년 13대 총선에 출마하여 부산 동구에서 당선되지만, 3당 합당에 반대하며 김영삼과 결별한다. 그 결과 지역주의에 가로막혀 부산에서 출마한 국회의원 선거와 부산시장 선거에서 번번이 낙선한다. 그러다가 1998년 종로구 국회의원 보궐선거에서 당선되지만, 2000년 16대 국회의원 선거에서 지역주의 타파를 내걸고 부산 강서구에 출마하였으나 낙선하고 만다. 이 모두는 정치인으로서 꽃길을 걸을 기회를 스스로 걷어차고 지역주의 극복이라는 고난의 길을 선택한 결과이다. 자신에게 관대하고 영리한 사람들이 보기에는 참으로 어리석은 판단이고 행동이다. 하지만 이때부터 그는 바보라 불리게 되고, 정치인 최초로 자발적 온라인 민간 후원단체인 '노사모'가 결성되어 전국적인 정치인이 된다. 그리고 2002년 대선에서 제16대 대통령으로 당선된다. 대통령이 된 후 권력층에 만연해 있던 권위주의와 정경유착을 타파하고 기존 정권이 하지 못했던 각종 재벌 개혁을 시행한다. 상속증여세의 포괄주의를 도입해 대기업 총수의 탈세 여지를 좁히고, 증권 관련 집단소송제를 시행하였으며, 대기업 간 불공정 담합에 대한 적발과 처벌을 강화한다. 그리고 보편적 복지 개념에 입각한 노령연금제도를 도입한다. 이러한 일련의 정책은 모두 기득권 세력의 저항을 불러오고, 급기야 수구 언론과 적대관계를 형성한다. 이 역시 반대세력과 적당히 타협하면서 정치적 기반을 공고히 하는 것이 유리하다는 기존 정치인들의 관점에서 보면 어리석기 짝이 없는 정치 행위이다. 특히 검찰개혁에 반대하는 '평검사와의 대화'는 권력을 이용하여 힘으로 누르면 된다는 인식을 가진 정치인들 시각에서는 한심하게 보였을 것이다. 또한, 2004년 공직선거 및 선거부정방지법이 정한 중립의무 및 헌법 위반을 사유로 야당이 다수인 국회로부터 대한민국 헌정 사상 최초로 탄핵 소추를 당해 대통령 직무가 정지된다. 하지만 탄핵을 주도했던 새천년민주당과 한나라당, 자유민주연합은 여론의 역풍에 휩싸여 제17대 총선에서 참패하고 얼마 후 헌법재판소에서 소추안을 기각하며 그는 다시 대통령 직무에 복귀한다. 이 역시 기득권 집단과 적당히 타협하지 아니한 어리석음 때문이라고 영리한 사람들은 생각한다. 그는 진보 진영으로부터 한미 FTA 추진과 이라크 파병 등의 정책이 신자유주의 우파에 가깝다는 비난을 받고, 수구 언론으로부터는 반미주의자라며 비판을 받는다. 행정수도 이전과 혁신도시 등 지역균형발전을 추진하지만, 세종특별자치시로의 수도 이전은 헌법재판소에서 대한민국 헌법은 성문법을 채택하고 있음에도 불구하고, 관습헌법이라는 해괴한 근거를 들어 위헌 결정을 내려 행정도시로 선회한다. 이 역시 반대세력과 기득권 세력의 시각에서는 어리석은 생각이고 정책이다. 하지만 16대 대통령 노무현의 이 모든 어리석은 판단과 행동, 그리고 정책은 대한민국이 무엇을 지향하는 사회가 되어야 하는지, 대한민국 국민은 어떠한 정체성을 가져야 하는지를 분명히 깨우쳐 준다. **장차의 대한민국은 사람 사는 세상이어야 하며, 대한민국 국민은 모두가 깨어있는 시민이어야 함을 가르쳐 준다.** 여기서 사람 사는 세상이란 신분, 지역, 직업, 남녀, 노소에 상관없이 모든 국민이 사람답게 사는 세상을 말한다. 그리고 깨어있는 시민이란, 민주주의 최후의 보루가 되기 위하여 우리가 사는 세상이 과연 사람답게 살만한 세상인지에 대한 판단력을 가진 시민을 말한다. 노무현, 그는 어리석은 자의 우직함이 세상을 바꾸는 원동력임을 온몸으로 보여준 위대한 전직 대통령이다. 오늘 둘레길 7구간을 힘들게 걸어 여러 사람의 우공愚公을 만난 나도 어리석은 자가 아닐까? 언감생심이겠지만 어리석을 수 있으면 좋겠다.

방울 달고 칼 찬 선비를 찾아서
8구간 [운리-덕산]

경상남도 산청군 단성면 운리에서 산청군 시천면 사리까지 13.9km를 걷는 [운리-덕산] 구간은 지리산둘레길 21구간 중 제8구간이다. 운리를 지나 농로를 따라 걸으면 임도를 만난다. 임도를 따라 걷는 길에서 백운동 계곡으로 가는 참나무 숲길을 만난다. 이 길은 나무를 운반하는 운재로였다. 참나무 숲을 걷다 보면 너덜것도 만나고 작은 개울도 지난다. 좁아진 길을 계속 나아가면 백운계곡을 만나고, 백운계곡에서 마근담 가는 길은 솔숲과 참나무숲을 지난다. 남명 조식 선생이 머물렀던 산천재가 있는 사리에서 바라보는 덕천강과 천왕봉은 아름다움과 굳센 기상을 담고 있어서 아이들을 동반한 가족들이 의미 있게 걸을 수 있는 구간이다.

– 지리산둘레길 누리집에서 수정 인용

출처 : 지리산둘레길 누리집

오늘은 2023년 5월 23일 수요일이다. 09:20에 경상남도 산청군山淸郡 단성면丹城面 운리雲里에 도착한다. 지리산둘레길 [운리 - 덕산 구간을 걷기 위해서이다. 전체적으로 동북에서 서남 방향으로 진행한다. 날씨는 맑고, 바람은 없으며 기온은 23도 정도라 걷기에 알맞은 조건을 갖추었다. 마을 뒤쪽은 달뜨기 능선에 자리한 해발 925m 마근담봉의 동쪽 비탈이 병풍처럼 펼쳐지고, 앞쪽은 해발 536m 석대산이 보초병같이 우뚝 솟아 마을을 지키고 섰다. 자연의 색은 점점 짙어져 녹음으로 변하고 있다. 참으로 조용하고 평화로운 마을이다. 흰 구름이라도 낮게 내려앉아 마을을 덮는다면 신비로운 분위기를 자아낼 듯하다. 그래서 구름마을 운리인가. 중국 동진東晉 시대의 시인 도연명陶淵明이 혹시 이 마을에 와서 "부슬비는 높은 산의 숲을 산뜻이 씻고, 맑은 봄바람은 구름을 높이 날리네!"라고 읊은 것은 아닐까. 그럴 리는 절대 없지만 어쩌면 그랬을지도 모른다는, 말도 안 되는 상상을 하다가 포장 농로를 따라 걸음을 옮긴다. 길의 좌우로는 곶감의 고장 산청답게 감나무가 줄지어 서서 꽃을 머금고 있다. 그리고 모내기를 준비하는지 잘 정지整地된 논에는 물이 차 있고, 간혹 모내기를 마친 논도 눈에 띈다. 또 유실수로는 마지막으로 피는 밤꽃이 막 피어나기 시작한다. 달콤한 향을 풍기던 찔레꽃은 이미 시들고 있어 자연도 시간의 흐름 속에서는 끊임없이 변하고 있음을 보여준다. 멀리서 뻐꾸기 울음소리가 적막을 깨뜨려 먼 길을 가려는 나그네를 고독에서 벗어나게 한다. 걷기 시작한 지 10분 만에 산청군 단성면 운리 원정原亭마을 당산나무가 있는 곳에 도착한다. 운리 기점 0.4km이다.

이 마을은 과거 큰 정자가 있었다 하여 원정이라 한다. '당산堂山'은 토지나 마을을 지키는 신이 있다고 하여 신성하게 여기는 특별한 지점을 말한다. 당산은 마을 안에 있을 수도 있고, 마을 입구나 뒷산에 있을 수도 있다. 당산이 어디에 있든 마을 사람들에게는 심리적 중심지 역할을 하며, 따라서 커다란 봉분처럼 흙을 높이고 둘레를 돌로 쌓아 영역을 표시한다. 그리고 그 중앙에는 나무를 심어 신격화하는데, 이를 당산나무라 한다. 당산나무는 마을의 지킴이 역할을 하고, 신이 깃든 나무로 소망을 비는 대상이기도 하며, 상위 차원의 신과 소통하는 매개 역할을 하기도 한다. 결국, 당산과 당산나무는 자연계의 모든 사물에는 영적, 생명적인 것이 있다는 보편적 원시 신앙인 애니미즘에 바탕을 두고 있다. 현대의 관점에서 보면 무지한 것처럼 보이지만, 5천 년을 이 땅에서 농사만 짓고 살아온 선인들에게는 자연에 순응하고 합일하려는 슬기가 깃든 가치관이다. 경건한 마음으로 우람한 당산나무를 올려보고는 다음 목적지로 발을 옮긴다. 길은 계속해서 마을 근처의 논과 밭으로 이어지는 포장 농로이다. 길 주변에는 노란 금계국이 만개하여 눈을 호강하게 한다. 또 약성이 있다 하여 보이는 대로 캐어가 버리는 바람에 아주 귀한 존재가 되어버린 엉겅퀴가 간혹 요염하고도 고고하게 보라색 꽃을 뽐낸다. 혼자서 터벅터벅 들길을, 혹은 산길을 걸을 수 있는 것은 바로 이 아름다운 자연이 내게 위로를 주기 때문이다. 운리 기점 2km부터 오르막 임도를 걸어 산속으로 들어가기 시작한다. 임도는 뱀의 움직임처럼 꼬불꼬불 이어진다. 잠시 후 최근에 지은 듯한, 2층의 목조 전망대를 만난다. 나그네의 휴식을 위해 지었다면 분명 전망 좋은 곳일 터, 참새가 방앗간을 못 지나치듯이 당연히 전망대로 오른다. 물 한 모금으로 갈증을 없앤 후 걸어온 길을 뒤 돌아본다. 보니, 북쪽으로 한재 아래 탑동과 운리, 그리고 원정마을이 엄마의 치맛자락 끝에 앉은 아기들처럼 졸졸이 산자락에 들어앉아 한 폭의 풍경화를 연상하게 한다. 잠시 쉰 후 숲에서 들려오는 혼성 합창단 같은 새소리를 위안 삼아 다리의 통증을 견디고 땀을 흘리며 꼬불꼬불한 길을 오른다. 반드시 가야 할 길이기에……!

운리 기점 3.3km에서 드디어 임도가 끝나고 좌측으로 90도를 틀어 숲속으로 들어간다. 지금부터 마근담 입구까지는 동에서 서로 진행한다. 10:30이다. 이 길을 먼저 걸었던 사람들이 그토록 예찬하던 **참나무 숲속**으로 들어간다. 하늘을 향해 쭉쭉 뻗은 참나무들이 적당한 간격을 두고 **빽빽**하게 서 있고, 간혹 소나무도 스스로의 영역을 확보하여 참나무와 조화를 이루고 있는 숲이다. 녹음을 향해 치닫는, 손바닥만 한 참나무 잎들이 만든 숲에 의해 햇빛은 완전히 차단되고, 그 아래 관목들도 적절히 영역을 확보하고 서서 싱그러움을 뽐내고 있다. 그 숲속 둘레길 위에 서서 한동안 하늘을 우러른다. 기막히게 아름다운 숲에 대한 경건함을 표하기 위해서이다. 그리고는 심호흡을 하며 천천히 경이로운 숲길을 걷는다. 숲이 주는 맑은 공기를 가장 많이 받아들이려는 몸짓으로 천천히, 아주 천천히 걸어간다. 신발 밑창으로 전해지는 촉감이 정말 좋은 사토砂土와 작은 자갈로 길은 만들어져 있다. 간혹 너덜겅이 있으나 모두 정비되어 불편함은 전혀 없다. 한 사람이 걷기에 넉넉한 폭의 숲길을 혼자서 걷는 것은 그 누구에게도 간섭받지 않는 완전한 자유를 누리는 행복을 느끼게 한다. 숲이 그들의 터전인 새들이 만들어 내는 기막힌 합창은 내게 음악회에 와 있는 것처럼 착각하게 한다. 마근담봉과 해발 793m 용무림산의 남쪽 비탈 아랫자락에 자리한, 백운계곡으로 가는 이 길은 목재를 운반하던 길로 예부터 있었다는데 둘레길을 만들면서 다시 정비하였다고 한다. 이 길이 예부터 있었다면 백운계곡 바위를 장구지소杖屨之所로 삼았던 남명南冥 선생도 자주 거닐었을 터, 5백 년의 세월을 훌쩍 뛰어 대학자를 만나는 길을 내가 걷고 있다니 참으로 감명 깊다. 누구든 이 참나무 숲의 아우라(aura)를 경험하고 싶다면 5월에 이곳에 오라고 권하고 싶다.

감명 속에 몇 개의 작은 개울을 건너다보니 드디어 큰 개울인 **백운계곡**을 만난다. 운리 기점 5.6km이고 11:15이다. 맑은 물이 경쾌한 음악 소리를 내며 바위 사이로 흐르는 골의 좌우는 짙은 녹음이 에워싸고 있는, 신비로움이 감도는 계곡이다. 이곳은 남명 조식 선생의 흔적이 많이 남아 있는 계곡이다. 남명이 남겼다는 白雲洞(백운동), 龍門洞天(용문동천), 嶺南第一泉石(영남제일천석), 南冥先生杖屨之所(남명선생장구지소) 등의 글자가 암석에 새겨져 있다고 한다. 이곳이 왜 백운동인지에 대해 몇 가지 민간어원설民間語源說이 있으나 믿을 만한 것은 아니다. 다만 이 계곡이 덕천강에 합류하기 직전에 백운산白雲山이 있는 것으로 보아 이에서 유래한 것으로 추측한다. 그리고 용문동천에서 '용문龍門'은 이 계곡을 거슬러 오르면 용이 된다는 뜻이고, 동천洞天은 '산천으로 둘러싸인 경치 좋은 곳'을 뜻한다. 따라서 용문동천은 경치가 뛰어난 이 계곡을 거슬러 오르면 용이 되는 문이라는 뜻이다. 또 영남제일천석은 영남에서 제일가는 물과 바위라는 뜻이니, 이 골짜기에 대한 남명 선생의 자부심이 얼마나 대단했는지 짐작할 수 있다. 한편 장구지소는 지팡이[杖(장)] 짚고, 신발[履(구)] 신고 드나드는 곳으로 '노니는 곳'이란 뜻이니, 남명 선생이 얼마나 이곳을 사랑했는지도 알 수 있다. 영남사림嶺南士林의 거두였던 선생의 글씨를 직접 보고 싶은 마음은 굴뚝같지만, 오늘 여정의 목적이 그것이 아니기에 다음을 기약하며 계곡을 가로지르는 목교木橋를 건넌다. 건너자마자 정성스럽게 쌓은 작은 돌무더기 위에 앙증맞은 목장승 두기가 익살스러운 표정으로 서 있다. 그리고 4개의 지주를 꽂아 왜가리 형상의 새 13마리를 조각하여 그 위에 얹어 놓았다. 또한 "솟대, 장승 손대지 마세요. 신들린 조각."이라는 경고문을 써서 솟대와 함께 세워놓았다. "신들린 조각"이란 표현이 재미있다. 조각품에 손을 대면 부정을 타서 재앙을 맞을 수도 있다고 경고하는 재치가 뛰어나다. 마치 목탁 소리 같은, 딱따구리가 나무 쪼는 소리를 들으며 용무림재를 향하여 오른다. 이 숲속에서 가장 가파른, 그러나 다른 곳에 비해 상대적으로는 완만한 비탈길을

700m 정도 오르니 용무림재이다. 해발 1100m 웅석봉에서 큰등날봉과 마근담봉을 거쳐 남쪽으로 내려온 달뜨기능선에 위치한 793m 용무림산과 744m 벌목봉 사이에 있는 고개가 용무림재이다. 백운계곡에 새겨진 용문동천에서 어원적 힌트를 얻어 용이 무성한 숲이라는 용무림龍茂林일 거라고 이름을 추측해 본다. 용무림재를 넘어 환상적으로 이어지는, 소나무가 간혹 섞인 참나무 숲에 안겨 걷다 보니 숲길이 끝나고 포장 임도를 만난다. 몸통에 '마근담'이라 쓴 벽수가 운리 7.4km, 덕산 5.2km라고 거리를 알려주며 붉은 팔을 내리막 쪽으로 가리키고 있다. 12:00이다.

마근담은 마근담봉과 그 서쪽에 있는 해발 753m 감투봉 사이의 골짜기 아래에 형성된 마을 이름이다. 마근담은 '막힌담'의 어형이 변해서 만들어진 말이라고 하지만, 우리말 음운론音韻論에서는 막힌담이 마근담으로 어형이 변하는 현상을 설명할 수가 없다. 아마 마근담마을에서 마근담봉으로 오르는 비탈이 하도 가팔라 마치 사람의 출입을 막는 거대한 담처럼 여겨져 처음에는 '막은담'으로 부르다가, 후에 '막힌담'으로 부르기도 하였을 것으로 추측된다. 이때 막은담은 능동형 합성어로 막는 행위의 주체가 자연 혹은 절대자가 된다. 즉, 생태적 자연관이 반영된 말이 막은담이다. 반면에 막힌담은 피동형 합성어로 인간 입장의 불편함을 반영한 표현이다. 즉, 인간 중심적 자연관이 반영된 표현이 막힌담이다. 이 땅에서 5천 년간 농사를 주업으로 여기고 살아온 한민족은, 자연은 가장 소중한 것이며 절대적 힘을 지닌 존재로 여겼을 것이다. 따라서 우리 민족의 DNA에는 생태적 자연관이 자연스럽게 내재하고 있다고 볼 수 있다. 그러므로 생태적 자연관이 반영된 막은담이 원래 이름이고, 이것이 연음되어 굳어진 말이 마근담이라고 보아야 할 것이다. 운리 기점 7.7km 지점에서 빵과 두유로 간단한 식사를 하고 휴식을 취한다. 12:10이다. 그리고 12:25에 오늘의 종착지인 덕산의 산천재로 향한다. 이제부터 길은 자동차가 교행할 수 있는, 넓은 도로가 끝까지 이어지는 내리막이다. 대체로 완만하지만, 때론 급경사도 있는 포장도로 5.2km를 하염없이 걷기만 한다. 마근담봉에서 용무림산, 벌목봉으로 이어지는 능선을 왼쪽 어깨에 올리고, 그 능선의 발목 근처를 걷는다. 그리고 감투봉에서 해발 718m 이방산으로 내려오는 능선을 오른쪽 어깨에 얹고, 그 아래 발바닥을 흐르는, 실처럼 길고 가늘다고 하여 이름 붙은 실골(絲谷(사곡)]을 끼고 내려간다. 뻐꾸기는 여전히 거리를 두고 "뻐꾹 뻐꾹" 늘어지는 노래를 한다. 그리고 산꾼들에게는 '홀딱벗어새'로 알려진 검은등뻐꾸기도 연신 "홀딱 벗어"라고 목청을 돋운다. 또 목소리 작은 새들도 합작하여 화음을 만들어 낸다. 아직은 짝짓기 철인 모양이다. 아직은 사랑의 계절인 모양이다. 길의 좌우에는 곶감의 고장 덕산德山답게 감나무가 지천이다. 다른 나뭇잎들은 대부분 녹음으로 치닫는데, 감나무잎은 아직 연두다. 그것도 윤기가 좌르르 흐르는, 곱디고운 연두다. 정희성 시인은 '연두'라는 시에서 "진달래 진 자리에 어린잎 돋을 때까지만 봄"이라고 했고, "아쉽지만 거기까지만 사랑"이라고 했다. 연두빛

고운 감나무잎을 보니 아직은 봄이고, 감꽃 여리게 싹 틔우는 걸 보니 사랑도 아직 남았나 보다. 발바닥은 아프지만, 귀와 눈을 황홀하게 하는 긴 길을 걸어 실골이 덕천강에 합류하는 산청군 시천면矢川面 **사리**絲里를 거쳐 남명기념관南冥紀念館과 산천재山天齋 앞에 선다.

먼저 깨닫는다는 뜻을 지닌 성성문惺惺門의 오른쪽 동협문東狹門을 지나 **남명기념관**에 들어선다. 널찍한 마당 한쪽에는 한 무리의 젊은 이들을 모아 두고 해설사 한 사람이 남명의 사상이나 학문적 업적을 설명하고 있는 듯하다. 어떠한 이유에서건 젊은 세대들이 고유의 사상이나 학문을 알고자 하는 것은 환영할 일이다. 고유 또는 전통이라는 말만 들어도 '낡고 고리타분한 것'이라는 인식에 지배당한, 그야말로 '고리타분한' 세대들이 그 설명을 듣고 있는 자체가 반가운 일이다. 우렁찬 해설사의 목소리를 뒤로하고 본관으로 들어선다. 기념관은 ㄷ자형 건물이다. 오른쪽에 관리실과 기념품 판매점이 있고, 정면과 왼쪽이 전시실이다. 제1전시실에는 선생의 유품과 문집, 유묵 등을 전시하고 있고, 선생이 지니고 다니던 성성자惺惺子와 경의검敬義劍도 복원하여 전시하고 있다. 그리고 제2전시실은 제자들의 활동상황과 문집, 유목 등을 전시하고 있고, 제3전시실은 원임록, 원생록, 문묘와 남명학 연구 현황을 보여주고 있다. 이 중 성성자는 두 개의 작은 쇠방울로 옷고름에 매달고 다니던 것인데, 성惺은 '깨달음'이니 방울 소리가 울릴 때마다 스스로 경계하여 자신을 일깨우고자 했다. 경의검은 선생이 늘 지니고 다니던, 주머니 속에 넣거나 옷고름에 늘 차고 다니는, 칼집이 있는 작은 칼인 장도桂刀로, 이 칼의 양면에는 남명 사상의 핵심인 내명자경內明者敬, 외단자의外斷者義가 새겨져 있다. 내명자경은 '안으로 마음을 밝고 올바르게 하는 것이 경敬'이라는 뜻이니 내면의 수양을 강조한 말이다. 그리고 외단자의는 '밖으로 올바름을 과단성 있게 실천하는 것이 의義'라는 뜻이니 불의不義에 맞서 싸우라는, 실천을 강조한 말이다. 벼슬에 나와달라는 수차례 임금의 부름에도 이를 모두 거절하고 재야에 은둔한 남명 선생은 스스로 내명자경을 수행한 것이다. 또 선생이 돌아가시고 20년이 지난 후 임진왜란이 일어나자 제자 50여 명이 의병장으로 활동하여 국난 극복에 앞장선 것은 외단자의가 발현發現한 것이다. 따라서 인식론의 측면에서 남명의 사상은 지행합일설知行合一說에 해당하지만 '아는 만큼 행한다.'가 아니라, '아는 것은 반드시 행하라.'이다. 위대한 사상가의 업적을 기리려는 지자체와 문화재 당국의 노력에 경의를 표하며 남명기념관을 나와 도로를 건너 산천재로 향한다.

1501년 경상남도 합천군 삼가면에서 태어난 선생은 30세 때 처가가 있는 김해 신어산 아래 산해정을 짓고 학문에 정진하며 제자들을 가르쳤다. 40세에 다시 합천군 삼가면으로 돌아가 제자들을 가르치다가 61세에 지리산 천왕봉이 보이는 이곳으로 옮겨와 **산천재**를 짓고 후진 양성에 힘쓰다가 72세를 일기로 1572년 타계하였다. 산천山天은 '하늘에 닿은 지리산'을 뜻하면서 동시에 주역周易에서

'굳세고 독실한 마음으로 공부하여 날로 그 덕을 새롭게 한다.'라는 의미로 설명하고 있으니 이 집 이름을 산천재라 한 이유를 짐작하고도 남겠다.

> 德山卜居 (덕산복거)   덕산에 터를 잡고
> 春山底處無芳草 (춘산저처무방초)
> 　　봄산 아래쪽에 향기로운 풀 없으랴만
> 只愛天王近帝居 (지애천왕근제거)
> 　　천제 사는 곳과 가까운 천왕봉이 좋아라.
> 白手歸來何物食 (백수귀래하물사)
> 　　맨손으로 돌아와 무얼 먹고 살겠냐고 물으면
> 銀河十里喫有餘 (은하십리끽유여)
> 　　은하수처럼 십리 흐르는 물 마시고도 남으리.

이 시는 산천재의 네 기둥에 쓰인 칠언절구이다. 천왕봉이 좋아서 이곳에 왔으며, 덕천강에 흐르는, 지리산의 맑은 물만 먹고도 만족할 수 있다는 남명의 내명內明 정신이 잘 드러난 시이다. 그가 남쪽의 큰 바다를 의미하는 남명南冥을 호로 삼은 까닭도 이 시에서 찾을 수 있겠다. 그리고 마당에는 이곳에 오자마자 심었다는 남명매南冥梅가 500년 세월을 견디고도 선생의 정신처럼 고고하게 서서 푸른 잎과 매실을 풍성하게 달고 있다. 다만 3개의 줄기가 풍상을 다 이기지 못하여 상해가고 있으며, 부목을 달고 지탱하고 있음이 나그네를 안타깝게 한다. 남명매 뒤에 옮겨 서니 선생이 그토록 좋아했던 천왕봉이 오늘따라 유난히도 선명하게 다가온다. 금강산은 빼어나지만 장중하지 못하고, 지리산은 장중하나 빼어나지 못하다는 말이 있다. 그러나 지리산은 빼어나지는 못하지만, 장중하기에 그 속에 수많은 피난처를 마련해두고 쫓기는 자들을 품어 주었고, 삶이 어지러울 때 큰 걸음으로 나와 세상을 꾸짖었다. 하천 정비라는 명목으로 물길을 돌려놓아 주변 모습이 달라졌지만, 옷섶에는 성성자를 달고 허리에는 경의검을 찬 채 그 옛날 덕천강 절벽 위 산천재에 앉아 천왕봉을 바라보던 그의 형안炯眼을 그려보며 산천재 앞에서 오늘의 둘레길 탐방을 마무리한다. 운리에서 이곳까지 벅수가 가리키는 12.6km를 걸었으며 14:05이다.

경의사상의 창시자 남명 선생이 거처하던 산천재

두류산(頭流山) 양단수(兩端水)를 녜 듣고 이제 보니

도화(桃花) 뜬 맑은 물에 산영(山影)조차 잠겼세라.

아희야, 무릉(武陵)이 어디오 나는 옌가 ᄒ노라.

이는 남명 선생이 남긴 시조 중의 한 수이다. 이를 운율을 고려하지 않고 풀이하면 "지리산 두 갈래 물이 아름답다는 말을 예전부터 듣다가 이제 직접 보니/ 복숭아꽃이 뜬 맑은 물에 산 그림자조차 잠겼구나./ 아이야, 무릉도원이 어디인고. 나는 여기인가 하노라." 정도가 되겠다. 두류산은 백두산이 흘러내려 이루어진 산이라는 뜻으로 지리산의 다른 이름이다. 옛 문헌에는 대부분 두류산으로 기록되어 있다. 양단수는 지리산 주능선에 걸쳐 있는 여러 봉의 남쪽 비탈의 골짜기 물이 합수하여 흐르는 시천矢川과 지리산 웅석지맥의 여러 계곡물이 만나 흐르는 덕천德川이 합수하여 덕천강德川江을 이루는 지점으로, 이곳 산천재에서 강을 거슬러 오르면 1.3km 지점이다. 그리고 그 맑은 물에 비친 산영은 바로 천왕봉天王峯의 그림자이다. 남명은 그렇게 사랑하는 천왕봉의 그림자를 안고 흐르는, 두 갈래 물이 만나는 지점을 조선의 사대부 대부분이 꿈꾸었던 이상향인 **무릉도원**武陵桃源으로 여겼다. 그리고 현재를 살아가는 우리도 흔히 무릉도원은 현실에 존재하지 않는 이상향으로 여기며, 경치가 매우 빼어나 신선이 사는 곳으로 연상해 왔다. 물론 무릉도원이 현실에는 없는, 상상 속의 세계임은 확실하다. 하지만 과연 경치만 빼어난 곳이 무릉도원일까. 무릉도원은 중국의 역사에서 가장 혼란스러운 시기인 위진남북조시대魏晉南北朝時代(AD220년~589년)를 살았던 시인 도연명陶淵明(365~427)이 쓴 도화원기桃花源記에 기록된 상상의 공간이다. 무릉(武陵)은 중국 후난성[湖南省(호남성)]에 있었던 지명으로, 후한에서 삼국시대까지 형주荊州 휘하의 고을로 오늘날의 창더시[常德市(상덕시)]에 해당한다. 그러니까 무릉도원은 '무릉에 있는 도화원'이라는 말을 넉 자로 줄인 말이다.

도화원기는 서문과 본문으로 나뉜다. 서문은 어부가 도원경桃源境으로 들어가는 과정과 도원경에서 사는 사람들과 어부의 대화, 그리고 도원경에서 나와서 다시 찾지 못하는 과정을 담고 있다. 한편 본문은 도원경에서 살아가는 사람들의 모습과 그곳 사람들의 심경을 담고 있다. 서문은 "晉太元中(진태원중) 武陵人捕魚爲業(무릉인포어위업) 緣溪行(연계행) 忘路之遠近(망로지원근) 忽達桃花林(홀달도화림)"으로 시작한다. 서울대 교수를 지낸 장기근張基槿 박사의 번역을 중심으로 이를 풀이하면 "진晉나라 태원太元 시대 무릉 사람이 고기잡이로 생계를 잇고 있었다. 그는 계곡을 따라 올라가다가 얼마를 왔는지 길을 잃었는데 갑자기 복숭아 꽃밭을 만났다."이다. '晉太元中(진태원중)'은 어부가 도원경을 발견하는 시대 배경으로, 연호가 태원인 동진東晉 시대 효무제孝武帝(376-394) 당시에 일어난 일이라는 뜻이다. 당시의 지배계층인 황족皇族과 사족士族은 민생과 정치는 외면하고 주색과 환락에만 몰두하고 있었고, 북방 흉노에 의해 중원이 점령당하는가 하면, 군벌의 반란으로 전쟁이 잦아지고, 이에 불만을 품은 농민들의 저항이 되풀이되는 혼돈시대였으며 당연히 백성들의 삶은 도탄지고塗炭之苦에 빠질 수밖에 없는 시기였다. 정치가 타락하고 전쟁이 잦아지며 민생이 어려워지면 누구나 이상향을 꿈꾸는 것은 당연하다. 길잃은 어부는 삶의 방향을 상실한 민중을 상징하고, 홀연히 도달한 도화림桃花林은 삶에 지친 어부를 이상향으로 이끄는 안내자 역할을 한다. 일반적으로 도원경桃源境 혹은 도화원桃花源으로 부르는 곳은 엄밀히 말해서 동굴 안의 이상세계가 아니라 동굴 밖에서 어부를 동굴 안으로 이끄는, 경관이 아름다운 곳이다. 도화원기 서문에서는 이를 "계곡 양쪽 수백 보 사이에는 복숭아나무뿐이며 다른 나무는 전혀 없었다. 향기로운 풀이 신선하고 예쁘게 자라 있고, 복숭아 꽃잎이 어지럽게 날려 떨어지고 있었다."라고 묘사하고 있다. 그리고 "어부는 아주 이상하게 여기고는 계속 앞으로 걸어가 복숭아 숲 끝까지 가고자 했다. 숲이 끝나는 곳에서 계곡이 발원하고, 문득 산이 나타났다. 산에는 조그만 동굴이 있는데, 그곳에서 빛이 새어 나오고 있었다. 어부는 곧 배에서 내려 동굴 입구를 따라 들어갔다. 동굴은 처음에 겨우 한 사람이 통과할 수 있을 정도로 좁았다. 다시 수십 보를 걸어 나가니 앞이 확 트이며 환하게 열렸다."라고 서술하고 있다. 동굴을 통과하여 환하게 열린 세상이 무릉도원 혹은 도원경으로 일컬어지는 이상향이며, 동굴이 좁은 것은 이상향은 그만큼 실현되기 어렵다는 것을 의미한다. 또 "열린 세상은 땅이 평평하고 넓었으며 집들은 반듯했다. 기름진 농토와 아름다운 연못이 있고 뽕나무와 대나무 숲이 우거져 있었다. 모든 길은 사방으로 연결되어 있고 개와 닭 울음소리가 함께 들렸다."라고 동굴 안의 이상세계를 묘사하고 있다. 오늘날의 관점에서 보면 무릉도원은 잘 가꾸어진 전원마을 풍경이며 서로 협력하여 농사를 짓고, 개와 닭을 키우는 평화로운 마을이다. 그리고 "이 마을을 오가며 농사를 짓는 남녀의 옷차림은 바깥세상 사람과 다름이 없으며 늙은이와 어린아이가 함께 흐뭇해하며 스스로 즐거워하고 있었다."라고 삶의 모습을 묘사하고 있다. 이는 이상향이라 해서 특별한 문화가 있는 곳은 아니며, 모든 구성원이 자신의 삶에 만족하는 평범한 사회라는 의미이다. 한편 "조상들이 진秦나라 때 난을 피해 처자식과 동네 사람을 이끌고 외부와 차단된 이곳으로 와서 다시는 바깥세상으로 나가지 않았으며, 마침내 외부 사람들과 왕래가 끊겼습니다."라고 그 마을 사람들이 어부에게 들려주었다. 그리고 도화원기 본문에도 "영씨 임금이 하늘의 기강 어지럽히니, 현자들이 어지러운 세상 피하였다."라는 표현이 있다. 영씨嬴氏는 진秦나라 임금의 성씨이다. 이는 도원경 사람들이 외부와 단절된 세계로 이주해온 연유와 시간의 흐름을 알려주는 말이다. 도원경 사람들은 진나라 때의 난을 피해 이곳으로 왔다고 한다. BC 247년 진秦나라 왕이 된 영정嬴政(BC 259-210)은 이간계로 여섯 나라의 단결을 깨트리고, 전쟁을 일으켜 한韓 조趙 위魏 초楚 연燕 제齊를 차례로 정복하여 BC 221년 진나라로 천하통일을 이룩한다. 그리고는 중국의 전설 속의 성군인 삼황오제三皇五帝에서 '皇(황)'과 '帝(제)'를 따고, 통일국가의 첫 임금을 의미하는 '始(시)'를 붙여 자신을 '진시황제秦始皇帝(BC 221-

210)'라 부르게 한다. 그 후 만리장성을 쌓고 아방궁을 짓기 위해 과도한 세금을 거두고 백성들을 강제 노역에 동원한다. 그리고 모든 유교 경전을 불태우며[焚書(분서)], 학자들을 생매장하는[坑儒(갱유)] 등의 포악한 정치를 일삼는다. 도원경 사람들은 진나라가 일으킨 전쟁과 진시황제의 폭정을 피해 도원경으로 숨어든 것이다. 그리고는 500년 이상의 세월을 외부세계와 단절한 채 살고 있다. 그리고 "어부가 며칠을 묵은 뒤 고별인사를 하니, 마을 사람들은 '바깥세상 사람들에게 말하지 마십시오.'라고 말했다."라고 한다. 이는 도원경에서 살아가는 자신들의 '사람답게 사는 세상'을 탐욕스러운 외부인들의 간섭으로 깨뜨리고 싶지 않은 심정을 드러낸 것이다. 결국, 도화원기를 통해 지은이 도연명은 전쟁이 없는 평화로운 세상, 계급 간의 모순이나 위정자의 폭정이 없는 세상, 따뜻한 정이 살아있는 세상, 각자가 자신의 일을 즐겁게 행하며 자연의 순리에 따르는 삶을 누리는 세상이 바로 도원경이자 무릉도원이라고 말하고 있다. 그러니 무릉도원은 경치가 화려한 특별 세계가 아니라, 현실의 삶 속에서 부정적인 면의 근원을 제거한 세상이며, 우리가 노력만 하면 실현할 수 있는 세계이다. 이러한 세상이 고故 노무현 전 대통령이 말한 **사람 사는 세상**인 것이다.

 **길에서 만나는 삶**
9구간 [산천재-위태]

낙동강수계인 덕천강도 만나고, 해발 570m 두방산의 경치도 감상하면서 걷는 10.9km의 [산천재-위태] 구간은 지리산둘레길 21구간 중 제9구간이다. 남명 조식 선생의 유적이 남아 있는 산천재와 덕천서원도 둘러보고, 지리산 천왕봉의 기운도 느끼면서 임도와 옛길을 걷게 된다. 이 구간에서는 시천면 사리, 원리, 천평리, 중태리, 옥종면 위태리를 만난다.

- 지리산둘레길 누리집에서 수정 인용

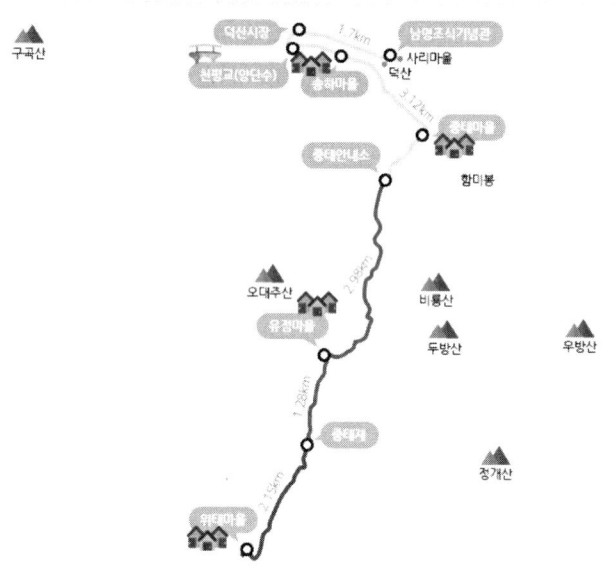

출처 : 지리산둘레길 누리집

2023년 5월 31일(수) 09:30, 지난주에 이어 경상남도 산청군山淸郡 시천면矢川面 사리絲里에 있는 산천재山天齋 앞에 다시 선다. 지리산둘레길 9구간인 [산천재 - 위태] 구간의 시작점이기 때문이다. 산천재 주변은 예초기로 풀을 베어내는 작업이 한창이다. 짙은 풀 냄새가 향수를 불러일으키려는 듯 풋풋한 향으로 코를 자극한다. 엊그제 내린 비로 청명한 가을을 연상할 만큼 하늘은 맑다. 남명南冥 조식曺植 선생은 고향인 합천군陜川郡 삼가면三嘉面에서 제자들을 가르치다가 61세에 지리산 천왕봉이 보이는 이곳으로 옮겨와 산천재를 짓고 후진 양성에 힘쓰다가 72세를 일기로 1572년 타계하였다. 남명 사상의 핵심은 경의사상敬義思想이다. 경의는 내명자경內明者敬, 외단자의外斷者義에서 따온 말이다. 내명자경은 '안으로 마음을 밝고 올바르게 하는 것이 경敬'이라는 뜻이니 내면의 수양을 강조한 말이다. 그리고 외단자의는 '밖으로 올바름을 과단성 있게 실천하는 것이 의義'라는 뜻이니 불의에 맞서 싸우라는, 실천을 강조한 말이다. 벼슬에 나와달라는 수차례 임금의 부름에도 이를 모두 거절하고 재야에 은둔하면서 학문에 정진한 남명 선생은 스스로 내명자경을 수행한 것이다. 또 선생이 돌아가시고 20년이 지난 후 임진왜란이 일어나자 제자 50여 명이 의병장으로 활동하여 국난 극복에 앞장선 것은 외단자의가 발현發現한 것이다. 따라서 인식론 측면에서 남명의 사상은 지행합일설知行合一說에 해당하지만 '아는 만큼 행한다.'가 아니라, '아는 것은 반드시 행하라.'이다. 수양과 실천을 강조한 대학자의 위의威儀에 허리를 굽혀 외경심을 표하고, 지난주에 이어 다시 산천재 안으로 들어간다. 산천재는 지난주 그대로이고, 저 멀리 천왕봉은 육중한 모습을 맑은 하늘만큼이나 선명하게 보여준다. 다만 500년 가까운 세월의 무게를 이기지 못하여 줄기 모두가 죽어가고 있는 남명매南冥梅가 나그네를 슬프게 한다. 고사를 막으려고 부목을 덧대어 줄기를 지탱하고 있지만, 나뭇잎도 왜소해 보이고 매실도 많이 열리기는 했지만 실해 보이지는 않는다. 혹시나 남명 선생의 강직한 경의사상이 남명매가 왜소해지는 것처럼 위축되지는 않을까 염려하면서 산천재 문을 나선다. 나지막한 바깥 담장 아래 화려하게 피어 노란 물결을 일으키는 금계국에 시선을 던지며 오늘의 목적지 하동군 옥종면 위태리로 출발한다. 09:50이다. 진행 방향은 전체적으로 북에서 남으로 향한다. 엊그제 내린 비로 덕천강 물은 투명하기가 유리 같고 물소리 또한 우렁차다. 야자 매트와 우레탄이 교대로 깔린 덕천강 둑방길을 편안한 걸음으로 거슬러 오르다 보니 길가에 복숭아나무를 가로수로 다수 심어놓았다. 복숭아나무를 가로수로 심는 경우는 드물기에 의외로 여겨진다. 걷는 도중 굵은 소나무의 가지를 쳐내는 장면도 목격하면서 덕산시장 앞에 도착한다. 덕산德山은 '큰 산'이라는 뜻을 지닌 고을이다. '덕德'이 사람에게 쓰이면 '인격'을 나타내지만, 지명으로 쓰이면 '크다'라는 의미를 지닌다. 당연히 큰 산은 지리산이다. 하지만 덕산은 법정 지명이 아니다. 산청군 시천면 사리絲里와 원리院里 그리고 천평리川坪里를 아우르는 관념적 지명이다. 부산의 서면西面이 크고 유명한 곳이지만 법정 지명이 아니고 관념적 지명인 것과 마찬가지다. 그리고 덕산

시장은 4일과 9일에 열리는 5일장으로, 이 지역의 명산물인 곶감을 대량으로 거래하는 장으로 유명하며, 지리산 천왕봉의 남쪽 비탈과 동쪽 비탈에 있는 모든 마을 주민뿐만 아니라 하동군 옥종면 사람들까지 모이는 큰 장이다.

산천재 기점 1.3km에 있는 덕산시장 앞에서 원리교院里橋를 건넌다. 10:10이다. 원리교는 **덕천**德川이 시천矢川과 만나기 직전의 지점에 만들어진, 산청군 시천면 사리와 원리를 연결하는 다리이다. 덕천은 지리산 중봉中峰을 거쳐 하봉下峰, 새봉, 밤머리재, 웅석봉熊石峰으로 연결되는 웅석지맥의 여러 계곡수가 산청군 삼장면三壯面에서 만나 덕산을 거쳐 하동 쪽으로 흐르는 하천으로, 큰물이라는 뜻을 지니고 있다. 원리교를 건너니 산청군 시천면 **원리**이고, 남명의 시조를 새긴 시비가 서 있다. 그 시조는 다음과 같다.

> 두류산(頭流山) 양단수(兩端水)를 녜 듣고 이제 보니
> 도화(桃花) 뜬 맑은 물에 산영(山影)조차 잠겼세라.
> 아희야, 무릉(武陵)이 어디오 나는 옌가 ᄒ노라.

두류산은 지리산의 다른 이름으로 '백두산이 흘러내려 만들어진 산'이라는 뜻을 지니며, 옛 문헌에는 지리산보다 두류산이라는 이름이 더 많이 나타난다. 양단수는 '두 갈래 물'이라는 뜻으로 덕천과 시천이 만남을 의미한다. 61세라는 선생의 만년에 학문을 탐구하고,

제자를 가르치기 위해 속세와 너무나도 멀리 떨어진 지리산으로 찾아든 감회를 절묘하게 읊은 시조이다. 길 잃은 어부가 도화 뜬 맑은 물을 따라가다가 우연히 발견한 이상향이 **무릉도원**武陵桃源이다. '길 잃은 어부'는 진리를 구하려는 남명 자신이고, '맑은 물에 비친, 거대한 천왕봉天王峯의 그림자'는 남명이 도달하려는 깊고도 높은 학문의 경지를 의미하며, 이곳이 무릉도원인 까닭은 학문 수양의 최적지이기 때문일 것이다. 지금까지 걸어온 천변에 복숭아나무를 심은 까닭도, 시비 옆에 도화정桃花亭을 지은 이유도 이곳이 무릉도원 같은 이상향이 되기를 바라는 주민들의 뜻이 반영되었으리라. 시비 맞은편, 도로 건너에 있는 찻집에서 커피 한 잔을 마시며 양단수에 비친 천왕봉 그림자를 바라보는 선생의 그윽한 모습을 상상하다가, 주인으로부터 둘레길에서 벗어나 있는 덕천서원으로 가는 길 안내를 받는다.

길 안내판이 없음에 아쉬움을 느끼며 시천을 거슬러 약 100m 정도 걸어 덕산고등학교 옆 **덕천서원**에 도착한다. 10:30이다. 도로변에 홍살문이 서 있고 그 옆에는 1982년 보호수로 지정된, 수령 435년 된 은행나무와 배롱나무가 남명 선생의 거대한 정신처럼 우뚝 서 있다. 목을 젖혀 우러름을 표한 후 뒤돌아 '늘 맑다'라는 뜻을 지닌, 덕천서원의 대문인 시정문時靜門을 통과하여 덕천서원 마당에 들어선다. 들어서니 '德川書院'이라는 현판이 선명하게 눈에 박힌다. 덕천서원은 1576년(선조 9년) 남명 조식의 학덕을 추모하기 위해 최영경崔永慶(1529~1590), 하항河沆(1538~1590) 등 사림 제자들이 그가 강학하던 자리에 건립한 서원이며, 흥선대원군에 의해 철폐되었다가 1930년대에 복원되었다. 정면에 강당인 경의당敬義堂이 있고, 그 앞쪽으로 동재東齋인 진덕재進德齋와 서재西齋인 수업재修業齋가 좌우에 배치되어 있다. 경의당은 서원의 각종 행사와 유생들의 회합 및 토론장소로 사용되던 곳으로, 남명의 핵심 사상인 '경의'를 집약한 서원의 중심 건물이다. 정면 5칸, 측면 2칸 규모의 팔작지붕 집으로 중앙에 대청이 있고, 그 양쪽으로 툇마루와 난간이 달린 2개의 작은 방이 있다. 경의당 뒤쪽의 신문神門을 지나면 사당인 숭덕사崇德祠가 나오는데, 정면 3칸, 측면 1칸 규모에 맞배지붕 집으로 중앙에는 조식의 위패, 오른쪽에는 그의 제자인 최영경의 위패를 모셔 놓았다. 그 옛날 남명의 제자들이 이곳에 모여 선생을 기리며 학문에 정진하는 열띤 모습을 상상하며 서원을 물러난다. 물러나니 은행나무 앞 도로 건너 시천 언덕에 세심정洗心亭이 고풍스럽게 서 있다. 남명의 제자이자 유명한 성리학자였던 최영경이 1582년(선조 15년)에 덕천서원 유생들의 휴식처로 세운 정자이다. 세심정에 걸려 있는 하수일河受一이 지은 기문記文에 '군자는 은거해 수양하며 한가히 거닐며 휴식한다. 대개 은거해 수양하는 곳에는 한가히 거닐며 휴식하는 곳이 있는 것이 옛날 도리이다'라고 세심정을 지은 이유가 적혀 있다. 선비들이 마음 씻는 곳인 세심정 주변에는 잡초가 무성하게 자라 세월의 무상을 얘기할 뿐 송죽 같은 선비의 기개를 가진 사람은 흔적도 없다. 선비들의 책 읽는 소리 대신 시천의 물소리만 무성할 뿐이다.

　세심정에서 100m를 도로 내려와 산청군 시천면 원리와 천평리를 이어주는 천평교川坪橋를 건넌다. 산천재 기점 1.6km이고 10:45이다. 천평교는 시천이 덕천과 만나는 양단수 지점에 놓인 다리이다. 시천矢川은 지리산 주능선에 걸쳐 있는 영신봉, 촛대봉, 연하봉, 제석봉, 천왕봉, 중봉의 남쪽 사면 여러 골의 물이 합수하여 흐르는 하천으로 '화살처럼 빠른 물'을 의미한다. 이 시천이 덕천과 만나 국가하천 덕천강德川江이 되어 흐르다가 하동을 거쳐 진양호에서 경호강鏡湖江을 만나 남강南江이 된다. 천평교를 건너니 '금환낙지金環落地'라는 글자가 새겨진 커다란 입석을 만난다. 이곳은 덕천서원 뒷산인 구곡산九曲山에서 다리미질하던 선녀가 금반지를 떨어뜨린 곳으로 풍수지리에서 최고의 명당으로 꼽는 곳으로 산청군 시천면 **천평리**川坪里이다. 이제부터 길은 덕천강을 왼쪽에 끼고 순방향으로 이어지는, 중앙선이 없는 아스팔트 포장도이다. 산천재에서 원리교까지 가는 길과는 덕천강을 사이에 두고 반대쪽으로 걷는 길이다. 길 좌측에는 특이하게 산수유를 가로수로 심어놓았고, 우측은 넓고 평평한 농토가 펼쳐졌는데 모두 감나무밭이다. 덕천강을 낀 평평한 땅이 널찍하게 이어지는 곳, 천평리라는 이름이 절묘하다고 여겨지며, 5천 년을 농사만 짓고 살아온 선조들에게는 금환낙지라 불릴 만한 명당임이 틀림없다. 가을을 연상케 하는 투명한 하늘을 머리에 이고, 좌측에서 들리는 덕천강의 경쾌한 물소리를 음악으로 삼고,

눈에는 가득 초록을 담고 걷다가 갑자기 덕천강과 이별하고 오른쪽으로 몸을 틀어 산과 산 사이 좁은 분지로 들어선다.

분지로 들어서니 산청군 시천면 **중태리**中台里이다. 산천재 기점 4.7km이고 11:17이다. 북으로 다리를 뻗고 남으로 머리를 두고 여인이 누운 형태가 '中(중)'이 되고, 깃대봉으로 불리기도 하는 해발 643m인 서쪽 오대주산과 502m의 북쪽 수양산, 그리고 570m의 동쪽 두방산이 세 개의 별처럼 둘러쌌다는 데서 삼태성 '台(태)'가 유래하여 중태中台라 한단다. 산천재 기점 4.7km에서 9.1km 지점의 중태재까지 이어지는 포장도로 주변에 산재한 집과 논밭이 모두 중태리에 속한다. 중태리는 대한민국 근현대사의 아픔이 녹아있는 마을이다. 1894년 동학농민운동 당시 공주 우금치牛禁峙 전투에서 패배한 동학농민군이 숨어들 만큼 깊은 골짜기가 중태리이고, 일본군에 의해 죽임을 당한 농민군들을 가매장하여 그 가족들이 시신을 찾아갈 수 있도록 배려한, 마음 따뜻한 사람들이 사는 마을이 중태리이다. 이 골짜기 어딘가에 가장假葬골이 있다는데 어디에도 그 표시가 없어 찾을 수가 없어 안타깝다. 또한, 중태리는 6·25전쟁 당시 빨치산 소탕 명분으로 토벌대에 의해 전소되었던 마을을 재건한 역사도 갖고 있다. 중태리가 안고 있는 피해자들의 역사적 고통은 뙤약볕이 쏟아지는 여름의 초입에 딱딱한 시멘트 포장도로 오르막을 오르는 둘레꾼의 고통으로 이어진다. 하지만 길가 밭에 끝없이 심어놓은 갈맷빛 감나무에서 시각적 즐거움을 얻으며 꾸준히 발걸음을 옮긴다. 눈은 게으르고 발은 부지런하다고 했던가. 부지런한 발은 나를 **지리산둘레길 중태 안내소** 앞으로 데려다 놓는다. 11:30이다. 안내소 앞 정자가 나무 그늘을 머리에 이고 시원함을 제공한다. 잠시 휴식하면서 걸어온 길을 돌아보니 웅석봉에서 흘러내리는 달뜨기 능선의 끝자락에 우뚝 솟은 해발 502m 수양산首陽山이 마치 거인처럼 사람을 압도한다. 우리는 은殷나라의 신하이지 주周나라 신하가 될 수 없다며 무왕武王의 회유를 뿌리치고 고사리를 꺾어 먹으며 백이伯夷와 숙제叔齊 형제가 살았던 중국의 수양산은 아니겠지만, 지조志操와 충절忠節을 개먹이보다 저급低級으로 여기는 오늘날의 세태에서 수양산이 불러일으키는 감회가 참으로 새롭다. 수양산을 향한 눈길을 거두고 몸을 뒤로 돌려 은근한 오르막을 걸어 오른다. 오른쪽 허벅지에 둔한 통증이 올 때쯤 '놋점골 쉼터'라는 이름이 박힌, 두세 명이 둘러앉아 쉴 만한, 하지만 최근에는 코로나 사태로 사용한 흔적이 없어 이끼가 새파란, 커다란 바위가 나타난다. 둘레길을 걷는 나그네들을 위한 마을 주민들의 배려심이 바위만큼이나 크고 묵직하게 다가온다. 길은 걷기 위해 존재하는 것, 엊그제 내린 비로 중태 계곡의 물소리가 우렁차게 들리고, 감나무밭이 끊임없이 이어지는 길을 걸어 오른다. 간간이 밤나무도 보이지만 자투리땅에 듬성듬성 몇 그루가 서 있을 뿐이다. 경사가 제법 심하다 싶어 다리에 힘을 주어 오르니 **유점**鍮店**마을**이다. 덕산 기점 7.7km이고 12:25이다. 유점은 놋점이라고도 하는데 과거 놋그릇 만드는 마을이었다. 법정으로는 중태리에 속하지만, 생계수단은 아랫마을과는 달리 농업이 아닌 수공업이었다. 서너 채의 집 주변에 텃밭 정도의 땅뙈기가 전부인 이곳에도 마을이 형성된 이유를 알 수 있으며, 마을 근처 어딘가에는 놋그릇의 재료인 구리를 캐는 광산도 있었을 것으로 짐작이 간다. 하지만 1938년부터 안식교인安息敎人들이 들어와 살고 있어 안식교 마을이라고도 한다. 그래서 마을 하부 입구에 '제칠일안식일예수재림교회'라는 긴 이름의 교회가 자리 잡고 있다.

놋점마을에서 200m 지점에 근사한 정자 쉼터가 있어 간단한 점심도 먹고 편안한 휴식도 취한다. 둘레길 탐방객을 위한 주민들의 배려에 다시 진한 고마움을 느끼며 중태재를 향하여 힘주어 오른다. 13:00이다. 중태재 가까운 곳에, 진행 방향의 왼쪽 지점에 울창한 대나무숲이 있는데, 이곳이 동학 전쟁 당시 중태리 입구에 해당하며 대나무숲은 일본군을 공격하기 위해 우금치 전투에서 패하고 밀려난 농민군이 매복했던 곳이라 한다. 네이버 지식백과에 수록된 동학농민혁명 전개 과정을 요약하고, 문장을 수정하여 인용하면 다음과 같다.

"1860년 최제우에 의해 창시된 동학(東學)은 평등사상을 바탕으로 봉건사회를 반대하고 서학(西學, 천주교)과 왜(倭, 일본)를 배척하는 반외세를 주장하면서 점차 그 교세가 확산하였다. 반봉건은 지배계층인 양반을 배척하는 사상인 만큼 위기감을 느낀 조선의 위정자들은 동학을 사교(邪敎)로 몰아 1864년에는 교조 최제우를 혹세무민(惑世誣民)의 죄로 처형

하면서 동학교도들에 대한 탄압을 지속하였다. 그러나 제2대 교주 최시형에 의해 동학은 농민들을 중심으로 더욱 확산하여 조직화하고, 이후 동학의 창시자였던 최제우의 억울함을 해소하고 동학교도들에 대한 탄압을 중지할 것을 요구하는 교조신원운동이 전개되기 시작하였다. 그러나 교조신원운동 이후에도 조정은 이를 묵살하였고, 여기에 고부 군수 조병갑의 불법 착취와 동학교도 탄압에 대한 불만이 최고조에 이르게 되었다. 이에 동학교도들은 1894년 1월 전봉준을 중심으로 전라도와 충청도 일대 농민들을 모아 관아를 습격해 고부민란(古阜民亂)을 일으켰다. 관아를 점령한 전봉준은 정부에 조병갑의 횡포를 시정할 것과 외국 상인의 침투를 금지하라는 등의 요구사항을 제시했으며, 정부로부터 폐정을 시정하겠다는 약속을 받고 10여 일 만에 해산하였다. 그러나 고부민란을 조사하러 온 안핵사(按覈使) 이용태는 오히려 민란 관련자들을 역적 죄로 몰아 혹독하게 탄압하였다. 고부 봉기로 뜻을 이루지 못한 전봉준과 그를 따르는 동학교도들은 고부 인근 고창군 무장현으로 피신하였다. 이런 상황에서 이용태의 횡포가 심해지자 전봉준은 무장 지역의 손화중과 합심해 다시 수천 명의 농민을 모았고, 1894년 3월 21일 최시형의 탄생일을 기해 궐기하였다. 이 사태를 접한 조정은 장위영이 이끄는 군대를 파견하였으나 농민군은 황토재 승리에 이어 정읍, 흥덕, 고창, 영광, 함평, 장성, 나주, 장성, 태인, 부안 등에서 관군을 무찌르면서 전주성을 점령하였다. 하지만 전주성 점령 이후 관군과 농민군 사이의 접전이 이어지면서 양측은 큰 타격을 입게 되었다. 이때 조선 조정은 청나라에 원군을 요청하였고, 이에 그 해 5월 5일 청나라 군대가 아산만에 상륙하였다. 이에 나라 안

팎의 위급상황을 인지한 전봉준은 5월 8일 관군과 폐정(弊政)을 개혁한다는 전주화약(全州和約)을 맺었다. 그러나 조선에 대한, 청나라와 일본의 동등 파병권을 약속한 톈진조약에 따라 청나라군의 개입을 빌미로 일본은 5월 6일 조선에 군대를 파견하여 인천에 상륙하였다. 전주화약을 맺은 관군은 일부 부대만 전주에 남기고 철군하였고, 동학농민군도 철군하여 해산하였다. 그러나 군현의 행정이 혼란하여 마비 상태에 이르자 전라감사 김학진과 전봉준은 상의 끝에 호남지방의 각 군현에 농민자치기구인 집강소(執綱所)를 설치하기로 하였다. 그리고 이때 12개 폐정개혁안을 내걸고 민정을 실시하였는데, 그 12개 항목의 내용은 다음과 같다. ① 동학교도는 정부와의 원한을 일소하고 서정에 협력한다. ② 탐관오리는 엄벌한다. ③ 횡포한 부호를 엄중하게 징벌한다. ④ 불량한 유림과 양반의 무리를 징벌한다. ⑤ 노비 문서는 소각한다. ⑥ 천인에 대한 차별을 개선한다. ⑦ 청상과부의 개가를 허용한다. ⑧ 무명잡세를 일체 폐지한다. ⑨ 관리채용 시 지역과 문벌을 타파하고 인재를 등용한다. ⑩ 왜와 통한 자는 엄중하게 징벌한다. ⑪ 기왕의 공사채는 무효로 한다. ⑫ 토지는 평균하여 분작한다. 그러나 동학군의 해산에도 불구하고 1차 봉기를 빌미로 조선에 들어온 일본군은 내정간섭을 강화하면서 1894년 6월 2일 김홍집을 앞세운 친일내각을 설립하여 조선 조정에 내정개혁을 강요하였다. 이어 6월 21일에는 경복궁에 침입하여 고종황제를 감금하고, 6월 23일 청일전쟁을 일으킨 후 25일에는 1차 갑오개혁을 강행하였다. 이러한 일본의 행태를 전해 들은 전봉준은 일본군 척결을 위해 김학진과 손을 잡고 제2차 기병을 준비, 9월 18일 제2차 봉기인 삼례에서 집결하여 서울로 향했다. 그리고 이는 반일감정이 쌓여 있던 충청도, 경상도, 강원도 등 전국적 항일운동으로 확산하는 계기가 되었다. 민중봉기가 확산하자 조정은 군을 출병시키고 일본에 출병을 요청하여 동학농민군을 진압하도록 하였다. 동학농민군은 치열한 접전을 펼쳤으나 우세한 화력을 앞세운 일본의 개입으로 고전하게 되었고, 결국 우금치(牛禁峙) 전투에서 관군과 일본군에게 패했다. 이후 1895년 1월 전봉준에 이어 손화중 등 동학농민군 지도부 대부분이 체포되고 교수형에 처해지면서 동학농민혁명은 실패로 막을 내렸다. 반봉건과 반외세를 표방하며 부정과 외세에 항거한 동학농민혁명은 현대식 무기로 무장한 일본군의 개입으로 실패하였으나 내부적으로는 갑오개혁으로 이어지는 계기가 되었다. 그리고 외부적으로는 청일전쟁의 시발점이 되었고, 이에서 승리한 일본이 조선에 대한 영향력이 확대되는 계기가 되었다. 그리고 이후 1919년 3·1운동에도 큰 영향을 미쳤다."

연합뉴스는 최근 동학농민혁명과 관련한 기사를 실었는데, 이를 발췌하면 다음과 같다.

『동학농민혁명 130주년 기념일을 하루 앞둔 2024년 5월 10일 은퇴한 역사교사 '하타노 요시코(86)'씨는 연합뉴스와의 통화에서 2023년 10월, 일본군에 희생된 동학농민군을 기리는 사죄비 건립에 힘을 보탠 계기를 이렇게 설명했다.
"일본이 저지른 첫 집단학살, 학생들에게 제대로 가르쳐야."
"동학농민운동은 제국주의 일본이 처음 저지른 집단학살입니다. 절대 잊어선 안 된다는 생각에 사죄비를 세우는 데 참여했습니다."』

학계는 일본군에 학살된 동학농민군의 수를 3만~5만 명으로 추정하고 있다. 매관매직이 횡행하고 부정부패가 만연하면서 농민들에 대한 착취가 극에 달하는 등 농민군이 봉기한 원인은 위정자들이 제공해놓고, 농민군의 저항이 강력해지자 외국 군대를 빌려 농민군을 진압했던 당시 지배 세력의 비열한 작태에 분노를 느낌과 동시에 지배 세력의 가렴주구에 분연히 맞서는 농민군들의 결연한 눈매가 선명하게 그려진다. 지금도 저 대나무숲에는 일본군에 대한 증오심에 불타는 농민군의 결연한 눈동자가 번쩍이는 것 같다. 자국의 백성을 죽이기 위해 외국군을 끌어들인 권력자들의 매국 행위에 대한 분노 속에 길을 걸어 오르니 드디어 임도를 벗어나 숲속 흙길로 가라고 벅수가 붉은 팔을 뻗어 가리킨다. 산천재 기점 8.8km이고 13:15이다. 숲속 길은 한 사람이 넉넉하게 걸을 수 있는 정도의 폭을 지닌, 둘레길 탐방객을 위해 기존 길을 정비해 놓은 것 같다. 숲이 주는 상큼함과 흙이 주는 구수함을 제대로 느끼려는 순간 벌써 **중태재**에 도착한다. 산천재 기점 9.1km이고, 13:25이다. 산청군 시천면 중태리와 하동군河東郡 옥종면玉宗面 위태리葦台里의 경계점인 이 고개를 중태리 사람들은 중태재라 부르고, 위태리 사람들은 위태재라 부른단다. 각 마을 사람들이 자기 지역 이름으로 고개 이름을 부르는 것은 자기중심적 사고를 하는 인간으로서는 있을 수 있는 일이다. 그런데 이 고개를 일명 갈치재라고도 한단다. 왜 갈치재라고 하는지 궁금하여 수소문하여 알아보니 칡을 뜻하는 '갈葛'에 큰 고개를 의미하는 '치峙'가 붙어 '갈치葛峙'가 된 다음에 고개를 뜻하는 순우리말 '재'가 다시 붙어 갈치재가 되었다고 한다. 3음절을 선호하는 우리의 언어의식이 작용하여 한자어와 우리말이 결합하고 의미의 중복을 가져온 것이다. 과거에 칡이 많았다고 하지만 지금은 아무리 둘러 보아도 칡넝쿨을 찾을 수가 없다. 세월의 흐름은 인간의 삶에 변화를 주며, 이에 따라 생태계에도 변화를 초래한다는 사실을 새삼스럽게 깨닫는다. 한편 벅수의 배꼽에 적어놓은 거리가 덕산 기점 7.8km로 앞의 벅수보다 1km가 줄어들어 있다. 아마도 산천재에서 원리교까지의 1.3km를 반영하지 못해서 생기는 현상인 듯하다. 좀 더 세밀한 관리가 필요할 것 같다. 이제 위태까지 남은 1.9km는 내리막이고 내려서면 평지일 듯하다. 몸도 마음도 편안함을 느끼며 위태재를 내려서니 또 거대한 대나무 군락지를 만난다. 대나무가 이렇게 많은 걸 보니 그 끝에 큰 마을이 있었던 것 같으나, 현재는 아담한 저수지가 있을 뿐 마을의 흔적을 찾을 수는 없다. 아담한 저수지를 지나니 길은 다시 포장 농로이고 농로 주변에는 도라지밭이 제법 있고, 무논은 대부분 모내기를 마쳤다. 일이 몸에 밴 듯한 할머니 한 분이 밭에서 잡초를 베다가 정겨운 미소로 인사를 한다. 둘레길 탐방객에게 보내는 따스한 마음이리라. 짙은 고마움을 느끼며 하동군 옥종면 **위태리**에 도착하여 [산천재 - 위태] 구간의 탐방을 마친다. 모두 11km를 걸었고 13:55이다.

동학군이 일본군을 격퇴하기 위하여 매복한 중태리 대나무숲

산천재 기점 4.7km에서 9.1km 지점의 중태재까지 이어지는 중태리中台里는 원래 하동군 옥종면에 속했으나, 1983년 산청군 시천면에 편입되었다고 한다. 지금의 상황에서 보면 이해하기 어렵지만, 그 이유는 길 때문이었다. 과거 산청군 시천면 천평리와 하동군 옥종면 중태리 사이에는 해발 324m 조례산 자락이 덕천강과 맞닿아 절벽을 이루고 있어 두 마을을 연결하는 길이 없었다고 한다. 당연히 북쪽은 덕천강에 막히고 좌우는 높은 산이 에워싸고 있는 중태리 사람들은 외부와 소통하며 생산물을 내다 팔고 필요한 물건을 사기 위해 힘들어도 중태재를 넘을 수밖에 없었을 것이다. 그리고 행정적으로 마을을 관리하기 위해서는 드나들 수 있는 길이 존재하

는 상위 행정 단위에 속해야 할 것이었다. 그래서 중태리는 하동군 옥종면에 속한 마을이었으나 천평리와 연결하는 도로가 개통되면서 산청군 시천면에 편입된 것이다. 길은 이처럼 한 마을의 행정구역이 바뀔 만큼 정치 행정적으로 중요한 역할을 하며, 물자 유통로로서도 중요한 기능을 담당한다. 또한, 동학 농민전쟁 당시 일본군이 이곳으로 쳐들어오고, 6·25전쟁 당시 국군과 빨치산 사이의 교전이 있었던 것은 길이 군사적 기능을 수행하기 때문이었다. 그리고 오늘 내가 산천재에서 위태리까지 11km를 걸으며 감각적, 역사 인식적 충족을 얻은 것은, 길이 산수유람로山水遊覽路의 기능을 갖기 때문이다. 근대화 이전부터 이렇게 다양한 기능을 수행하던 길은 근대화를 거치면서 농촌에서 도시로의 이주와 물자 유통의 급증으로 그 형태가 급격하게 변한다. 고속도로로 상징되는 오늘날의 길은 자연발생적인 것은 없고 인적 수송과 물자 유통의 효율성 증대를 위하여 처음부터 계획, 설계, 건설되고 체계적으로 관리 운영되고 있다. 이처럼 과거로부터 현대에 이르기까지 길은 다양한 기능을 수행하면서 그 규모와 형태가 변하여 왔다. 그러나 길에는 시대를 초월하여 인간 삶의 족적과 의미가 담겨 있다. 산천재를 지어 학문을 수양하고 제자를 가르쳤던 남명 선생은 그의 나이 61세에 합천군 삼가면에서 산청군 덕산까지 아주 먼 길을 걸어왔다. 그것은 그가 꿈을 지녔고, 이를 실현하기 위해서였다. 다시 말하면 길에는 사람의 꿈이 담겨 있고, 길은 이를 실현할 수 있는 통로이다. 그리고 [운리 - 덕산 구간의 용무림산 남쪽 비탈 숲길은 과거 목재를 옮기는 길이었다. 또 오늘 내가 걸어온 중태리의 사람들은 생산물을 내다 팔거나 필요한 도구와 생활필수품을 사기 위하여 높은 고개를 넘어 옥종까지 걸어 다녔다. 이는 길이 생계를 위한 통로였음을 보여준다. 한편 산업화 과정에서 소외된 농민들은 새로운 삶의 기회를 얻기 위하여 피폐한 농촌을 떠나 도시로 향하지만, 그들에게 도시는 잿빛 가득한 고난의 길인 경우가 대부분이었다. 김지하 시인이 쓴 **서울 길**이란 시는 이러한 상황을 압축적으로 보여준다.

간다
울지 마라 간다
흰 고개 검은 고개 목마른 고개 넘어
팍팍한 서울 길
몸 팔러 간다

언제야 돌아오리란
언제야 웃음으로 화안히
꽃 피어 돌아오리란
댕기 풀 안쓰러운 약속도 없이
간다
울지 마라 간다
모질고 모진 세상에 살아도
분꽃이 잊힐까 밀 냄새가 잊힐까
사뭇사뭇 못 잊을 것을
꿈꾸다 눈물 젖어 돌아올 것을

밤이면 별빛 따라 돌아올 것을

간다
울지 마라 간다
하늘도 시름겨운 목마른 고개 넘어
팍팍한 서울 길
몸 팔러 간다.

 한편 길은 우리에게 서정성을 환기하는 공간이기도 하다. 김기림 시인은 '길'이라는 시에서 소년 시절의 상실감과 잃어버린 대상에 대한 그리움을 길에 의탁하여 노래한 바 있다. 이처럼 길은 인간과 자연의 삶을 함축하고 있다. 내가 지리산둘레길을 걷는 것은, 길이 함축하고 있는 **삶**을 찾아 헤매는 행위이자 노력이다. 지리산둘레길은 편도 1차선의 지방도를 활용하여 걷기도 하고, 마을을 통과하는 길을 걷기도 한다. 그리고 농로나 임도를 걷기도 하는데, 이들은 대체로 시멘트 포장길이며 농로와 임도를 명확하게 구분하기 힘들게 이어진 경우가 대부분이다. 한편 기존의 등산로를 이용하거나, 자동차가 보편화하면서 버려졌던 길을 다시 살린 부분도 있는데 이런 경우는 대부분 숲길이어서 편안함과 친근감을 준다. 지리산둘레길은 약자의 역사와 점차 잊혀가는 문화와 반드시 보존해야 할 생태계를 안고 있다. 역사와 문화 그리고 생태계는 삶이다. 길에는 바로 삶이 담겨 있다. 그래서 지리산둘레길은 **길 있는 길**이다.

 # 흐르는 물은 최상의 선이다
10구간 [위태-하동호]

경상남도 하동군 옥종면 위태리와 하동군 청암면 중이리에 있는 하동호를 잇는 11.5km의 [위태-하동호] 구간은 지리산둘레길 21구간 중 제10구간이다. 이 구간은 낙동강 수계권에서 식생이 다양한 섬진강 수계권으로 넘어가는 지리산 남쪽을 걷는 길이다. 지리산에서 흐르는 물들이 양이터재를 기준으로 북쪽은 낙동강이 되고 남쪽은 섬진강이 된다. 걷다가 만나는 숲의 모습도 다르다. 남명 조식 선생과 지리산을 유람하는 선비들이 자주 찾았던 오대사터가 있는 백궁선원도 스친다. 지리산 자락의 큰 댐인 하동호도 만난다.

– 지리산둘레길 누리집에서 수정 인용

출처 : 지리산둘레길 누리집

2023년 6월 10일(토) 10:15에 경상남도 하동군河東郡 옥종면玉宗面 **위태리**葦台里에 있는 상촌제 앞에 선다. 지리산둘레길 [위태-하동호] 구간의 기점이기 때문이다. 위태는 예전에 상촌으로 불렸던 마을이다. 상촌의 원래 이름은 갈티마을이었다. 갈티라는 지명은 이곳에서 산청군山淸郡 시천면矢川面 내공리內公里로 넘어가는 고개 이름인 갈치葛峙에서 유래하였다. 그런데 마을이 하동군 청암면에서 옥종면으로 편입되면서, 옥종면 청룡리 상촌마을과 구분하기 위하여 위태리로 부르게 되었다. 그러니 위태葦台는 뜻을 빌린 마을 이름이 아니라, 윗마을(上村(상촌))을 한자로 적은 음차이다. 마을 앞에 있는 상촌제가 과거 마을 이름이 상촌, 윗마을이었음을 말없이 알려준다. 상촌제는 규모는 작지만, 연륜이 오래된 저수지이다. 모내기 철이라 물이 많이 줄어 있고 물풀이 무성하게 모습을 드러내고 있다. 상촌제 옆 마을 길을 걸어 하동호까지의 둘레길 탐방을 시작한다. 진행 방향은 전체적으로 북에서 남으로 향하며, 시작하는 길은 포장도이다. 사람들의 생활권에 있는 길은 지리산 부근 어디에서나 포장도이다. 여름으로 접어드는 딱딱한 길을 걸어 위태리 상수리나무 당산에 도착한다. 아직도 당산제를 올린다는 이곳, 나무 아래 1m 정도 되는 개구리 모양의 돌 하나가 서 있어 눈길을 끈다. 장승도 아니고, 솟대도 아닌 것이 당산나무와 함께 마을의 수호신 역할이라도 하는 모양이다. 멀리서 뻐꾸기는 한가한 울음을 토해내고 있어 마을 전체를 평화로운 분위기로 이끌고 있다. 모는 벌써 착근着根 상태로 싱싱한 모습의 녹색을 뿜어낸다. 길가에는 개망초가 흰 꽃을,

애기똥풀은 노란 꽃을 피워내어 길 가는 나그네를 즐겁게 한다. 산자락에는 밤나무가 무리 지어 은근하면서도 짙은, 그러면서도 야릇한 향을 풍기는 흰 꽃을 풍성하게 달고 서 있다. 유실수 중에서는 마지막으로 꽃을 피우지만, 비교적 이른 시기에 알밤을 내어놓는 아주 쓸모 있는 나무이다. 6월의 시골은 이렇게 생명력 왕성한 공간이다. 위태 기점 1.3km에서 보랏빛 수국이 피어 있고 물레방아가 덜컹거리며 돌아가는 마지막 민가를 지나면 소규모 감나무밭을 지나서 작은 계곡을 따라, 잘 정비된 숲길을 따라 지네재로 오른다. 둘레길에 펼쳐진 숲길은 모두 발밑에 부드러운 촉감으로 다가오는 흙길이다. 부지런히 걷다 보니 계곡 물소리가 끊어지고 곧 **지네재** 마루에 오른다. 위태 기점 1.9km이고 11:00이다. 해발 831m 주산主山에서 뻗어 내려온 능선의 모양이 지네와 닮았다 하여 붙은 이름이다. 하동군 옥종면 위태리와 궁항리의 경계이다. 다만 벽수에 지네재라는 지명 표시가 없어 아쉽다.

마루에서 숨을 고른 후 오율마을 방향으로 내려서자 곧 거대한 대나무 숲을 만난다. 대나무 숲에는 잡목이나 풀이 자라지 못하고 오로지 흰색으로 변한 대나무 잎만 마치 융단처럼 깔려 있다. 자세히 보면 집터였던 곳, 밭이었던 곳이 보인다. 이것은 오율 마을 사람들이 이렇게 높고 논 한 뙈기 없는 열악한 환경에서 살았음을 알려주는 증거이다. 이 대나무 숲은 위태 기점 2.3km까지 이어지고 남명 조식 선생과 지리산을 유람하는 선비들이 자주 찾았던 오대사五

臺寺 터가 있었다는 백궁선원을 만난다. 그러나 백궁선원은 사설 수련 공간이 되어 오대사의 흔적을 찾을 수도 없고, 출입도 제한된 상태이다. 그리고 산청군山淸郡 금서면今西面 지막리紙幕里에서 처음 만난 남명 선생의 발자취는 오대사 터까지 남아 있고 이후로는 만나지 못한다. 위대한 학자이자 실천가인 조식 선생과의 결별에 짙은 아쉬움이 남는다. 주산主山 남쪽 비탈에 지금은 터만 남은 오대사가 있었으며, 주산의 다른 이름인 오대산五臺山은 오대사라는 절의 명칭에서 연유하였음을 알 수 있다. 오대사 터에서 보면 다섯 봉우리가 대臺와 같이 벌려 있는데 그중에서 주된 산이라 하여 주산으로 부른다고 한다. 지명과 위치를 머릿속에서 연결하며 걷다 보니 위태 기점 2.5km에 있는 **오율마을**에 도착한다. 11:20이다. 오율 마을은 밤실, 여차골, 불당골, 시양골, 오대 등 여러 작은 동네들이 모여 이룬 마을을 일컫는 이름으로 옛 오대산 절터의 유적이 있는 마을이다. 밤실이 율동栗洞이니, 율동이 오대五臺와 합성하여 마을 이름 오율五栗이 된 듯하다. 닥나무가 많아 지금도 일부마을에서 품질 좋은 한지를 생산하고 있다고 하지만 어느 곳인지는 알 수가 없다. 예부터 오율 마을 남산 산발치에 연못이 있었다고 전하지만 덤불이 우거져 샘물이 솟고 있음에도 형체는 찾아볼 수 없다고 한다. 옛날 오대사가 망할 때 절의 보물들을 이 연못에 던져넣고 갔다고 전해진다. 주산이 펼쳐놓은 치맛자락 볼록면이 연봉連峯이고 오목면이 계곡이라면, 마을을 관통하는 계곡 주변에 집 몇 채가 옹기종기 모여있는 것이 보인다. 뒤와 양옆이 연봉으로, 그리고 짙은 숲으로 둘

러싸인 아름다운 마을이다. 뻐꾸기는 여전히 한가한 노래를 들려준다. 과거 농경 시대에는 연명조차 힘들었을 마을이 이제 남의 부러움을 살 만큼 좋은 전원주택지로 변했으니 상전벽해를 실감한다.

위태 기점 2.8km에서 우측으로 120도 회전하여 임도 비탈길을 오르다가 잠시 후 90도 좌회전하여 숲길로 들어간다. 아주 가파른 산비탈을 헐떡이며 오르니 3.1km 지점에서 마루를 만난다. 이름이 없는 고개이다. 11:45이다. 이제부터 기분 좋은 소나무 숲길이 이어진다. 그리 굵지는 않지만, 하늘을 향해 기세 좋게 쭉쭉 뻗은 소나무들이 햇빛 한 점 파고들기 어려울 만큼 빽빽하게 나열한 숲이다. 간혹 참나무가 드문드문 섞여 단조로움을 없애주고 있다. 이 길은 원래 있던 길이 아니라 둘레길을 개통하면서 새로 개척한 길임이 틀림없다. 오율에서 궁항리로 가는 평지 길이 산 아래 따로 있기 때문이다. 거의 수평으로 이어지는 행복한 길을 편안하게 걸어 4.1km 지점에서 궁항리로 내려가는 포장 임도를 만난다. 꼬불꼬불한 임도를 걸어 **궁항리 마을회관** 앞에 도착한다. 위태 기점 4.5km이고 12:15이다. 하동군 옥종면 궁항리弓項里는 활의 목처럼 생긴 마을이라서 얻은 지명이란다. 해발 565m 칠중대고지의 동쪽 비탈과 주산의 서남쪽 비탈이 만나는 지점에 자리한 궁항리는 사방이 높은 산으로 둘러싸인 산골이다. 칠중대고지라는 이름이 봉峰에 붙은 연유는 상세히 알 수 없으나 빨치산 토벌 당시 칠중대七中隊의 활약과 관련된 일화逸話가 담긴 이름인 듯하여 이 마을도 한국전쟁 당시 이념 대립의 고통을 피해 갈 수 없었음을 알 수 있다. 위태리와 오율 마을의 뒷산이기도 한 **주산**은 하동군 옥종면 궁항리와 산청군 시천면 반천리反川里 일대에 걸쳐있는 커다란 산이다. 지리산 삼신봉에서 동남쪽으로 뻗은 산줄기가 묵계치默溪峙를 거쳐 우뚝 솟은 봉이 주산이 되고, 주위의 산기슭 분지에 자연마을들이 형성되었다. 대동여지도에는 주산이 청암산靑岩山으로 표기되었는데, 그것은 산에 푸른 암석이 많기 때문이라고 하며, 하동호가 있는 곳의 지명이 청암면靑岩面인 이유도 이에서 유래하였다고 한다. 주변 산에 철광맥이 있어 쇠를 구운 흔적도 남아 있다고 하나 어디인지는 알 수 없다. 도로변 그늘을 드리운 큰나무 아래에서 간편식으로 점심을 해결한 후 양이터재로 향한다. 12:35이다.

양이터재로 가는 길은 다리를 팍팍하게 만드는 시멘트 포장 농로이다. 길가 밭에 자주꽃이 핀 감자 줄기가 무성하게 자라 있다. 순간 권태응 시인의 '감자꽃'이란 시가 입에 맴돈다.

> 자주꽃 핀 건 자주 감자,
> 파 보나 마나 자주 감자.

> 하얀 꽃 핀 건 하얀 감자,
> 파 보나 마나 하얀 감자.

새로운 사실을 발견했을 때 아이들의 놀라움과 기쁨을 단 넉 줄로 절묘하게 표현한 시이다. 시인들의 시적 영감에 감탄하면서 팍팍한 시멘트 길을 걸으니 위태 기점 5.4km에 선 벽수가 **양이터마을** 입구임을 알려준다. 이곳에서 90도 우회전하여 대나무 숲길을 걸어 올라 100m 지점 민가 앞에서 다시 90도 좌회전하여 완만한 경사의 임도를 걷는다. 대나무 숲을 벗어나고 시야가 트이는 순간 내가 걷고 있는 길이 양이터마을 우회로임을 알게 된다. 물소리 경쾌한 계곡 주변에 몇 가구가 펼쳐진 마을이다. 임진왜란 당시 양씨와 이씨가 피난을 와서 터를 잡은 곳이라 해서 양이터 마을이란다. 일설에는 동학농민운동 때라고도 한다. 둘 중 어느 때이건 혼란스러운 세상을 피해 들어온 피난처임에는 틀림이 없다. 높은 곳에서 내려다보는 마을 주변에는 논은 거의 없고 협소한 밭떼기들만 있는 열악한 곳이다. 그들이 세상의 혼란을 피해서 들어온 곳, 살기 위해서 들어온 곳이 이렇게 험난한 곳이라면, 왜 세상은 안정되어야 하고 평화가 유지되어야 하는지를 여실히 보여준다. 다리를 팍팍하게 할 뿐 아니라 발바닥을 아프게 하는 시멘트 길은 계속 이어진다. 길 우측의 산자락에는 다양한 숲이 전개된다. 잡목 숲, 소나무 숲, 참나무 숲, 편백 숲 등이 홀현홀몰忽顯忽沒 눈을 즐겁게 하고 폐부를 시원하게 한다. 바람 없는 오르막길에 새들은 연신 소프라노 화음을 들려준다. 안간힘을 쏟아 고갯마루에 서니 **양이터재**이다. 위태 기점 7.0km이고 13:25이다. 낙남정맥 상의 548m 삼각점과 647m 삼각점 사이에 있는, 옥종면 궁항리와 청암면 상이리上梨里의 경계가 되는 고개이고 두 마을의 삶을 이어주던 고개이다. 그리고 지리산 영신봉에서 시작해 김해로 뻗어 흐르는 낙남정맥이 지나는 곳이다. 이 고개를 분기점으로 지금까지의 지리산과 웅석봉 그리고 주산에서 흘러내리는 모든 골짜기의 물은 진양호를 거쳐 낙동강으로 흘러들고, 여기서부터 앞으로 만나는 모든 골짜기의 물은 섬진강으로 흘러든다.

이제부터 나본 마을까지는 내리막이다. 임도지만 편안한 흙길이다. 위태 기점 7.4km에서 임도를 벗어나 숲길로 접어든다. 옥종 사람들과 청암 사람들이 오르내리던, 원래부터 있던 길이지만 임도 개설 후 없어졌던 길을 되살린 길인 듯하다. 편안하면서도 호젓한 내리막 흙길이다. 계곡의 물소리는 경쾌한 하모니를 꾸준히 들려준다. 그리고 다양한 수종樹種이 만들어내는 숲이 변화무쌍하게 펼쳐진다. 그 숲의 하부 지점에 다시 거대한 대나무숲이 나타난다. 위태리에서 지금까지 모든 마을 주변에는 대규모 대나무 군락이 형성되어 있어 그 이유가 궁금해진다. 농지가 넉넉지 않아 대나무 공예품을 만들어 팔아 생계에 보탬이 되게 함이 아니었을지 추측해보지만 어디까지나 짐작이다. 아니면 하동이 선비의 고을이라 대나무가 갖는 상징성을 존중하여 의도적으로 대규모로 키우지 않았을까 하고 생각해 본다. 하늘을 향해 쭉 뻗은 모습과 부러질지언정 굽히거나 휘지 않는 성품, 그리고 사계절 푸른 불변성에서 지조志操와 절개節槪를 목숨처럼 여기는 선비의 기상을 읽을 수 있고, 속이 빈 나무의 특성에서 청빈淸貧을 추구하는 선비의 삶의 자세를 볼 수 있어 대나무는 매화, 난초, 국화와 더불어 사군자四君子로 추앙받는다. 우리 삶의 방식이 달라지고, 가치관이 아무리 바뀌어도 대나무가 사람에게 주는 교훈은 지킬 만하다고 여기며 위태 기점 8.9km에서 숲길을 벗어나 다시 널찍한 포장 임도를 만난다. 대나무 숲은 내리막으로 계속 이어진다. 한두 채의 집이 나타나고 하동호의 물이 시야에 들어올 때쯤 배에 **나본마을**이라는 이름표를 단 벅수를 만난다. 위태 기점 9.5km이고 14:02이다. 하동군 청암면 상이리에 속하는 자연마을인 나본螺本은 본촌本村과 나동螺洞이 합성하여 만들어진 마을 이름이다. 본촌은 '본디 있던 마을'이란 뜻이고, 고리실, 고동골 등의 마을이 있었다는데 이들을 한자로 바꾸면 고동 '螺(라)'를 쓰는 나동螺洞이 되기 때문이다. 나본 마을은 낮은 지붕을 맞대고 집들이 옹기종기 모인 과거 모습의 마을과 달리 큼직한 최신식 집들이 드문드문 흩어져 있는 마을로 변해 있다. 아마도 하동호에 잠긴 땅에 살던 사람들이 새로 집을 지어 이주해온 결과이리라. 풍수지리에 따르면 이 마을은 큰물을 만나는 곳이라고 하는데 하동호가 생겨 그 설을 입증해 주는 듯하다.

이제부터 길은 하동호 옆으로 난 도로를 따라 설치된 나무 덱(deck)을 걷는다. 해발 1284m 지리산 삼신봉에서 남으로 흘러내린 능선에 있는 해발 900m 거대한 칠성봉七星峰을 비롯한 여러 봉이 에워싼 하동호는 산이 만든 그림자와 6월의 짙은 녹음이 물에 담겨 짙푸른 정도를 넘어 검푸를 지경이다. 좌측의 산자락에는 밤나무가 짙은 초록에 흰 꽃을 무더기로 달고 무리 지어 서 있다. **하동호**河東湖는 경상남도 하동군과 사천시에 농업용수를 공급하기 위하여 하동군 청암면 중이리中梨里를 흐르는 묵계천默溪川을 가로막아 건설한 하동댐과 함께 만든 인공 호수이다. 1984년 착공하여 1993년 준공하였으며 하동군 청암면의 중이리, 상이리, 평촌리坪村里 일대 청암계곡에 산중호수를 이루고 있다. 달리 청암호靑岩湖라고도 한다. 수원은 지리산 삼신봉에서 발원한 묵계천과 금남천金南川이다. 호수 아래로는 섬진강의 지류인 횡천강橫川江이 흐른다. 경상남도 지역에서 가장 큰 농업용 저수지로 알려져 있다. 상류에는 청학계곡과 묵계계곡이 있어 물이 맑고 수량이 풍부하여 여러 종류의 물고기가

흐르는 물을 가두어 버린 하동호

살지만, 낚시를 비롯한 모든 어업 행위 및 유어遊漁 행위를 금지하고 있다. 거대한 인공 호수와 녹음이 무성한 자연이 조화를 이루어 만들어내는 경관에서 눈의 호사를 누리며 하동댐 수문 입구에서 오늘의 둘레길을 마무리한다. 위태 기점 11.5km이고 14:25이다.

경제 성장 논리와 물질 중심 가치관이 지배하는 현대 사회에서 인류의 삶을 위협하는 문제 중의 하나가 **환경 문제**이다. 환경環境이란 말의 의미는 다의적多意的이지만, 환경 문제 또는 환경 파괴를 말할 때의 환경은 대체로 생태계生態系와 같은 의미로 쓰인다. 여기서 생태계란 생물체와 이를 둘러싼 무생물이 긴밀한 의존 관계를 가지면서 상호작용하는 공간적 범위를 의미한다. 따라서 환경 문제란 생태계가 파괴되어 인적, 물적 피해가 발생하는 것을 의미한다. 잘 알려진 '공유지의 비극 이론'이 그 예가 될 수 있다. 미국의 생물학자인 개릿 하딘은 1968년 '사이언스'에 실린 그의 논문에서, 규제가 없는 목초지에 누구나 제한 없이 양을 기를 수 있다면 그 목초지는 황폐되어 공멸할 수밖에 없음을 주장하는데, 이를 공유지의 비극이라 한다. 이때 황폐되는 목초지가 바로 생태계 파괴에 해당한다. 사실 환경 문제는 인류가 생산 활동을 시작한 후부터 계속되었다고 할 수 있다. 그러나 예전의 환경 파괴와 오늘날의 환경 파괴는 양적으로나 질적으로나 차원을 달리한다. 농업 혁명과 산업 혁명을 거치면서 자연환경이 심하게 변하였고, 그에 비례하여 환경 파괴의 범위와 규모는 과거와 비교할 수 없을 정도로 넓어지고 커졌다. 그 결과 자연 세계의 자기 정화능력이 떨어지는 생태학적 위기를 초래하였으며, 이러한 생태학적 위기는 인간의 삶의 질 저하로 이어지고 있다. 하동호와 같은 거대한 호수의 건설은 자연환경을 인위적으로 변화시키는 행위이며, 이는 곧 생태계를 파괴하는 행위이다. 일반적으로 환경 파괴를 불러일으키는 주요 요인으로 인구 증가, 산업화, 도시화를 꼽는다. 그중 인구 증가는 식량 부족 현상을 초래하고, 인류는 이를 극복하기 위하여 한정된 농지에서 생산량을 늘리기 위해 농약 살포, 화학비료 사용 등 여러 방법을 동원한다. 거대한 저수지의 건설도 충분한 농업용수 공급을 통하여 농산물 생산량을 늘리려는 방안의 하나이다. 오늘 내가 둑길을 걸은 하동호도 건설 목적이 경상남도 하동군과 사천시에 농업용수를 공급하기 위함이라고 분명히 하고 있다. 하지만 하동호의 건설은 분명히 인위적으로 자연환경을 변화시키는 행위이고, 생태계를 파괴하는 행위이다. 다만 하동호가 생태계에 어떻게, 얼마나 악영향을 미치는지는 전문가가 아닌 나로서는 계량화할 수가 없다. 다만 1971년 이집트 나일강에 건설된 에스원 댐과 나세르호의 사례를 타산지석他山之石으로 삼을 수는 있겠다. 에스원 댐은 홍수를 예방하고 인공적으로 물을 농지에 공급하며 전기를 생산하는 등 다목적으로 건설된 댐이었다. 하지만 댐 건설 이후 수질이 급격히 악화하였으며, 홍수에 의한 염분으로 관개 농지 35% 상당이 염해피해를 입었다. 그리고 나일강이 운반하던 연간 1억 톤의 비옥한 진흙이 소실되거나 감소하여 해당 농지에서는 화학비료를 사용하지 않고는 농사를 지을 수

없게 되었다. 또 나일강의 영양물질이 지중해로 유입되어 주혈흡충
住血吸蟲이나 말라리아가 퍼지는 결과를 초래하였다. 이는 댐 건설
로 인한 환경피해의 대표적 사례라 할 수 있다. 최승호 시인의 **부르
도자 부르조아**가 생각난다.

> 반이 깎여 나간 산의 반쪽엔
> 키 작은 나무들만 남아 있었다.
>
> 부르도자가 남은 산의 반쪽을 뭉개려고
> 무쇠 턱을 들고 다가가고
> 돌과 흙더미를 옮기는 인부들도 보였다.
>
> 그때 푸른 잔디 아름다운 숲속에선
> 평화롭게 골프 치는 사람들
> 그들은 골프공을 움직이는 힘으로도
> 거뜬하게 산을 옮기고
> 해안선을 움직여 지도를 바꿔 놓는다.
> 산골짜기 마을을 한꺼번에 인공 호수로 덮어 버리는
>
> 그들을 뭐라고 불러야 좋을까.
> 누군가의 작은 실수로
> 엄청난 초능력을 얻게 된 그들을

상선약수上善若水, 노자老子는 흐르는 물을 최상의 선이라고 하였는데 그 이유는 다음과 같다. 먼저 水善利萬物(수선리만물)이다. 이는 물

은 만물을 이롭게 한다는 뜻이다. 물 없이 살 수 있는 생명체는 없다는 점에서 이 논거는 타당할 수밖에 없다. 따라서 물은 반드시 생명이 있는 모든 곳을 골고루 적셔야 한다. 다음은 유수부쟁선流水不爭先이다. 이는 흐르는 물은 선두를 다투지 않는다는 뜻이다. 그리고 장애물이 있으면 돌아가거나 몸을 나누어 지나간다. 웅덩이를 만나면 다 채우고 난 다음 뒷물을 기다려 앞으로 나아간다. 쟁爭은 전戰과 다르다. 전은 적과 맞서서 싸우는 것이지만 쟁은 무언가를 무리하게 추진할 때 일어나는 갈등을 의미한다. 이익의 극대화를 추구하는 자본주의 사회는 필연적으로 개인과 개인 간, 집단과 집단 간, 국가와 국가 간의 갈등을 불러일으키고 이를 심화시킨다. 이러한 갈등의 상태가 지속하면 개인은 개인대로, 사회는 사회대로 그 부작용으로 인한 병폐가 심각할 수밖에 없다. 갈등이 우리의 삶을 황폐화하는 세상에서 선두를 다투지 않고 흐르는 물의 자세가 우리에게 필요하다. 마지막으로 처중인지소오處衆人之所惡이다. 물은 모든 사람이 싫어하는 곳에 처한다는 뜻이다. 여기서 싫어하는 곳이 바로 낮은 곳, 즉 소외된 곳이다. 급속한 산업화로 인한 사회 구조의 세분화는 소외 지대를 발생시키고, 소득의 불평등으로 인한 빈부격차의 심화는 소외 계층을 발생시킨다. 물이 낮은 곳, 싫어하는 곳에 처하듯이 우리도 소외된 곳에 처할 필요가 있다. 그래서 소외된 삶을 어루만져 주어야 한다. 흐르지 않는 물은, 갇혀 있는 물은 이러한 덕성을 지닐 수 없다. 그래서 물의 흐름은 자연이다. 신영복 선생이 쓴 **담론**談論 중 노자 편에 따르면, 자연은 최고의 궁극적 질서라고 한다. 자연에 순응하는 삶은 가장 본질적이며 궁극적 질서에 순응하는 삶이라고 한다. 개발 논리가 최상의 선으로 왜곡되던 1980년대에 만들어지기 시작한 하동호, 그저 시각적 즐거움을 얻는 것으로 자연의 질서를 왜곡하는 잘못을 상쇄하기엔 왠지 서글퍼진다. 인간은 인간이 필요로 하는 것을 자연을 파괴하면서 만들어 놓는다. 인간이 필요로 하는 것은 수명을 연장하고 명예와 지위를 추구하며 재물을 불리는 것이다. 즉, 인간은 욕망을 채우기 위해 자연을 파괴한다. 그러나 자연은 자연이 필요로 하는 것을, 자연이 필요로 하는 곳에, 자연스럽게 만들어 놓는다. 거기에는 탐욕이 개입하지 않는다. 자연은 인간이 만들 수 없는 것을 만들기 때문이다. 그래서 자연은 위대하다.

 # 돌다리를 건너다
11구간 [하동호-삼화실]

경상남도 하동군 청암면 중이리 하동호와 하동군 적량면 동리 동촌마을을 잇는 9.4km의 [하동호-삼화실] 구간은 지리산둘레길 21구간 중 제11구간이다. 이 구간은 청암면 소재지인 평촌리를 지나며 경순왕의 어진을 봉안한 경천묘도 찾아볼 수 있다. 돌다리를 밟고 횡천강을 건너는 체험도 해보고 산골 마을 아이들이 학교를 다니던 존티재도 넘는다. 구 삼화국민학교였던 삼화에코하우스에 자리 잡은 지리산둘레길 삼화실안내소에서 다리쉼도 하고 안내도 받을 수 있다. 그리고 이 구간은 평촌리, 관점마을, 상존티마을을 지나 동촌에서 걷기를 마친다.

- 지리산둘레길 누리집에서 수정 인용

출처 : 지리산둘레길 누리집

2023년 6월 14일 수요일 11:27에 경상남도 하동군河東郡 청암면靑巖面 중이리中梨里 **하동댐** 입구에 선다. 지리산둘레길 [하동호 - 삼화실] 구간을 걷기 위해서이다. 전체적인 진행 방향은 북에서 남으로이다. 하동호에 담긴 물은 지난주처럼 푸르다. 하늘은 옅은 구름이 끼어 햇빛이 따가운 고통은 없다. 댐 아래로 내려가는 좁은 돌계단을 내려서니 제법 넓은 포장도가 나온다. 아마도 댐 공사를 위해 차량과 각종 장비가 출입하던 길이었던 모양이다. 그러나 지금은 둘레길 일부가 되어 나그네에게 6월의 싱그러운 운치를 제공하는 역할을 하고 있다. 시간의 흐름에 따라, 그리고 필요에 따라 길의 용도도 달라질 수 있음을 알 수 있다. 뻐꾸기 소리는 멀리서 영화의 배경음악처럼 은은하게 들린다. 그리고 작은 새들은 고음과 저음을 모아 멋진 화음을 만들어 낸다. 5월까지 연두색이었던 감나무도 짙은 초록이 되어 좌르르 윤기를 흘리고 있다. 산자락에는 밤나무 군락이 흰 꽃을 무더기로 달고 짙은 냄새를 뿜어내어 코를 마비시킨다. 6월은 울창한 녹음이 세상을 지배하는, 건강한 아름다움의 계절이다. 애써 도심을 벗어난 보람을 순식간에 가슴에 안고, 하동호 수구水口에서 흘러내린 횡천강을 동무 삼아 물길처럼 유유히 벅수가 가리키는 길을 따른다. 잠시 후 하동댐 아래 하천 주위를 정리하면서 생긴 듯한 널따란 부지에 각종 체육시설이 들어서 있는 것을 발견한다. **청암체육공원**이다. 축구장, 풋살 경기장, 테니스장이 만들어져 있고 라이트 시설까지 갖추고 있는데, 아마도 하동호 건설에 따른 보상 차원에서 지역주민들을 위해 만든 게 아닐까 하고 추측해

본다. 마침 인근 악양중학교 학생들이 두 대의 관광버스를 타고 와 신나게 체육활동을 하는 모습이 보인다. 지역주민들뿐만 아니라 하동군민 전체에게 유용한 시설이라 여기며 발길을 옮긴다.

하동호 기점 1.6km에서 평촌교를 건너 하동군 청암면 **평촌리**坪村里에 진입한다. 11:52이다. 5구간 시작점인 함양군 휴천면 동강리에도 평촌이 있었고, 6구간에 속한 산청군 금서면에도 평촌리가 있었다. 평촌의 공통점은 비교적 넓은 농토가 펼쳐져 있다는 점이다. 이곳 역시 횡천강橫川江을 따라 널따란 평지에 비옥한 토지가 있어 평촌으로 부를 만하다. 그리고 이 마을은 청암면 소재지이다. 점심을 먹기 위해 문을 나서는 청암면사무소 공무원들을 붙들어 세우고 지명과 관련한 몇 가지 질문을 던지고 명쾌한 답을 듣는다. 귀찮아하지 않고 경청해주고 대답해준 공무원들에게 고마움을 느낀다. 면사무소를 떠나 100m 정도 떨어진 곳에 있는, 신라의 마지막 임금 경순왕의 어진御眞을 봉안한 **경천묘**敬天廟를 찾는다. 12:10이다. 경순왕敬順王은 후백제의 견훤이 경주를 공격해 경애왕景哀王을 죽이고 새로 왕으로 앉힌 인물이다. 왕건이 견훤과의 마지막 싸움에서 이기자 나라를 고려에 넘겨준 뒤 강원도 원주 용화산龍華山 학수사鶴樹寺에서 여생을 마쳤다. 그의 사후 학수사에 사당을 세웠으나, 후세 사람들이 하동군 청암면 중이리 검남산 밑으로 이전했다가 1988년 하동댐이 건설되면서 수몰 위기에 처하자 이곳으로 옮겼다. 경순왕의 어진은 임금의 관인 면류관冕旒冠을 쓰고 있으면서도 한편으로는 신하의 예를 갖추는 홀笏을 양손에 쥔 형태로 그려져 있다. 이는 신라의 임금이자 고려의 신하였다는 것을 동시에 드러낸 것으로 볼 수 있다. 경천묘와 담 하나를 사이에 두고 금남사錦南祠가 이웃해 있다. 원주 용화산 고자암 경천묘에서 성심으로 경순왕의 어진을 모신 이색과 권근의 성의에 보답하고 그 큰 뜻을 받들고자 1918년 지역 유림이 논의하여 건립하였다. 금남사에 모셔진 또 한 사람인 김충한은 고려 말엽의 충신으로, 조선 개국에 불복하고 두문동杜門洞에 들어간 절의에 감복하여 배향하게 되었다. 그러나 내가 찾았을 때는 출입문인 읍양문揖讓門은 굳게 닫혀 있어 짙은 아쉬움만 남았고, 정문旌門 위로는 큼직한 고가高架 관개 수로가 흉물스럽게 걸려 있어 그 부조화에 씁쓸함만 안고 돌아서고 만다.

경천묘를 떠나 다시 둘레길로 들어서자 벅수의 붉은 팔이 우측으로 90도 꺾어 포장 농로를 가리킨다. 20m 정도 가니, 벅수는 다시 90도 우측으로 꺾어 좁은 논두렁길로 가란다. 순간 당황한다. 방향도 역이고, 도저히 길이 이어질 것 같지 않아서이다. 하지만 둘레길에서 벅수를 믿지 않는 것은 수학에서 공식을 믿지 않는 것과 같은 것, 무조건적 믿음으로 30m 정도 나아가니 길은 절묘하게 횡천강으로 내려선다. 내려서니 다양한 모양의 돌을 징금징금 놓아 만든, 참으로 정겨운, 향수를 불러일으키는 돌다리가 놓여 있다. 폴짝폴짝 건너기에는 너무 아까워 천천히 아주 천천히 한발씩 건너도 금방이었다. 건너니 강가에 돌을 깔아 만들어놓은 기존 둘레길은 공사 중이라 제방으로 올라서 가란다. 꿩 대신 닭이라 했던가. 아쉬움 속에 올라선 제방길도 흙길이라 정겹기만 하다. 하지만 얼마지 않아 제방길도 끝나고 마을로 향하는 다리를 건너니 **화월花月마을**이다. 하동호 기점 3.2km이고, 12:32이다. 화월은 하동군 청암면 평촌리에 속하는데 정확히는 반월伴月마을이다. 마을 뒤로 보이는 산의 생김새가 반달처럼 생겼다고 해서 붙여진 이름이라고 하는데 과연 내가 보아도 그러하다. 마을 앞 도로 건너 당산나무가 있고, 그 아래 알루미늄 평상이 놓여 있어 쉬어가기에 적당하다. 쉬기도 할 겸 점심도 먹을 겸 평상에 앉으니 편안하기만 하다. 둘레길 탐방객을 위해 기꺼이 이런 시설을 제공해준 마을주민들에게 무한한 고마움을 느끼며 초라한 빵과 달걀을 진수성찬으로 여기고 맛있게 먹는다. 마침 보기 힘든 청개구리 한 마리도 당산나무 아래에서 휴식을 취하고 있어 이 지역 환경의 청정함을 눈으로 확인할 수 있다.

12:50에 점심을 마치고 벚나무가 가로수로 심어진 도로는 좌측에 끼고, 우렁이 농법으로 벼를 키우는 논은 우측에 끼고 농로를 따라 걷는다. 들판은 모내기가 완전히 끝나 평화로운 분위기이다. 하동호 기점 3.7km 관점교 입구에서 전면을 바라보니 무성한 녹음 아래 흰 꽃을 무더기로 단 밤나무가 횡橫으로 펼쳐지고, 그 아래 성벽처럼 대숲이 바람막이 역할을 하고 있다. 관점교를 건너며 마을 앞 횡천강에 아무리 가물어도 물이 마르지 않는다고 하는 용소龍沼가 있다고 하여 이리저리 눈을 굴려도 청맹과니 같은 내 눈에는 보이지

않는다. 청암면 평촌리와 명호리明湖里의 경계인 관점교를 건너니 '冠店大橋架設竣工紀念碑(관점대교가설준공기념비)'라 새긴 비석을 만난다. 내 보기에는 평범한 다리인데 굳이 '대교大橋'라 한 것에 관심이 간다. 섶다리를 건너다니던 주민들 입장에서는 아무리 물난리가 나도 떠내려가지 않을 튼튼한 다리가 마치 대교처럼 여겨졌을지도 모를 일이다. 대교라는 단어를 쓰고 싶어 한 마을 사람들의 마음에 공감하며, 하동호 기점 4.0km 청암면 명호리 **관점마을** 입구를 13:00에 도착하여 마을을 통과한다. 마침 출입문에 앉아 계시는 할머니 한 분을 만난다. 왜 마을 이름이 관점冠店인지 여쭤보니 "옛날에 양반들이 많이 살아서."라고 하신다. 지금까지 둘레길을 걸으면서 만난, '점店'자가 들어가는 마을은 모두 무엇인가를 만들던 곳이었다. 그래서 이 마을도 '갓을 만들었던 마을' 정도로 생각했는데 의외다. 앞서 평촌에서 공무원들에게 질문했을 때도 "갓을 쓴 유생들이 많이 살아서."라는 답을 들은 적이 있다. 그렇다면 이 마을은 갓의 수요가 많은 곳이라 갓을 파는 가게[店(점)]가 하나 정도 있었음직도 하다. 그래서 '갓을 파는 가게가 있는 마을' 정도로 관점의 뜻을 짐작해본다. 마을 이름에 대한 의문을 해소한 후 조금 더 위로 오르니 관점마을 회관을 만나고, 그 앞에서 특이한 감나무 한 그루를 발견한다. 원줄기는 부러지고 굵은 가지들이 줄기를 대신하는데, 그 가지들이 휘어져 둥글게 퍼져서 그늘을 드리우고 있다. 그 아래 나무로 된 평상과 긴 의자가 있어 주민들이나 둘레길 탐방객들이 쉴 수 있도록 해놓았으나, 코로나 사태로 사용하지 않아 거의 부서지거나 삭았다.

전 세계적 팬데믹이 가져온 부작용은 이런 조그만 산골 마을도 피해 가지 않았다. 하동호 기점 4.4km에서 관점 마을을 벗어난다. 13:10 이다.

야트막한, 하지만 이름이 없는 고개를 하나 넘고, 명사明寺마을에서 명호리明湖里로 흘러 횡천강에 합류하는 명호천明湖川을 건너 북서쪽을 향해 난 길을 걸어 명사마을로 향한다. 하동호 기점 4.9km이고 13:18이다. **명호리**는 하동군 청암면에 속하는 법정리法定里이다. 네이버 지식백과에 따르면 마을 앞을 흐르는 횡천강 물이 밤에 훤히 비치므로 '밝은 호수'라는 뜻을 가진 명호明湖라 부르게 되었는데, 불배미 혹은 불야라고도 부른단다. 1914년 행정 구역 개편으로 청암면 관점동冠店洞, 존치동尊峙洞, 명호동明湖洞, 사동寺洞을 통합하여 청암면 명호리가 되고, 그 아래 명호와 명사 두 개의 행정 마을을 두었다. 그리고 자연환경은 주위가 산으로 둘러싸인 분지에 명사마을이 남향으로 자리 잡았고, 횡천강 유역 분지에 비교적 넓게 형성된 농경지를 끼고 명호마을이 자리 잡고 있다. 명사마을로 향하는 길은 아스팔트 포장도이고 중앙 분리선은 없으며 아주 완만한 오름이다. 조금 걸어 오르니 "돌배 채취 금지"라는 글자가 박힌 팻말이 보이고 돌배나무가 가로수가 되어 줄지어 서 있다. 그리고 오른쪽 가로수 사이에 "明寺마을"이라 새겨진 입석이 아담하게 서 있다. 명사는 전국에서 돌배를 가장 많이 생산하는 마을이라고 한다. 돌배는 호흡기 질환 치료와 노화 방지에 효과가 있으며 항암작용도 하는 것으로 알려져 이 마을 농가 소득향상에 이바지하는 모양이다. 돌배 채취 금지라는 팻말도 세우고, 가로수로 돌배나무를 심는 이유도 충분히 짐작할 수 있겠다. 마을 이름 명사는 명호明湖와 사동寺洞의 첫 글자를 따서 붙인 이름이며, 사동은 과거 청암사靑巖寺가 있던 곳이라 한다. 계속해서 10분 정도 걸어 오르니 명호천을 가로지르는 명사교明寺橋를 만나고, 이를 건너자마자 그 이름도 생소한 '히어리 꽃'을 설명하는 판이 서 있다. 그 내용을 요약하면 "히어리 꽃은 한국에서만 자라는 특산 식물이다. 노란 초롱 모양의 꽃이 3월에 먼저 피고 잎은 나중에 핀다. 가을에 단풍이 아름다우며 꽃말은 '봄의 노래'이다. 현 지점의 산 1,000제곱 미터 면적에 자생하고 있다."라고 적혀 있다. 즉석에서 검색을 해보니 '히어리'는 고유어이지만 그 뜻을 정확히 알 수 없다고 한다. 다시 10분 정도 걸어 오르니 하동호 기점 6.4km에서 상존티上尊峙와 하존티下尊峙 분기점이 나오고, 6.8km 지점에서 다시 상존티와 절골 갈림길이 나온다. 13:52이다. 여기에서 둘레길은 상존티로 가야 하고 아스팔트 길은 승용차 한 대가 지날 정도로 좁아진다. 잠시 완만한 내리막을 걸으니 **명사마을 회관**이 나오고, 이를 지나니 가파른 오름이 이어지며 전면에 거대한 대숲이 병풍처럼 마을을 받치고 있고 그 위로 연봉連峯이 굴곡을 이루며 또 한 번 마을을 감싸고 있는 모습이 한눈에 들어온다. 곧이어 '상존티마을'이라는 이름을 배에 써 붙인 벅수가 하동호 기점 7.5km를 알려준다. 14:06이다.

상존티를 벗어나 7.6km 지점에서 대숲으로 들어간다. 존티재로 가는 본격적인 오름길이다. 명사 마을 회관을 지나며 바라보았던 대숲을 직접 들어서 보니 하늘을 가릴 정도로 빽빽하고 위로 쭉쭉 뻗어 대나무의 기상을 드러내고 있다.

    나무도 아닌 것이 풀도 아닌 것이
    곧기는 누가 시켰으며 속은 어찌 비었는가.
    저러고도 사계절(四季節) 푸르니 그를 좋아하노라.

이 시는 조선 시대 가장 뛰어난 시인인 고산孤山 윤선도尹善道가 지은 오우가五友歌 중 대나무[竹(죽)]의 덕성을 예찬한 시조를 현대국어 표기로 바꾼 것이다. 곧은 모습에서 사대부의 강직한 기상을, 속이 빈 것에서 선비의 청빈淸貧을, 사계절 푸름에서 지조와 절개를 읽어내고 그를 좋아한다고 예찬하고 있다. 대나무가 지닌 덕성이 현대 사회에도 가치 있는 것인지에 대해서는 견해 차이가 있을 수 있다. 하지만 쉽사리 좌절하는 사람에게 강직함은 필요한 삶의 자세이고, 물욕의 굴레를 벗어나지 못하는 사람들에게 청빈은 권장할 만한 가치관이고, 출세를 위해서 배신을 밥 먹듯이 하는 사람들에게 지조와 절개는 충분히 강조할 만하다. 대나무가 주는 교훈을 가슴에 담고 꾸준히 오르니 대숲을 벗어나고 잡초와 잡목이 무성한 산길이 나타난다. 어떤 곳은 고사리밭이었던 듯하고, 또 어떤 곳은 집터였던 흔적도 보인다. 이렇게 열악한 곳에다 삶의 터를 잡아야 했던 사람들의 일상은 얼마나 고단했을까? 또 명사마을에 사는 아이들이 이 가파른 길을 걸어 지금은 폐교가 된 삼화초등학교에 다녔다고 하는데, 아무리 동심이라지만 학교 가는 길이 마냥 즐겁기만 했을까? 지리산둘레길은 공간여행이면서 시간여행이다. 내가 고통스럽게 이 고개를 오름으로써 그들의 고단한 삶을 체험하고 상상할 수 있기 때문이다. 다리의 무거움이 한계에 도달하는 순간 **존티재** 마루에 올라선다. 하동호 기점 8.1km이고 14:25이다. 해발 900m 칠성봉에서 흘러내린 능선이 동남으로 방향을 틀어 397m 갈미봉을 일으키기 전의 안부鞍部에 자리한, 청암면 명호리와 적량면赤良面 동리東里를 경계하는 고개이다. 존티재라는 이름에 대해 둘레꾼들이 의아해한다고 들었다. 이를 간단히 정리하면 다음과 같다. 명호리에 속하는 행정 마을 명사明寺에 존동尊洞이라는 마을이 있었고 이 마을이 상존上尊과 하존下尊으로 나뉜다. 그리고 존동 뒷산 고개라 하여 '높일 존尊'에 '고개 치峙'가 결합하여 존치尊峙가 되는데, 경상도 지역에서는 峙(치)를 티로 발음하는 경우가 많다. 그래서 존치가 존티가 되고, 3음절을 선호하는 언어의식이 작용하여 존티에 고개를 뜻하는 우리말 '재'가 다시 붙어 존티재가 된 것이다. 존에서 존티가 감염되고 존티에서 존티마을로 역감염되어 지명이 굳어진 것이다. 존치는 높은 고개라는 뜻이다. 고갯마루에 서서 주변을 둘러보니 굵은 소나무들이 숲을 이루어 눈과 코를 시원하게 한다. 애써 산길을 오르고 숲속을 헤매는 이유 중 하나가 바로 지명이 갖는 유래와 의미를 파악하는 것이다. 하동군에서 이 고개에 부부장승을 세웠다고 하는데, 아둑시니 같은 내 눈에는 보이지 않는다.

　존티재에서 삼화실로 내려오는 길은 가파르지만 길지는 않다. 300m를 내려오니 임도 겸 농로가 시멘트 포장되어 나타나고 곧 민가가 보인다. 하동군 적량면赤良面 동리東里 **동촌東村**이다. 마을 배후로 들어가는 길가에는 고사리밭도 보이고, 밤나무도 지천이다. 마을로 들어서니 집마다 담벼락에 유실수 한 그루씩은 자라고 있어 풍요로운 느낌을 주고, 어쩌다 만나는 사람들도 반갑게 인사하는, 인정 있고 평화로운 마을이다. 둘레길에서 삼화실三花實의 관문 역할을 하는 마을이다. 내리막이 끝나는 자리에 당산나무가 묵묵히 서 있고, 맞은 편에 '지리산 둘레길 삼화실 안내소' 겸 '에코 하우스'가 자리 잡고 있는데, 오늘은 휴관일이라 문이 굳게 잠겨 있다. **삼화실三花實**은 에코 하우스 자리에 있던 구 삼화초등학교 주변에 있는 하동군 적량면 동리의 이정梨亭과 서리西里의 상서上西, 그리고 중서中西를 합친 관념적 지명인데, 삼화三花는 이정의 배꽃[梨花(이화)]과 상서의 복숭아꽃[桃花(도화)], 그리고 중서의 자두꽃[李花(이화)]이다. 여기에 열매를 뜻하는 실實을 붙여 삼화실이라는 지명이 생겨난 것이다. 참으로 아름답고 서정적인 지명이라 여기며 오늘의 둘레길 탐방을 마친다. 하동호 기점 9.4km이고 14:50이다.

　오늘은 평촌리와 화월 사이의 횡천강에 놓인 돌다리를 건넜다. **돌다리**는 어린 시절의 추억과 고향에 대한 그리움을 불러일으키기에

자연 중심적 가치관과 농촌 공동체의 세계관이 담긴 징검다리

조금도 부족함이 없는 훌륭한 소재였다. 그러나 과거의 돌다리는 단순히 낭만적이고 서정적인 장치만은 아니었다. 다음은 광복되기 전인 1943년 작가 이태준이 발표한 단편소설 **돌다리**에서 아들과 아버지 사이에 오간 대화 일부이다.

　　-전략-
　"나무다리가 있는데 건(돌다리) 왜 고치시나요?"
　"너두 그런 소릴 허는구나. 나무가 돌만 허다든? 넌 그 다리서 고기 잡던 생각두 안 나니? 서울로 공부 갈 때 그 다리 건너서 떠나던 생각 안 나니? 시쳇 사람들은 모두 인정이란 게 사람헌테만 쓰는 건 줄 알더라! 내 할아버님 산소에 상돌을 그 다리로 건네다 모셨구 그 다리루 글 읽으러 댕겼다. 네 어미두 그 다리루 가말 타구 내 집에 왔어. 나 죽건 그 다리루 건네다 묻어라……. 난 서울 갈 생각 없다."

"네?"

"천금이 쏟아진대두 난 땅은 못 팔겠다. −후략−"

경성에서 병원을 운영하는 아들 창섭은 병실이 부족해지자 병원 확장 비용 마련을 위해 농사보다 몇 배의 이익을 남길 수 있다는 논리로 아버지에게 땅을 팔자고 한다. 그러나 아버지는 땅이 천지 만물의 근거라는 논리를 내세워 아들의 제안을 거절한다. 돌다리는 이러한 아버지의 생각을 상징적으로 표현하는 소재이다. 즉, 돌다리는 자연 중심적 가치관과 농촌 공동체가 지니고 있던 세계관을 함축한다. 위의 대화에서 돌다리는 단순히 개울을 건너는 기능만을 하는 것이 아니라, 가족과 선조들의 인연이 살아 숨 쉬는 자연물로 그려지고 있다. 이를 통해 작가는 금전적 가치에 매몰된 **자본주의적 가치관을 비판**하고 있다.

일반적으로 **소외**疏外는 어떤 무리에서 기피하여 따돌리거나 멀리함을 의미한다. 그러나 사회학에서 소외란 인간이 필요로 해서 만든 제도나 규범 및 수단이 오히려 인간 위에 군림하여 인간성을 잃어버리게 하고 인간다운 삶을 상실하게 하는 현상을 말한다. 돈[貨幣(화폐)]은 원래 상품 교환을 편리하게 해주는, 경제 활동의 보조 수단이었다. 그러나 오늘날 돈은, 그 자체가 경제 활동의 목적이자 삶의 목적이 되면서 오히려 인간 위에 군림하면서 인간을 노예로 만들어버렸다. 즉 돈에 의한 인간 소외가 나타난 것이다. 이러한 전도顚倒 현상이 나타난 배경은 복합적이겠지만, 독일의 경제학자이자 사회학자인 베르너 좀바르트의 주장처럼, 민중의 의식을 지배해버린 자본 논리가 그 중심 배경이라 할 수 있다. "생계 수단을 넘어서는 부富가 쌓여야 한다. 성생활이 과거보다 자유로워야 한다. 다른 계급으로부터 자신을 구별하려는 계급적 구별 의식이 있어야 한다. 향락과 구별 의식이 기능할 수 있는 대도시가 발달해야 한다." 자본주의 태동 이후 오늘날까지 자본가는 여론을 통해 대중에게 이런 의식을 끊임없이 심어주고 있고, 사람들은 자신도 모르게 이에 세뇌되어 가고 있다. 그 결과 사람들은 배금주의拜金主義에 물들어 돈을 최고의 가치로 여기게 되었다. 그로 인해 사람들은 돈만 벌 수 있다면 무슨 일이든 서슴지 않게 되었고 심지어 무자비한 범죄까지도 저지르고 있다. 그 결과 인간끼리의 따뜻한 정이 사라진 지는 오래고 사람으로서의 정체성조차도 상실한 채 우리는 불행하게 살고 있다. 우리는 이러한 불행에서 벗어나야 한다. 그러기 위해서는 **자연 중심적 가치관과 과거의 공동체가 지니고 있던 세계관을 회복해야 한다.** 오늘 평촌리에서 건넜던 징검다리는 이 메시지를 함축하고 있다. 둘레길을 걸으며 숲속을 헤매고 돌다리를 건너며 시골 마을을 찾아다니는 것은 바로 이러한 세계관 회복의 필요성을 확인하려는 행위이다.

 인식의 틀을 깨다
12구간 [서당-대축]

경상남도 하동군 적량면 우계리 서당마을에서 하동군 악양면 축지리 대축마을을 잇는 12.3km의 [서당-대축] 구간은 지리산둘레길 21구간 중 제12구간이다. 원래는 적량면 동리 삼화실에서 출발하여 대축마을까지 이어지는 구간이지만, 삼화실에서 서당까지 3.3km를 자의적으로 [서당-하동] 구간에 포함하여 거리가 짧아진 것이다. 먹점재에서 미동 가는 길에 만나는, 굽이쳐 흘러가는 섬진강과 악양의 형제봉 능선, 그리고 섬진강 건너 백운산 자락이 계절별로 색을 바꿔 둘레꾼들의 마음을 잡고 놓아주지 않는다. 천연기념물로 지정된 악양면 대축의 문암송은 생명의 존엄성을 다시 한번 되새기게 해 준다. 또한, 지리산 북쪽에 다랑논이 있다면 적량면에는 갓논이 있다. 갓논은 갓처럼 좁은 땅에 일군 논이란 뜻이다.

– 지리산둘레길 누리집에서 수정 인용

출처 : 지리산둘레길 누리집

오늘은 경상남도 하동군河東郡 적량면赤良面 우계리牛溪里에 있는 **서당書堂**골 사거리에 선다. 지리산둘레길 [서당 - 대축] 구간을 걷기 위해서이다. 2023년 7월 5일 수요일 10:45이다. 장마 기간이라 날씨가 어떨지 걱정을 했지만, 다행히도 지난밤 거세게 내린 장맛비 후 하늘은 솜털 구름이 부드럽게 떠 있는 벽공碧空이다. 바람은 산들산들 더위를 시원하게 쫓아주고, 사방은 녹음의 절정이다. 그 절정의 녹음 속에서도 이팝나무 당산목은 더 푸르고 꿋꿋하며 의연하다. 파란 하늘을 우러러 숨 한 번 크게 쉬고 아스팔트 도로를 따라 우계 저수지를 향해 오른다. 전체적인 진행 방향은 남동에서 북서로 향한다. 동쪽인 우측에는 지난번 넘었던 버디재를 어깨에 올리고, 좌측에는 하동으로 가는 둘레길을 발아래 두고 북쪽을 향해 걷는다. 벌써 길가에는 한 그루 무궁화가 곱게 피어 7월이 시작되었음을 알려준다. 7월부터 11월까지 매일 피었다 지는 끈질긴 무궁화無窮花, 그래서 은근과 끈기라는 한국인의 기질을 가장 잘 드러내는 국화國花가 수려하게 피어 나를 반긴다. 이렇게 한국의 자연은 5월만 화려한 게 아니라 1년 내내 화려하다. 그 화려한 자연 속을 걷는다는 것, 걸을 수 있다는 것은 분명 복이다. 복 받은 삶이라는 느낌 속에 **우계 저수지** 둑에 도착한다. 서당 기점 0.6km이고 11:00이다. 간밤에 내린 비로 저수지는 만수위이다. 보통의 경우 많은 비가 온 후의 저수지 물은 탁하게 마련인데, 이곳은 맑은 계곡물만 저수하여 그런지 그냥 시퍼렇기만 하다. 눈을 좌로 돌려 적량 쪽을 바라보니 갓논들이 보인다. 갓의 테처럼 작은 논이라서 이름 지은 갓논, 사람 키보다 훨씬 높은 석축石築을 하고 그 안에 흙을 다져 물을 끌어들인 후 벼를 심는 갓논, 이 지역 사람들의 치열하고 처절한 삶이 저렇게 짙푸르게 담긴 갓논을 한참 바라본다. 바라보다 문득 이 지역이 왜 **적량赤良**일까 하는 의문에 도달한다. 적량의 옛 지명은 붉은몰이다. '말모이 다시 쓰는 우리말 사전'에 따르면 '몰'은 '주로 시골에서, 여러 집이 모여 사는 곳'을 의미한다. 즉, 마을의 이 지역 사투리이다. 그러면 왜 붉은 마을일까? 황토가 많아서일까? 아무리 살펴도 황토는 보이지 않는다. 그리고 황토는 박토薄土라 논농사에는 적합하지 않다. 그러면 해 질 무렵 붉은 노을이 하늘을 멋지게 수놓아 그렇게 불렸을까? 구재봉에서 분기봉으로 이어지는 능선이 길게 흘러내려 서쪽 하늘을 막아놓은 이곳은 노을이 들어설 틈이 없어 이 역시 답은 아닌 듯하다. 그러면 답은 갓논을 만들기 위해 쌓은 돌에 있지 않을까? 돌에 들어있는 철분이 오랜 세월 산화하여 붉게 보이지는 않았을까? 저렇게나 큰 돌을 저렇게도 높이 쌓아 우계천이 흐르는 이 분지를 붉게 만들지는 않았을까, 그래서 붉은몰이 아닐까 하고 어설프게 추측해 본다. 짧은 제방 끝에서 우측으로 몸을 돌려 저수지를 끼고 시멘트 길과 흙길이 번갈아 이어지는 농로를 따라 신촌을 향해 걷는다. 하동답게 밤나무가 무성한 산자락을 바라보며 대봉감나무, 매실나무, 대나무가 꼭꼭 들어선 밭을 지나 저수지 끝에 도달하니 저수원貯水原인 우계천 건너 **괴목槐木마을**이 보인다. 당산목인 회화나무가 마을 앞에서 우람하면서도 무성한 지엽枝葉을 드리워 마을을 상징하고 있다. 옹기종기 모인 집들이 어쩐지 다정한 사람들이 사는 마을일 것 같다는 느낌을 준다. 계속 이어지는 매실 밭을 지나 우계천을 끼고 오르막 농로를 걸어 신촌에 도착한다. 서당 기점 2.9km이고 11:47이다.

하동군 적량면 우계리 **신촌**新村은 해발 231m에 자리 잡은, 적량면과 악양면 사이에 솟아오른 구재봉 아래 깊숙한 곳에 있는 마을이다. 신촌은 방앗간 터가 있는 것으로 보아 꽤 큰 마을이었음을 알 수 있다. 전국에 산재한 '신촌新村, 신기新基, 신대新垈'는 모두 '새로 형성된 마을'을 의미한다. 하지만 새로 형성된 마을도 그 시기는 상대적이다. 즉 언제를 기준으로 새로 생긴 마을인지가 중요하다. 네이버 지식백과에 따르면 이곳은 1700년경 사람들이 모여 살기 시작하면서 신촌이라 했다고 한다. 그러면 어찌하여 이렇게 농토도 거의 없는, 높고도 깊은 산골에 사람들이 들어와 신촌을 형성했을까? 1700년대는 숙종肅宗(재위 1674~1720)과 경종景宗(재위 1720~1724), 영조英祖(재위 1724~1776) 치세로 당파싸움이 절정에 달하던 혼란기이다. 그러니 양반 지배계층은 당파를 유지하고 권력을 차지하기 위하여 돈이 필요하고, 그 돈을 충당하기 위하여 백성을 대상으로 가렴주구苛斂誅求에 혈안이 되어 있었다. 당연히 백성들의 삶은 피폐해지고, 장길산이라는 도적이 출몰하여 백성들의 지지를 받을 만큼 민생이 안정되지 못하였다. 따라서 삶의 근간을 **빼앗긴** 백성들은 어떻게든 살기 위하여 이런 깊은 산속으로라도 올 수밖에 없었을 것이다. 도망치듯 숨어들어 만든 신촌, 300여 년 전 이곳에 들어온 사람들의 심정을 상상하면서 둘레꾼들을 위해 마련한 듯한, 마을회관 앞 평상에 앉아 물 한 모금으로 피로를 씻으며 마을 주변을 둘러본다. 온 길을 뒤 돌아보면 내가 걸어온 우계저수지며 논과 밭들이 한 폭의 그림처럼 마을 아래에 펼쳐진다. 그리고 뒷산은 아직도 연초록으로 마을을 감싸고 있고, 앞에는 이곳 사람들이 분지봉이라 부르는 분기봉分岐峰이 묵묵히 마을을 내려다보고 있는 조용한 마을이다. 과거에는 살기 위해 살아야 했던 마을이었지만 지금은 멋진 풍광을 즐길 수 있는, 아름다운 전원 속 마을이 되어 있다. 참으로 격세지감을 아니 가질 수 없다. 마을회관 옆, 벽에 해바라기 벽화가 그려져 있고 작은 바람개비가 여러 개 달린 집의 별채에서 집주인인 듯한 남자가 독서 삼매경에 빠져 있다. 아름다운 전원 속 마을 분위기에 정말 잘 어울리는 아름다운 장면이다. 무슨 책일까? 여행은 걸으면서 하는 독서이고, 독서는 앉아서 하는 여행이라고 누군가가 말한 바 있다. 그 말이 독서에서도, 여행에서도 참된 삶의 의미를 찾을 수 있다는 뜻이라면 굳이 무슨 책인지 알아서 무엇하랴. 독서 장면을 물끄러미 바라보다 신촌재로 가기 위하여 마을을 벗어난다. 12:02이다.

벗어나 구재봉 아래를 타고 오르는 가파른 시멘트길 옆으로 갓논은 계속 이어진다. 높이 3m가 넘을 정도로 높이 쌓은 석축 위의 갓논에 벼가 무성히 자라는 곳도 간혹 있지만, 대부분의 갓논은 감밭, 밤밭, 고사리밭으로 변한 것으로 보아 생존에 대한 열망도 과거와는 달라졌음을 짐작할 수 있다. 하지만 그 옛날 어떻게 하여 저 큰 돌들로, 저 높은 축대를 만들고 물을 끌어들여 논이 물을 머금게 할 수 있었을까? 현대처럼 기계가 없던 시대에……, 온몸으로……. 그저 놀라울 뿐이다. 과거 처절한 생명줄이었던 갓논이 지금은 둘레꾼의 호기심의 대상으로 바뀌어 있음에 다시 격세隔世를 느끼며 걸음을 재촉한다. 이제부터는 지그재그로 이어지는 오름 임도를 계속해서 걸어야 한다. 산 깊숙이 들어갈수록 바람 소리, 새소리, 물소리만 들릴 뿐 인기척 하나 없어 사람을 고독의 심연으로 빠트린다. 고독은 사람을 사색으로 몰아넣는다. 사색, 그것은 철학의 시작이고, 창조의 바탕이며, 자아성찰의 출발이다. 소크라테스의 철학도 그리스 광장에서의 사색을 바탕으로 이루어졌으며, 밤하늘의 별처럼 수없이 빛나는 문학 작품도 작가의 고독한 사색에서 비롯되었다. 그리고 윤동주의 자아성찰 역시 고독한 사색이 있었기에 가능했다. 나는 오늘 이 길을 오르면서 무엇에 대하여 골똘히 생각할 것인가? 소크라테스처럼 삶의 보편적 본질이 무엇인가에 대하여 사색하는 것은 처음부터 그릇이 못 되고, 훌륭한 작품을 구상하는 것 또한 여러 번 실패하지 않았던가. 그렇다고 윤동주처럼 시대에 대하여 고민하자니, 이미 세속의 삶에 너무 깊이 빠져버렸고, 용기 또한 없어진 지 오래다. 굳이 머리에 떠올려 보는 것은 앞으로의 생을 얼마나 더불어 사느냐 하는 문제이다. 강자보다는 약자와 더불어, 세속보다는 자연과 더불어……. 이런저런 생각 속에 고단한 다리를 끌고 신촌재에 오른다. 서당 기점 5.9km이고 12:46이다.

신촌재는 해발 774m 구재봉龜在峯과 628m 분기봉分岐峰 사이에 있는, 하동군 적량면 우계리 신촌과 하동군 하동읍 흥룡리 먹점마을의 경계가 되는 고개이다. 더불어 이곳은 지리산 주능선에 있는 영신봉에서 시작하여 삼신봉과 내삼신봉을 거쳐 관음봉을 넘고 칠성봉에 이른 다음 구제봉과 분기봉을 넘어 하동읍으로 떨어지는, 긴 지리산 자락 삼신지맥三神地脈의 일부이기도 하다. 적량면에서 보면 정상의 바위가 거북처럼 생겼다 하여 거북 구龜를 쓰고 있으며, 악양면에서는 산의 모양이 비둘기처럼 생겼다고 하여 비둘기 구鳩를 쓰고 있다고 한다. 네이버 지식백과에 따르면 구재봉에는 다음과 같은 전설이 있다고 한다. "구재봉에 살던 정안鄭晏(?~1251) 장군의 동생인 정희령 장군은 명궁이었다. 정희령 장군은 백마를 타고 다녔는데 백마가 빠른가, 화살이 빠른가 내기를 했다가 화살 낙하지점에 도착해도 화살이 보이지 않아 백마의 목을 쳤는데 그 뒤에 화살이 와서 떨어졌다는 것이다." 이와 유사한 전설이 김덕령을 비롯한 다른 장군들에게서도 전하는데, 정희령 장군이나 김덕령 장군이 백마가 화살보다 느리다고 오해하여 애마의 목을 쳤다는 것은 장군들의 교만하고 경솔한 성격을 보여주는 이야기이다. 그런데도 민간에서는 이야기를 구전할 정도로 그들을 명장으로 추대한다. 명장들의 한계점은 오히려 사람들에게 인간적인 면을 부각하여 친근하게 느끼도록 하기 때문이다. 정희령 장군 전설을 떠올리며 둘레꾼을 위해 마련해둔 돌의자에서 간단한 점심을 먹는다. 마침 섬진강에서 보내주는 시원한 바람이 땀을 씻어준다. 구재봉으로 오르는 등산로를 쳐다보고는 몸을 돌려 먹점마을로 출발한다. 13:10이다.

　먹점마을로 가는 내리막은 소나무를 중심으로 키 큰 서어나무가 조화를 이룬 울창한 숲이 그늘을 만들어 걷는 이를 편안하게 하는 시멘트 임도이다. 꼬부랑 길도 정겹고 오래 묵은 고목과 바위 정자도 친근함을 느끼게 한다. 편안함과 친근함 속에 발을 옮기다 보니 하동군 하동읍 흥룡리興龍里 **먹점墨店마을**이다. 서당 기점 7.5km이고 13:40이다. 먹점은 원래 먹을 만들어 팔던 마을이다. 먹[墨(묵)]은 소나무 기름[松津(송진)]을 태워 생긴 그을음[松煙(송연)]을 아교에 섞어 굳혀 만든다고 한다. 하늘을 찌르는 소나무 숲이 마을을 에워싸고 있는 것으로 보아 먹을 만들기에 좋은 조건을 갖춘 듯하다. 조촐한 시골집들이 서로 담을 맞대고 먹을 만들던 마을은 이미 사라지고 멋진 주택이 경치 좋은 곳마다 자리한 전원 마을로 바뀌어 있다. 도로명 주소도 '매화골 먹점길'로 바뀌었고, 봄이면 매화가 온통 마을을 덮는 바람에 외부인들이 사진을 찍기 위해 몰려드는 마을이 되었다 한다. 또 한 번 격세를 느끼며 토착민의 집인 듯한 작고 초라한 서너 채의 집이 모여 있는 곳에서 V 자로 길을 꺾어 먹점재를 향하여 가파른 오르막으로 발을 옮긴다. 길가 30m쯤 거리에 기품 있게 서 있는 두 그루의 소나무가 힘겹게 걷는 둘레꾼을 위로한다. 이어지는 소나무 숲 임도를 걸어 **먹점재**에 오른다. 서당 기점 8.8km이고 14:07이다. 먹점재는 구재봉에서 서쪽 섬진강으로 흘러내린 능선에 자리한 고개이며, 하동군 하동읍 흥룡리 먹점마을과 하동군 악양면

岳陽面 미점리美店里 미동美東마을의 경계를 이루는 고개이다. 고개에 올라서니 섬진강이 보내는 시원한 강바람이 땀을 식혀주어 잠시 피로를 푼다. 미동마을로 향하는 내리막에서 보이는 섬진강물이 지난 밤 거세게 내린 비로 누렇게 불어 있다. 그리고 임도를 따라 내리막을 걷다 보면 우측에 민둥산이 보인다. 몇 년 전 실화失火로 불타 버린 아미산峨眉山이다. 인간의 실수가 엄청난 자연의 파괴로 이어진 현장을 보니, 자연을 얕보는 인간의 교만에 치가 떨린다. 자연을 소중히 여기고 잘 보존해야 한다는 생각을 하면서 미동마을 배후에 도착한다. 서당 기점 10.6km이고 14:33이다.

미동마을은 불타버린 아미산의 좌측 자락에 자리한 산골 마을이다. 작고 초라한 집들이 이곳저곳에 산재하여 있고 밭뙈기가 전부인, 가난한 마을이다. 마을 입구에서 다시 우측으로 V 자로 꺾어 무릎 높이의 잡목과 풀들이 무성한, 민둥산이 되어버린 아미산으로 오른다. 숲이 없는 산길에는 뙤약볕이 강하여 쉼 없이 땀을 쏟게 한다. 하지만 조망은 시원하게 틔어 섬진강 건너 백운산 능선이 선명하게 들어 온다. 멀리 좌측에서부터 우측으로 억불봉 - 백운산 상봉 - 따리봉 - 밥봉이 유순하게 펼치는 주능선이 선명하고, 그 앞에 쫓비산 - 갈미봉 - 매봉으로 이어지는 작은 능선이 한 폭의 그림처럼 눈에 담긴다. '하운다기봉夏雲多奇峯'이라 했던가. 여름답게 백운산 상봉에 걸린 구름이 동양화 한 폭의 화룡점정畵龍點睛이 된다. 시야의 선명함도 잠시 후 다시 소나무 숲길로 접어든다. 미동마을 입구에서 소나무 숲으로 이어지는 길은 둘레길을 개통하면서 일부러 만든 길인 듯하다. 사유지를 기꺼이 내준 소유주들에게 고마움을 느끼지 않을 수 없다. 서당 기점 11.5km에서 소나무 숲길은 끝나고 내리막 농로 겸 임도로 접어든다. 좌우 측은 모두 매실나무나 대봉감나무가 심겨 있다. 간혹 나무 사이로 악양 들판이 보이고 동정호와 부부송, 그리고 평사리가 보인다. 그 뒤로 성제봉으로 오르는 능선이 길게 이어져 있고, 구름다리가 있는 신선대 동쪽 비탈 자락에 다음 둘레길 구간에 포함된 하동군 악양면岳陽面 입석리立石里가 있다. 전면에 펼쳐진 풍광을 감상하면서 감나무밭 매실나무밭이 사열한 사이를 지나 문암송이 있는 곳에 도착한다. 서당 기점 12.3km이고 15:13이다.

문암송文岩松은 하동군 악양면岳陽面 축지리丑只里에 있는 한그루의 소나무인데, 2008년 3월 12일에 천연기념물로 지정되었다. 나무의 높이는 12.6m이고 가슴높이 줄기 둘레는 3.2m이다. 수관폭樹冠幅이 아주 넓은 나무의 나이는 600년 정도로 추정되고 있다. 줄기는 다소 비스듬히 서 있지만, 그 모습은 당당하다. 이 나무를 문암송이라고 하는 이유는 시인 묵객들이 즐겨 찾았기 때문이다. 축지리의 뒷산인 아미산 기슭에 천연 기암인 속바위가 있는데 문암송은 이 바위를 뚫고 자라고 있어 바위와 함께 신비감을 자아내고 있다. 바위를 둘로 가르고 하늘을 향해 솟아오른 소나무의 힘이 가히 위압적이며, 귀신을 쫓는다는 붉은 줄기와 가지가 말 그대로 낙락장송이어서 숭고미崇高美를 느끼게 한다. 그리고 사시사철 푸르른 소나무 향이 걷기에 지친 나그네의 피곤을 녹여준다. 장구한 세월 묵묵히 인간의 삶을 지켜온 문암송에 경의를 표하며 대축마을로 향한다. 감나무밭 사이 농로를 따라 마을로 접근하니 곧 마을의 배후로 들어서고, 마

완고한 인식의 틀을 깨고 하늘로 향하는 문암송

을 복판에 있는 마을회관을 통과하니 도로가 나오고 곧 둘레길 시종점을 알리는 주황색 철판 벅수가 나온다. 경상남도 하동군 악양면 축지리 **대축**大**축마을**이다. 서당 기점 13.4km이고 15:30이다.

시인 유하는 그의 시 **오징어**를 통해 자본주의의 유혹에 걸려든 소비자의 모습을 집어등의 불빛에 목숨을 거는 오징어의 모습에 빗댄 바가 있다.

> 눈앞의 저 빛!
> 찬란한 저 빛
> 그러나
> 저건 죽음이다.
>
> 의심하라
> 모오든 광명을!

집어등集魚燈은 밤에 물고기를 잡기 위해 불을 밝히는 등이다. 오징어는 집어등이 켜지면 자신이 죽는 줄도 모르고 미끼를 덥석 문다. 철학자 강신주는, 독일 철학자 발터 벤야민의 견해를 인용하여 자본주의 사회를 살아가는 소비자는 자신이 주목받고 있다는 도취감, 그리고 타인에게 주목받기 위해서 반드시 돈을 벌어야겠다는, 다시 말해 자본주의 논리에 철저히 복종해야겠다는 의지를 훈육하는 공간이 바로 백화점이라고 한다. 집어등이 발하는 불빛의 유혹에 목숨을 거는 오징어처럼 자본주의의 유혹에 걸려든 소비자는 돈을 쓸 수밖에 없으며, 다시 돈을 벌기 위하여 노동현장에 뛰어들 수밖에 없다고 한다. 그리고 이러한 자본주의적 욕망은 인간에게 선천적으로 주어진 것이 아니라, 백화점 혹은 만국박람회 같은 특정한 제도를 통해서 역사적으로 만들어진 것이라고 한다. 한편 자본주의 주류 경제학은 무려 200년 이상 "이기적 인간이 자신의 이익을 추구하면 시장의 작용으로 자본주의는 영원히 발전한다."라며 인간의 이기심을 긍정하며 기업의 무한정한 이익 추구를 정당화하였다. 그러나 공동의 목초지에서 이기적 인간이 경쟁적으로 양을 키우면 결국 목초지가 황폐화하고 모두가 함께 망하는 결과를 초래한다는 이른바 '공유지의 비극' 현상에 주류 경제학은 반론을 제기하지 못한다. 그런데도 **자본주의 논리에 길들어진 대중은 기업의 무한정한 이익 추구를 정당하다고 믿고 있다.** 자본주의 사회에서 상품으로 거래되는 모든 유형의 재화는 자연에서 나온 것이며, 자연은 한정되어 있다는 사실을 간과한 채⋯⋯.

"우리는 민족중흥의 역사적 사명을 띠고 이 땅에 태어났다. (⋯) 나라의 융성이 나의 발전의 근본임을 깨달아 (⋯) 반공 민주 정신에 투철한 애국애족이 우리의 삶의 길이며, 자유 세계의 이상을 실현하는 기반이다." 이는 1968년 12월 5일에 제정된 **국민교육헌장**의 몇 구절이다. 1970년대 교육 이념의 좌표였던 이 헌장을 학생들은 강제로 외워야 했고, 외우는 데 별로 재주가 없는 학생은 손바닥 맞아

가면서 외워야 했으며 수업이 끝난 뒤 집에도 가지 못하고 남아서 외우느라 곤욕을 치르기도 하였다. 그리고 국가 행사나 학교 행사에서 기관장들은 반드시 국민교육헌장의 모든 내용을 읽었다. 국민교육헌장의 암기를 통해 박정희 독재정권이 의도한 바는 무엇이었을까? 그것은 독재정권에 순순히 복종하는 '의무를 다하는 인간'을 만들기 위해서였다. 이러한 의도는 국민교육헌장에 그대로 나타나 있다. 국민교육헌장은 민주주의 사회에서 요구되는, 개인의 인권과 자유를 요구하는 인간보다 '나라의 융성'을 앞세우기 위해 개인의 발전을 억압하고 국가에 복종하는, 국가주의 보수를 맹목적으로 추종하는 전체주의 인간의 모습을 앞세웠다. 국민교육헌장에 대한 저항과 비판은 점차 사회 전체로 퍼져 나갔고, 결국 1990년대 들어 국민교육헌장은 교과서와 정부의 공식 행사에서 사라졌다. 그리고 1972년 8월 9일 문교부는 국기의 존엄성을 높이고 애국심을 함양한다는 핑계로 **국기에 대한 맹세문**을 제정했다. 학생들은 국기에 경례할 때마다 이를 암송했다. 더 나아가 모든 국민이 여름철에는 오후 6시, 겨울철에는 오후 5시에 국기 강하식에 참여해야 했고, 애국가가 흘러나오면 행상하는 아주머니도, 길을 걷고 있는 학생들도, 퇴근하던 직장인도, 휴가 나온 군인들도, 모두 국기 강하식이 끝날 때까지 하던 일을 멈추고 서 있던 적이 있었다. 이 역시 겉으로는 애국심의 함양이었지만 속으로는 부도덕한 독재정권에 대한 복종을 강요하는 행위였다. '국민교육헌장'과 '국기에 대한 맹세문'은 국민의 의식을 지배하고 정권이 바라는 인간으로 길들여 놓으려는 시도였고, 상당수의 국민은 아직도 이에 길들어져 있다.

　미국의 심리학자 다이애나 바움린드는 이렇게 부모나 학교, 국가, 사회, 교회 등을 통해서 만들어진 제도적 규범이 무비판적으로 수용되면서 만들어진 양심을 권위적 양심이라 하였다. 그리고 오스트리아의 심리학자 지그문트 프로이트는 이를 초자아라 하였으며, 스위스의 심리학자 칼 구스타브 융은 집단 무의식이라 하였다. 그리고 신영복 선생은 그의 저서 담론談論에서 이를 완고한 인식의 틀이라 하였고, 이 완고한 인식의 틀을 깨트리는 것이 공부라고 하였으며 그 주체는 오직 사람이라고 하였다. 오늘 둘레길 탐방에서 바위를 둘로 가르고 하늘을 향해 솟아오른 문암송을 만났다. 여기서 **바위[巖(암)]**는 권위적 양심, 초자아, 집단 무의식, 완고한 인식의 틀에 해당하며, 그것을 둘로 가르고 하늘을 향해 솟아오르는 행위는 완고한 인식의 틀을 깨뜨리는 **공부[文(문)]**이고, 그 주체는 인격화된 **소나무[松(송)]**라고 볼 수 있다. 누군가가 여행은 새로운 것을 보는 것이 아니라, 새로운 눈을 갖는 것이라 한 바 있다. 내 마음에 존재하는 완고한 인식의 틀을 털어낼 수 있다면, 오늘 나는 문암송이라는 위대한 자연 앞에서 세상에 대한, 인생에 대한 새로운 눈을 뜨는 것이고, 고개를 두 개나 넘는 힘든 여정에서도 가치 있는 보람을 찾는 것이다. 바로 깨어 있는 시민으로 다시 태어나는 것이다.

사실과 진실
13구간 [삼화실-서당-하동]

[삼화실-서당-하동] 구간은 지리산둘레길 21구간 중 제13구간이다. 원래는 [서당-하동] 구간으로 7.0km를 걸어야 하지만, 거리가 좀 짧은 것 같아 12구간의 일부인 삼화실에서 서당까지의 3.3km를 잘라 붙여 내가 자의적으로 만든 구간이다. [삼화실-서당] 구간에서 옛날 아이들이 나뭇짐을 지거나 소 먹이러 넘나들던 고개인 버디재를 넘기도 하고, 서당마을을 지나면서 보기 드문 이팝나무 당산에서 쉴 수도 있다. 넓은 적량들판과 시원한 하동의 너뱅이들을 바라보며 넉넉한 농촌의 삶을 느낄 수도 있다. 바람재에서 하동읍에 이르는 숲속 오솔길은 차밭 길도 있고, 봄이면 매화향이 진동하기도 한다.

- 지리산둘레길 누리집 참고 재작성

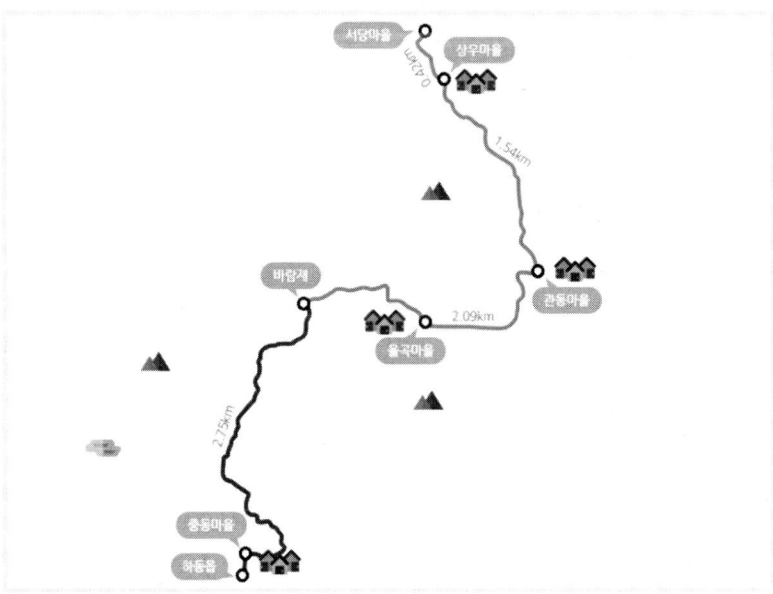

출처 : 지리산둘레길 누리집

2023년 6월 23일(금) 10:55에 **삼화실 에코하우스** 앞에 선다. 지리산둘레길 [삼화실-서당-하동] 구간을 걷기 위해서이다. 둘레꾼들이 찾지 않는 에코하우스의 넓은 마당은 적막하기만 하다. 경상남도 하동군河東郡 적량면赤良面 동리東里에 속하는 **동촌東村** 당산나무 끝에 걸린 하늘은 구름 한 점 없이 맑다. 30도에 달하는 여름의 더위 속에 미풍은 기분 좋게 분다. 녹음은 절정에 달하고 길게 들려오는 한낮의 수탉 울음소리가 인적 없이 고요한 마을의 정적을 일깨운다. 둘레꾼들의 편의를 위해 마을 주민들이 정성 들여 만든 듯한, 마을 가운데 있는 정자와 긴 의자는 코로나 창궐 탓으로 사용하지 않아 목재들이 삭아 내리고 있어 안타깝다. 동촌에서 방향을 남으로 돌려 역시 적량면 동리에 속하는 이정마을로 향한다. 전체적 진행 방향은 북에서 남으로 향한다. 길가의 대봉감나무는 손가락 끝마디만한 열매를 앙증맞게 달고 몸집 키우기에 열중하고, 짙은 녹색의 잎은 벌써 벌레가 먹어서 구멍이 숭숭 뚫려 있다. 모든 활엽수는 잎의 20%를 벌레들에게 내어준다는 말을 들은 적이 있다. 생명체끼리의 공존을 위한 나무들의 헌신적 자세와는 달리 끊임없이 이익만 탐하는 인간의 삶이 그저 부끄러울 뿐이다. 부끄러움 속에 천천히 이정마을로 다가가니 두 시 방향에 틀림없이 밥공기를 엎어 놓은 듯한, 과거 아이들이 소먹이고 땔나무 하기 위한 놀이터가 될 만한, 아주 나지막하고 정겨운 봉峰이 잔뜩 녹음을 발산하고 있다. 밥공기를 엎어 놓은 듯한, 아니면 옛날 고봉으로 뜬 장정 밥그릇의 봉긋한 부분을 닮은, 이름도 정겨운 바로 그 **밥봉**이다. 동네 아이들의 놀이터였다는 밥봉, 그러나 이제는 소먹이고 땔나무 할 아이들도 시골에는 없고, 소먹이고 땔나무 할 필요도 없는 시대가 되었으니 밥봉도 그저 둘레꾼에게 눈요깃감이 되고 있을 뿐이다. 밥봉에서 눈을 거두고 삼화三花 중 배꽃[梨花(이화)] 마을인 **이정梨亭마을**로 들어서니 두 그루의 거대한 느티나무가 우뚝 서서 나를 반긴다. 삼화실 기점 0.5km이고, 11:05이다. 마을의 당산나무인 느티나무는 수령樹齡이 150년이고 키가 25m이며 보호수로 지정되어 있다. 나무의 오른쪽에는 마을 사람들이 근래에 지은 듯한 팔각 정자 이화정梨花亭이 윤기를 뿜어내며 단정하게 서 있고, 왼쪽에는 창녕昌寧 조씨曺氏 문중 재실齋室인 동화제東花齊가 자리하고 있어 이 마을이 조씨 집성촌임을 알려준다. 혹시 남명南冥 조식曺植 선생의 흔적이 있지나 않을까 하여 안을 기웃거렸으나 굳게 닫힌 대문은 타인의 출입을 허락하지 않는다. 그리고 이 마을을 삼화실의 하나인 이정으로 불리게 만든 배나무가 어느 곳에 무리 지어 자랄까 궁금하여 고개 들고 살펴도 그 나무가 그 나무로 보이는 내 눈에는 확인되지 않는다. 궁금증을 안고 마을을 떠난다.

이정 마을을 벗어나는 순간 논에는 엊그제 심은 것 같은 벼가 벌써 녹색을 뽐내며 건강하게 훌쩍 자라 있다. 자연의 변화는 인간이 스스로에게 느끼는 변화보다 훨씬 빠르다는 것을 새삼 깨닫는다. 해발 900m 칠성봉의 남서쪽 비탈에서 발원하여 마을 앞을 흐르는, 언제 비라도 왔는지 수량이 제법 풍부한 삼화실천三花實川 위에 놓인 이정이교梨亭二橋를 건너 버디재를 향하여 오르기 시작한다. 삼화실 기점 0.7km이고 11:13이다. 이제부터 길은 제법 심한 오르막 시멘트 임도이다. 좌측에 밥봉을 끼고 오르는 길은 내리쬐는 뙤약볕에 무방비 상태이다. 땀은 줄줄 흐르고 반바지 아래 노출된 다리는 여름의 볕을 받아들이기에 버겁다. 그래도 눈은 주변을 둘러보느라 바쁘다. 길 위에는 일손이 없어서 수확을 포기해서인지 노랗게 익은 매실이 내동댕이쳐져 있고, 길 바로 옆에는 두릅이 왕성하게 자라 길벗 역할을 하고 있으며, 밤의 고장 하동답게 산 곳곳에는 밤나무가 숲을 이루고 있다. 밥봉을 스쳐 지나자 역시 대나무의 고장 하동답게 대숲이 나타난다. 여러 종류의 대나무 중 죽순을 먹을 수 있는 대나무를 맹종죽孟宗竹이라 하는데, 이는 삼국시대 오吳나라 강하江夏 사람 맹종孟宗의 고사에서 유래하였다. 맹종은 성품이 지극히 효성스러웠다. 겨울에 늙은 어머니께서 죽순을 먹고 싶어 했지만, 아직 죽순이 나오지 않아서 구할 수 없어지자 대숲에 들어가서 슬피 우니, 땅에서 죽순이 솟아나 어머니께 가져다드렸다고 한다. 훗날 어머니께서 돌아가셨다는 소식을 듣고 금령禁令을 어기고 달려갔는데, 나중에 자수하니 오나라 임금 손권孫權이 사형에서 감해 주었다고 한다. 대나무는 선비 정신을 상징할 뿐만 아니라 이처럼 효를 상징하기도 하니 현대를 살아가는 우리에게 시사하는 바가 크다. 대숲이 끝나는 지점에서 시멘트 임도도 끝이 나고 숲속 길로 들어선다. 삼화실 기점 1.3km이고 11:27이다. 버디재로 오르는 숲길은 대체로 단풍나무와 참나무가 주를 이루고 관목은 별로 보이지 않는다. 숲속은 시원하고 시야도 넓다. 가을이면 단풍이 아름다운 숲이 되겠구나고 생각하며 제법 경사가 크고 긴 숲길을 무거운 다리를 끌고 오르니, 하늘이 보이고 고운 새소리 들릴 때쯤 고갯마루에 올라선다. 해발 254m **버디재**이다. 삼화실 기점 2.2km이고 11:43이다.

고갯마루에서 둘러보는 숲은 굵은 소나무가 주를 이루고 간간이 참나무를 비롯한 잡목도 섞여 있다. 과거 아이들이 나뭇짐을 지거나 소 먹이러 넘나들던 고개란다. 하지만 지금은 그런 흔적은 전혀 보이지 않고 둘레꾼들을 위한 고개로 바뀌었으니 격세지감을 아니 가질 수 없다. 한편 버디재는 예전에 버드나무가 많은 곳이라 해서 버드재라는 이름을 얻었고, 이 버드재가 버디재로 바뀌었다고 하며 지금은 이런저런 연유로 버드나무가 다 베어지고 없다고 하는 말을 들은 적이 있다. 하지만 버드나무는 주로 물가나 들판에서 정성드뭇하게 분포하여 자라는 나무이지 이런 높은 곳에서 무리 지어 자라는 나무는 아니다. 따라서 버드나무에서 고개 이름이 유래하였다는 견해는 음의 유사성에 근거한 민간어원설民間語源說에 불과할지도 모른다. 하지만 딱히 버디재의 어원을 확실히 설명하는 견해가 따로 없으니 일단 이를 수용할 수밖에 없다. 버드나무 한 그루 없는 버디재를 떠나 서당마을로 가는 길은 급경사의 내리막 숲길이다. 중간에 잠시 임도를 만나기도 하지만 대체로 미끈하게 잘 뻗은 소나무 숲길이다. 코가 뻥 뚫리고 가슴이 시원하다는 느낌을 받으며 발을 재게 옮기니 다시 시멘트 임도가 나타난다. 12:05이다. 하지만 이곳에 서 있는 벅수의 배꼽에는 거리 표시가 없다. 임도를 만나는 지점에서 왼쪽으로 몸을 트니 폐가 두 채가 무성한 잡초에 둘러싸여 있다. 서당마을의 윗동네인 **뒷골마을**이다. 산골 인구가 줄어들면서 삶의 환경이 열악한 고지대에 있는 집부터 차례로 비고 있음을 실감할 수 있다. 주민의 대부분이 노인인 산골 마을의 미래가 어떻게 될지 걱정된다. 한편 둘레꾼들을 위해 뒷골마을 한 주민은 물레방아도 만들어 놓고 쉬어갈 수 있도록 넓적하고 큰 돌들을 곳곳에 옮겨다 놓았으나 이 역시 코로나 창궐로 인해 사용자가 없어 퇴색하고 있어 안타까움을 더해 준다. 다만 집집마다 자두나 복숭아 등의 유실수 한두 그루에 잎이 무성한 엄나무가 담장 역할을 하고 있어 마을 전체가 아름답게 보인다. 시선을 넓혀 우계리의 풍광을 눈에 담으며 경사가 급한 마을 길을 내려서니 하동군 적량면 우계리牛溪里에 속하는 **서당書堂마을**이다. 삼화실 기점 3.3km이고 12:17이다. 서당골은 옛날 호랑이가 자주 출몰할 때 호랑이를 잡기 위해 파놓은 함정이라는 '함덧거리'에 오래전부터 서당이 있었고, 뒷골 큰 대밭 중심지에도 서당이 있었다고 하니 마을 이름을 굳이 서당書堂이라고 한 이유를 알 것 같고 그에 대한 주민들의 자부심도 짐작할 수 있겠다. 깡마른 얼굴에 안경을 낀 훈장님 앞에서 무릎을 꿇고 공부에 열중하고 있는, 네 명의 학동學童이 그려져 있는 벽화가 그대로 이 마을의 평소 분위기를 드러내고 있다. 그러나 지금은 한낮의 뙤약볕 속에 마을 전체가 적막에 싸인 듯하다. 간혹 오가는 차량의 엔진 소리, 우체부의 오토바이 소리, 개 짖는 소리, 느닷없는 닭 우는 소리, 합창으로 들려오는 새소리가 모두 다른 곳보다 훨씬 크다. 그만큼 조용한 마을이다. 약한 바람이 산들 불어 땀을 식혀주니 조용한 마을 분위기에 나도 동화된다.

서당마을에서 0.5km 떨어진 상우마을로 가는 중간에 수령이 350년이고 키가 8.6m인 **이팝나무 당산목**을 만난다. 12:23이다. 이 나무의 가지를 꺾으면 즉시 피해를 본다는 영목靈木으로, 봄에 이곳에 와서 나무의 자람을 보고 한해의 기상과 농사일을 예측했다고 한다. 하동군에서 보호수로 지정하여 관리하고 있다. 이팝나무가 당산목이 된 것도 특이하거니와 봄에 이 거대한 이팝나무에 하얀 꽃이 무수히 피어 있는 모습은 상상만 해도 장관일 것 같다. 그 아래 나무를 보호하기 위해 만든 둥근 시멘트 테두리는 걷다가 지친 둘레꾼들이 쉬어갈 수 있는 자리 역할도 할 수 있어 일석이조의 효과를 거두고 있다. 떡 본 김에 제사 지낸다고 마침 점심때라 자리에 걸터앉아 점심을 해결한다. 이팝나무 그늘에서 먹는 빵과 두유는 배고픔과 겹쳐 꿀맛이다. 먹으면서 바라보니 앉은 자리 전면에 있는 논이 특이하다. 1m 이상 높이로 석축石築을 하고 땅을 평평하게 고른 후 물을 끌어들여 만든 논이다. 옛날부터 있었다는 논인데, 오직 사람의 힘만으로 돌을 저렇게 높이 쌓은 것도 놀라운 일이거니와 돌 틈 사이로 물이 빠지지 않도록 흙을 다진 능력도 대단하다고 할 수밖에 없다. 저렇게 만든 논이 바로 하동군 적량면에만 있다는 갓논일지도 모른다고 추측해본다. 갓논은 갓의 테두리처럼 작은 논이라서 붙은 이름이다. 갓논이라도 만들어 농사를 짓고 생계를 유지해야만 했던 산골 마을의 고단한 삶을 상상해보면서 12:45에 이팝나무 그늘을 떠난다. 길은 시멘트 농로이고 곧 우계 저수지에서 흘러오는 우계천牛溪川 다리를 건너 적량면 우계리에 속하는 **상우**上牛**마을**로 들어선다. 서당 기점 0.5km이고 12:50이다. 마을 앞부분을 통과하는 길가에는 대봉감나무가 짙은 녹색 잎을 무성히 달고 손톱만 한 감들을 키우면서 풍성한 가을을 예비하고 있다. 마을회관 옆에 있는 당산나무 아래에는 마을 주민인 듯한 사람이 코를 골면서 자고 있어 관심을 끈다. 어릴 적 내 고향에서도 들판의 일에 지친 아버지께서 당산나무 아래에서 한여름의 더위를 피해 낮잠을 즐기곤 했는데, 과거의 추억을 소환하는 당산나무 아래의 낮잠이 참으로 정겹다.

낮잠을 즐기는 당산나무를 벗어나니 아스팔트 농로가 평탄하게 이어진다. 농로 좌우에는 하동답게 대부분 밤나무 단지나 매실 밭이 늘어서 있고, 길과 밭 사이 자투리 공간에는 개망초가 흰 꽃을 달고 무수히 서식하고 있다. 개망초는 북아메리카가 원산지로 우리나라에는 대한제국 말에 도입되었다고 한다. 전국에 분포하며 공터, 길가, 경작지 주변 등에 무리 지어 자라며, 공터를 점유하는 능력이 강하다고 한다. 개망초의 놀라운 번식력에 혀를 내두를 뿐이며, 외래종의 무분별한 도입이 우리의 토종 생태계를 무섭게 교란한다는 점을 타산지석으로 삼아야 함을 깨닫는다. 서당 기점 1.9km에서 아스팔트 농로를 벗어나 **관동**館洞으로 내려서고 마을 가운데 길을 건는다. 관동이란 지명은 대한제국 당시 관리들의 관사가 있었다 하여 붙은 이름인데, 하동군 적량면 관리館里에 속한다. 마을은 집과 집이 다닥다닥 붙어 있는, 정겨움이 묻어나는, 전형적인 시골 마을이다. 어쩐지 시골 인심이 살아 있을 것만 같은 마을을 천천히 걸어 마을회관 앞에서 관동을 벗어난다. 서당 기점 2.4km이고 13:20이다. 벗어나니 마을과는 별도로 독립 지점에 산뜻한 전원주택 하나가 나타난다. 입구에는 笑談齋라는 글자를 반듯하게 오목새김한, 물개 닮은 아담한 입석立石이 하나 서 있고, 그 앞에는 익살스러운 부부 장승이 다정하게 서서 나그네에게 미소를 머금게 한다. 마당에는 잔디가 자라고 다듬어진 정원수가 단층집을 소담하게 감싼 깔끔한 주택이다. 안에 들어서면 주인이 웃으며 맞아줄 것 같은, 차 한 잔 나누면 소담笑談이 저절로 오갈 것 같은 집이지만, 그래서 마당으로 들어가고 싶지만, 왠지 땀 냄새 물씬 풍기는 나그네가 들어서면 집의 분위기를 망칠 것 같아 가던 걸음을 멈추지 않고 그대로 지나친다. 이어지는 아스팔트 농로를 따라 다랑논이 층을 이룬 좌측의 들판을 바라보기도 하고, 해발 628m 분기봉 자락에 무성한 숲을 이룬 우측의 밤나무를 바라보기도 하며 걸으니 역시 적량면 관리에 속하는 율곡栗谷마을에 도착한다. 서당 기점 2.9km이고 13:33이다. 과연 뒷산은 밤나무로 마을을 둘러싸고 있어 이름 그대로 밤골이다. 우연히 만난 마을 주민은 과거에는 밤 농사가 주였으나, 지금은 벼가 주된 작물이고 산자락에 있는 밤나무만 주인들이 관리하는 정도라고 한다. 산비탈에 팽개치듯이 서 있는 밤나무가 모두 주인이 있다는 말에 가을에 길에 떨어진 밤 한 톨도 함부로 주워가서는 안 되겠다는 생각이 든다. 마을회관 뒷벽에서 마을 주민들이 직접 그렸다는 색다른 벽화를 만난다. 어떤 화가가 마을 주민들과 미술수업을 진행하고 그 결과로 나온 그림들을 재배치해 벽면에 옮겼다고 한다. 주민들이 그린 소박한 그림이 깊은 산골의 조용한 마을풍경과 어우러져 멋진 아우라(aura)를 만든다. 주민들의 미적 감각과 애향심을 마음에 담고, 바람재로 향하는 가파른 시멘트 임도로 발을 옮긴다.

바람재로 향하는 길은 예상보다 힘들다. 해발 184m 높이에 있는 고개라 해서 하동군 적량면 사람들과 하동읍 사람들이 가볍게 오르내리는 야트막한 고개 정도라 생각했는데, 의외로 거리도 멀고 경사도 가파르다. 힘들어도 길은 가야 하는 것, 산자락에 지천인 밤나무 그늘을 밟고 뭇새들의 합창과 은근한 뻐꾸기 소리에서 위안을 받으며 걷다 보니 **바람재**이다. 서당 기점 4.4km이고 14:02이다. 바람재는 분기봉에서 남쪽으로 뻗어 내리는 능선에 있는 고개이다. 그 이름의 유래를 알지는 못하지만, 적량면 사람들이 하동을 갈 때 이 고개에 올라서면 섬진강과 너뱅이들에서 불어오는 시원 바람이 땀을 식혀준 데서 유래하지 않았을까. 무거운 다리를 끌고 이 고개에 올라선 내게도 섬진강 바람이 이마의 땀을 식혀준다. 고맙게도 ……! 하지만 시원함도 고마움도 잠시, 벅수의 초록 팔이 좌측으로 90도를 꺾어 숲속 길을 걸어 다시 산으로 올라가란다. 고개에 올라서면 내리막을 걷는 것이 보통인데 다시 오르라니 다소 의아스럽다. 의아스럽지만 둘레꾼들에게 숲길을 제공하기 위한 둘레길 관리센터의 배려라 생각하며 바람재를 떠나 잡목 숲이 우거진 산속으로 들어선다. 오름도 잠시, 곧 분기봉 갈림길 **삼거리**가 나온다. 서당 기점 4.7km이고 14:15이다. 내가 올라온 길이 분기봉으로 가는 길이고, 우측으로 꺾으면 하동읍으로 가는 길이다. 우측으로 꺾는 순간 녹음 짙은 숲길과 차나무 길을 만난다. 차밭이 아닌데도 차나무를 가로수로 심어 이 지역을 상징하는 둘레길을 만들었으니 하동군의 발상이 색다르고 참신하다고 느껴진다. 새싹 올라오는 곡우라든가 차꽃이 피어나는 철이면 이 길은 분명 둘레꾼들에게 잊지 못할 추억의 길이 될 것이다. 차나무가 길 양옆에 무성하게 서 있는 둘레길은 제법 길게 이어진다. 차나무 길에 이어지는 매실 밭이 끝나는 지점에서 하동 중앙중학교 앞 시멘트 갈림길을 만난다. 서당 기점 6.0km이고 14:45이다. 건너편 광양 백운산白雲山 억불봉億佛峰과 쫓비산, 그리고 쫓비산 아래 매화마을, 또 섬진강과 하동 넓은 들의 별칭인 너뱅이들을 한눈에 조망하면서 걷는 시멘트 길도 잠시, 다시 매실 밭으로 들어가 흙길을 걷는다. 잡초 무성한 매실 밭길은 아마도 사유지인 듯한데 둘레꾼들에게 기꺼이 길을 내어준 밭 주인에게 고마움을 표하고 싶다. 약 500m 정도의 밭길이 끝나는 지점에서 하동읍 읍내리邑內里로 들어서고 서당 기점 7.0km에 있는 **지리산둘레길 하동센터** 앞에서 오늘의 둘레길 탐방을 마친다. 15:00이다. 삼화실에서 서당까지의 3.3km를 포함하여 총 10.3km의 둘레길을 약 네

사실은 아니지만 진실을 이고 있는 이팝나무 당산

시간 동안 걸었다.

　부활復活은 러시아 작가 **톨스토이**가 1898~1899년에 발표한 장편소설이다. 감수성 예민하던 10대 후반기에 읽은 소설로 줄거리는 다음과 같다.

　　"젊은 귀족 네플류도프는 하녀 카튜샤를 유혹하여 임신시킨다. 그녀는 그 때문에 쫓겨나 매춘부가 되고, 끝내는 범죄를 저지르게 된다. 배심원 자격으로 법정에 나간 네플류도프는, 눈앞에 있는 여죄수 마슬로바가 바로 자신이 유혹

했던 카튜샤임을 알고 놀라면서, 그녀가 범죄자가 된 것은 자신의 탓이라는 양심의 가책을 받게 된다. 그는 카튜샤를 구원하기 위하여 여러 가지 노력을 기울인다. 그리하여 유형수(流刑囚)가 된 그녀의 뒤를 따라 자신도 시베리아로 떠난다. 가는 도중 그는 여러 가지로 그녀를 보호하고, 형사범에서 정치범으로 바꾸어 노동량을 줄여 주기도 한다. 어느 날 밤, 그는 여관방에서 성경을 펴놓고 지나온 삶을 반성하면서 많은 사람에게 봉사해야 한다는 사명감을 가짐으로써 삶의 방향을 구체화한다."

당시 러시아 귀족들은 하녀 한 사람 희롱하여 그들의 인생을 망치게 하는 일은 다반사이고, 그에 대하여 양심의 가책을 느끼는 일은 거의 없었다. 그리고 부정과 부패 또한 일말의 거리낌 없이 저질러 사회와 국가를 병들게 하여 결국에는 1917년 볼셰비키 혁명에 당위성을 부여하는 결과를 초래하고 말았다. 작가는 이 소설을 통해 귀족을 중심으로 한 상류층 사회의 부정과 부패, 하층민들의 억압적이고 고통스러운 삶의 모습을 생생하게 그려 내면서 당시 러시아 사회에 대한 비판의 목소리를 드러내고 있다. 또한, 이 소설은 세계문학의 보편적 주제인 사랑과 구원이라는 인도주의 가치관을 형상화하여 감동을 주고 있다. 하지만 톨스토이가 쓴 부활은 사실이 아니다. 주인공 네플류도프도, 카튜사도 허구적 인물이다. 그리고 줄거리도, 인물 간에 오고 가는 대화도 모두 작가가 상상력을 동원하여 지어낸 가공의 세계일 뿐이다. 이렇게 사실이 아닌 허구가 읽는 이에게 감동을 주는 이유가 무엇일까? 그것은 이 소설이 진실을 전달하기 때문이다. 그러면 **진실은 무엇이고, 사실과 진실은 어떻게 다른가?** '사실'의 사전적 의미는 '실제로 있었던 일이나 현재에 있는 일'이다. 한편 '진실'의 사전적 의미는 '거짓이 없는 사실' 또는 '마음에 거짓이 없이 순수하고 바름'이다. 하지만 이러한 풀이만으로는 시나 소설 같은 문학이 전달하려는 진실을 모두 설명할 수는 없다. 문학이 표현하는 언어는 개념적 의미를 뛰어넘는 언어이다. 예를 들면 안도현 시인의 '연탄재'는 그냥 연탄재가 아니다. 그것은 타인을 위해 아낌없이 헌신한 사람의 표상이다. 톨스토이가 창조한, 허구적 인물인 네플류도프가 행하는 언행은 단순한 러시아 귀족의 언행이 아니라 인류가 보편적으로 추구하는 가치인 사랑과 구원을 담고 있는 언행이다. 문학을 통해 표현되는 이러한 표상이나 언행이 세계를 훨씬 더 풍부하게 담고 자유롭게 전달한다. 문학이 전달하는 이러한 표상이나 언행을 **진정성**眞情性이라 한다. 문학뿐만 아니라 다른 예술 장르도 각각의 표현방식으로 진정성을 감상자에게 전달한다. 모든 예술이 전달하는 진정성에 대하여 감상자는 **공감**共感한다. 이렇게 진정성을 담은 표현에 대하여 수용자가 공감하는 것을 **진실**이라 한다.

  경상남도 하동군河東郡과 전라남도 광양군光陽郡의 경계를 이루며 흐르는 섬진강, 네이버 지식백과에 따르면 1385년(고려 우왕 11년)경 왜구가 강 하구를 침입하였을 때 수십만 마리의 두꺼비 떼가 울부짖어 왜구가 다른 쪽으로 피해갔다는 전설이 있는데 이때부터 '두꺼비 섬蟾'자를 붙여 **섬진강**蟾津江이라 불렀다 한다. 왜구가 다른 쪽으로 피해갈 만큼 수십만 마리의 두꺼비 떼가 울부짖는 현상은 언어가 갖는 개념적 의미에 매몰된, 완고한 인식의 틀에 갇힌 현대인들의 관점에서 보면 사실이 아니며, 따라서 진실도 아니다. 그러나 왜구들의 약탈과 살인의 횡포에서 벗어나고 싶은 당시 이 지역 주민들의 간절한 염원이 투영된 이야기이기에 이 전설 속에는 진실이 담겨 있고, 따라서 그 진실은 가치관의 변화 속에서도 꾸준히 전승되고 있다. 서당마을 아래에서 만난 **이팝나무 당산목**堂山木도 마찬가지이다. 나뭇가지를 꺾으면 즉시 피해를 본다든가, 봄에 그곳에 가서 나무의 자람을 보고 한해의 기상과 농사일을 예측했다고 하는 일도 사실이 아니다. 다만 당산목을 온전하게 지킴으로써 마을의 안전을 도모하고, 해마다 쑥쑥 자라는 이팝나무에 하얀 꽃이 마치 쌀처럼 무수히 열린 모습을 보고 풍년을 기원하는 주민들의 소망은 시대를 초월하여 언제나 진실이고, 따라서 우리는 이팝나무에 얽힌 이야기를 믿고 싶은 것이다.

대중매체를 통해 공공적인 사실이나 사건에 관한 정보를 보도하고 논평하는 활동을 **저널리즘**이라 한다. 사회 현실이 기사화 또는 뉴스화된 것을 언론의 저널리즘 텍스트라 하고, 그것은 시의성時宜性과 진실성眞實性이 으뜸 덕목이다. 왜냐하면, 이 텍스트가 읽히고 시청되어 국민의 시대적 여론이 되기 때문이다. 따라서 진실성이 결여된 뉴스나 기사는 여론 왜곡의 원인이 된다. 왜곡된 여론은 민주주의를 병들게 함으로써 사회 발전의 장애가 된다. 우리는 언론이 전달하는 저널리즘 텍스트에서 진실을 읽어내는 혜안慧眼을 길러야 한다. 그래야만 올바른 여론을 형성하여 건강한 민주주의를 실현할 수 있고, 사회 발전에 기여할 수 있기 때문이다. 지리산둘레길 700리 곳곳에 흩어져 있는 전설을 들으러 발품을 파는 것은, 묻혀 있는 **진실**을 읽어내는 지혜를 기르기 위함이다.

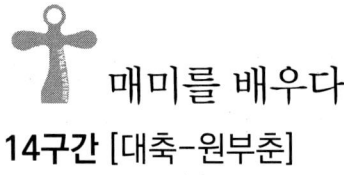

매미를 배우다
14구간 [대축-원부춘]

경상남도 하동군 악양면 축지리 대축마을과 화개면 부춘리 원부춘마을을 잇는 10.0km의 [대축-원부춘] 구간은 지리산둘레길 21구간 중 제14구간이다. 악양천 강둑을 만나는 길로, 중간에 만나는 서어나무숲과 섬진강이 아름답다. 그리고 악양의 평사리 들판과 마을 길에 보이는 과실수가 고향에 온 듯 편안함을 준다. 축지교에서 입석마을로 가는 길은 두 갈래다. 평사리 들판을 거쳐 가는 길과 강둑길을 걷는 길로 나눠진다. 어느 길을 선택해도 악양 들녘의 넉넉함을 품을 수 있다. 형제봉 능선의 웃재를 넘어 숲속 길을 걷다가 고개를 들면 저 멀리 구례읍이 아득하고 섬진강과 백운산 능선을 벗 삼아 걷는 길이 힘든 걸음의 피로를 풀어준다.

— 지리산둘레길 누리집에서 수정 인용

출처 : 지리산둘레길 누리집

2023년 8월 2일 수요일 10:50에 경상남도 하동군河東郡 악양면岳陽面 축지리丑只里 **대축大표마을** 지리산둘레길 시종점 표지판 앞에 선다. [대축 - 원부춘] 구간을 걷기 위해서이다. 전체적인 진행 방향은 남에서 북서로 향한다. 하늘은 유난히 높고 푸르며 간혹 흰 구름이 엷고도 긴 띠를 만들어 놓은 아주 맑은 날씨이다. 한 달 전 만났던 문암송文岩松을 안고 있는 아미산峨眉山은 긴 장마를 견뎌낸 굳건함을 자랑하듯 늠름하게 마을을 내려 보고 있다. 기상청에서는 시간 단위로 '폭염 주의보'를 쏟아내고 각 지자체에서는 야외활동을 자제하라는 경보 문자를 끊임없이 발송할 만큼 뜨거운 날씨이다. 오늘도 악양면 일대 최고 기온은 섭씨 35도로 예보되어 있고 예상 체감 온도는 40도에 육박할 거라 한다. 이렇게 더운 날에 지리산둘레길 중에서 가장 어렵고 힘들다고 하는 [대축 - 원부춘] 구간에 나를 끌어낸 힘은 무엇일까? 유난히 길어 지루하며 습하고 강한, 약 한 달 정도의 장마는 꼼짝없이 나를 집에 가두어 놓았고, 이로 인해 가슴은 곰팡이가 서릴 정도로 꿉꿉하였다. 그 꿉꿉한 가슴을 건조하게 하기 위함도 있었지만 사실 더 절실한 것은 지리산둘레길에 대한 그리움 때문이었다. 풋풋한 풀냄새도, 방순한 흙냄새도, 코를 뻥 뚫어주는 피톤치드도, 눈을 시원하게 하는 짙은 녹음도, 지리산 자락에 오순도순 자리 잡은 사람 사는 마을도 접하지 않고는 안될 것 같아 배낭을 둘러메고 부산에서 시외버스를 타고 달려온 것이다. 대축마을을 출발하여 정비 공사가 한창인 악양천을 가로지르는 축지교丑只橋를 건넌다. 건너면서 눈을 드니 맞은편 해발 1115m의 **형제**

봉兄弟峰이 눈에 가득 담긴다. 형제봉은 주봉 바로 앞에 동생처럼 생긴 키 작은 봉이 솟아 있어 마치 우애 깊은 형제와 모습이 비슷하여 붙은 이름이다. 축지교를 건너자마자 90도 좌회전하여 악양천 제방 아래 포장 농로를 걷는다. 후끈한 지열은 온몸을 감싸고 짙은 풀 내음이 물씬 코로 스며든다. 83만 평이나 된다는 악양 들판은 건강하게 자라고 있는, 검푸른 벼로 덮여 있어 장대한 녹음의 융단을 만들어 낸다. 축지교 건너 약 10분 정도를 걸어 양수장 앞에서 다시 90도 우회전한다. 섬진강변에서 형제봉으로 이어지는 긴 능선과 그 아랫자락에 한산사寒山寺, 평사리平沙里, 봉대리鳳坮里, 입석리立石里, 매계리梅溪里가 파노라마로 펼쳐지는, 거대한 그림 한 폭을 감상하며 악양 들판을 동에서 서로 가로지르며 걷는다. 정면에 보이는 평사리와 이 악양 들판은 현대 문학사에서 수작秀作으로 꼽히는 **박경리**의 대하大河소설 **토지土地** 1부의 공간적 배경이다. 소설 토지 1부는 1897년 한가위에서부터 1908년 5월까지의 시대적 격변기에 평사리의 토착 지주인 최참판댁과 그 마을 소작인들을 중심인물로 하여, 동학군 장수 김개주에 의한 서희 할머니 윤씨 부인 겁탈과 김환의 출생, 김환(구천이)과 서희 어머니의 사랑과 도주, 서희 아버지 최치수 살해사건 등 최참판댁의 비밀과 조준구의 계략, 귀녀와 김평산, 칠성이의 애욕 관계와 최치수 살해 음모 등이 얽힌, 구한말 사회적 전환기의 양상을 그리고 있다. 특히 일제에 의한 국권 상실, 봉건 가부장체제와 신분질서의 붕괴, 농업경제로부터 화폐경제로의 변환 등 구한말 사회의 변화가 소설의 배경이 되면서, 최참판댁의

몰락과 조준구의 재산 탈취 과정, 그리고 서희와 길상의 만주로의 도주 등을 주요한 사건으로 다루고 있다. 따라서 지금 걷고 있는 악양 들판은 단순한 허구 속의 공간이 아니라, 근대사의 흐름 속에서 불행을 겪어야만 했던 우리 민족 역사의 공간이다. 서희, 길상, 봉순이, 윤씨 부인, 구천이(김환), 용이, 윤보, 월선이, 임이네……. 그들은 소설 속의 인물들이지만, 이 넓은 악양 들판에 지금도 살아서 나와 함께 들판을 누비고 있는지도 모른다.

대축 기점 1.7km에는 소설 속 주인공 서희와 길상을 상징한다는, 일명 **부부송**夫婦松으로 불리는 소나무 두 그루가 기품 있게 서 있다. 11:20이다. 그리고 바로 옆에는 은은한 연두색 수국이 만발한, 아담한 동정호洞庭湖가 한 폭 그림의 구색을 갖추듯이 펼쳐져 있다. 악양, 동정호, 악양루 등은 중국에도 있는 지명이라 이곳은 어쩐지 중국 분위기가 풍긴다. 오늘의 둘레길 시작점인 대축마을 아래, 하동군 악양면 미점리美店里 개치開峙마을에 가면 악양루岳陽樓가 있고, 그곳에서 보면 넓은 악양 들판과 동정호가 멋진 풍광으로 다가온단다. 당나라의 시성詩聖 두보杜甫가 지은 오언율시五言律詩 **등악양루**(登岳陽樓 - 악양루에 올라)를 떠올려 본다.

　　　　昔聞洞庭水 今上岳陽樓 (석문동정수 금상악양루)
　　　　　　예전부터 동정호를 들었지만, 지금 악양루에 오른다.
　　　　吳楚東南坼 乾坤日夜浮 (오초동남탁 건곤일야부)

오나라와 초나라는 동과 남으로 나뉘었고, 하늘과 땅은 밤낮 물에 떠 있네.

親朋無一字 老病有孤舟 (친붕무일자 노병유고주)
친한 벗에게서는 편지 한 장 없고, 늙어 병든 몸 외로운 배 한 척 떠 있구나.

戎馬關山北 憑軒涕泗流 (융마관산북 빙헌체사류)
관산 북녘은 아직 전쟁 중이니 난간에 기대어 눈물만 흘리네.

　가본 적은 없지만, 동정호는 중국 악양현에 있는 거대한 호수라고 한다. 안녹산安祿山의 난으로 전쟁터로 변해버린 고향을 떠나 떠돌이 생활을 하던 시성 두보는 예전부터 소문으로만 듣던 동정호를 보기 위해 이제 막 악양루에 오른다. 동정호 기슭에 있는 악양루는 높이 15m의 3층 누각이라고 하는데, 이곳에서 바라보는 동정호의 풍광이 단연 뛰어나다고 한다. 두보가 그 악양루에 올라 바라보니 춘추시대 오나라와 초나라가 동정호를 경계로 동쪽과 남쪽으로 나뉘어 있었고, 수평선에는 하늘과 땅이 밤낮 떠 있는 것처럼 보일 정도로 호수가 거대함을 알게 된다. 피난을 떠난 두보는 일정한 거처가 없으니 그리운 벗으로부터 편지 한 통도 받을 수 없어 심한 외로움을 느끼는데, 마침 그 거대한 호수에 뜬, 작은 배 한 척이 두보의 외로움을 자극한다. 자신의 고향인 관산關山 북쪽은 아직 전쟁 중이라 가족과 벗들이 그리워도 갈 수 없음을 깨닫게 되고, 두보는 외로움을 달랠 수 없어 악양루의 난간에 기대어 눈물을 흘린다. 언제든 벗들을 만날 수 있고, 사랑하는 가족과 늘 같이 생활하는 나는 두보처럼 외로울 까닭이 없다. 그리고 고향도 차 타면 지금이라도 갈 수 있는 곳이라 역시 두보처럼 절실하게 그립지는 않다. 그런데도 이 시를 읽으면 외로워지고 그리워지는 건 무슨 까닭일까? 이것이 정서적 공감을 불러일으키는 시의 힘이다. 그리고 위대한 시인 두보의 힘이다. 그리고 공간이 주는 특별한 힘이다. 내가 서 있는 이곳에 넓은 악양 들판이 있고, 작지만 동정호가 있기 때문이다. 신영복 선생은 그의 저서 '담론談論'에서 "유연한 시적 사유는 세계 인식에 있어서 뿐만이 아니라 우리의 삶 자체를 대단히 아름답게 만들어주는 것임에 틀림없습니다."라고 하였다.

대축 기점 2.2km인 **평사리**平沙里 입구에서 우회전하여 평지 도로를 따라 걷는다. 잠시 후 11:35에 대축 기점 2.6km에 있는 악양면 봉대리鳳坮里 **대촌**坮村에 도착한다. 봉대리는 중국 금릉에 있는 봉황대鳳凰臺와 견줄 만큼 경치가 빼어나서 봉대鳳臺가 되었고, 다시 봉대鳳坮가 되었다 한다. '坮(대)'는 높고 평평한 곳을 의미하는 '臺(대)'와 뜻도 음도 같은 글자이다. 봉황은 상서롭고 고귀한 뜻을 지닌 상상의 새로 수컷을 봉鳳, 암컷을 황凰이라 한다. 성천자聖天子의 상징으로 민화의 소재가 되며, 암수 지조와 정절이 굳고 품위를 지키는 새다. 이 마을의 뒷산인 형제봉을 성스러운 임금이 다스리는 산이라는 뜻의 성제봉聖帝峰이라 하는 것도 봉대리라는 지명과 무관하지 않은 것 같다. 봉대리는 북쪽으로 지리산 삼신봉에서 갈려 나온 형제봉 줄기를 등지고, 악양 들판과 만나는 낮은 산기슭에 들어서 있는 마을이다. 동쪽으로 넓은 들이 펼쳐지고 악양천이 북쪽에서 남쪽으로 흘러 섬진강과 합류한다. 들판이 넓은 만큼 마을도 큰 대촌의 농로 겸 마을 길을 약간의 오르막을 안고 걷는다. 우측은 둘레꾼들을 배려한 벽화가 예쁘게 그려진 집들이 이어지고, 좌측은 윤기 흐르는 잎과 한여름의 뜨거운 볕을 받아 무럭무럭 자라는 열매가 온통 푸르기만 한 대봉감밭이 초록의 바다처럼 펼쳐진다. 대축 기점 3.2km에서 대촌을 벗어나고, 감밭 사이 농로를 걸어 대축 기점 4.0km에서 입석리 우회로를 만난다. 12:02이다.

하동군 악양면 **입석리**立石里는 선돌이 있어 그것이 마을 이름으로 굳어진 지역이다. 선돌은 입석리 마을 뒤 논바닥에 위치하며 마을의 표시 혹은 경계로 삼았다고 전하며 마을의 안녕을 비는 제를 지내는 곳이라 전한다. 선돌은 가공하지 않은 길고 큰 돌을 수직으로 세워 놓은 거석기념물巨石記念物 또는 신앙대상물이다. 선돌의 기능은 크게 세 가지로 나눌 수 있는데, 먼저 풍요의 기능으로 다산多産과 생산력 및 장수를 바라는 민중의 소망이 투영된다. 다음으로 수호의 기능으로 벽사辟邪 및 수구막이 역할을 한다. 마지막으로 죽은 사람을 상징하거나 무덤을 표시하는 역할을 한다. 선돌이 세워진 시기는 선사시대부터 최근까지 계속 이어져 오고 있지만, 대체로 신석기에서 청동기시대에 이루어진 유적으로 한정한다. 그런 점에서 입석리는 최소 청동기시대인 BC 5,000년 경에 형성된 마을로 추측하고 있다. 풍부한 임산물을 내어주는, 거대한 형제봉을 배산으로 하고, 넓디넓은 악양 들판을 마을 앞에 거느린 곳이니 호구지책을 우선으로 삼아야 하는 사람들이 이른 시기부터 정착한 것은 지극히 당연한 이치일 것 같다. 들판에서 마을로 들어오는 입구에 입석리의 보호수인 푸조나무가 당당하게 마을을 지키고 있다고 하는데, 오늘 내가 택한 둘레길 탐방로는 마을을 우회하게 되어 있어 그 나무를 보지 못하는 아쉬움을 안고 발을 옮기기로 한다. 좌우가 대봉감밭인 가파른 포장 농로를 따라 몇 번씩 다리를 쉬면서, 땀을 낙숫물처럼 흘리며 오르니 서어나무가 우람하게 서 있고, 여러 개의 바위가 그 나무 아래 널려 있는 섶바위골을 만난다. 대축 기점 4.9km이고 12:30이다.

섶바위골은 '섶을 지고 불 속에 뛰어든다'라는 말이 있듯이 땔나무를 통틀어 이르는 말인 섶과 바위가 결합하여 섶바위(섭바위)를 만들고 다시 골과 결합하여 섶바위골이 된 합성어이다. 즉 섶바위골은 무거운 나뭇지게를 지고 형제봉 높은 산을 누벼야 했던 나무꾼들의 휴식처인 곳이다. 큼직한 수관폭樹冠幅을 자랑하는 서어나무가 바위 위에 넓게 그늘을 드리우고, 걷는 동안 바람 한 점 없던 오늘도 이곳만은 바람이 시원하게 불어주니, 과연 옛날 나무꾼들이 산에 나무하러 오르내릴 적에 땀을 씻고 휴식을 취할 만한 명당이다. 나도 나무꾼은 아니지만 걸어서 이곳까지 오면서 흘린 땀이 있으니 서어나무 그늘에서 쉴 자격이 있다고 여기며 둘레꾼을 위해 만들어

놓은 벤치에 앉아 간단하게 점심을 먹는다. 먹으며 바라보니 악양 들판이 시원하게 펼쳐지고, 반대편 아미산 아래 오늘의 탐방 기점인 대축마을이 보이고 그 위쪽에 소축마을도 보인다. 대축大丑은 이 지역 사람들이 '큰둔이'로 부르고 소축小丑은 '작은둔이'로 부르는 마을이다. 둔이는 둔위屯衛를 이 지역 방언으로 발음한 것이다. 屯(둔)은 군대가 진을 친다는 뜻이고, 衛(위)는 지킨다는 뜻이니 **축지리丑只里**는 과거 군대가 주둔하여 지키던 곳이라는 의미를 지닌다. 한편 네이버 지식백과에 따르면 섬진강은 역사적으로 가야문화와 백제문화의 충돌지대였고, 신라와 백제의 경계를 이루기도 하였다. 임진왜란과 정유재란 때는 왜군의 침입 경로였으며 조선 말기에는 동학농민전쟁이 벌어진 장소이다. 1385년(우왕 11)경 왜구가 섬진강 하구를 침입하였을 때 수십만 마리의 두꺼비 떼가 울부짖어 왜구가 광양 쪽으로 피해갔다는 전설이 있는데 이때부터 '두꺼비 섬蟾'자를 붙여 섬진강이라 불렀다 한다. 그리고 형제봉 능선 남쪽 자락 해발 300m에는 고소산성姑蘇山城이 있는데, 이는 군사적 요충지로 신라가 백제의 공격을 막기 위해 축조한 것으로 추측하고 있다. 이런 점을 종합할 때 **악양 지역**은 군사적으로 중요한 접경지였음을 알 수 있다. 이렇게 광대한 들판에 쌀이 넉넉히 생산되는 곳이니 백제도, 왜구도 탐을 낼 만하다고 여겨진다. 역사를 배우는 것이 둘레길을 걷는 목적의 하나이니 밥을 먹어 배를 불리는 것 못지않게 지적 충족을 얻는 것도 보람 있다고 여기며 웃재를 향하여 자리를 뜬다. 13:00이다.

이제부터 둘레길은 본격적 숲길이자 형제봉으로 향하는 등산로이다. 숲은 소나무와 서어나무를 비롯한 여러 종류의 낙엽수들이 **빽빽**하게 들어서서 짙은 그늘을 만들어 한여름의 불볕 샤워를 면하게 해준다. 그리고 맹렬한 매미 소리가 귀를 시원하게 열어준다. 안도현 시인의 **사랑**을 연상해 본다.

>여름이 뜨거워서 매미가
>우는 것이 아니라 매미가 울어서
>여름이 뜨거운 것이다
>
>매미는 아는 것이다
>사랑이란 이렇게
>한사코 너의 옆에 붙어서
>뜨겁게 우는 것임을
>
>울지 않으면 보이지 않기 때문에
>매미는 우는 것이다.

뜨겁게 울어야만, 강렬하게 표현해야만 사랑을 확인하고 사랑을 완성할 수 있다는 시인의 발상이 참신하다고 여기며 한 발, 한 발 힘든 다리를 옮긴다. 땀은 비 오듯 한다. 걸으며 보니 발밑의 산행로가 전부 뒤집혀 있고 간혹 구덩이도 파여 있다. 멧돼지의 소행이다. 구덩이는 돼지가 흙 목욕을 좋아해서 파 놓은 것이고, 흙 뒤집기는 땅속에 있는 열매나 뿌리, 그리고 벌레 등의 먹이를 구하기 위한 행동이다. 돼지는 기본적으로 도토리를 비롯한 나무 열매나 식물 뿌리 등 초식을 하지만 곤충의 번데기나 지렁이, 죽은 동물도 먹는 것으로 알려져 있다. 그러다 산에 먹을 것이 부족하면 농가 근처로 내려가 농민들이 힘들여 가꾸어 놓은 농작물을 먹어치우기도 한다. 돼지는 그만큼 먹이 습성이 넓다. 그런데 흔히 다람쥐 먹이로 알고 있는 **도토리**가 돼지의 주식이라는 사실은 사람들이 잘 모르는 것 같다. 도토리의 어원은 '돼지가 먹는 밤'이라는 뜻을 가진 '도틱밤'이다. 도틱밤은 '돝(명사) + 익(관형격 조사) + 밤(명사)'으로 형태소를 분석할 수 있다. 돝은 돼지의 다른 말로 지금도 돼지고기를 돝고기라고도 한다. 이 도틱밤의 두 번째 음절에서 'ㅣ'가 탈락하고 'ㄹ'이 첨가되면서 '도톨밤'이 되고, 이것이 '도톨밤〉도톨왐'을 거쳐 '도톨암'이 되었다가 '암'이 탈락하고 접미사 '이'가 결합하여 연음되면서 도토리가 된 것으로 국어학자 조항범 교수는 설명하고 있다. 그러니까 도토리는 돼지가 먹는 밤이라는 뜻으로 돼지에게 가장 소중한 식량이다. 지금은 돼지에게 춘궁기이다. 지난해 가을에 떨어진 도토리는 사람들이 많이 주워가 버려서 이미 동이 났고, 땅속의 벌레나 식물 뿌리로는 배를 채우기에 부족하기 때문이다. 그래서 뿌리가 내리기 시작하는 지금이 돼지들의 고구마밭 습격이 활발한 때이고 농가의 피해가 늘어나는 시기이다. 올해 가을에는 산속에 도토리가 아무리 넘쳐나도 주워가지 말았으면 좋겠다. 까짓 도토리묵 안 먹어도 사람들에게 먹을거리는 넘쳐나지만, 돼지가 춘궁기를 넘기는 데는 분명 장애가 되기 때문이다. 매미 소리에 뜨거운 사랑을 떠올리고, 뒤집힌 흙을 보며 돼지 먹이를 걱정하다 보니 웃재에 오른다. 표준어로는 윗재이지만, 이중모음 발음에 제한적인 경상도 사람들에게는 웃재가 정상적인 발음이다. 그리고 어쩐지 웃재가 친근한 느낌을 준다. 모자챙에서는 고인 빗물이 떨어지듯이 땀이 줄줄 흐른다. **웃재**는 해발 1115m 형제봉의 긴 능선의 가운데에 있는, 하동군 악양면과 화개면을 이어주는 주요한 통로 역할을 하던, 해발 631m의 고개이다. 대축 기점 6.1km에 있고, 14:10에 도착한다. 물을 마시고 숨도 고르며 잠시 땀을 식히다가 14:20에 원부춘을 향하여 떠난다.

웃재를 떠나 숲길을 10분 정도 걷다가 왼쪽으로 시선을 돌리니, 소나무 숲 사이로 옥빛 물이 사행蛇行으로 흐르면서 흰 모래밭이 보이는 섬진강과 그 뒤를 병풍처럼 둘러선 백운산 능선이 조망되는 **너럭바위**가 나타난다. 세월의 흔적인 듯한 너럭바위의 검은 화강암 표피에는 이끼가 끼어 자라고 보랏빛 닭의장풀이 한낮의 더위를 이기지 못하고 꽃잎을 녹이고 있다. 잠시 눈의 호강을 누리다가 너럭바위를 떠나 이어지는 숲길로 발길을 옮긴다. 보통의 경우 높은 고개를 지나면 내리막길이 펼쳐지고 편안하게 목적지로 가게 되는데 오늘은 그렇지가 않다. 성제봉 서쪽 사면에 발달한 몇 개의 지능선支稜線 상부를 넘느라 오르내림이 길게 반복되다 보니 웃재를 오를 때 못지않게 힘들고 다리가 무겁다. 더구나 좌측은 가파른 절벽이라 심리적 위축감으로 두려운 마음도 생긴다. 그러나 소나무들이 길가에 늘어서 숲을 만들어주고 신선한 피톤치드도 뿜어주니 그나마 위안으로 삼고 걸음을 계속할 수 있다. 시작이 있으면 끝도 있는 법, 대축 기점 8.1km부터 오르내림이 끝나고 급경사 내리막이 펼쳐진다. 하지만 급경사를 내려가는 것도 긴장감으로 풀려버린 다리를 더 힘들게 한다. 그래도 대나무가 보이면 마을이 가까이 있음을 알고 있기에 반가운 신우대 터널도 지나고 계곡물에 세수도 하면서 걸음을 옮겨 내려가다 보니 오늘의 목적지 **원부춘元富春마을**에 도착한다. 대축 기점 10km이고 16:15이다. 체감 온도 40도에 오르내림이 극심한 산길만 6km 이상 걸었으니 체력이 소진하고 오른쪽 허벅지에 근육 경련이 일어나 심한 고통을 겪는다. 그래도 마을 앞을 흐

매미 소리 요란했던 부부송과 형제봉 능선

르는 푸짐한 신기천新基川 물소리와 맹렬한 매미 소리가 주는 시원함에 피로를 풀고 체력을 회복한다. 이 더위에 난구간難區間 중의 난구간을 걸었다는 자부심이 뿌듯하게 다가온다.

오늘 내가 누린 감각적 호사豪奢는 청각, 즉 **매미 소리**이다. 탐방 시작에서부터 끝까지 맹렬하게 울어 귀를 즐겁게 해준 동반자였다. 중국 서진西晋 때의 시인 육운陸雲(262~303)은 매미를 주제로 **한선부寒禪賦**라는 시를 지었다. 그는 이 시의 서문에서 매미를, 지극한 덕을 갖춘 곤충이라는 지덕지충至德之蟲이라고 표현하면서 매미에게는 군자가 지녀야 할 다섯 가지 덕목이 있다고 했다. 첫째는 頭上有緌則其文也(두상유유즉기문야)이다. 즉 매미 머리에는 선비의 갓끈[緌(유)]과 같은 입이 길게 뻗어 있으니 이는 학문에 뜻을 둔 선비와 같다고 하며 문덕文德에 해당한다고 했다. 둘째는 含氣飮露則其淸也(함기음로즉기청야)이다. 즉 매미는 맑은 공기로 숨을 쉬고 이슬만 마시니 이는 청덕淸德에 해당한다고 했다. 곧 청렴淸廉하다는 뜻이다. 셋째는 黍稷不享則其廉也(서직불향즉기렴야)이다. 즉 매미는 농민이 가꾼 곡식[黍稷(서직)]을 먹지 않으니 이는 염덕廉德에 해당한다고 했다. 곧 염치廉恥가 있다는 뜻이다. 넷째는 處不巢居則其儉也(처불소거즉기검야)이다. 즉 매미는 집을 짓지 않고 나무에서 살아가니 이는 검덕儉德에 해당한다고 했다. 이는 욕심이 없고 검소(儉素)하다는 뜻이다. 다섯째는 應候守節則其信也(응후수절즉기신야)이다. 즉 매미는 절기를 지켜 응하고 행하니 이는 신덕信德에 해당한다고 했다. 이는 철에 맞추어 허물을 벗고 때에 맞춰 열심히 울며 물러날 때를 알고 지키니 신의信義가 있다는 뜻이다.

첨단 과학 기술이 우리의 생활에 깊숙이 침투해 있고, 자본주의적 가치관이 우리의 의식을 지배하는 현대사회에서 매미가 주는 다섯 가지 덕목은 현실과 동떨어진 낡은 도덕 관념이 아닌가 하는 의문을 제기할 수도 있다. 그러나 현대인들은 '권위적 양심, 초자아, 집단 무의식, 완고한 인식의 틀'에 의해 영혼이 억압당하고, 팽배해진 배금사상拜金思想으로 돈의 노예가 되어 살아가고 있다. 이것은 **현대인들**이 정신적 자유를 잃어버리고 있음을 의미하며, 동시에 불행한 삶을 영위하고 있음을 의미한다. 그러므로 우리는 정신적 자유를 되찾아야 하며 돈과 물질의 노예 상태에서 벗어나야 한다. 그러기 위해서 우리가 할 수 있는 일은 영혼의 자유를 되찾기 위해 각자가 부단히 노력해야 한다는 것이다. 그 노력의 하나가 바로 **인문학**人文學을 공부하는 것이다. 인문학은 인간과 관련된 근원적인 문제나 사상, 문화 등을 중심적으로 연구하는 학문이며, 여기에는 철학哲學, 역사학歷史學, 문학文學 등이 포함된다. 먼저 철학의 사전적 의미는 인간이나 인생, 세계의 지혜, 궁극窮極의 근본 원리를 추구하는 학문이다. 우리는 이러한 철학적 사유를 통해서 우리는 내가 누구인지, 나는 어떤 상태에 있는지, 앞으로 어떻게 살아야 하는지, 나를 둘러싼 세계는 바람직한지, 세상의 무엇이 나를 억압하고 부자유스럽게 하는지를 알 수 있게 된다. 나아가 억압에서 벗어날 수 있는 길도 찾을 수 있다. 그리고 역사학은 기록된 사실史實을 분석하여 가치를 부여하며 이에서 교훈을 얻고, 이 교훈을 잣대로 현재를 진단하여 모순을 파악하고, 미래를 계획하고 설계하는 학문이다. 따라서 우리는 역사적 사유를 통하여 현재의 우리가 인간다운 삶을 누리고 있는지를 진단할 수 있으며, 보다 가치 있는 미래를 설계할 수도 있다. 다음으로 문학은 인간의 정서와 사상을, 시인의 상상력을 바탕으로 운율적인 언어로 압축하여 표현한 문학 양식인 시詩와 작가가 상상력을 동원하여 창조한 허구의 세계 속에 인물이 만들어 내는 사건을 통일성 있게 구성하여 개연성蓋然性 있는 이야기로 만든 문학 양식인 소설小說이 대표적이다. 따라서 시를 읽음으로써 우리는 정서적 감흥과 사상을 풍부하게 할 수 있고, 소설을 읽음으로써 우리는 한 번도 접하지 못한 세계를 경험할 수 있다. 이러한 문학적 세계의 경험은 현재 우리가 사는 세계가 진정 자유로운 세상인가를 판단할 수 있게 하면서, 나아가 영혼의 자유를 누리기 위해 우리가 할 수 있는 일이 무엇인가도 알려 준다. 이렇게 우리는 인문학 공부를 통하여 우리를 옥죄고 있는 실체가 무엇인지를 파악할 수 있고, 입만 벌리면 자유를 외치면서도 실제로는 악랄하게 자유를 억압하는 정치 집단의 허위성도 바로 직시할 수 있다. 그리고 진정한 영혼의 자유를 누리기 위해 우리가 무엇을 해야 하는지도 알 수 있다. 오늘 지독한 더위 속에서 열심히 울어, 새삼스럽게 도덕적 가르침을 준 매미의 일덕一德인 **문덕文德에서 문文은 바로 인문학**이다. 과거 선비들의 공부는 자기 수양과 세상의 구제에 초점을 둔 학문이었다. 자기 수양과 세상의 구제를 위한 공부가 바로 현대 인문학의 바탕이었고, 그 선비들이 추구했던 정신은 세상이 아무리 변해도 유효하다. 해가 바뀌어도 여름만 되면 변함없이 울어주는 저 매미들처럼……

 살煞과 운명運命
15구간 [원부춘-가탄]

경상남도 하동군 화개면 부춘리 원부춘마을과 탑리 가탄마을을 잇는 11.4km의 [원부춘 -가탄] 구간은 지리산둘레길 21구간 중 제15구간이다. 지리산 고산지역의 길을 걷는 구간으로 화개골 차밭의 정취가 느껴지며, 곳곳에서 차를 재배하는 농부들의 바지런한 손길이 만들어낸 아름다운 풍경과 마주한다. 화개천을 만나는 곳에서는 하동의 십리벚꽃길도 조망할 수 있다. 임도, 숲속 길, 마을 길이 고루 섞여 있어 지루하지 않다. 어느 쪽에서 출발하든 가파른 오르막길을 올라야 하지만, 쉬엄쉬엄 걷다 보면 큰 부담은 없다.

- 지리산둘레길 누리집에서 수정 인용-

출처 : 지리산둘레길 누리집

2023년 9월 6일 수요일, 10:04에 경상남도 하동군河東郡 화개면花開面 부춘리富春里 **원부춘**元富春 마을회관 앞에 선다. 지리산둘레길 [원부춘 - 가탄] 구간을 걷기 위해서이다. 지리산둘레길 누리집에 따르면, 토착 주민들은 부춘을 부치동, 불출동으로 부르고 있는데, 그 유래는 세 가지로 알려져 있다. 먼저 마을이 형제봉 산허리에 매달리듯 붙어 있다 하여 부치동이라 한다는 설이다. 다음으로 고려 시대 원강사라는 큰절이 있어 부처골이라 했는데, 이것이 변하여 부춘이 되었다는 설이다. 마지막으로 고려 시대 한유한 선생이 이 마을에 숨어 살면서 불출동不出洞이라 바위에 쓰고 세상에 나오지 않고 신선이 되었다 하여 생긴 지명이라는 설이다. 어느 설에 바탕을 두든 부치 또는 불출을 富春(부춘)으로 표기한 것은 음차音借이다. 음차는 음성으로만 존재하는 단어나 음절을 문자로 나타내기 위하여 발음이 같거나 비슷한 한자를 빌려 표현하는 것을 말한다. 구한말 France라는 나라 이름을 佛蘭西(불란서)로 표기한 것이나, 중국에서 Coca cola를 可口可樂(가구가락)으로 표기한 것이 그 예이다. 그리고 오늘 둘레길 구간 종점에 있는 吉佳(길가)슈퍼도 음차이다. 그런데 음차 표기의 경우 아무 글자나 빌려 표기하는 것이 아니라 가능하면 좋은 뜻을 지닌 글자를 빌린다는 것이다. France를 '부처 佛(불)과 난초 蘭(란) 서방 西(서)'를 빌려 표기한 것은 그 나라를 존중하는 의미가 들어 있다. 그리고 可口可樂은 입에 맞아 즐겁다는 긍정의 의미가 들어 있고, 吉佳(길가)는 좋고 아름답다는 뜻이 담겨 있다. 富春(부춘) 역시 일 년 중 가장 가난한 시기인 봄에도 부유해지기를 바라는 이곳 주민들의 소망이 반영된 음차 표기인 듯하다. 부춘 앞에 원元이 붙은 것은, 이 마을이 부춘리 여러 자연 마을 중에서 본디 마을이라는 뜻을 담고 있다. 마침 마을회관 옆 그늘에 두 분의 남자 노인이 계시기에 가장 궁금한 것을 여쭈었다. 논밭 하나 보이지 않는 이 깊은 산골에서 과거에 무얼 먹고 살았냐는 질문에 지금은 논이 없는 것처럼 보이지만 지적도를 떼면 산비탈이 전부 논畓(답)으로 나온다고 한다. 즉, 과거에는 농사를 지어서 살았다고 한다. 다만 지금은 젊은이들이 모두 도시로 떠나 농사를 포기하고 묵혀두었더니 산으로 변했다고 한다. 그리고 외지인들이 들어와 전원생활을 하거나, 민박집 또는 펜션을 운영한다고 한다. 또 마을 앞을 흐르는 신기천新基川에 있는 웅덩이를 자기들은 밤나무소라고 부른단다.

어르신들과의 담소를 마치고 고개를 드니 하늘은 높고 푸르며 햇살은 투명하여 전형적인 가을 분위기를 풍긴다. 신기천 물소리가 들려주는 경쾌한 음악에 귀를 적시고 따가운 햇살을 온몸으로 맞으며 형제봉 활공장滑空場으로 오르는, 중앙선 없는, 가파르면서도 좁은 아스팔트 도로를 천천히 오른다. 10:20이다. 오늘의 진행 방향은 먼저 원부춘에서 중촌中村까지 남에서 북으로 오르다가, 중촌에서 잠시 서진하다가 정금차밭에서 다시 남으로 꺾어 내려온다. 도롯가에는 짙은 노란색을 발하는 노랑코스모스와 보랏빛 배초향排草香 그리고 일명 만수국萬壽菊으로 불리는 주황색 프랜치 메리골드가 무수히 피어서, 내가 지리산의 아름다운 자연 속에 들어왔음을 실감케 한다. 그리고 하늘에는 순진한 아기가 한입 베어 문 듯한 솜사탕 모양의 흰 구름 한 조각이, 만지면 파란 물이 출렁일 듯한 벽공碧空을 아름답게 수놓고 있다. 아직도 30도를 상회하는 기온만 빼면 지리산둘레길의 세상은 아름답고 빛나는 가을이다. 그리고 2m가 넘게 석축石築을 하고 그 위에 건물을 지은 집이 부춘리가 얼마나 깊은 산골에 있는 마을인지를 실감케 한다. 그 깊은 산골 도로를 꾸준히 걸어 오르다 수정사秀精寺를 만난다. 절 입구에는 관세음보살을 모신 관음전觀音殿과 약사여래불을 봉안해 놓은 약사전藥師殿 그리고 장수신인 칠성을 봉안한 칠성전七星殿이 있고, 석가모니 부처를 봉안한 대웅보전大雄寶殿은 좌측으로 한참 떨어진 곳에 자리하고 있다. 화려한 단청이 없는 수수함이, 크지 않은 규모가 오히려 경건함을 자아낸다. 다만 다른 사찰에서는 칠성각七星閣이라는 현판을 붙인 당우堂宇를 이 절에서는 칠성전이라 한 것이 특이하다. 불교 연구자들에 의하면, 사찰에서 전殿은 일반적으로 불교 교리에 의해 예배의 대상이 된 부처나 보살을 모신 법당을 말한다. 석가모니불을 모신 대웅전大雄殿과 그 제자들을 모신 나한전羅漢殿 등이 그 예이다. 그리고 각閣은 원래 불교에서 예배의 대상은 아니었지만, 불교가 토착화하는 과정에서 불교를 외호外護하는 토착신을 모시는 법당을 말한다. 산신을 모신 산신각山神閣과 칠성을 모신 칠성각七星閣 등이 그 예이다. 이 절에서는 칠성신을 어떤 존재로 인식하였기에 칠성전이라는 당우를 지었는지는 알 수 없다. 의문 속에 수정사 문을 나서며 지금까지 걸어온 길을 되돌아 돌아본다. 돌아보니 섬진강 건너 백운산 능선이 한 폭의 그림처럼 손에 잡힐 듯이 선명하게 펼쳐진다. 지리산 자락은 어디에서나, 앞을 보든, 뒤를 보든 모두 장관이어서 눈이 황홀할 지경이다. 원부춘 기점 1.6km이고 10:51이다.

   섬진강을 향해 길게 뻗어 내린, 해발 1115m의 오른쪽 형제봉 능선과 해발 812m의 왼쪽 수박산 능선 사이 골짜기를 거스르는 아스팔트 도로는 꾸준히 오르막이다. 힘들고 지루함을 느낄 때는 길동무가 절실한 법, 마침 선명한 분홍빛을 띤 물봉선화가 소녀처럼 수줍게 고개를 숙인 채 길가에 무리 지어 피어 힘든 둘레꾼을 위로한다. 그리고 이름이 참으로 민망한 며느리밑씻개도 앙증맞게 흰 꽃을 피워 물봉선화와 색의 조화를 이룬다. 간혹 줄기를 길게 키운 쑥도 씨앗을 떨어뜨릴 준비를 하는 듯 꽃을 피우고 있다. 야생화들로부터 위안을 받으며 힘들고 지루한 길을 끈기 있게 오르니 원부춘 기점 3.1km를 지나는 지점에서 늘씬한 키에 수수 열매 같은 잎을 권투 장갑처럼 달고 있는 삼나무가 숲을 이루어 피톤치드를 눈에 보일 듯이 뿜어내고 있다. 잠시 멈추어 심호흡을 크게 하고 느리지만 일정한 보폭으로 다시 걷는다. 원부춘 기점 4.1km에서 드디어 **임도 삼거리**를 만난다. 12:00이다. 지금까지 걸었던, 발바닥을 아프게 하는 아스팔트 도로는 끝나고 우측은 행글라이더 활공장으로 향하는 시멘트 도로이고, 좌측은 둘레길로 이어지는 수평의 비포장 길이다. 좌측으로 90도 회전하여 벽수 배꼽에 4.3km라 표시된 지점에 있는 형제봉 쉼터에서 벤치에 털썩 앉는다. 12:03이다. **형제봉 쉼터**

는 널찍한 공터이다. 둘레길 누리집에 따르면 형제봉 쉼터는 지리산둘레길에서 지리산 주 능선을 볼 수 있는 몇 안 되는 곳 중 한 곳이라 한다. 그러나 지금은 활엽수림이 시야를 가려 주 능선을 볼 수 없다. 벤치에 앉아 빵과 두유로 점심을 해결한다. 점심을 먹으며 주변을 둘러본다. 정면에는 여기저기 붉게 피어 있는 억새 꽃송이가, 만개하여 하얀 솜사탕처럼 보일 때보다 정열적인 듯하여 오히려 보기가 좋다. 그리고 성장을 멈추었는지 윤기를 잃고 탈색을 시작하는 활엽闊葉들이 가을이 시작되었음을 알리고 있다. 한편 청정무구를 자랑하던 하늘은 먹장구름이 넓게 퍼지고 있어 지리산의 변화무쌍한 날씨를 실감케 한다. 하지만 바늘처럼 날카롭게 내리쬐던 햇빛을 구름이 가려주어 그나마 다행이다. 가는 계절이 아쉬운지 여름의 끝을 붙들고 애처롭게 울어대는, 한결 무디어진 매미 소리를 귀에 담으며 식사를 마치고 12:30에 자리를 떠나 수박산으로 향하는 능선길로 들어선다. 부춘리 주민들의 말에 의하면 옛날 지리산 지역이 물바다였을 때 산꼭대기만 잠기지 않았고 그 모양이 마치 수박처럼 보였다고 해서 수박산이라 이름 지었다고 한다. 수박산으로 가는 능선길은 숲속 길이다. 사람 허리 높이의 산죽이 촘촘하며, 그 위에 철쭉과 같은 관목이 잎을 무성히 드리우고, 그 위에 다시 참나무와 같은 교목이 하늘을 가리고 있는, 울창한 숲속을 걸어가는 길이다. 좌측 참나무 사이로 우뚝하고 육중한 형제봉이 언뜻언뜻 보인다. 어느 해였던가 비를 맞으며 형제봉 꼭대기에 올랐던 기억이 갑자기 떠오른다. 그때만 하더라도 체력이 왕성했는데……. 잠시 과거를 소환하다가 깜짝 놀란다. 어린 뱀이 나타난다. 어리지만 가장 강한 독을 지녔다는 살모사이다. 살모사는 사람을 보고도 잘 도망가지 않는다. 이 녀석도 길 복판에 딱 멈추어서 한참을 움직이지 않는다. 발로 땅을 굴리고 등산지팡이로 땅을 여러 번 찍으니 그제야 스르르 산죽 숲으로 사라진다. 원체 뱀을 무서워하는 나인지라 등에는 식은땀이 흐르고 가슴은 쿵쾅거리며 다리는 갑자기 풀려 버린다. 1년 중 뱀의 독성이 가장 강한 때가 바로 지금이다. 동면에 들어가기 전까지 많은 영양분을 몸에 저장해야 하기 때문이다. 자칫 뱀에게 물리기라도 한다면 치명적인 상해를 입을 수가 있으니 조심해야 한다. 가장 위험한 행동은 실수로 뱀을 밟는 일이다. 그래서 산에 들어갈 때는 언제나 목이 긴 등산화를 신어야 하고 긴바지를 입어야 한다. 열로 먹이 대상을 감지하는 우리나라 뱀은 사람이나 덩치 큰 동물을 먼저 공격하지는 않는다. 그러나 공격을 받으면 자기방어를 위해 본능적으로 상대를 물어버린다. 그때 목이 긴 등산화와 긴바지는 뱀의 공격에 대한 방패 역할을 할 수 있기 때문이다. 산길을 걸을 때는 특별한 경우가 아니면 시선은 5m 정도 전방 길에다 두어야 한다. 만약 무언가를 멀리 바라보아야 한다면 반드시 멈추어 서서 본 후에 시선을 길로 옮긴 다음 걸음을 디뎌야 한다. 그렇게 해야 실수로 뱀을 밟는 일이 없을 것이기 때문이다. 한참을 서서 놀란 가슴을 다스린 후 걸음을 옮기지만 다리는 힘이 빠져 휘청이고 있음을 스스로 느낄 수 있다. 수박산 정상으로 향하던 둘레길은 원부춘 기점 5.3km에서 우측으로 90도 방향을 틀어 수박산 서쪽 비탈의 급경사를 내려간다. 안전사고는 대부분 내리막길에서 일어난다. 살모사를 보고 놀란 데다 위험한 등산로보다 더 급한 내리막을 걷다 보니 다리가 풀려 휘청인다. 다치지 않기 위하여 한발 한발 조심조심 돌계단을 밟는다. 활엽수림은 계속 이어지고 얼마 전 내린 가을 장맛비로 습기를 머금은 땅에는 화려한 자태를 뽐내는 버섯들이 곳곳에 자라고 있다. 비 온 뒤 땅에서 화려하게 자라는 버섯은 대부분 독버섯이라고 들었다.

급한 내리막을 한참 내려오니 좌측에 하늘을 향해 붉은 줄기가 쭉쭉 뻗은 적송숲이 나타나고, 그 숲이 끝나는 곳에 밭이 보이기 시작한다. 벅수가 원부춘 기점 6.5km를 알리는 곳에서 "농작물에 손대지 말아주세요. 마을 주민께서 애써 가꾼 자식과 같은 재산입니다."라고 쓰인 당부판이 비바람에 삭아 다리를 잃고 깨어진 채로 애처롭게 널부러져 있다. 13:25이고 중촌 배후 진입 직전이다. 좌측으로 90도 방향을 틀어 마을을 향해 내려서는 순간 엄나무밭을 만난다. 잎이 말라버렸다. 지난여름 얼마나 더웠길래 엄나무 잎이 저리도 타버렸을까. 돌아보면 지난여름 하도 더워 집에서만 뒹굴다가 속병이 나기도 했었다. 엄나무밭을 지나니 곧 둘레꾼들에게 회자膾炙되고 있는 **하늘 호수 차밭**이라는 찻집이 나타난다. "화 수 목 쉽니다."라는 글자가 새겨진 출입문이 굳게 닫혀 있다. 차의 본고장 하동에 와서 편안하게 차 한잔하며, 화개천 건너 황장산 능선이 펼쳐 놓은, 병풍같은 풍광을 감상하려던 계획이 물거품이 된다. 하지만 어쩌랴, 내가 날을 잘못 잡은 것을……. 아쉬움 속에 몇 걸음 내려가니 하동군 화개면 정금리井琴里 중촌中村에 도착한다. 원부춘 기점 6.8km이고 13:50이다. 마침 집 주변 나무의 가지치기를 하는 주민 부부를 만난다. 참으로 온화한 표정으로 나그네를 맞아 준다. 현재 이 마을에는 5가구 살고 있으며, 대부분 약간의 밭농사를 지으며 전원생활을 하고 있다고 한다. 그리고 내려가는 방향 오른쪽으로 경쾌한 물소리를 내며 흐르는 골짜기가 회갱이골이라고 설명한다. 친절한 설명에 고개 숙여 감사를 표한 후 마을 전경을 사진에 담을 수 있는 마을 앞쪽으로 이동한다. 마을 전체가 보이는 곳에서 바라보니 내 키보다 높은, 첫 집의 축대 위에는 석류와 감이 불그레 익어가고, 짙고 옅은 분홍빛을 발하는 봉선화 두 그루가 선명하게 꽃을 피워 눈길을 끈다. 시조 시인 김상옥은 봉선화를 소재로 평화롭던 어린 시절에 대한 애틋한 추억과 시집간 누님에 대한 그리움을 노래한 바 있다. 봉선화를 보면 떠오르는 애틋한 대상이 내게는 없지만, 어쩐지 오늘 이 집 축대 위에 핀 봉선화를 보니 지금이라도 애틋하게 그리운 이를 만들어 마음에 넣어두고 싶다. 마음이 사막화되어 가는 70 밑자락, 지리산 골짜기 마을은 이렇게 사라져가는 감성조차도 되살려준다. 참으로 감회가 깊다. 잠시 마을 앞 시멘트 농로변에 앉아 쉬면서 물도 마시며 풀린 다리의 근력도 회복하고 신발 속의 모래도 털어낸다. 목적지 가탄까지 남은 6.5km를 걸어야 하니까. 도심마을로 내려가는 농로변에는 밤나무가 지천이고 밤송이가 그득하게 길에 떨어져 있으며 알밤도 몇 개 툭툭 튀어나와 있다. 농작물에 손대지 말아 달라는 당부가 다시 뇌리를 스치기에 애써 시선을 돌린다. 벌통이 밭 하나 가득한 양봉장도 만난다. 주변이 온통 밤밭이니 아마도 밤꿀을 따기 위함인 듯하다.

중촌에서 내려오면 하동군 화개면 정금리 **도심**道心**마을**에서 삼거리를 만난다. 글자대로 풀이하면 길의 중심 마을답게 지리산국립공원 탐방로와 지리산둘레길이 연결되는 곳으로 이정표가 설치되어 있다. 원부춘 기점 7.9km이고 14:15이다. 맑은 물이 풍부하게 흐르는 회갱이골 좌우 마을에는 대체로 펜션이나 민박집 또는 전원주택이 적당한 간격으로 지어져 있다. 눈을 들어 화개천 건너를 바라보니 해발 942m 황장산黃獐山이 웅장한 모습으로 우뚝하다. 그 위로 솜을 풀어놓은 듯한 흰 구름이 파란 하늘과 절묘하게 조화를 이루면서 떠 있다. 참으로 아름다운 초가을 자연이다. 그 아름다운 자연에 심취하여 한참을 바라보다 벅수의 붉은 팔이 가리키는 정금리 방향으로 길을 떠난다. 하동군에서 차 시배지始培地를 중심으로 조성한 천년차밭길의 일부인, 시멘트로 포장된 농로에는 알밤이 지천으로 떨어져 있다. 농작물에 손대지 말아 달라는 당부의 말이 다시 절실하게 다가온다. 8.5km 지점에서 날렵하고 우아한 자태를 뽐내는 2층의 **정금정**#琴亭을 만난다. 14:30이다. 그 정자 아래로 펼쳐진 광활한 녹차밭이 가히 장관이다. 1m 이상 폭에 길게 뻗은 진초록 녹차목綠茶木 이랑과 한 발 재겨 디딜 만큼의 밭고랑이 질서정연하게 줄지어 배치된 차밭이 시선을 황홀하게 한다. 차는 그 은은한 향과 그윽한 맛을 주기 이전에 이미 시각적 즐거움을 먼저 주는 참으로 유용한 식물이다. 최근 다도茶道라 하여 요란스럽게 격식과 예법을 따지는 경향이 있는데, 이는 혹시 일본인들이 만든 소정밀주의少精密主義가 우리나라에 수입된 것은 아닌지 의문스럽다. 19세기 조선의 초의선사草衣禪師가 지은 동다송東茶頌에 담긴 핵심은, 정성스럽게 잘 만들어진 차로 좋은 물을 얻어 알맞게 잘 우러나게 해야 한다는 것이다. 그 과정에서 마음을 맑게 다스린다면 그것이 곧 다도인 것이다. 즉, 다도는 격식과 예법이 아니라 정성으로 차를 마시는 자세이다. 시선을 옮기니 차밭 아래에 마을이 있고, 그 마을이 하동군 화개면 **정금리**이다. 둘레길 누리집에 따르면 정금井琴의 원래 이름은 거문고를 탄다는 탄금彈琴이었다고 한다. 풍수상으로 옥녀가 거문고를 타는 옥녀탄금형玉女彈琴形의 길지吉地라 한다. 마을 뒷산이 옥녀봉이고, 마을 앞 들판에 드문드문 있는 큰 바위들은 거문고의 기러기발[雁足(안족)]이고, 화개천과 수평으로 나 있는 기다란 논두렁들은 가야금의 12줄이니, 앞들 전체가 가야금인 셈이다. 마을 이름이 거문고를 연주한다는 탄금에서 연주를 멈춘다는 정금停琴으로, 다시 거문고를 우물에 빠트린다는 정금井琴으로 바뀌었는데 그 이유가 명확하지는 않다고 한다. 혹시 1914년 조선총독부가 행정구역을 통폐합할 당시에 조선 땅의 정기를 말살하기 위하여 고의로 바꾼 것은 아닐까 하고 의심해 본다. 하도 악랄한 짓을 많이 한 왜놈들이기에……. 정금정에서의 황홀경을 가슴에 담고 다시 차밭 사이 시멘트 농로를 밟아간다. 곧 만나는 정금 삼거리 벅수가 거리를 표시하는 배꼽을 분실한 채 붉은 팔을 위쪽 수박산을 향해 가리키고 있다. 맥이 탁 풀린다. 정말 힘든 길을 걸어 여기까지 왔는데, 당연히 화개천 쪽 정금리로 내려가라 할 줄 알았는데 다시 가파른 도로를 따라 오르라 하니 말 없는 벅수가 참으로 야박하게 느껴진다. 하지만 누가 시켜서 걸으러 온 것도 아니고 스스로 걷고 싶어서 찾아 나선 둘레길, 몸이 좀 지쳤다고 아니 갈 수야 없지 않겠는가?

정금 삼거리에서 좌측으로 90도 틀어 아스팔트 도로를 따라 오른다. 오름도 잠시 남자 노인 한 분이 가로수 그늘에 앉아 휴식을 취하고 있는 마을 앞에 도달한다. 하동군 화개면 정금리 대비大比마을이다. 14:50이다. 지리산둘레길 누리집에 따르면 가락국의 수로왕비 허황후가 자신이 낳은 일곱 왕자가 두 해 만에 성불하자 이를 기려 대비사란 절을 지었는데 후에 그대로 대비가 마을 이름이 되었다고 한다. 스스로 연세가 85세라고 밝힌 노인의 말씀에 따르면, 1999년 옛 대비사 터에 대웅전을 신축하여 대비사의 전통을 잇고자 대비암大妃庵이라 하였다 한다. 현재 이 마을에는 약 30여 가구가 살고 있는데, 자신을 제외한 모든 주민이 외지인이라 한다. 농사를 짓는 집은 하나도 없고 이웃에 누가 사는지도 모르며 교류도 아예 없다고 한다. 옛날에는 이때쯤 고구마를 삶아 이웃끼리 모여 나누어 먹으며 따뜻한 정도 나누었는데 지금은 너무 삭막하단다. 그러면서 한국전쟁 당시 군경과 빨치산 사이에 치열한 전투가 수박산 아래 골짜기에서 있었다며, 당시에 망을 보던 바위가 있었는데 그 바위를 지금도 망바구라고 한단다. 말씀을 전해주는 노인의 얼굴에는 특유의 회한과 쓸쓸함이 어리고 노년의 외로움에 눈가가 촉촉하다. 누구와 사시느냐 물으니 "할망구하고 살지."라는 대답에 그래도 다행이라 여기며 발을 옮겨 마을로 진입한다. 지나가며 보니 집들이 모두 큼직하고 화려한 전원주택이다. 널찍한 잔디 마당에는 근사한 조경수와 조형물이 멋들어지게 자리 잡아 사람을 주눅 들게 한다. 그리고 마당 한쪽에는 예의 외제 차 한 대 이상이 주차되어 있다. 그들은 물질적 화려함을 과시하며 스스로 만족을 느끼는 것 같으니 이웃 간 교류가 없는 건 어쩌면 당연할지도 모르겠다. 오늘날 경치 좋은 시골의 전형을 보는 것 같아 쓸쓸하다. 쓸쓸함 속에 대비마을 가운데 9.4km 지점에서 90도 우회전하여 백혜마을을 찾아간다. 하지만 9.6km 지점을 지나 미로 같은 밤밭 농로에서 더는 벅수를 찾지 못하고 길을 잃고 만다. 15:10이다. 어쩔 수 없이 직관에 의존하여 내리막 시멘트 농로를 따라 한참을 걷다 보니 갑자기 남의 집 마당이 나타나고 대문은 잠겨 있다. 진퇴양난이니 참으로 난감하다. 실례를 무릅쓰고 현관 앞에서 주인을 부르고, 미안함에 횡설수설 상황을 설명한다. 주인은 미소를 띤 채 부드럽고 온화한 표정으로 대문까지 걸어가서 문을 열어 준다. 참으로 미안하고 고맙다. 몇 번이나 고개를 숙여 고마움을 표하고 대문을 나서니 쌍계사에서 화개장터로 향하는 1014번 지방도 도롯가의 어디쯤이다. 도로를 따라 남으로 남으로 무작정 걷는다. 발바닥이 아프다. 아프지만 참고 걸으니 둘레길 경유지인 **백혜마을** 앞을 지나고 곧 오늘의 목적지인 하동군 화개면 탑리塔里 가탄加灘마을 길가吉佳슈퍼에 도착한다. 15:45 이다. 원부춘에서 가탄까지 벅수 배꼽에 표시된 거리는 총 13.3km이고, 5시간 25분에 걸쳐 걸었다. 그러나 둘레길 누리집은 총 11.4km로 소개하고 있다. 정확한 거리를 측정하여 누리집과 벅수의 배꼽에 표기할 필요가 있다. 그리고 무엇보다 시급한 일은 비바람에 삭아서 넘어진 벅수를 새로 만들어 세워야 할 것이다. 나처럼 아날로그적 사고를 하며 길을 걷는 둘레꾼에게 가장 직접적인 영향을 미치는 정보인 방향과 거리를 알려주는 것이 벅수이기 때문이다.

가탄마을에서 남서쪽으로 내려오면 화개천이 섬진강과 만나는

운명에 순응함으로써 삶을 구원받을 수 있다는 소설 역마의 공간적 배경인 화개를 대표하는 정금리 차밭

지점이 있다. 이곳이 경상남도 하동군 화개면 탑리 **원탑**元塔**마을**로, 가수 조영남이 부른 노래 제목으로 유명한 화개장터가 있는 곳이다. 그리고 화개장터는 1948년에 작가 김동리가 발표한 소설 **역마**驛馬의 공간적 배경이기도 하다. 소설 역마의 전체 줄거리는 다음과 같다.

"화개장터에서 주막을 운영하며 살아가는, 마음 착하고 인심 좋은 옥화는 아들 성기의 타고난 역마살(驛馬煞)을 없애기 위해 갖은 노력을 기울인다. 어느 날, 체 장수 영감이 딸 계연을 데리고 와 옥화네 주막에 맡기고 떠난다. 옥화는 계연을 성기와 맺어주어 성기가 역마살에서 벗어나 정착하기를 바라고 두 사람은 차츰 정이 들어간다. 어느 날, 옥화는 계연의 왼쪽 귓바퀴 위에 난 사마귀를 발견하고 자신의 동생이 아닐까 의심한다. 체 장수 영감이 돌아와 들려준 이야기를 통해 의혹은 사실임이 밝혀진다. 즉 36년 전, 체 장수가 남사당패였을 때 이 주막에 들러 주모와 하룻밤 관계하여 태어난 딸이 옥화이며, 계연은 옥화의 이복동생임이 밝혀진다. 그리고 계연과 성기의 사랑은 이모와 조카라는 천륜에 의해 운명적으로 좌절된다. 그 후 계연은 아버지 체 장수를 따라 구례 방향으로 떠나고, 영문을 모르는 성기는 상사병으로 자리에 눕는다. 어머니 옥화로부터 전후 사정을 들은 성기는 상사병을 털고 일어나 역마살이라는 운명에 순응하여 계연과 반대 방향인 하동 쪽으로 엿장수가 되어 떠난다."

작가가 이 작품을 통해 보여주려는 것은 한국적 운명론인 **살**煞

은 피할 것이 아니라 순응함으로써 삶을 구원받을 수 있다는 점이다. 역마살은 정착하지 못하고 길 위에 떠돌며 살아야 하는 운명을 말한다. 작가는 주인공 성기의 역마살에 개연성을 부여하기 위하여 두 가지 장치를 작품에 설정하고 있다. 하나는 인물 간의 관계 설정이다. 36년 전에는 남사당패의 일원이었다가 나중에 체 장수로 변신한 외할아버지는 일정한 거처가 없는 떠돌이다. 그리고 옥화와 관계한 성기의 아버지도 떠돌이 중으로 거처가 없다. 따라서 성기는 떠돌며 살아야 하는 사람들의 핏줄을 이어받은, 선천적으로 떠돌이 기질을 타고난 인물이다. 또 하나는 공간적 배경이다. 지금이야 원탑마을 앞에서 섬진강을 가로질러 전라남도 구례군求禮郡 간전면艮田面으로 가는 남도대교가 놓여 사거리이지만, 작품이 발표되던 당시의 화개장터는 삼거리의 중심이었다. 즉, 북쪽은 화갯골로, 서쪽은 전라남도 구례로, 남쪽은 하동으로 길이 뻗어 있다. 예부터 삼거리는 세 방향에서 사람이 모여드는 곳이기도 하지만, 필연적으로 세 방향으로 사람이 흩어지는 곳이기도 하다. 따라서 주인공 성기는 세 방향 어느 쪽으로든, 언제든 떠남을 예비하고 있는 인물이다. 결국, 역마살을 타고난 성기는 옥화와 자신의 의지와 노력에도 불구하고 정착하지 못하고 떠돌이 삶을 선택함으로써 역마살이라는 운명의 굴레에 순응하고 있다.

살煞을 사전에서는 '사람을 해치는 독하고 모진 기운'이라고 풀이하고 있다. 여기에는 십이신살十二神煞이 있다. 이를 열거하면 겁살

劫煞, 재살災煞, 천살天煞, 지살地煞, 연살年煞, 월살月煞, 망신살亡身煞, 장성살將星煞, 반안살攀鞍煞, 역마살驛馬煞, 육해살六害煞, 화개살華蓋煞이다. 이러한 살이 끼었는지를 알기 위해서는 점占을 쳐야 한다. 고상한 말로 역학易學이라 하지만, 점은 근거를 바탕으로 이론적 체계를 세울 수 없으므로 학문 분야가 아니다. 즉, 연구대상이 구체성을 띠지 못하고, 규칙성을 띤 현상도 나타나지 않으며, 경험적 검증도 불가능하다. 따라서 점을 치는 것은 믿을 만한 근거가 있는 행위가 아니다. 일부 점을 믿을 만하다고 여기는 사람들이 있으나 이는 극히 주관적 판단에 지나지 않는다. 따라서 점을 통해 파악할 수 있는 십이신살 역시 믿어야 할 필요는 없다. 더구나 점에 의존해서 국가나 정부, 지역 행정의 대사를 결정하는 일은 절대 없어야 하겠다. 십이신살과 상관없이 각종 위해나 어려움은 언제나 생길 수 있다. 이를 극복하거나 피하는 방법은 평소 삼가고 조심하는 것뿐이다. 나는 오늘 걷는 도중 길을 잃었다. 십이신살로 치면 어디에 해당할까? 어두운 밤길을 걷듯이 일이 순조롭게 풀리지 않는다는 월살이나, 명예나 체면을 손상하는 망신살쯤 되지 않을까. 하지만 월살이나 망신살 이전에 내가 잘 살피고 신중하였다면 일어나지 않았을 일이다. 다음 구간을 걸을 때는 더욱 잘 살피고 신중해져야겠다. 그리고 남은 삶을 영위하는데도 더 신중해지고 앞뒤를 잘 재어야 하겠다. 운명은 주어지는 것이 아니라 주체적으로 개척하는 것이다. 따라서 삶은 운명에 순응하는 것이 아니라, 스스로의 의지에 따라 만들어가는 것이다.

 화개천 물소리
16구간 [가탄-송정]

경상남도 하동군 화개면 탑리 가탄마을과 전라남도 구례군 토지면 송정리 송정마을을 잇는 10.6km의 [가탄-송정] 구간은 지리산둘레길 21구간 중 제16구간이다. 하동에서 구례를 넘나들었던 작은재를 넘는 길이다. 대부분 숲속 길이라 기분 좋게 걸음을 옮길 수 있다. 그리고 이 길은 섬진강과 나란히 뻗어 있어 시야가 트이는 곳이면 어김없이 섬진강을 조망할 수 있다. 제법 경사가 있는 길이지만 숲과 강이 있어 상쾌하다. 걷다가 만나는 묵답을 보면, 이 깊고 높은 산골까지 들어와 농사를 지어야 했던 옛사람들의 삶의 무게를 가늠할 수 있다. 그리고 목아재에서 당재로 넘어가는 길은 옛날 화개로 이어지는 길이기도 하고 연곡사와 피아골을 살필 수 있는 길이다. 초창기에는 지리산둘레길 구간이었지만 2019년에 폐쇄되었다.

- 지리산둘레길 누리집에서 수정 인용

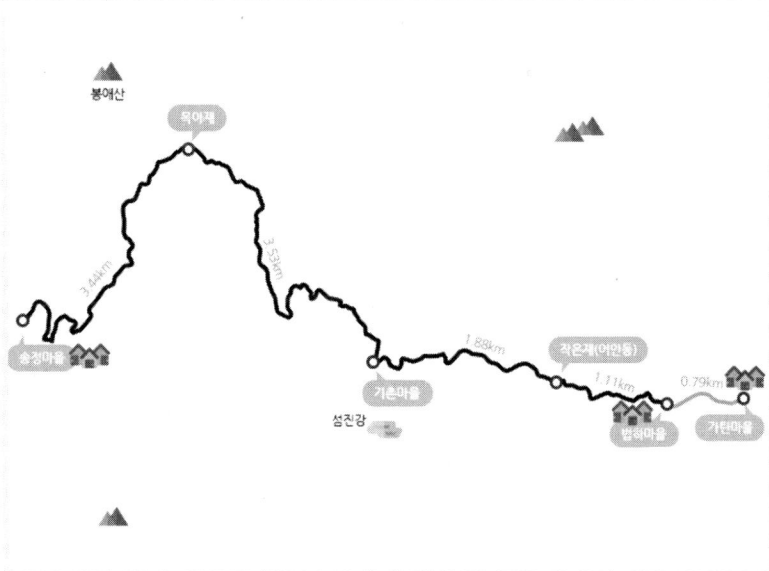

출처 : 지리산둘레길 누리집

2023년 10월 11일 수요일 10:10, 지리산둘레길 [가탄 - 송정] 구간을 걷기 위하여 시작점인 경상남도 하동군 화개면花開面 탑리塔里 **가탄加灘마을 吉佳(길가)슈퍼** 앞에 선다. 길가에 있는 슈퍼마켓을 '좋을 吉, 아름다울 佳'를 음차音借하여 표기한 재치가 돋보인다. 하늘은 가을답게 구름 한 점 없이 푸르고 높다. 햇살은 투명하여 모든 물체가 자신의 색깔을 선명하게 드러내고, 바람은 기분 좋은 시원함을 품고 부드럽게 내 몸을 감싼다. 텃밭의 들깻잎은 다시 연두로 돌아가고, 토종 호박은 누렇게 익어가고 있다. 민가의 담벼랑에 붙어선 대봉감은 발갛게 익어 초록의 잎과 보기 좋게 조화를 이루고, 무성하게 초록을 달고 있던 나무는 벌써 일부의 잎을 떨어뜨려 가느다란 줄기를 내보이고 있다. 마을 앞을 흐르는 **화개천花開川** 건너 황장산黃獐山에서 뻗어내리는 능선은 아직은 녹음을 띠고 선명하게 윤곽을 드러내고 있다. 그리고 뒷산인 수박산도 햇살을 받아 빛을 발하며 가탄마을을 병풍처럼 두르고 있다. 초가을이 주는 풍성함과 변화의 기운이 가득한, 참으로 아름답고 평화로운 마을이다. 가탄은 원래 아름다운 여울이라는 뜻의 가여울嘉灘(가탄)이었다. 지금도 주민들은 가여울 또는 개롤이라 부르는데, 신선이 살면서 아름다운 화개천의 여울에 낚싯대를 담갔다 하여 가탄加灘이 되었다고 한다. 그리고 **탑리塔里**는 자연 마을인 원탑元塔에서 유래한 이름이다. 원탑은 경상남도 유형문화재 제130호인 탑리 삼층석탑이 있어 탑몰, 탑말, 탑촌, 탑동으로 불리었다. 1914년 행정구역 개편으로 탑촌동塔村洞과 가탄동加灘洞이 통합되어 화개면 탑리가 되었다. 화개천이 섬진강과 만나는 곳에 원탑마을이, 지리산 삼신봉에서 뻗어 나온 수박산을 등지고 화개천을 끼면서 가탄마을이 터를 잡았다. 오늘의 진행 방향은 전체적으로 동쪽에서 서쪽이다. 가탄마을을 출발하여 100m 앞에서 화개천을 가로지르는 가탄교를 건넌다. 가탄교 밑을 흐르는 화개천의 상류 약 17km 지점에는 대성계곡大成溪谷이 있다. 지금은 여름철 피서지로 유명한 곳이지만 1952년 1월 18일에는 아비규환阿鼻叫喚의 처절한 현장이었다. 1952년 1월 10일부터 시작된 2차 동계토벌 작전에서 군경은 4만 명의 병력을 동원하여 지리산 둘레 280여km를 에워싸고, 동시에 주요 능선의 등선에 포진하여 아래에서부터 샅샅이 훑어 오르며 퇴로를 대성골로만 열어두었다. 이날의 처참한 장면을 이태의 자전적 소설 남부군에서는 다음과 같이 묘사하고 있다.

"1952년 1월 18일 새벽 지리산 대성골, 국군 수도사단의 대규모 토벌 작전에 쫓겨 토끼몰이 당한 지리산 유격대와 민간인 천여 명의 머리 위로 박격포탄이 비처럼 날아왔다. 비행기들이 골짜기 안으로 휘발유를 뿌려댔고 온몸에 기름을 뒤집어쓴 유격대원들 위로 헤아릴 수 없는 네이팜탄이 쏟아졌다. 대성골이 통째로 불타기 시작했다. 유격대원과 투쟁 인민으로 불렸던 민간인들, 수백 년 된 나무들과 산짐승들이 산채로 불탔다. 포탄 터지는 소리와 이리 쫓기고 저리 쫓기며 사람들이 내지르는 비명, 사방에서 날아오는 요란한 총성이 대성골을 찢어발겼다. 화염에 휩싸인 사람들이 산채로 타들어 가는 냄새와 악취, 시커먼 연기로 골짜기는 아비규환의 생지옥으로 변했다. 대성골에 몰려있던 천여 명 가운데 참혹한 불바다에서 구사일생으로 빠져나와 살아남은 유격대원은 백여 명밖에 되지 않았다."

대성계곡은 의신마을 바로 아래 대성교에서 의신계곡과 합류하여 화개천이 된다. 그 의신계곡의 상류에는 빗점골이 있다. 그 빗점골에서 남부군 총사령관 이현상을 경찰이 사살하였다는 엄청난 뉴스가 전해진 것은 1953년 9월 18일이었다. 이현상의 죽음과 관련한 상황을 안재성은 그의 저서 **이현상 평전**에서 다음과 같이 설명하고 있다.

"1953년 9월 18일 오전 11시경, 지리산 주 능선 반야봉 남쪽 빗점골에서 남부군 총사령관 이현상이 시신으로 발견된다. 이때 그는 이미 방준표 전북도당위원장과 박영발 전남도당위원장 등 교조주의자들에 의해 자아비판 과정을 거쳐 평당원으로 강등되고 무장해제되어 있었다. 그는 이곳에서 경찰에 의해 사살된 것으로 알려졌지만 일부 내부 총질에 의한 것이 아니었을까 하는 의견도 있다. 그가 시체로 발견될 때 등에서 배를 관통한 총상이 있었고, 그의 목에는 8발의 총알 자국이 있었다고 한다. 이현상의 시신은 방부 처리돼 서울로 옮겨져 창경원과 성북경찰서 앞 도로변에 전시됐다. 그리고 금산에 있는 집안 식구들에게 시신을 인계하려고 했지만, 막내 숙부가 끝내 인수를 거부해 서남지구전투경찰대 2연대장 총경 차일혁은 시신을 수송하여 지리산으로 돌아왔다. 그 뒤 이현상의 시신은 10월 8일 화개장터 인근 섬진강 백사장에서 화장됐다. 칠불암에 있던 승려가 독경하는 가운데 이현상이 지니고 있던 염주도 함께 태웠다. 이현상의 뼈는 차일혁이 자신의 철모에 담아 엠원 소총으로 빻은 뒤 섬진강에 뿌렸다. 차일혁은 망자에 대한 경의의 표시로 허공에 권총 세 발을 쏘았다."

이 가탄교에서 시선을 180도 돌려 섬진강 쪽을 바라보면 유명한 화개장터가 있다. 이현상의 아이를 임신한 **하수복**이 체포된 곳이다. 이현상 유격대는 한국전쟁 발발 직후인 1950년 8월부터 낙동강 전선 후방 교란의 임무를 띠고 현풍에서 낙동강을 건너 비슬산으로 스며든 후, 남으로 이동하는 도중 창녕을 거쳐 가면서 하수복이라는 젊은 간호사를 대원으로 받아들인다. 이때의 하수복을 안재성은 **이현상 평전**에서 다음과 같이 묘사하고 있다.

"간호사는 가녀린 몸매에 오뚝한 코가 예쁜 데다 동양인답지 않게 눈동자가 파르스름하니 서구 미녀처럼 보였다. 일제 때 일본으로 건너간 부모 밑에 태어나 일본에서 간호학교까지 마치고 부모와 함께 돌아온 지 얼마 안 된 하수복이었다. 나이는 겨우 열아홉 살로, 아직 한국어도 서툴렀다."

간호병 역할을 하던 하수복이 이현상의 산중처山中妻가 되어 임신하였는데, 이현상이 너는 살아야 한다며 하산을 시켰다. 하수복은 울면서 홀로 산을 내려갈 수밖에 없었다. 그러나 토벌대의 포위망은 용케 뚫었으나 남루한 복장이 눈에 띄어 화개장터에서 경찰의 검문에 걸려 체포되고 말았다. 이현상이 사망하기 직전인 1953년 8월 하순에 있었던 사건이다. 이후 하수복은 강제 입산하였다고 강변하고, 비전투 요원이었다는 점이 인정되어 2년 형을 선고받고 전주교도소에 수감 중 아들을 출산하였다. 피로 물든 대성골의 물도, 이현상의 주검을 목도한 빗점골의 물도 이 화개천은 받아들여 말없이 흘렀을 것이고, 지금도 저 투명한 물속에 담아 흐르고 있다. 그리고는 화개장터에서 젊은 여인 하수복의 치열한 삶마저 받아들여 섬진강에 녹여내고 있다.

가탄교를 떠나 가탄 기점 0.4km에서 화개면 **삼신리**三神里 **법하**法下**마을**로 들어선다. 10:22이다. 이 마을은 예전 주변에 많은 사찰이 있어 불국토를 이루었다고 하여 사하촌寺下村, 법가촌法家村이라 불리었던 마을이다. 그리고 삼신리라는 이름은 방장산方丈山, 봉래산蓬萊山, 영주산瀛洲山을 신선이 산다는 삼신산이라 하는데, 이 마을의 북쪽에는 웅장한 방장산(지리산의 별칭)이 있고, 마을의 뒤쪽에는 봉래봉이 있어 삼신리라 하였다고 한다. 이 마을 앞으로는 화개장터에서 쌍계사까지 4km에 걸친 벚나무 가로수 길이 지나는데, 이 길이 유명한 **화개십리벚꽃길**이다. 부처가 자비를 베풀고 산신이 보살피는 마을, 이 마을 주민들이 예나 지금이나 얼마나 행복을 누리고 사는 지가 궁금하다. 마을 가운데 길을 걸어 천천히 지난다. 어떤 집은 마당에 심어놓은 대봉감 나무가 담벼랑 밖으로 가지를 뻗어 곱게 익은 감들을 묵직하게 달고 늘어져 있는가 하면, 또 어떤 집은 석류가 빨갛게 익어 나그네의 시선을 강탈한다. 0.7km 지점 마을 복판에서 큰 대야에 밤을 씻고 있는 아주머니를 만난다. "안녕하세요." 하니 아주 환하게 웃으며 마치 예전부터 알고 있는 사이처럼 반긴다. 어디서 왔느냐기에 부산서 왔다고 하니 왜 혼자냐고 묻는다. 혼자가 좋아서라고 하니, 지난 연휴 기간에 많은 탐방객이 다녀갔는데 전부 커플이더라면서 외롭지 않으냐 한다. 스쳐 지나가는 나그네에게 던지는, 그 따스한 말에 이 마을의 인정이 고스란히 느껴진다. 과연 부처의 품에 안긴 마을답다고 느끼며, 이 마을 사람들이 행복하게 살 수밖에 없으리라는 생각이 든다. 참 따스한 마을이라 여기며 시멘트 오르막을 가벼운 마음으로 오른다. 0.9km 지점에서 마을을 벗어나 산길로 접어들어 작은재를 향하여 오른다. 산길로 접어들자 마주하는 것은 수확을 끝낸 밤밭이다. 밤톨을 빼낸, 가시가 갈색으로 변한 쭉정이가 길가에, 밭에 수북이 쌓여 있다. 밤의 고장 하동답게 어디를 가나 마을 주변 산은 대부분 밤밭이다. 밤밭을 지나 본격적으로 숲으로 들어가니 아직도 짝을 못 구한 새는 교태 섞인 소리를 열심히 내고, 매미가 사라진 공간을 점령한 풀벌레들이 가을의 전령사인 양 부지런히 울어 고독을 심화시킨다. 잽싼 다람쥐들은 겨울을 대비해 식량을 비축하는지 도토리를 물고 부지런히 나무를 오르내린다. 지난여름 수줍게 떼를 지어 피어 있던, '나를 건드리지 마세요'라는 꽃말을 가진 물봉선화는 아직도 선명한 홍자색으로 나그네의 건드리고 싶은 충동을 불러일으킨다. 피톤치드

강하게 뿜어내는 편백숲을 오르고, 좌우로 빽빽하게 서서 호위하는 신우대 숲도 지나 소나무와 참나무가 장쾌하게 뻗은 숲길을 오르니 **작은재**이다. 가탄 기점 1.8km이고 11:18이다.

해발 350m가 넘는, 결코 작은재가 아닌, 다른 곳에 있다면 큰재라 불러도 전혀 이상할 것이 없는 높은 고갯마루를 힘들게 올라 벅수를 찾으니, 안타깝게도 벅수는 발목 부분이 썩어 길옆에 엎어져 있다. 2012년 전 구간 개통 이래 둘레꾼들에게 가장 중요한 정보인 방향과 거리를 현장에서 제공하는 벅수는 재질이 친환경적인 나무인지라 썩거나 삭아 내리는 경우가 허다하다. 혹시 예산이 부족하면 기를 쓰고라도 확보하여 자주 수리하거나 교체하여 둘레길 탐방에 도움을 주었으면 한다. 엎어진 벅수를 뒤집어 거리를 확인하고 산행을 안내하는 이정목으로 시선을 옮긴다. 이정목은 북쪽으로 황장산 4.9km, 서쪽으로 기촌 1.9km라 표시하고 있다. 작은재에서 산등을 타고 오르면 해발 728m 촛대봉(지리산 주능선에 있는 촛대봉과 다름)과 황장산 및 당재를 거쳐 통꼭지봉, 불무장등, 흰듬등, 그리고 지리산 주능선에 있는, 원래 낫날봉으로 불렸던 해발 1506m 삼도봉으로 이어진다. 이곳 작은재는 전라남도와 경상남도의 경계이자 구례군과 하동군의 경계이며 토지면과 화개면의 경계이고 외곡리와 삼신리의 경계이다. 하지만 그 경계는 통치의 효율성과 지리 인식의 편리성을 위한 관념적 나눔일 뿐이다. 길을 걷고 있는 내 발아래의 어느 곳도 땅이 분리되어 있지 않다. 따라서 분리되지 않은 땅을 임의로 나누어 지역감정을 조장하여 인위적 차별을 하거나 갈등을 부추겨 정치적 이익을 얻으려는 시도는 반드시 없어져야 할 것이다.

오늘 넘어야 할 두 개의 고개 중 하나를 넘었다는 안도감을 안고 작은재를 떠나 서쪽의 기촌을 향하여 발을 옮긴다. 길은 당분간 촛대봉의 허벅지를 감고 도는, 완만하고 비교적 평탄한 소나무숲 길이다. 섬진강변에 제방을 쌓고 그 위에 도로를 건설하기 전까지 이 길은 구례 사람들이 화개장을 보기 위해 오가던 길이였다고 한다. 섬진강에서 불어오는 시원한 바람을 온몸으로 맞으며 아름다운 숲길을 걷다 보니 여기저기 버려진 논을 만난다. **어안동**御雁洞 터이다. 섬진강에 제방을 쌓기 전에 이 마을에서 남쪽을 보면, 겨울에는 항상 기러기를 볼 수 있었다고 한다. 그래서 마을 이름을 기러기가 산다는 뜻의 어안동이라 했다고 한다. 그러나 지금은 숲이 우거져 이곳에서 섬진강이 보이지 않는다. 이 어안동에 하동군 적량면赤良面 우계리牛溪里 신촌新村에서 보았던 갓논처럼 석축石築을 하고 그 안에 흙을 넣어 다져 만든, 좁은 논들이 방치되어 있다. 1980년대까지 사람이 살면서 농사를 지었다고 하니, 옛날 이곳 주민들의 고된 삶이 온몸으로 느껴지는 듯하다. 둘레길 누리집에 따르면 그 버려진 논에 2019년 지리산둘레길이 기네스북에 등재된 기념으로 자그마한 들꽃정원을 만들었다고 한다. 자연 그대로의 모습을 보존하며 주변의 돌을 이용하여 쉼터를 만들고 새우난, 꽃창포, 원추리, 하늘말나리, 노루오줌, 석창포, 부처꽃, 산자고 등의 들꽃을 심었는데, 그동안 코로나 유행으로 관리가 소홀하였는지 꽃창포 몇 그루만 보일 뿐, 나머지는 보이지 않아서 아쉬움이 남는다. 잠시 서서 어안동을 살피는 동안 도토리는 쉴 새 없이 툭툭 떨어진다. 내년 이맘때까지 도토리가 풍부하게 보존되어 멧돼지가 민가로 내려와 농작물에 피해를 주는 일이 없기를 기원한다. 가탄 기점 약 2.7km까지 수평을 유지하던 길이 갑자기 촛대봉의 서사면西斜面으로 급경사를 이루며 쏟아진다. 3.0km 지점 벅수 옆에 작은 나무 팻말에 검게 음각으로 다음과 같은 글이 새겨져 있다. "농작물에 손대지 말아주세요. 주민들께서 애써 가꾼 자식과 같은 재산입니다."라고. 팻말을 지나자마자 거대한 밤밭이 나타나고 둘레길은 그 밤밭 사이의 시멘트 농로와 겹치게 된다. 결국, 팻말이 경고하는 바는 둘레길을 걸으면서 길에 떨어진 밤을 주워 가지 말란 뜻이다. 둘레꾼에게는 길에 떨어진 밤 몇 톨이지만, 밤밭 주인은 상당한 양의 밤을 잃는 결과가 되니 팻말을 세운 밭 주인의 심정을 충분히 공감할 수 있다. 사유지에 과감하게 둘레길을 내어준 것만도 고마운데, 둘레꾼들이 농작물 손실까지 입힌다면 염치없는 일이 아니겠는가. 밤밭을 지나자 기촌의 배후 길이 나타나고, 길옆 도랑에는 앙증맞은 며느리밑씻개가 무리지어 피어서 나그네의 눈을 호강하게 만든다. 마을을 관통하여 내려가니 피아골로 올라가는 도로를 만나고 배꼽에 가탄 기점 3.8km라 새긴 벅수를 만난다. 전라남도 구례군求禮郡 토지면土旨面 **외곡리** 外谷里 **기촌**基村이고 12:15이다.

둘레길 누리집에 따르면 예전에 기촌은 연곡燕谷이라 했는데, 마을 앞을 흐르는 내서천이 양 갈래로 나뉘면서 가운데 섬이 생기고, 그 섬에 소나무가 무성히 자라 그 모양이 제비[燕(연)]처럼 생겨 그런 이름이 붙었다고 한다. 그리고 기촌이란 마을 이름은 행주기씨幸州奇氏가 정착하여 마을을 형성했다고 기씨촌奇氏村이라 칭하였는데, 후에 기씨들은 다른 마을로 옮겨가고 타 성씨들이 입주하면서 기촌基村으로 바뀌었다고 한다. 내서천內西川이라는 이름은 피아골 바로 밑 마을의 법정 명칭 내서리內西里에서 따왔다고 한다. 그런데 내서리는 1914년 행정구역 개편 때 비로소 생긴 지명이므로 그전에는 내서천의 이름도 달랐을 것이라 한다. 아마도 물줄기 구분 없이 하나의 하천으로 인식하여 연곡천燕谷川이라 하였을 것으로 추측한단다. 단순히 공간과 방향만을 나타내는 내서천보다 물길의 모양을 형상화한 연곡천이 훨씬 정감있게 다가온다. 이 하천을 경계로 동쪽은 원래의 주민들이 사는 기촌이고 서쪽은 화려한 전원주택이 가득 들어선 **은어마을**이어서 묘한 대조를 이룬다. 한편 이 연곡천의 최상류에 있는 피아골은 가을에 단풍이 아름답기로 유명한 곳이다. 맑은 물이 흐르는 계곡에 있는 삼홍소三紅沼는 가을이 되어 피아골이 단풍으로 물들면 산도 붉고[山紅(산홍)], 물도 붉고[水紅(수홍)], 사람마저 붉대[人紅(인홍)]는 곳이다. 이렇게 경치가 아름다운 피아골은 후일 남부군 총사령관이 되는 이현상李鉉相이 1948년 11월 초순 여순반란사건의 주동자들인 제14연대 반란군 700여 명을 이끌고 들어와 본격적으로 빨치산 투쟁을 시작한 곳이기도 하다. 해마다 가을이 되면 삼홍소의 절경을 눈에 담기 위하여, 이현상 부대의 고통을 공유하기 위하여 노고단을 거쳐 피아골을 찾았었는데 이제는 이마저도 코로나 대유행 이후부터는 하지 못하고 있다. 둘레길 탐방을 끝내고 내년 가을부터 다시 피아골을 찾으리라 결심하며 하늘을 우러러 고개를 드니 눈이 시릴 정도로 파란 하늘에 하얀 구름 한 장이 평온하게 떠 있어 역사는 무상한 것임을 새삼 알려주는 듯하다. 연곡천의 물소리와 가을벌레 소리를 벗 삼아, 도롯가 커다란 단풍나무 아래 둘레꾼들을 위해 만들어 놓은 평상에 앉아 간편식으로 점심을 먹고는 다음 여정인 추동을 향하여 떠난다. 12:40이다. 연곡천을 따라 200m 올라간 지점에서 추동교를 건너 경사가 상당한 시멘트 농로 겸 임도를 따라 오르니 도랑 옆에 석축을 한 다랑논이 연이어 나타나는데 모두 벼농사를 하지 않고 차나무나 밤나무를 심어 놓았다. 그 논들에 시선을 주면서 계속 오르니 맹종죽을 통째로 엮어 만든 삽작을 단 옛날 시골집이 나타난다. 구례군 토지면 외곡리 **추동**楸洞이다. KBS 1TV 인간극장이 **지리산 두 할머니의 약속**을 촬영하여 2011년 7월 25일에서 29일까지 5부작으로 방송한 현장이다. 고작 네 채의 집만 남은 작은 마을 입구에 당시 나이로 83세인 이상엽 할머니와 75세인 최삼엽 할머니가 알콩달콩 살고 있는데, 두 할머니는 각기 열아홉과 열일곱 꽃다운 나이에 한집안으로 시집와 지난 56년간 거센 풍파를 함께 이겨내며 살아온 동서지간이다. 장성한 자식들이 모두 타지로 나가고 차례로 남편을 여읜 후 적막한 산중에 남은 건 두 동서뿐이다. 큰동서는 윗집에, 작은동서는 아랫집에 살았는데 안타깝게도 이상엽 할머니가 먼저 세상을 뜨셨다고 한다. 가탄 기점 4.6km이고 13:03이다.

추동의 첫 집인 최삼엽 할머니 집 앞에는 흰색 승용차가 주차해 있고 집 안에는 아빠와 아이들이 마루에 앉아 따스한 햇볕을 받으며 즐겁게 놀고 있는데, 그 웃음소리가 담을 넘어 길에까지 그득하다. 실례를 무릅쓰고 마당에 들어서서 추동에 대한 정보를 알고자 왔다 하니 최 할머니가 방에서 나오신다. 아빠는 손자사위이고 아이들은 증손자들이란다. 할머니 말씀에 의하면, 현재 이 마을에는 다섯 가구가 있으며 옛집이 두 채이고, 전원생활을 위한 이주민이 사는 신옥新屋이 세 채이며, 누구를 숭상하고 추모하기 위한 집인지는 모르겠지만 숭모재崇慕齋 한 채가 마을을 이루고 있단다. 방송 당시보다 신옥이 한 채 는 것으로 추측된다. 그리고 마을 앞에 펼쳐진 계단식 논은 과거에는 벼농사가 주업이었으나, 지금은 농사지을 사람도 없고 돈도 되지 않아 주로 밤나무와 차나무를 심어 소득을 올리고 있단다. 할머니의 친절한 설명에 고마움을 표하고 집을 나와 다시 밤 쭉정이가 즐비한 가파른 길을 오른다. 가탄 기점 5.0km에서 시멘트임도 겸 농로는 끝이 나고 둘레길은 산길로 이어진다. 13:23이다. 산길은 좌측으로 가파른 비탈을 끼고 비교적 완만하게 오르는 길이다. 용도를 정확히 모르겠지만 가파른 좌측 비탈 쪽에 철제 울타리를 설치해놓아 걷는 이에게 안정감을 준다. 안정감을 주는 건 울타리만은 아니다. 적당한 간격으로 서서 하늘을 향해 쭉쭉 뻗은 참나무와 소나무가 서로 어울려 만들어 내는 숲은 가히 환상적이다. 도심을 벗어나 힘들게 다리품을 팔며 산속으로 파고드는 가장 큰 이유는 숲이 주는 편안함 때문이다. 그 편안함에 한참을 머무르고 싶지만, 낮이 밤보다 짧은 계절이라 부지런히 발을 옮길 수밖에 없다. 편안한 마음으로 완만한 비탈을 걸어 오르니 가탄 기점 5.4km에서 산등선을 만난다. 13:38이다. 해발 1212m 왕시루봉에서 섬진강 쪽으로 급경사로 뻗어내리던 능선이 갑자기 솟아 해발 612m 봉애산烽愛山을 만들고, 봉애산을 지나면서 두 갈래로 나뉜 능선 중 좌측 능선을 역으로 오르는, 목아재까지 1.8km를 걸어야 하는 산등선 길이다. 오르내림이 수없이 반복되면서도 전체적으로는 오름을 타야 하는, 바닥이 울퉁불퉁한 고달픈 산길이다. 하지만 고진감래라는 말이 있듯이 다리는 통증을 느끼지만, 눈은 즐겁고 가슴은 시원하다. 바로 길옆으로 펼쳐지는 기막힌 소나무숲 때문이다. 몇 개 사단이 모인 군대를 사열하듯 뒤틀림 하나 없이 쭉쭉 뻗은 소나무를 질서정연하게, 결코 그럴 리가 없겠지만, 마치 어떤 초능력자가 심어놓은 것 같은 품이 과객의 심장이 멎을 정도로 장관을 연출한다. 참으로 가슴 벅찬 이 숲길을 오롯이 혼자 걷는 이 시간은 행복의 극치를 경험하는 순간이다. 산속에, 숲속에 들어오지 않은 사람은 전혀 경험할 수 없는 행복이다. 소나무 숲이 주는 행복을 가슴 가득 담은 채 걸음을 옮기니 어느 순간 목아재이다. 가탄 기점 7.2km이고 14:30이다.

목아재는 구례군 토지면 내서리에 있는 고개이다. 그리고 섬진강변의 외곡리 하리河里마을에서 피아골이 있는 내서리 원기院基마을과 신촌新村으로 넘어가는 산길에 있는 고개이다. 예전에는 구례에서 화개면 범왕리로 통하는 길목으로 구례에서 목아재와 당재를 거쳐 칠불암과 의신 등으로 연결되는 큰길이었다. 목아재라는 이름은 길목이라는 뜻에서 유래했다고 한다. 그리고 구례에서 목아재까지의 옛길은 지리산둘레길이 되었다고 하니 오늘 내가 걸어야 할 나머지 둘레길은 과거 이 지역 사람들의 고달픈 삶을 체험하는 길이다. 한편 목아재에서 바라보는 지리산 능선의 모습이 일품이라지만, 이곳에서 지리산을 바라보기는 처음이라 시야가 확 트인 좋은 날씨에도 불구하고 어디가 무슨 봉인지 파악하기가 쉽지 않다. 마침 봉애산에서 내려오는 이 지역 남성 주민을 만나 설명을 부탁드린다. 노고단은 숲에 가려 보이지 않고 반야봉 - 화갯재 - 토끼봉 - 명선봉 - 연하천 - 부자바위(형제봉)-벽소령으로 이어지는 주능선을 손으로 일일이 가리키면서 설명한다. 정말 장쾌하게 서에서 동으로 뻗은 주능선을 일정한 거리를 두고 바라보니 세 번에 걸쳐 저 능선을 걸었던 기억이 머리에 선명하게 그려진다. 또한, 삼도봉 - 불무장등 - 통꼭봉 - 당재 - 황장산으로 시원하게 이어지는 능선도 자세히 가리키니 참으로 고맙다. 체력이 더 떨어지기 전에 화개장터에서 출발하여 촛대봉 - 황장산 - 당재 - 통꼭봉 - 불무장등 - 삼도봉 - 화갯재 - 뱀사골 - 반선까지 이어지는 산행을 꼭 한번 하고 싶지만, 통꼭봉과 불무장등이 비법정 탐방 구간이라 어려울 듯하여 아쉽다. 그리고 그 주민은 머리 위의 산이 봉애산이 아니라 봉화산烽火山이라고 한다. 전라도 사람들, 특히 노인들이 /ㅎ/을 발음하지 못하는 경우가 많아 오랜 세월 봉애산으로 불리다가 지도에 그대로 표기되었다는 것이다. 눈이 번쩍 뜨인다. 왜 '愛'가 들어가는 봉애산烽愛山일까 하는 의문이 컸었는데 愛가 火의 음차라는 걸 확인하니 궁금증이 단번에 해소된다. 여러 가지를 설명해준 주민께 감사의 말을 전하고 다시 봉화산 방향의 숲속으로 들어간다. 14:50이다.

숲으로 들어서자 대표적 가을 야생화인 구절초와 쑥부쟁이 몇 송이가 땅에 가깝게 피어 있는 게 보인다. 반갑다. 가을 산에 가을꽃이 피어 있으니 어찌 아니 반가우랴. 그러고 보니 올가을은 산에 들국화가 잘 보이지 않는다. 해마다 가을이면 어느 산을 가나 구절초와 쑥부쟁이가 지천으로 피었었는데, 올해는 보기가 힘들다. 이것도 지난여름이 너무 더웠던 탓은 아닐까. 이상 기후는 식물 생태계에도 악영향을 미치는 게 아닐까 생각하니 씁쓸하다. 이제부터 둘레길은 봉화산의 허리를 감싸 돌면서 거의 수평으로 이어진다. 소나무와 참나무가 혼재하는 숲은 길이 어두울 정도로 짙게 우거져 있다. 다시 한번 숲이 주는 아늑함에 취해 편안하게 길을 걷다가 가탄 기점 8.2km에서 섬진강과 남도대교, 그리고 악양면 뒷산인 형제봉 능선과 광양 백운산 일부까지 한눈에 들어오는 멋진 **조망대**를 만난다. 아래에서 위를 올려보는 것이 우리에게 익숙한 자세라면 높은 곳에서 아래를 내려보는 것은 흔하지 않은 일이다. 흔치 않은 일이기에 눈은 장쾌하고 가멸차다. 장쾌한 경치를 눈과 가슴에 담고 이제는 내리막으로 조심조심 발을 옮긴다. 대부분의 산행 사고는 하산 과정에서 생기는 것을 알기에 조심하지 않을 수 없다. 산등선 좌우는 급경사면이고 길은 돌의 돌출로 인해 울퉁불퉁하며 오르내림은 수없이 반복되는 내리막이다. 가탄 기점 9.4km에 둘레꾼들을 위해 만들어 놓은 벤치가 보인다. 장딴지에 경련이 일어나려는 조짐이 있어 잠시 쉬기로 한다. 인생에서도 위험 조짐이 보이면 잠시 멈추어 자신을 추슬러야 하듯이……. 이 높은 곳에 벤치를 설치해 준 지역 주민들이 참으로 고맙다. 고마움 속에 근육을 풀고 봉화산의 마지막 내리막을 향하여 발을 옮긴다. 밤밭을 가르는, 가파른 시멘트 농로를 따라 내려가니 **한수**寒水**내**를 만난다. 16:00이다. 寒水는 찬물의 한자어이고 내는 흐르는 물의 고유어이다. 한자어와 고유어가 결합하여 특정 지명이 만들어지는 경우는 흔치 않은 일이다. 한수천寒水川이라 하지 않고 한수내라는 멋진 계곡 이름을 붙인 이 지역 주민들의 조어 능력이 탁월하다. 그리고 한수내는 계곡 이름이면서 동시에 마을 이름이기도 하다. 지리산둘레길 누리집에 따르면 구례군 토지면 **송정리**松亭里는 안한수내[內寒(내한)], 바깥한수내[外寒(외한)], 신촌新村, 원송原松 등 네 개의 자연 마을로 이루어져 있다고 한다. 계곡의 물이 맑고 차다 하여 이름 붙여진 한수내에서 세수도 하고 옷의 먼지도 털어내며 몸의 피로도, 마음의 피로도 풀면서 한참을 머무른다. 한수내를 건너 안한수내마을로 올라가는 도로변에서 오늘의 둘레길 탐방을 마친다. 가탄 기점 10.6km이고 16:22이다.

지리산 유격대의 염원을 담고 흐르는 화개천

　오늘은 **화개천**을 건넜다. 화개천을 건너며 이 하천의 최상류 대성 계곡에서 있었던 1952년 1월 18일의 아수라阿修羅와 대원들로부터 사령관 동지로 불리지 않고 선생님으로 불렸던 이현상이 사망하였던 빗점골을 연상하였다. 그들은 우리가 흔히 **빨치산**으로 부르는 유격대원들이다. 빨치산은 유격대를 뜻하는 러시아어 파르티잔(partizan)의 한국식 발음이다. 유격대는 주로 적의 배후나 측면에서 기습, 교란, 파괴 등의 활동을 하는 비정규 부대를 의미한다. 이현상이 이끄는 지리산 유격대는 세계 유격전 역사에서 그 유례를 찾을 수 없는 악조건 속에서 투쟁을 이어간 부대이다. 대부분의 유격대는 무기와 물자를 지원받고 식량의 보급을 받아 임무를 수행하는데, 이현상의 남부군은 일체의 무기와 물자의 지원을 받지 못했고 식량도 스스로 확보해야 하는 극도의 열악한 상황 속에서 끝까지 투쟁한 부대이다. 즉, 후방이 없는 유격대이다. 이러한 극도의 악조건에서 이현상과 유격대원들이 투항을 거부하고 끝까지 싸우다 죽어간 까닭은 무엇일까. 무엇이 이들을 최후까지 버티도록 한 것일까. 먼저 이현상이 싸운 대상은 조선을 식민지로 삼아 인적, 물적 수탈과 민족정신 파괴를 일삼은 일본 제국주의이다. 일본은 전 국토의 80%가 산악지대라 고질적인 식량 부족 국가이다. 따라서 일본이 대한제국을 병합한 첫 번째 목적은 식량 약탈이었다. 그리하여 1912년 토지조사령을 발동하고 까다로운 조건과 서류를 갖추어 신고하지 못한 조선의 농토 약 40%를 일제가 대한제국의 토지와 자원을 수탈할 목적으로 설치한 식민지 착취기관인 동양척식주식회사東洋拓殖株式會社에 귀속시킨다. 이로 인해 양반과 지주 계급의 토지는 온전히 보존되지만, 대부분의 자영농은 소작농으로 전락하고, 소작농의 대부분은 유랑민이 되거나 만주나 연해주로 이주하고 만다. 당시 조선 백성의 80% 이상이 문맹자였으니 까다로운 신고 서류를 작성할 수 없었고, 역둔토驛屯土의 경우 아예 토지문서 자체가 없었다. 그 결과 일본은 해마다 조선에서 생산된 식량의 20% 이상을 안정적으로 실어가서 식량 부족 문제를 해결한다. 게다가 조선에서 생산되는 여러 특산물을 일본으로 실어 간 것은 헤아릴 수 없을 정도이다. 또한, 1914년 시행한 행정구역 통폐합은 우리 지명이 갖는 고유성과 땅에 대한 정서적 밀착성을 여지없이 깨트리고 통제와 수탈의 효율성만을 추구하는 결과를 초래한다. 그리고 그들이 일으킨 제2차 세계대전에 징병, 징용, 군 위안부 등으로 강제 동원하여 죽음으로 내몰린 조선인은 약 50만 명으로 추정된다. 동시에 조선어 사용 및 교육 금지, 황국 신민의 서사 낭독 강요, 성과 이름을 일본식으로 바꾸라는 압박 등은 당시 조선 민족의 영혼을 파괴하려는 행위였다. 더구나 이러한 악행을 입안한 고위 관료는 일본인이었지만, 실제로 대민 접촉을 통하여 현장에 적용한 중하위급 관료들은 전부 후일 친일파로 불리는 조선인이었다. 이현상이 해방 이전에 싸운 대상은 바로 악랄한 일본 제국주의와 관료들, 그리고 친일파들이었다.

다음으로 이현상과 빨치산이 싸운 대상은 광복 이후 친일파를 다시 등용하여 분단을 주도한 미국 제국주의와 이승만 정권이다. 이현상 평전을 쓴 안재성은 "애초에 한반도에 삼팔선 분리를 제안한 것은 미국이었다. …… 1945년 9월 2일 미 육군 태평양지역 총사령관 맥아더가 '한반도에서 일본군의 무장해제는 북위 38도 이남은 미군이, 이북은 소련군이 맡는다'라고 선언함으로써 남북 분단이 확정되었다."라고 하였다. 우리 민족의 의지와는 무관하게 미국이 분단을 결정한 것이다. 유럽에서는 전범 국가 독일을 분단 대상으로 삼았지만, 우리나라는 전범 국가도 아니면서 강대국들의 영토 및 이념 확장의 희생양이 된 것이다. 굳이 동아시아에서 강대국 미국과 소련이 점령지를 분할 통치하려면 그 대상은 전범 국가 일본이었어야 한다. 그런데도 미국은 소련의 태평양 진출을 막기 위하여 한반도를 분단 대상으로 삼았다. 그리고 미국은 1948년 8월 14일까지 남한 지역에 군정(軍政)을 시행한다. 즉, 미국의 군대가 정부의 역할을 수행한다. 이때 산으로, 친척 집으로 도망가 숨어있던, 일제에 헌신하였던 조선인 관리들 즉, 친일파들을 다시 등용한다. 그것도 계급이나 직급을 몇 단계씩이나 올려서……. 이들은 곧 들어서게 되는 이승만 정부에서 그대로 고위 관리가 되어 막강한 권력을 거머쥐게 된다. 그 후 미국은 이승만을 앞세워 남한 단독정부를 수립한 후 신식민주의新植民主義 정책을 펼친다. 신식민주의란 식민지를 독립시킨 후 경제적, 정치적으로 모국에 예속시키는 것을 말한다. 직접 경영하는 식민지가 아니라, 그 독립국에 조종하기 쉬운 허수아비 정권을 세우고 경제와 정치를 모국의 영향력 아래 둠으로써 간접 경영하는 형태의 식민지를 말한다. 일본은 직접 식민지 조선에서 생산된 물자를 뺏어 가고 인력을 동원하는 것이 목적이었다면, 미국은 자국의 잉여생산물剩餘生産物을 신생 국가 대한민국에 처분하는 것이 목적이었다. 그리고 대한민국 정부는 불안정한 권력을 공고히 하기 위하여 경찰과 폭력배들을 앞세워 차별과 폭력을 일삼는다. 다음은 소설가 정지아가 쓴 **빨치산의 딸**에 수록된 글을 발췌 편집한 것이다.

"위장 자수한 전남도당 소속 유격대원 유혁운(본명 정운창, 작가 정지아의 아버지)이 뉴욕 타임스 기자와 1952년 8

월 화순 경찰서장실에서 나누었던 대화이다.

유혁운: 당신은 공산주의를 지지하는가?

기자: 그렇지는 않다. 그러나 대한민국 정부에 대해서는 반대한다. 대한민국은 자신들의 주권을 상실한 미국의 식민지에 불과하다. 대한민국 정부는 자신들의 권력을 위해 자신들의 나라에 침략자를 끌어들였다. 그러나 북조선은 다르다. 나는 이데올로기에 대해서는 잘 모르지만, 그들은 자신들의 손으로 자신들의 나라를 건설하고 있다. 나는 대한민국보다는 북조선을 지지한다. 그들이 옳다."

이현상과 지리산 유격대원들은, 미국은 한반도를 분단시키고 그 남쪽을 일본 대신 지배하는 적대국으로 여겼고, 이승만 정부는 미국의 허수아비에 지나지 않는다고 여겼다. 안재성은 자신이 쓴 이현상 평전에서 "애초에 남한 민중의 상당수가 공산당이나 유격대를 호의적으로 대한 것은 사유재산이 없는 공산주의 체제를 원해서라기보다 친일파의 재득세와 군경의 폭력에 대한 거부감이 더 컸다."라고 하였다. 결국, 이현상과 유격대원들이 원한 것은 부의 평등도 아니고, 소유의 평등도 아니고, 물질의 평등도 아니다. 출신 성분이 다르다고, 생각이 다르다고, 여성이라고, 저학력자라고, 지역이 다르다고 자행되는 차별과 폭력을 거부한 것이다. 노동한 만큼 대접받는 세상을 꿈꾸었던 것이다. 그리고 외세의 간섭과 억압이 없는, 분단이 없는 완전한 통일 조국을 원하였던 것이다. 7여 년 동안 총 맞아 죽고, 얼어 죽고, 병들어 죽고, 굶어 죽으면서 그들이 끝까지 싸운 것은 바로 이러한 신념이 있었기 때문이었다.

　이현상 평전을 쓴 안재성은 "이현상李鉉相(1905~1953)은 한국 현대사의 격류를 건너갈 때 반드시 딛고 가야 할 전설적인 혁명가이다. 일제 치하 모진 고문과 회유 그리고 12년간의 옥살이에도 어느 한순간 변절하지 않았으며, 해방 후 더욱 가혹해진 탄압과 죽음의 위협 앞에서조차 끝까지 뜻을 굽히지 않았다. 그는 어느 누구보다 민족의 평등하고 자유로운 삶을 꿈꾸었던 진정한 휴머니스트이자 사회주의자였다. 우리 현대사에서 철저하게 소외당해 왔지만, 오직 민족의 독립과 자립을 위해 외세와의 투쟁에 모든 것을 바쳤던 화산火山 이현상은 진정한 애국자요, 영웅이었다."라고 평하고 있다. 그리고 교전 중인 적 이외에는 죽이지 않는다는 원칙을 철저하게 지킨 그였다. 정지아는 '빨치산의 딸'에서 "그녀(이옥자)가 아는 이현상은 소박하고 강인한, 그야말로 철의 투사였다. 누구에게도 반말하지 않고, 대원들의 짐을 대신 들어주고, 이름 없는 하부원 하나하나까지 세밀하게 신경 쓰던 아버지 같은 지도자였다."라고 쓰고 있다. 그리고 2020년 1월 3일 매일경제 신문에는 다음과 같은 부음이 실린다. "하수복씨 별세, 김용진(뉴스타파 대표) 김진석(부산고법 창원재판부 부장판사직대) 김미혜씨(참병원 흉부외과 과장) 모친상, 2일 부산 좋은강안병원, 발인 5일 오전 7시. (051)610-9677". 지리산 하산 이후 한 번도 언론 접촉이 없었던 하수복이 사망한 것이다. 감옥에서 나온 후 김씨 성을 가진 남자와 결혼하여 세 남매를 낳아 잘 키웠고, 수壽를 누리다 사망한 것으로 추측할 수 있을 뿐이다. 그녀가 어떤 심정으로 하산 이후를 살았는지는 아무도 알 수 없다.

인간이 가진 이기심을 부정하고 사유재산제 폐지를 주장한 공산주의자들의 대안은 실패하였고 실패할 수밖에 없지만, 지리산 유격대원들이 지적한 차별과 불평등이라는 자본주의의 모순은 70년이 흐른 지금에도 더욱 교묘하게, 계속 심화되고 있다. 그리고 수구 언론들은 이를 가식하기 위해 우민화에 혈안이 되어 있다. KBS〈명견만리〉제작팀이 지은 **명견만리**明見萬里 -모두를 위한 공존의 시대를 말하다- 에는 다음과 같은 글이 수록되어 있다. "중국은 단 2%, 일본 18.5%, 미국 28.9%, 10억 달러 이상을 가진 부자들 중 상속이나 증여로 부자가 된 비율이다. 대한민국은? 무려 74.1%가 상속 부자다. 계층 이동의 사다리가 사라지며 신新 세습 사회가 되어가는 대한민국에서 계층 간 장벽을 허물고 공존하는 방법은?" "… 국토교통부의 자료에 따르면 우리나라 땅의 97%를 인구 10%가 소유하고 있다. 주택보급률이 100%를 넘은 지 오래됐음에도 국민의 약 44%는 무주택자다. 상위 10%가 너무 많은 땅과 집을 가지고 있기 때문이다. … 경실련에 따르면 실제로 지난 50여 년간 땅값 상승으로 생긴 불로소득이 6700조 원이었는데, 이 중 80% 이상인 5500조 원을 상위 10%가 가져갔다." 이 얼마나 기울어진 운동장에서의 경기인가? 태어나면서 불평등이 결정되는 대한민국이다. 노력만 하면 누구나 잘 살 수 있다는 구호가 얼마나 허황한 것인가? 이러한 격차는 개인의 능력이나 노력으로 극복할 수 있는 임계치를 넘은 것이다. 부자가 돈을 벌 수 있는 자유만 존재하는 자유민주주의는 참된 자유가 아니다. 차별과 억압이 없는 평등을 통해서 누리는 자유가 진정한 자유민주주의가 아닐까. **화개천**의 물소리는 지리산 유격대의 염원을 담아 오늘도 세차다.

 # 풍수지리와 대속
17구간 [송정-오미]

구례군 토지면 전경과 섬진강을 보면서 걷는 길인 10.4km의 [송정-오미] 구간은 지리산 둘레길 21구간 중 제17구간이다. 농로, 임도, 숲길 등 다채로운 길로 이어진 토지면 전경과 섬진강은 아늑하고 정겹다. 섬진강 너머 오미리를 향해 엎드려 절하는 오봉산이 만드는 풍광도 발걸음을 가볍게 한다. 송정마을에서 출발해 약 1km의 오르막길을 제외하고는 비교적 완만하고 숲길이 많은 편이라 걷기에 어려움은 없다. 오미마을은 조선 시대 양반가를 엿볼 수 있는 운조루로 유명하다. 하지만 정유재란 당시 의승재와 석주곡수에서 옥쇄한 의병과 승병의 숭고한 애국심은 걷는 이의 옷깃을 여미게 한다.

- 지리산둘레길 누리집에서 수정 인용

출처 : 지리산둘레길 누리집

2023년 10월 18일 수요일, 전라남도 구례군求禮郡 토지면土旨面 송정리松亭里 **바깥한수내[外寒(외한)]**마을에 있는 지리산둘레길 [송정 - 오미] 구간의 시작점에 선다. 오전 10:07이다. 하늘은 맑고 햇살은 투명한데 잔잔한 파도를 닮은 흰 구름 한 조각이 가을다운 분위기를 연출한다. 기온은 13도이고 미풍이 있어 등산 티셔츠 하나만으로는 다소 쌀쌀하게 느껴진다. 돌돌돌 동요 같은 물소리가 들리는 한수내 계곡 옆으로 볏논이 있는지 참새 소리가 요란하다. 전체적으로 평온하고 한가한 가을 분위기가 가득한 골짜기다. 시선을 섬진강 건너로 돌려 백운산 서쪽 자락에 솟아오른 해발 682m 국사봉 아래, 구례군 간전면艮田面 양천리陽川里에 있는 **무수내**가 어디쯤일지 짐작해본다. 무수내도 한수내처럼 계곡 이름이자 마을 이름이다. 그 마을에 지리산 남부군 빨치산 대원 중 현재 유일하게 살아 있는 **이옥자(본명 이옥남)** 노인이, 소설 '아버지의 해방일지'로 제38회 만해문학상을 수상한, 작가인 딸 정지아와 함께 살고 있기 때문이다. 흔히 문화지도위원 최순희, 간호 요원 하수복과 함께 지리산 남부군 비전투요원 세 여인으로 불리는 대원 중 정치지도위원을 지낸 사람이다. 1926년생으로 후일 이옥자보다 먼저 남부군 일원이 되어 1950년 8월 낙동강 도하 작전에서 사망하는 최윤호(본명 최규복)와 어린 나이에 결혼한다. 그리고 남편이 입산한 후인 1948년 3월에 온갖 고초를 겪으며 아들을 출산한다. 그 후 입산한 남편의 행선지를 대라는 경찰과 서북청년단의 무자비한 폭력을 이기지 못하여 아기를 업고 남편 최윤호를 찾아 1948년 10월 하순 남로당 광의면당이 숨어있는 지리산 천은사 골짜기로 피신하여 들어간다. 1949년 3월에 이현상을 만남으로써 본격적인 빨치산 대원이 되고, 1949년 12월 말 뱀사골에서 토벌군을 피하려다 21개월 된 아들이 죽는다. 그 후 그녀는 지리산에서 민족과 인간의 해방을 위한 투쟁을 이어가다 고질적인 위장병으로 몸을 움직일 수 없게 되자 1954년 1월 마천골 능선의 바위틈의 환자트로 옮겨진다. 결국, 1954년 4월 허약한 지식인 출신 동지 이명재의 배신으로 체포당한다. 그녀는 재판과정에서 비전투요원인 점이 참작되어 사형을 면하고 5년 형을 선고받고 만기 출소한다. 그 후 주로 백아산에서 활동한 빨치산 출신 유혁운(본명 정운창)과 결혼하여 후일 '빨치산의 딸, 검은 방' 등을 쓴 소설가인 딸 정지아를 낳는다. 내가 그녀의 삶을 순차적으로 열거할 수 있는 것도 딸 정지아가 쓴, 실록 소설 **빨치산의 딸**에서 발췌하였기 때문이다. 두 번째 남편이자 정지아 작가의 아버지인 정운창은 2008년에 사망하고, 문화지도요원 최순희는 2015년에 사망하여 그녀가 존경하던 이현상이 죽은 빗점골 나무 밑에 뼛가루가 되어 묻혔다. 그리고 또 한 여인 하수복은 2020년 1월 2일 사망하였다. 이제 남은 한 사람 이옥자는 딸 정지아로부터 다음과 같은 평가를 받으며 무수내에서 살고 있다. 자신이 가진 신념을 변함없이 지키면서…….

"(지리산에서의) 지난 칠 년을 어떻게 표현할 수 있을까. 가장 고통스러웠으되 또한 가장 아름다운 시절이었다. 처음으로 삶이 무엇인지 알았고 자신의 존재를 알았으며 조국을 알았고 역사를 알았다. 그녀는 혁명을 위해 아이를 바쳤으며 남편을 바쳤다." -정지아, 빨

치산의 딸2-

　신념대로 살아온 여인, 신념대로 살고 있는 여인, 신념대로 살아갈 여인, 그녀가 숨 쉬고 있는 무수내의 분위기가 궁금하다.

　오늘의 진행 방향은 전체적으로 동쪽에서 서쪽으로이다. 의승재로 향하는 숲길은 초입부터 가파르다. 소나무와 참나무를 비롯한 낙엽수가 혼재하는 숲이 울창하다. 지리산의 나무들은 수종을 불문하고 쭉쭉 뻗어 야산의 비틀어진 나무들과는 비교가 안 된다. 잎의 색이 엷어지긴 했지만 아직은 녹색이다. 간혹 다시 연두로 돌아가는 참나무 잎도 보인다. 요란한 가을 풀벌레 소리가 고요함을 깨는 가운데 가파른 숲길을 혼자 오른다. 산이든 언덕이든 오르면서 던지는 시선은 제한적이다. 삼 분의 일쯤 올랐을까. 그 제한적인 시선에 아주 작은, 거의 손바닥 크기의 밭 서너 필지가 포착된다. 가장 밑에 있는 공터 윗자락에 대나무가 있는 것으로 보아 집터가 아니었을까? 그렇다면 저렇게 작은 밭 서너 필지에 한 가구의 가족이 목숨을 연명하며 살았다는 것인데, 정말 열악한 삶의 터전이다. 지리산 숲속은 어딜 가나 과거 힘든 삶의 흔적이 남아 있어 나그네의 마음을 수수愁愁롭게 한다. 그러나 숲속의 세계는 다채로운 곳이라 금방 보이는 대상이 바뀐다. 장전掌田을 지나니 참나무숲, 소나무숲, 편백숲이 차례로 나타난다. 나무들도 영역 싸움을 하는가. 참나무는 참나무끼리, 소나무는 소나무끼리, 편백은 편백끼리 모여 있는 것을 보면 그럴 것도 같다. 진화과정에서는 살아남는 자가 강자라지만 생존에서는 강자가 살아남는 법이다. 자신들의 영역을 확보하고 무리 지어 숲을 이루는 나무에서 삶의 지혜를 배우며 가파른 비탈을 걸어 오르니 **의승義僧재**이다. 송정 기점 1.1km이고 10:55이다. 의승재, 1597년 정유재란이 일어났을 때 이 고개에서 구례 사람들이 의병과 승병을 모아 왜군과 싸운 데서 유래하였다고 한다. 옥쇄玉碎라는 말이 있다. 옥처럼 아름답게 부서진다는 뜻으로 대의나 충절을 위한 깨끗한 죽음을 이르는 말이다. 바로 이곳에서 왜적과 싸우다 전사한, 고개 넘어 석주곡수를 피로 물들이고 전사한, 또 그 아래 섬진강변 석주관성 전투에서 처절하게 전사한 의병義兵과 승병僧兵이 모두 옥같이 아름답게 부서진 선조들이 아닌가. 그러나 그 의승들이 옥쇄하여 지켜낸 이 강산은 300년이 지난 후 결국 일본에 넘겨주고 만다. 권력자들의, 위정자들의, 기득권자들의 탐욕 때문에, 무능 때문에······. 그로 인한 고통은 몽땅 힘없는 민중들만 감내해야 하는······. 400여 년 전의 피비린내 나는 전투를 상상해 보지만 주변 어디에도 상상에 도움을 줄 만한 흔적이 없다. 역사를 설명하는 팻말 하나라도 서 있다면 좋을 텐데, 아쉬움을 가질 수밖에 없다. 그래도 그 선조들의 덕택인가, 고갯마루는 평탄하고 아늑함을 준다. 커피 한 모금과 사탕 한 알로 피로를 풀고 휴식도 취한다. 마침 산들바람이 불어 금방 땀을 식혀 준다.

11:05에 의승재를 떠나 내리막으로 내려서자마자 멋진 편백숲을 만난다. 언제 어디에서 만나든 편백숲은 시각적 시원함과 심리적

편안함을 준다. 피톤치드를 강하게 뿜어내는 나무라서 그럴까? 사실 피톤치드가 건강 증진에 도움을 준다는 설에 대해서는 갑론을박이 있다. 피톤치드(phytoncide)의 사전적 의미는 나무에서 방산放散되어 주위의 미생물 따위를 죽이는 작용을 하는 물질이라고 설명하고 있다. 따라서 피톤치드는 상대의 침입을 방어하여 자신을 보존하는 역할을 하는, 나무가 뿜어내는 화학물질이다. 그래서 그런지 피톤치드를 강하게 뿜어내는 편백숲 아래는 다른 나무가 자라지 않는다. 시각적 시원함과 심리적 편안함을 주는 편백숲은 송정 기점 1.7km에서 여타의 나무들과 혼재하고 **석주곡수**石柱谷水라 불리는, 크지 않은 계곡을 만난다. 석주곡수는 정유재란 때 선비 왕득인 등 수많은 구례 의병들과 화엄사의 승병들이 왜군에 맞서 백병전을 벌이다 옥쇄한 피의 전장이다. 순절한 의병과 승병들이 흘린 피가 흘렀던 석주곡수는 혈천血川 또는 피내라 불리며 석주관 칠의사묘 앞을 지나 섬진강으로 합류한다. 의기 있게 흐르는 피내는 말한다. "걷는 자여 멈추어라. 이곳은 내 가족을, 내 지역을, 내 민족을, 내 나라를 지키다 죽어간 의로운 이들의 피가 흐르는 곳이다. 잊지 말아라. 왜놈들은 이 나라에 대한 미련을 절대 버리지 않는다."라고. 송정 기점 1.8km에서 석주관 갈림길 삼거리를 만난다. 둘레길의 진행 방향과 거리를 알려주는 벅수 옆에 나란히 선 **백의종군로** 이정목은 석주관 0.9km를 알려주며 섬진강 쪽을 가리킨다. 전라남도 구례군 토지면 송정리에 있는, 돌로 쌓은 **석주관성**石柱關城은 섬진강을 사이에 둔 요새지에 해당하며 경상남도 하동으로 통하는 길목을 차단하기 위한 방어시설이다. 이곳은 삼국시대에 백제와 신라의 경계지역이었고, 고려 말기에는 왜구의 침입을 막기 위하여 이곳에 성벽을 쌓고 진鎭을 설치하였다. 정유재란 때 남원으로 가려는 수만의 왜병이 석주관에 들이닥치자 구례현감求禮縣監이며 석주관만호石柱關萬戶였던 이원춘李元春은 수적 열세로 적을 당해 내지 못하고, 남원南原으로 가서 명나라 장수 양원楊元과 합세하여 싸웠으나 끝내 전사하였다. 이때 구례의 선비 왕득인王得仁이 장정 백수십 명을 거느리고 석주관을 지키려 하였으나, 그도 마침내 전사하였다. 적들이 구례 마을에 들어와 방화와 겁탈을 자행하자, 이를 보다 못한 구례현의 선비 이정익李廷翼, 한호성韓好誠, 양응록梁應祿, 고정철高貞喆, 오종吳琮, 그리고 왕득인의 아들 왕의성王義成은 수백의 의병을 모집하여 다시 석주관 방어에 나섰다. 그러나 적의 대군이 하동 방면으로부터 내습해 오자 수적 열세로 이를 물리치지 못하고, 1,000여 명의 의병과 150여 명의 승병이 일시에 옥쇄하였다. 이때 왕의성은 고지에 포진했기 때문에 죽음을 면하였으나, 나머지 다섯 의사는 모두 순절하였다. 1805년(순조 4년) 나라에서는 7의사義士에게 각각 관직을 추증하였고, 1946년에는 이 지역 인사들이 칠의각七義閣을 짓고 영모정永慕亭도 지어서 기념하기에 이르렀다. 이를 **구례석주관칠의사묘求禮石柱關七義士墓**라 하며 1963년 1월 21일 사적으로 지정되었다. 요약하면 의승재에서의 사투, 석주곡수를 피로 물들인 백병전, 석주관성에서 옥처럼 부서진 싸움은 일본의 침략으로부터 나라를 지키기 위한, 지역을 지키기 위한, 내 가족과 이웃을 지키기 위한 진정한 충

성심과 애국심으로부터 나온, 하나의 벨트로 연결된 위대한 싸움이었다. 역사를 상고하면 나라를 위기에 빠트린 자들은 모두 위정자들이었고, 위기에 빠진 나라를 구하기 위해 목숨을 바친 이들은 대부분 사회적 약자들이었다. 석주관성 전투에서 산화散花한 선비들은 관직이 없었고, 의병은 일반 백성이며, 승려는 조선에서 천민이었다. 석주관칠의사묘는 둘레길 여정에 포함되지 않는지라 안타깝게도 직접 참배를 하지 못하고 숲속에 서서 묵념으로 대신한다. 이민족의 지배하에 들어가는 것은 차별과 억압과 수탈로 돌아온다는 것을 알기에 죽음으로 민족을, 나라를, 지역을 지키려 한 그들의 숭고한 정신은 영원히 이어져야 한다는 다짐 속에…….

송정 기점 1.8km 벅수 앞에서 우측으로 방향을 틀어 둘레길 오르막을 걷는다. 이제부터 높낮이가 별로 없는, 편안한 숲길을 걷는다. 잠시 후 다시 편백숲이 나타나고 이어 참나무숲 수평길이 나타난다. 잠시 숲이 터진 곳에서 섬진강 건너 국사봉을 조망하고 다시 소나무 숲길을 걷다가 2.9km 지점에서 밤밭 사이 시멘트 농로를 걷고 3.1km 지점에서 다시 숲길로 들어선다. 가을벌레 소리가 크게 들리니 혼자 걷고 있음이 분명함을 깨닫고 잠시 오르막길을 걷는다. 송정 기점 3.6km에서 **육모정 쉼터**를 만난다. 12:20이다. 육모정에 앉아 혼자만의 편안한 점심을 먹는다. 비록 빵 하나, 달걀 둘, 두유 하나이지만 부지런히 걷고 열심히 사색한 후에 먹는 음식이라 진수성찬이 부럽지 않다. 점심 후 12:45에 육모정을 뜬다. 곧 시멘트 농로를 만나고 길가에 석축을 하고 돌 사이에 심은, 흰색 들국화 구절초가 만개하여 눈을 호강하게 한다. 아쉽게도 100m 정도에서 농로가 끝나고 다시 숲길로 들어선다. 3.9km 지점이다. 숲은 심은 지 얼마 안 되는 어린 편백들로 이루어져 있다. 아마도 둘레길을 걷는 둘레꾼들을 위해 지자체에서 편백숲을 조성하기 위함인 듯하다. 길가 좌우에 심어진 편백숲 너머에는 우람한 소나무들로 이루어진 숲이 울창하다. 원래 있던 송림만으로도 과분한데 새로 편백숲까지 만들려는 구례군의 정성이 고맙다. 고마움을 느끼며 얕은 무명재를 넘으니 4.2km 지점에서 밤밭을 가로지르는 내리막 시멘트 농로를 만난다. 시야도 탁 틔어 사행蛇行으로 흐르는 섬진강과 강 건너 넓은 간전 들판을 조망할 수 있어서 눈도 가슴도 시원해진다. 농로는 밤밭을 가로질러 4.4km 지점부터는 고사리밭, 두릅, 밤나무가 이어지는 것으로 보아 산 아래에 마을이 있을 것으로 추측된다. 바로 토지면 송정리 **원송마을** 배후이다. 마을 쪽으로 내려갈수록 가을벌레 소리 요란하다. 송정 기점 4.7km에서 다시 숲으로 들어서고 원송천原松川을 건넌다. 원송천을 건너니 "농작물에 손대지 말아주세요. 주민들께서 애써 가꾼 자식과 같은 재산입니다."라는 당부판이 또 서 있다. 지금까지의 경험을 바탕으로 곧 밤밭이 나타나겠거니 생각하는데 의외로 감밭이 나타난다. 감은 단감과 대봉감이 혼재하는데 감밭은 길을 따라 길게, 넓게 펼쳐져 있다. 감밭 가운데 송정 기점 4.8km에서 우회전하여 구례군 토지면 **파도리**把道里 배후 길을 걷는다. 농로임이 분명하나, 시멘트 길이 아니라 평탄한 아스팔트 길이다. 가을의 낭만을 알리는 코스모스 몇 송이가 정성드뭇하게 밭두렁에, 논두렁에 피어 있다. 순결, 순정이라는 꽃말을 지닌 꽃답게 흰색의, 혹은 분홍의 가녀린 여덟 개의 잎을 가진 코스모스는 바람이 불지 않는데도 흔들리는 듯하다. 그래선지 모르겠지만 집단으로 재배하여 거대한 밭을 이룬 코스모스보다 훨씬 정감있게 보인다. 아스팔트 농로는 계속 이어지고 걷는 도중 고구마 캐는 노부부를 만나 사성암이 있는 **오산**도 확인하고, 무성한 고사리밭 둑에는 내가 좋아하는 가을꽃 쑥부쟁이도 피어 있어 정서적 만족도 느낀다. 지난여름 무더위의 혜택을 가장 많이 본 벼는 누렇게 익어 고개를 숙이고 있다. 그 벼가 가득한, 넓은 구만들을 바라보니 안 먹어도 배부르다는 말이 참으로 적절하다. 빨갛게 익어가는 감, 누렇게 고개 숙인 벼, 노부부가 캐어내는 고구마, 가녀린 코스모스, 작지만 보랏빛이 앙증맞은 쑥부쟁이, 시골의 가을은 참으로 풍요롭고, 넉넉하고, 아름답다. 이렇게 풍요롭고, 넉넉하고, 아름다운 시골 정경은 걷는 자에게만 주어지는 특별한 선물이다. 송정 기점 5.5km에서 120도 우회전하여 정면을 바라보니 구례군 노인전문요양원이 나타나고 둘레길은 2차선 아스팔트 도로 오르막과 겹친다. 잠시 후 도로가 끝나는 지점에서 좌회전하여 시멘트 농로로 진입한다. 정면에 보이는 소나무숲이 또한 아름답다고 여기며 6.0km에서 가파른 임도를 걸어 오른다. 13:53이다.

가파른 임도를 걸어 올라서면 **오봉전망대**라고도 불리는 퍼걸러

(pergola) 쉼터를 만난다. 쉼터 맞은편에는 **수군재건로**水軍再建路 팻말이 서 있어 눈길을 끈다. 나무로 만든 큼직한 팻말에는 "남도 이순신 길. 조선 수군재건로. 정유재란이 있었던 1597년, 당시 관직에서 파직당하여 백의종군하던 이순신 장군이 삼도수군통제사로 재임명되어 군사, 무기, 군량, 병선을 모아 명량대첩지로 이동한 구국의 길을 '조선 수군재건로'로 명명하여 역사 스토리 테마길로 조성함."이라고 쓰여 있다. 아마도 426년 전 이순신 장군께서 백의종군하며 걸었던 길을 재건한 듯하다. 충분히 가치 있는 일이라 여기며 이 역시 역사의 재현이며, 문화의 계승이라 여긴다. 몸과 시선을 뒤로 돌려 좌측의 해발 682m 국사봉과 우측의 해발 703m 계족산 사이 분지에 있는 간전들과 파도리 구만마을 앞에서 해발 208m 오봉산 앞까지 펼쳐진 구만들, 그리고 의상대사義湘大師, 원효대사元曉大師, 도선국사道詵國師, 진각국사眞覺國師가 수도하였다는 사성암四聖庵이 있는 오산鰲山도 다시 조망하며 눈을 풍요롭게 한다. 파도리把道里는 배들이가 바드리를 거쳐 파도리로 변한 음차이다. 배들이는 옛날 섬진강물이 마을 앞까지 찰랑찰랑 넘쳐흘렀고 나룻배들이 이곳에 정박한 데서 유래하였다고 한다. 그리고 이후 행정구역개편을 하느라고 한자를 빌린 것이 파도리가 되었다고 한다. 쉼터에서 포도 몇 알로 당분을 보충하고 잠시 휴식하며 섬진강과 넓은 들판을 바라보다가 14:13에 자리를 뜬다. 길은 시멘트 임도로, 파도리 **구만마을** 뒷산인 해발 1212m 왕시루봉의 종아리 근처를 감아 돌면서, 좌우로 다양한 종류의 숲을 뚫고 평탄하게 이어진다. 간혹 옮겨 심

은 듯한 단풍나무의 일부는 잎끝이 붉게 변한 것도 있고, 또 일부는 초록 그대로인 것도 있다. 길가에는 그리움, 기다림이라는 꽃말을 가진 쑥부쟁이가 보랏빛 수줍은 모양으로 드문드문 피어 있다. 누구를 그리워하여 기다리는지……. 송정 기점 8.2km에서 구례군 토지면 구산리九山里 **솔까끔마을** 앞을 지난다. 14:33이다. 소나무숲의 전라도 방언이라고 하는 솔까끔은 새로 조성한 펜션 마을로 두 구역으로 나뉘어 있다. "이 마을 도로는 사유지입니다. 외부인은 출입을 자제해주시기 바랍니다. 솔까끔마을 주민 일동"이라는 작은 팻말이 서 있어 과객을 쓸쓸하게 한다. 타인과 소통해야만 사회적 존재가 되는 인간이 외부와 단절하는 것은 자신을 지키는 것이 아니라, 자신을 고립시키는 것이다. 고립된 마을은 사람 냄새를 풍길 수 없고, 사람 냄새를 풍기지 않는 마을은 정겨운 마을이 될 수 없다. 쓸쓸함을 뒤로 하고 발을 옮기니 **문수제**文殊堤이다. 문수제는 구례군 토지면 문수리文殊里에 있는 저수지이다. 송정 기점 8.6km이고 14:45이다.

이 문수제에서 북쪽 노고단으로 깊숙이 오르는 골짜기가 문수골이다. 문수골은 1948년 10월 여순반란 후 이현상이 14연대 반란군 700여 명을 이끌고 섬진강을 건너 지리산으로 들어와 처음 주둔한 곳이다. 이들이 공산당 비합법화 후 피아골에 숨어있던 구례군당 당원들과 합세하여 본격적으로 지리산 빨치산 투쟁을 시작한다. 이때부터 1955년 5월까지 7여 년 동안 총 맞아 죽고, 얼어 죽고, 병들어 죽고, 굶어 죽는 혹독한 운명의 지리산 빨치산 투쟁이 전개된다. 70년의 세월이 흘러 강산도 변하고 인심도 변한 지금, 문수리로 올라가는 골짜기 곳곳에는 화려한 전원주택들이 멋스러운 자태를 뽐내고 있다. 그리고 유리처럼 매끈하고 잔잔한 저수지 수면에는 피라미가 뛰어 일으키는 작은 파문 몇 개가 평화를 깨뜨리고 있을 뿐이다. 역사의 무상함을 느끼며 구산리 단산마을로 향하는 가파른 도로를 따라 내려온다. 길옆에는 "항상 사랑스러운"이란 꽃말을 지닌 둥근잎유홍초가 앙증맞고도 붉게 피어 있어 과객의 시선을 사로잡는다. 깻잎은 다시 연두로 돌아가 소멸이 얼마 남지 않았음을 알려준다. 그리고 도롯가에는 감이 주렁주렁 익어 있어 다시 산청 지역을 걷는 것으로 착각하게 한다. 착각 속에 계속 내려오니 구례군 토지면 **구산리**九山里 **단산마을**이다. 송정 기점 9.3km이고 15:00이다. 우측으로 90도 몸을 돌려 걸으니 문수제에서 나오는 물이 흐르는 대내[竹川(죽천)]를 만난다. 이 대내를 경계로 동쪽은 구산리 단산마을이고 서쪽은 토지면 **오미리**五美里 **내죽마을**이다. 송정 기점 9.5km에서 대내를 가로지르는 내죽교內竹橋를 건넌다. 건너며 바라보니 하천 바닥에 큰 바위들이 울퉁불퉁 제멋대로 돌출해 있다. 마을 이름의 유래에 관한 전설과 연관된 바위이다. 전설에 의하면, 옛날 문수골의 물을 논에 대기 위하여 마을 사람들이 보를 만들려 하였으나 보의 입구가 암석으로 이루어져 보구洑口를 뚫을 수가 없었다. 그러던 어느 날 하룻밤 사이에 죽순이 바위틈을 비집고 솟아 올라와 보구를 뚫게 되어 대내[竹川(죽천)]라 부르게 되었다고 한다. 사람의 간절한 마음이 자연을, 신을 움직인 것이다. 지성이면 감천이라는 속담이 괜히 생긴 말은 아니다. 내죽교를 건너니 내죽마을이고, 내죽마을에서 90도 좌회전하여 잠시 걷다가 다시 우회전하여 이어지는 마을이 토지면 오미리 **하죽下竹마을**이다. 마을과 길의 경계 역할을 하는 도랑에는 맑은 물이 흐르고, 그 도랑의 한 곳에는 빨래터가 있다. 옛날 시골 마을 어디에나 반드시 있었던 도랑의 빨래터, 문득 잊었던 향수를 되살려주는 정겨운 곳이다. 그리고 빨래터 뒷집의 벽에는 김홍도의 빨래터 그림이 모사模寫되어 있어 과객에게 미소를 짓게 한다. 한편 마을 앞을 지나는 넓은 농로 너머는 광활한 들판인데 누렇게 잘 익은 벼가 마치 바다처럼 펼쳐져 있어 대번에 풍년이 들었음을 알겠다. 그리고 농로에는 향나무 가로수가 잘 손질되어 일정한 간격으로 서 있고, 하얀 설악초가 드문드문 소복 입은 여인처럼 다소곳하게 앉아 있다. 참으로 깨끗하고 아름다운, 그리고 풍요로운 마을이다. 마을 간의 경계 없이 이어지는 마을이 토지면 오미리 **오미五美마을**이다. 오미리는 법정 명칭이고 오미마을은 자연마을 명칭이다. 즉, 구례군 토지면 **오미리五美里**라는 법정리에는 내죽마을, 하죽마을, 오미마을 등 세 개의 자연부락이 있다. 오미리는 다섯 가지 아름다움을 담은 마을이라는데, 풍수지리에서 집터나 묏자리의 맞은편에 있는 산을 의미하는 안산案山인 오봉五峰이 기묘하고, 사방으로 둘러싼 산들이 길하며, 물과 샘이 족하고, 풍토가 질박하며, 터와 집들이 살아가기에 좋아서 붙은 이름이다. 오미리는 전형적인 배산임수의 땅으로 마을 뒤로는 노고단에서 출발한 월령봉 능선이 뻗어 내려오고 마을 앞으로는 넓고 풍요로운 들판을 건너 섬진강이 흐른다. 만약 현재의 한국이 농업을 주된 산업으로 하는 국가라면 이곳 오미리는 틀림없이 명당 중의 명당이다. 굳이 농사를 짓지 않더라도 경치 좋은 마을임이 확실하다. 이 오미리에 조선 영조 때 낙안군수 유이주柳爾冑가 **운조루**라는 집을 지었다. 도연명이 지은 산문시 귀거래사歸去來辭에는 '雲無心以出岫(운무심이출수) 鳥倦飛而知還(조권비이지환)'라는 구절이 있다. 이를 풀이하면 '무심한 구름은 산봉우리에서 내려오고, 날기에 지친 새들은 돌아올 줄 아노라.' 정도일 것이다. 집주인 유이주는 이 구절의 머리글자를 따서 운조루雲鳥樓라 한 듯하다. 뒷산에는 흰 구름이 은은하게 떠 있고, 집에는 지친 새들이 찾아와 안식을 누리는, 아름다운 집이 되기를 소망한 것 같다. 또한, 이 집에는 누구나 열 수 있다는 뜻의 타인능해他人能解라는 글귀가 새겨진 뒤주를 두어 주위의 배고픈 사람 누구나 뒤주를 열어 쌀을 가져갈 수 있게 하였다 한다. 소극적이지만 타자를 위한 열망(désir)을 실현한 것이다. 운치를 알고 베풀 줄 아는 사람의 집 구례군 토지면 오미리 운조루 앞에서 오늘의 둘레길 탐방을 마친다. 송정 기점 10.4km이고 15:30이다.

이곳 오미리는 풍수지리에서 설명하는 **금환낙지**金環落地의 명당으로 알려진 곳이다. 금환낙지는 맑은 계곡물에 목욕을 마친 선녀가 하늘로 올라가다가 금가락지를 떨어뜨린 곳으로 길지吉地 중 생산활동이 왕성한 지역을 가리킨다. 여성이 가락지를 빼는 경우는 성

대속의 욕망을 실행하는 타인능해가 새겨진 뒤주

행위를 하거나 출산할 때이다. 성행위나 출산은 생산활동의 근본이다. 따라서 금환낙지는 생산이 왕성하게 이루어지는 땅을 의미한다. 네이버 지식백과에 따르면 풍수지리는 산과 땅, 물의 흐름을 읽어 이것을 길흉화복에 연결하는 지리라고 설명하고 있다. 풍수는 장풍득수藏風得水에서 따온 말로, 바람을 모으고 물을 얻는다는 뜻이다. 인간은 지표상에서 살아간다. 지표상에서의 인간 활동은 바람과 물을 중심으로 한 자연과 밀접한 관계를 맺고 있다. 따라서 인간의 삶의 질은 자연환경의 영향을 받는다는 측면에서 풍수지리는 일견 설득력이 있어 보인다. 하지만 현실적으로 지표상에서 전개되는 인간의 활동은 자연환경의 영향뿐만 아니라 사회환경으로부터 받는 영향이 크기 때문에, 현대적 관점에서 풍수지리는 삶의 질을 좌우하는 결정적 요인이 될 수 없다. 이 오미리만 하더라도 과거 농경 사회에서는 생산성이 풍부한 길지가 되었을지 모르지만, 현대 산업 사회에서의 주거지로는 적절하다고 말할 수는 없다. 잠시 쉬거나 즐기기 위한 휴식처로는 모르겠지만……. 한편, 최근 풍수지리학이라 하여 풍수지리를 하나의 학문으로 취급하려는 경향이 있으며, 이를 전공 학과로 개설하는 대학도 생기고 있으나, 아직은 학문으로 정립되기에 부족함이 있다. 지역의 다양성을 이해하고 그 지역에 사는 사람과의 관계를 파악하는 학문을 인문지리학이라 하는데, 풍수지리는 지역의 다양성을 이해하는 것이 아니라, 어떤 지역이 일방적으로 사람에게 미치는 영향만을 고려하기 때문에 인문지리학에 포함하기 어렵다. 그리고 인문지리학은 사람-지역-사회공간의 관계 속에서 인간 활동을 탐구 대상으로 하는데, 풍수지리는 사회공간을 배제하고 인간 삶의 질만을 대상으로 하므로 인문지리학의 범주에 포함하기 어렵다. 결국, 풍수지리는 학문적 객관성을 획득하지 못한, 점성술占星術처럼 주관적 믿음의 대상 이상은 아니다. 한편 풍수의 하위 개념으로는 세 가지가 있는데 양택풍수, 음택풍수, 실내풍수가 그것이다. 먼저 양택풍수는, 위치나 방향 등을 따져 좋은 자리에 집을 지어 거주자와 후손들이 좋은 기운을 받도록 하는 풍수를 말한다. 다음으로 음택풍수는 죽은 사람을 좋은 자리에 묻어 그 후손이 이익을 받도록 하는 풍수를 말한다. 그리고 실내 풍수는 주거 형태가 도시화하면서 더는 양택풍수를 추구하기 힘들어지자 실내의 가구 배치나 배색 등을 통하여 복을 불러들이고자 하는 풍수다. 어떤 풍수를 행하든 결국 자신과 가족이 잘 살기를 바라는 지극히 이기적인 발상을 전제로 한 행위이다.

리투아니아 출신 프랑스 철학자 **에마뉘엘 레비나스**(1906~1995)는 인간을 자기 보존성을 지니는 존재인 동시에 타자를 지향하는 존재로 본다. 인간은 자신에게 없는 것을 얻으려는 지향성을 지니는데 레비나스는 이를 욕구(besoin)라 한다. 인간은 누구나 외부의 것을 자신에게 동화, 통합시킴으로써 자신을 보존하려는 욕구를 지니며 레비나스는 이를 이기적 자아라고 한다. 한편 인간은 타자를 향하여 자신을 열고 헌신하려는 태도도 지니는데 레비나스는 이를 **욕망**(désir)이라 한다. 고통받는 자의 호소를 외면하지 못하고 자기를 희생하면서 타자에게 귀 기울이는 욕망을 지닌 인간 내부의 존재자를 레비나스는 **윤리적 자아**라고 한다. 내가 이기심을 버릴수록 나는 타자에 대하여 더욱 큰 책임을 느끼게 되고 그만큼 내 안의 윤리적 자아도 커진다고 한다. 타자를 대신하여 고통을 받고 타자를 위해 희생하는 것을 레비나스는, 예수 그리스도가 십자가에 매달려 죽음으로써 만민을 대신하여 속죄하였음을 의미하는 신학 용어를 빌려 **대속**代贖(atonement redemption)이라 한다. 나는 오늘 풍수지리에서 말하는 금환낙지의 명당에 지은 운조루를 보았다. 운조루는 자기 보존을 위한 욕구를 실현한 이기적 결과물이다. 그리고 他人能解(타인능해)가 새겨진 뒤주를 두어 타자에게 쌀을 가져갈 수 있게 한 행위는 소극적이지만 욕망을 바탕으로 한 대속임이 분명하다.

한편 석주관성에서 지역과 나라와 민족을 지키기 위해 죽음으로써 왜적과 싸운 의병과 승병들, 죽을 정도의 고문을 당하고도 수군 재건에 나선 이순신 장군, 완전한 조국 통일과 억압과 차별이 없는 세상을 만들기 위하여 문수골로 들어간 이현상과 유격대원들, 이들은 모두 대속을 적극적으로 실현하려 한 욕망을 지닌 존재자들이 아니었을까. 오늘의 둘레길 걷기에서 얻은 것은, 인간은 이기적 존재이지만 이타적 존재가 될 수도 있다는 것이다. 하지만 타자에 대한 욕망을 바탕으로 한 대속은 누구나 행하는 것은 아니며, 누구나 행할 수 있는 것도 아니다. 다만 사람과 자연을 소중한 존재로 인식하는, 따뜻한 마음을 지닌 사람만 할 수 있는 적극적 행위이다. 삭막해져 가는 현대 사회, 대속의 실현이 보편화하기를 간절히 소망해본다.

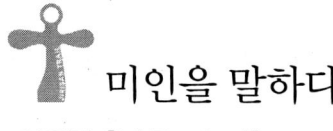

미인을 말하다
18구간 [난동-오미]

전라남도 구례군 광의면 온당리 난동마을과 구례군 토지면 오미리 오미마을을 잇는 18.9km의 [난동-오미] 구간은 지리산둘레길 21구간 중 제18구간이다. 이 구간은 서시천과 섬진강을 따라 걷는 길로 여름이면 원추리꽃이 장관을 이룬다. 백두대간이 시작되는 곳 중 하나인 용두마을에는 일제시대 울분과 저항의 흔적인 용호정이 있고, 섬진강 일대는 생태계가 잘 보존되어 있어 수달이 서식하고 있다. 강바람 따라 제방길을 걷다 보면 지리산과 인근 들녘이 어우러지는 조망 속에 구례 5일 장(3일, 8일)과 지리산둘레길 구례센터를 만나게 된다.

– 지리산둘레길 누리집에서 수정 인용

출처 : 지리산둘레길 누리집

2024년 6월 18일 화요일 11:50, 오늘은 전라남도 구례군求禮郡 광의면光義面 온당리溫堂里 **난동蘭洞**의 북쪽 상단에 선다. 지리산둘레길의 방향과 거리를 안내하는, 팔이 3개인 벅수가 서 있는 곳이다. 벅수의 붉은 팔이 가리키는 북쪽은 구례군 산동면山洞面으로 가기 위해 넘어야 하는 구리이재 방향이고, 동쪽을 가리키는 하나의 검은 팔은 둘레길 [방광-산동] 구간에 포함된 광의면 온당리 당동堂洞으로 향한다. 남쪽을 가리키는 나머지 검은 팔은 오늘 내가 걸어야 할 [난동-오미] 구간을 알려준다. 거대한 지리산 주능선을 중심으로 돌아가는 둘레길은 순환巡還 그 자체를 목적으로 한다면 제13 [서당-하동] 구간과 제18 [난동-오미] 구간은 생략해도 무방하다. [서당-하동] 구간은 순환과는 무관하게 곁가지 모양으로 붙어 있고, [난동-오미] 구간 중 오미는 [오미-방광] 구간에서 중복되고, 난동은 [방광-산동] 구간에서 중복되기 때문이다. 그래서 일부 둘레꾼들은 이 두 구간을 계륵鷄肋이니, 하동과 구례의 소비 진작을 위한 상업적 목적이느니 하면서 부정적으로 바라보기도 한다. 하지만 나는 지리산 주변의 역사와 문화, 그리고 생태계를 좀 더 광범위하게 보여주기 위한 배려라고 생각하며 걷기로 작정한다. 오늘 걸어야 할 구간은 다른 구간과는 달리 유일하게 시계 역방향으로 걷기로 한다. [난동-오미] 구간의 중심축은 구례 분지를 관통하는 서시천西施川인데, 상류에서 하류로 따라가며 걷는 것이 천변의 역사와 문화 및 생태계를 더 잘 알 수 있으리란 판단 때문이다. 그리고 이 구간은 백연천白蓮川 복구 사업으로 섬진강둑을 높이는 공사가 시행되어 일부 구간이 폐쇄되었다가 거의 2년여 만에 겨우 공사가 마감되어 다시 걸을 수 있게 되면서 탐방이 늦어졌다. 장마가 시작되기 전인데도 기온은 벌써 30도를 훌쩍 넘는 한여름이다. 또 하늘은 구름 한 점 없이 맑아서 햇살이 더 강하게 느껴진다. 다만 약간의 바람이 불어 뜨거움을 식혀주어 다행이다. 느긋한 비둘기 소리에 한가함을 느끼며 마을 뒷산인 지초봉과 구리이재를 한참 바라보다가 몸을 뒤로 돌려 난동을 관통하기 시작한다. 오늘 탐방의 전체 진행 방향은 북서에서 남동 방향이지만, 난동은 북에서 남으로, 위에서 아래로 뚫고 내려간다. 집들은 전부 농가이고 다듬지 않은 돌멩이로 쌓아 올린 담벼랑이 정겹다. 가슴 높이의 담벼랑 너머 마당에는 감나무나 석류나무가 심겨 있고, 이들의 가지가 담을 넘어 길에까지 뻗어 있다. 감나무는 꽃을 떨어뜨리고 손톱만 한 열매를 달고 있고 석류는 열매 위에 붉은 꽃을 그대로 달고 있어 보기에 화려한 느낌을 준다. 집과 집 사이에는 밭이 있거나 빈터로 버려진 곳도 있다. 밭에는 채소들이 싱싱하게 자라고 있고, 매실 밭은 수확을 끝내고 잎만 남아서 짙은 초록을 무성하게 달고 있다. 빈터는 개망초가 거의 차지하여 왕성한 번식력을 자랑하며 하얀 꽃을 질펀하게 깔아 놓는다. 지난겨울 [방광-산동] 구간 탐방 때에 마을의 동쪽 길을 걸으며 스쳐 가기만 했던 두 그루의 당산나무를 마을 가운데서 직접 만난다. 이 마을에는 할아버지 당산목과 할머니 당산목이 따로 있는데 먼저 만나는 것은 할머니 당산나무이다. 할머니 당산나무가 마을 안쪽에 자리를 잡고 마을의 안녕을 지키고 있기 때문이다. 그리고 당산목 옆에는 난향정蘭鄕亭이 있어 마을 사람들의 휴식처가 되고 있다. 잠시 후 만나는 할아버지 당산나무는 마을 입구에 서 있고 그 옆에는 마을 밖에서 들어오는 액을 막고, 마을 안에서 흘러나가는 복을 막아 준다는, 돌로 쌓은 조탑造塔이 있다. 이 마을에서는 매년 정월 초하루에 두 곳에서 당산제를 거행한단다. 당산제를 지내며 안녕과 풍요를 기원하는 마을 사람들의 정성에 나의 정성도 보태어지기를 기원하며 난동 기점 0.8km에서 난동을 벗어난다. 12:11이다.

이제 둘레길은 우측으로 90도 꺾어, 서쪽으로 온동을 향하여 2차선 도로를 따라간다. 도로이지만 차가 많이 다니지 않는, 평탄하고 한산한 길이다. 난동 기점 1.5km에서 온당리 **온동**溫洞 앞에 도착한다. 뒷산인 지초봉의 남쪽 끝자락에 난동과 0.7km 떨어져 나란히 위치한 마을이다. 역시 난동처럼 전형적인 농촌 마을이다. 마을 입구 도로변에는 마을의 내력을 설명하는 비석이 서 있다. 비석에 적힌 바에 따르면 마을 뒤쪽 골농계[谷籠溪(곡농계)]라고 하는 골짜기의 샘에서 따뜻한 물이 나와 온수골이라 부르다 한자로 개칭하면서 온동이 되었다고 한다. 골농계 온수로 목욕을 하면 병이 완쾌된다는 소문이 돌면서 전국의 한센인들이 모여들어 마을 주민들이 솥뚜껑으로 샘을 막아버렸다는 전설이 내려오는 마을이다. 하지만 지금은 그 샘의 위치를 알 수 없다고 한다. 비석 뒤에는 마을의 수호신 역할을 하는 돌탑이 있어 지나가는 나그네도 건강 유지를 빌어본다. 서쪽에는 해발 296m 까치절산이 적당한 높이로 자리하여 마을을 비보神補하고 있어 편안한 느낌을 받는다. 둘레길은 마을 입구에서 다시 좌측으로 90도 꺾어 내려가야 하므로 온동 안으로 들어가지 않고 스쳐 지나간다. 좌측으로 몸을 틀자마자 까치절산 동쪽 비탈을 마구잡이로 깎아내는 공사가 한창 진행 중인 장면을 목격한다. 공사장 진출입로에는 '공사중'이라는 간판만 서 있고, 무슨 목적으로 공사를 하는지는 알려주지 않고 있다. 자연은 파괴하는 것보다 보존하는 것이 장기적으로 이익이라고 하는데, 참으로 안타까운 일이다. 안타까움 속에 벚나무 가로수가 그늘을 만들어주는 도로를 따라 남으로 내려간다. 좌측 온동저수지의 잔잔한 수면에서 편안함도 맛보고, 정면에 보이는 견두지맥에서 장쾌함도 느낀다. 개망초의 공간 침투 능력에 새삼 놀라기도 하고, 곳곳의 감밭에서 녹색의 싱싱함을 눈에 담기도 하면서 걷다 보니 난동기점 2.8km에서 110도 우측으로 몸을 튼다. 12:50이다. 잠시 후 다시 90도 좌회전하면 '우리밀체험관'을 만난다. 수입 밀에 밀려 경쟁력을 잃어가는 우리 밀의 소중함을 알리려는 취지에서 구례군 '우리밀협동조합'에서 만든 체험관이다. 체험관 입구에는 "우리 밀은 햇빛, 공기, 물, 흙, 농민의 노력으로 생산된 식량 자원이다."라고 새긴 우뚝한 돌기둥이 서 있다. 우리 밀을 단순히 경제적 관점에서 대할 것이 아니라, 식량 자원의 차원에서, 정서적 밀착성의 관점에서 인식해 달라는 호소로 들린다. 국가끼리 경쟁에서 최후의 무기는 식량이라는 말도 있다. 우리가 생산할 수 있는 식량을 우리가 보호해야 한다는 당위성은 충분하다고 여기며 체험관을 떠난다. 둘레길은 바로 **구만저수지** 제방 앞을 지난다. 만복대의 서쪽 비탈에서 발원하여 구례들을 적시며 흐르는 서시천은 구례군 광의면光義面 구만리九灣里에서 일단 인공 저수지에 물이 갇히게 된다. 이 저수지가 바로 구만저수지로, 농업용수를 공급하고 소수력발전小水力發電을 하며 저수지 주변을 호수공원으로 조성하여 레저시설로 활용하고 있다. 저수지 제방 아래는 본격적으로 구례 분지의 평야가 넓게 펼쳐져, 농민의 아들인 나를 밥 안 먹어도 배부르게 한다. 모내기를 끝낸 논에는 모가 이미 착근着根을 마친 상태로 짙은 녹색을 발산하고 있으며, 개구리밥도 가득 담고 있다. 들판에서 이어지는 100m 정도의 산길을 걸어 코로나 사태로 사용하지 않아 거미줄 무성한 세심정洗心亭을 지나고, 벌써 분홍 코스모스가 피고 흰나비가 꽃 주변을 맴도는 언덕 아래를 지나니 도로가 나타난다. 90도 좌회전하여 구만교九灣橋를 건너고 다시 90도 우회전하니 서시천의 좌측 둑방길이다. 난동 기점 4.1km이고 13:10이다.

이제부터 둘레길은 구례 분지의 젖줄이라 불리는 서시천을 따라 길게 이어진다. 지리산 서북능선 상의 해발 1433m 만복대 서쪽 비탈에 있는 구례군 산동면山洞面 위안리位安里에서 발원하여 구례 분지 넓은 땅의 젖줄 역할을 하며 흐르는 **서시천**西施川은 길이 24.15km로 구례군 마산면馬山面 냉천리冷泉里에서 섬진강으로 흘러 들어간다. 처음에는 남서쪽으로 흐르다가 구만저수지를 지나면서 남동쪽으로 물길을 돌린다. 나도 서시천을 우측에 거느리고 남동쪽으로 길게 뻗은 둑방길을 걷는다. 둑방길은 우마차 한 대가 다닐 정도의 시멘트 포장도이고, 좌우로 짙은 녹음을 단 벚나무 터널이 그늘을 드리워 햇빛을 차단해주는 길이다. 꽃 피는 봄이면 벚꽃 터널이 장관을 펼칠 듯하다. 오른쪽 서시천의 둔치는 갈대 줄기가 점령하여 온통 갈맷빛이다. 그리고 왼쪽 첫 마을이 구례군 광의면光義面 구만리九灣里이다. 서시천이 상류에서부터 9번째로 굽이치는 곳에 있다고 구만리라 한단다. 구만리를 지나자 넓은 구만들이 펼쳐지고 목이 긴 왜가리 몇 마리가 개구리를 노리는지 노련한 자세로 서서 평화로운 느낌을 준다. 좌측은 들판이 펼쳐지고 우측은 서시천이 흐르는, 벚나무 그늘 짙은 서시천 둑방길을 하염없이 걸으니 난동 기점 5.9km에서 좌측에 큰 마을이 있고 450살 먹은 느티나무 당산을 만난다. 바로 광의면 소재지인 구례군 광의면 **연파리**煙波里이다. 마을 앞 서시천 물흐름의 파도가 연기처럼 일어서 연파리라 하였다는 설과 마을이 금수대錦繡帶와 같고 서시천이 연화도수蓮花倒水처럼 흘러 연파정蓮波亭으로 불리다가 연蓮이 연煙으로 바뀌었다는 설이 있다. 어느 설이 맞든 모두 서시천의 물흐름과 관련이 있음은 공통적이다. 서시천의 이름은 중국 미인의 대명사인 서시西施와 동일하다. 그런데 이 하천에 서시천이라는 이름이 붙은 이유를 설명해주는 문헌은 없다고 한다. 다만 서시가 냇가에서 빨래를 할 때 지나가는 물고기가 그의 미모에 놀라 헤엄치는 것을 잊고 물 아래로 가라앉아 버렸다고 한다. 그래서 서시의 미모를 나타내는 말이 물에 잠긴 물고기라는 뜻을 지닌 침어浸魚이다. 과거 이 하천에 맑은 물이 흐를 때 물고기가 잠길 정도의 미인들이 빨래를 한 데서 유래하지 않았을까 추리해 볼 수 있다. 하지만 지금 서시천에 흐르는 물은 그리 맑지 않아 안타까움을 준다. 평야에 펼쳐진 큰 마을인 연파리를 벗어나는 지점에서, 지리산 성삼재 아래에서 발원한 천은천泉隱川이 서시천에 합류하는 장면을 목격한다. 도랑이 모여 개울이 되고, 개울이 모여 내가 되고, 내가 모여 하천이 되고, 하천이 모여 강이 되어 바다로 흘러 들어가는 것이 자연의 이치이다. "강물은 바다를 포기하지 않는다"라는 말이 있다. 우리가 꿈꾸는 세상은 결코 포기할 수 없으며, 반드시 이룰 수 있다는 의지의 표현이다. 작은 개울이 모여 큰 강을 만들고 바다로 향하듯 한 사람 한 사람의 의지가 모일 때 큰 힘이 되어 우리가 꿈꾸는 **사람 사는 세상**을 만들 수 있다. 역사는 반드시 진보한다. 그 진보의 방향은 모든 사람이 차별 없이 행복을 누리는 세상을 지향한다. 그러한 신념을 내게 가르쳐준 고 노무현 대통령께 경의를 표해 본다. 서시천과 천은천의 합수에서 역사의 진보를 확신하고 광용교光龍橋를 건너 서시천의 우측 제방으로 들어선다. 난동 기점 6.1km이고 13:48이다.

광용교를 건너자마자 만나는 첫 마을은 구례군 용방면龍方面 신지리新智里 **선월船月마을**이다. 이름에서 슬기로움이 풍기는 신지리는 원래 지동촌智洞村이라 하였으나 마을이 번창하면서 신촌新村으로 바꾸어 부르다가 1914년 행정구역 통폐합에 따라 신지리라고 개칭하였다. 낭만과 서정성이 느껴지는 선월은 처음에는 강변촌江邊村이라 부르다가 마을이 배[船(선)]와 달[月(월)]을 닮았다 하여 선월이라 개칭하였다. 평야에 자리한 선월마을은 옛집들이 옹기종기 모인, 전형적인 농촌이다. 서시천 변에 우뚝 선 선월마을 당산나무 아래 벤치가 앉을 만하여 잠시 점심을 먹고 가기로 한다. 간단한 식사를 마치고 다시 나서는 서시천 둑방길은 좌우를 가리지 않고 시종일관 벚나무 터널이다. 그리고 이제부터는 벚나무 아래 줄지어 심어놓은 각시원추리가 노란 꽃을 피우기 시작하여 새로운 동반자로 삼는다. 또 날씨는 구름 한 점 없이 맑은 데다 미세먼지도 좋음이라 지리산 주능선의 해발 1507m 노고단老姑壇과 1350m 종석대鐘石臺가 아주 선명하게 조망된다. 그야말로 황홀경을 눈에 담기에 바쁘다. 서시천 둑방길을 걷는 자만이 누릴 수 있는 아우라(Aura)이다. 하지만 누가 호사다마好事多魔라 했던가. 둘레길 우측에 유기농 비료를 만드는 공장이 있어 썩은 거름 냄새가 코를 찌른다. 정말 고약하다. 서시이교西施二橋 밑을 지나면서 서시천이 용정천龍井川을 받아들여 몸집을 키우는 장면도 보고, 잠시 후 오리사육장에서 강력하게 풍기는 압분鴨糞 냄새에 다시 코를 막기도 하면서 구례읍을 향하여 다가간다. 그래도 좌측의 서시천에는 군데군데 징검다리가 놓여 있고, 둔치에는 갈대가 우거져 짙은 녹음을 발산한다. 그리고 곳곳에 보洑를 설치하여 유속을 조절하고 농업용수를 공급하기도 한다. 광의교 못 미친, 구례군 용방면 사림리四林里 둔치에는 '서시천생활환경숲' 조성 차원에서 커다란 잔디밭을 만들어 놓아 주민들이 편안하게 놀 수 있도록 해 놓았다. 난동 기점 10.6km에서 광의교光義橋 아래를 지난다. 광의교 건너 동쪽은 구례군 광의면 지천리芝川里이고, 나는 용방면 사림리를 북서쪽에서 남동쪽으로 비스듬하게 걸어 구례읍으로 다가간다. 난동 기점 11.4km에서 광의대교光義大橋 아래를 지나면 구례군 구례읍 봉북리鳳北里에 진입한다. **구례읍**求禮邑은 노고단에서 시작되어 북으로 뻗어내리는 지리산 서북능선이 동쪽을 막아 주고, 북쪽의 밤재에서 남으로 흘러내리다가 섬진강으로 잠기는 견두지맥이 서쪽의 병풍 역할을 하며, 곡성을 거쳐 흘러온 섬진강이 고을을 감싸고 돌면서 동쪽으로 빠져나가는, 커다란 분지인 구례군의 행정 및 시장 기능의 중심지이며 교통의 요지이다. 그리고 봉북리는 봉성산鳳城山의 북쪽에 있는 마을이라서 붙은 이름이다. 해발 166m로 낮은 산이지만, 봉황포란형鳳凰抱卵形이고 성城이 있어 이름 지어진 봉성산은 풍수적으로 구례의 진산鎭山이다. 그리고 봉북리 서시천 둔치에는 천왕봉天王峯에서 노고단老姑壇으로 이어지는 25.5km 거대한 지리산 주능선을 축소하여 모형화한 '지리종주체험공간'을 만들었으나 오늘은 마침 공사 중이어서 들어가 볼 수가 없다. 체험 공간이 끝나는 지점의 서쪽 건너편에는 **지리산둘레길 구례센터**가 있는데 그 앞에서 멈춘다. 난동 기점 11.9km이고 15:40이다. 그리고 오늘의 둘레길 종점인 토지면 오미리까지 남은 거리는 7.1km이다. 나머지를 걷고 구례읍으로 되돌아와 18:30에 부산으로 가는 버스를 타기에는 시간이 부족하여 어쩔 수 없이 걷기를 여기에서 멈춘다. 다음을 기약하며⋯⋯.

2024년 6월 25일 화요일, 구례군 구례읍 봉북리 지리산둘레길 구례센터 앞에 선다. 일주일 전에 걷다가 시간 부족으로 멈춘 [난동-오미] 구간의 나머지 7.1km를 걷기 위해서이다. 11:12이다. 구례센터 앞에는 공사를 끝낸 백연천이 보기 좋게 정비되어 있다. 어제 내린 비로 대기는 투명하여 서시천 건너 지리산 노고단과 종석대가 손에 닿을 듯이 우뚝하다. 하늘은 옅은 구름이 끼어 그 사이로 엷은 햇살이 내려와 기분 좋게 살갗을 어루만져준다. 기승을 부리던 더위도 한결 누그러져 24도이고, 바람도 살랑 불어 최적의 기상 상태이다. 걷기에 딱 좋은 조건이다. 역시 어제의 비로 서시천의 물이 지난주보다 깨끗해지고 물소리도 소쇄하다. 계단처럼 연이어 보가 설치되어 있어도 지난주보다 유속도 빨라져 있다. 오늘은 걸어야 할 거리도 짧아 급할 것도 없고, 완전 평지만 걷게 되어 있어 서시천의 끝을 향하여 천천히 발을 옮긴다. 우레탄 포장길과 황톳길이 나란히 조성된 서시천 둑방길은 방광면 구만리에서 시작된 벚나무 터널이 계속 이어진다. 참으로 기분 좋은 길이다. 벚나무 터널이 끝나는 지점인, '서시천 체육공원' 등나무 그늘 벤치에서 아침 일찍 구례로 오느라 서두르는 바람에 고파진 배를 채운다. 그야말로 간단한 점심이다. 12:20이다. 15분간 밥을 먹은 후 체육공원을 떠나면 이제부터 둘레길은 나무 그늘 하나 없는 삭막한 시멘트 길이다. 난동 기점 13.3km에서 서시교西施橋를 만난다. 서시교는 구례와 하동을 잇는 19번 국도에 설치된, 구례군 마산면馬山面 냉천리冷泉里와 구례읍 봉동리鳳東里를 잇는, 서시천의 하류를 가로지르는 다리이다. 90도 좌회전하여 서시교를 건넌 후 다시 90도를 우회전하면 서시천의 좌측 둑방길이다. 백연천에서부터 황전천黃田川이 섬진강으로 합류하는 지점까지 약 2km 정도의 제방을 정비하느라 대략 2년 정도 출입을 금지한 구역이다. 처음 기약한 공사 기간보다 1년 이상 늦어지는 바람에 나의 [난동-오미] 구간 탐방도 그만큼 늦어져 이제야 구간 탐방을 할 수 있게 되었다. 길은 새로 시멘트로 포장한, 도로 수준의 넓은 길이라 새 신발을 신었을 때와 같은 깨끗한 느낌을 받는다. 하지만 좌측 길가에 어린 벚나무 묘목을 새로 심어놓았지만, 시멘트가 주는 딱딱함과 넓이가 주는 공허함을 막기에는 부족하여 휑뎅그렁함은 피할 수 없다. 휑뎅그렁함 속에도 걸음은 멈추지 않고 서시천의 끝을 향한다. 서시천의 끝이 눈에 보이기 시작하는 지점에 최근에 공사를 마친 수문이 제방 하부를 터널로 뚫고 설치되어 있다. 서시천의 하상河床이 높아지면서 기존의 수문을 통하여 마산면 냉천리 들판으로 역류 현상이 발생하여 수재가 일어나자 이를 막기 위해 제방 공사를 시행한 것이다. 필요한 공사였다고 생각하며 잠시 걸음을 옮기자 유명한 사성암四聖庵이 있다는 오산鼇山 바로 앞에서, 만복대 서쪽 골짜기에서 발원하여 구례 분지 넓은 땅을 적시며 24.15km를 달려온 서시천이 아주 느릿하면서도 완만하게 섬진강으로 흘러 들어간다. 이로써 서시천은 사라지고, 섬진강은 바다로 향하는 추진력을 하나 더 보태게 된다. 이 지점에도 벅수가 서서 팔을 벌리고 있지만, 배꼽에는 거리 표시가 없다. 벅수가 알려주는 거리가 실제와 맞지 않는 경우가 있어서 제방 공사 후 벅수를 재배치하면서 명찰을 뗀 것으로 추측된다. 12:07이다.

　북서에서 남동으로 길게 이어지던 서시천은 소멸하고 오른쪽에는 **섬진강**蟾津江을 끼고, 왼쪽에는 구례군 마산면 광평리廣坪里와 이어지는 마산면 사도리沙圖里를 끼고 동쪽을 향하여 걷는다. 광평리는 말 그대로 넓은 평야에 있는 마을이고, 사도리는 [오미-방광] 구간에서 설명한 고려 건국 설화가 얽힌, 효와 장수의 마을이다. 그리고 하동과 구례 사이의 그 많은 고개를 넘으며, 숲길을 걸으며, [삼화실-하동] 구간의 녹차 숲길에서 멀리만 바라보았던 섬진강을 오늘 가장 가까이 접근하여 걷는다. 바로 오른쪽 옆구리에 데리고 걷는다. 1385년 왜구가 섬진강 하구를 침입하였을 때 수십만 마리의 두꺼비 떼가 울부짖어 왜구가 광양 쪽으로 피해갔다는 전설이 있는데 이때부터 '두꺼비 섬蟾'을 붙여 섬진강이라 불렀다. 섬진강은 전북특별자치도 진안군鎭安郡 백운면白雲面과 장수군長水郡 장수읍長水邑의 경계인 해발 1151m 팔공산八公山에서 발원하여 곡성군谷城郡을 지나고 전라남도의 동쪽인 지리산 남쪽 기슭과 백운산白雲山 동쪽 기슭 사이의 협곡을 지나 남해의 광양만光陽灣으로 흘러드는, 길이 212.3km인 강이다. 어제 내린 비로 수량이 증가하여 수만 마리의 두꺼비가 울부짖듯이 우렁찬 소리를 내며 보洑의 둑을 낙하한다. 경쾌하다. 고개를 들어 사방으로 눈을 돌리니 유월 하순의 산하는 아름답고도 싱싱하다. 씩씩하게 흐르는 섬진강, 갈맷빛으로 온몸을 감고 우뚝하게 선 오산, 초록의 농도가 짙어지는 광활한 들판, 이 모두가 유월의 세상을 빛나게 하는 것이다. 1950년 6월 25일의 산하도 이렇게 아름다웠을까, 그렇게 싱싱하였을까, 저렇게 빛났을까? 어쩐지 아니었을 것 같다. 잿빛 자욱이 하늘을 가리고, 매캐한 화약 냄새 코를 찌르며, 녹색은 윤기를 잃고 검푸르뎅뎅하였을 것 같다. 인간이 저지르는 범죄 중 가장 나쁜 범죄는 전쟁이다. 가장 최악의 집단은 전쟁을 일으키는 집단이다. 전쟁은 모든 것을 소멸해버리기 때문이다. 물질과 생명뿐만 아니라 영혼까지도 파괴해버리기 때문이다. 어떤 이유에서도 전쟁은 일어나지 말아야 하지만 불행하게도 이 지구에서는 하루도 전쟁이 멈춘 적이 없고, 지금도 전쟁은 진행 중이다. 그만큼 인간은 어리석고도 간악하다. 그 어떤 전쟁보다도 평화가 낫다. 빌리 브란트 서독 수상은 "평화가 우리 삶의 모든 것을 보장해주는 것은 아니다. 그러나 평화가 없다면 그 어떤 것도 우리 삶을 유익하게 하지는 못한다."라고 하였다. 맞는 말이다. 평화는 우리에게 충분조건은 아니지만, 필요조건임은 확실하다. 빛나는 유월과 평화를 생각하며 섬진강 둑방길을 걷다 보니 어느덧 황전천이 섬진강에 합류하는 지점에 도달한다. 황전천黃田川은 마산천馬山川이라고도 하는데 지리산 노고단 밑 차일봉遮日峰에서 발원하여 화엄사 앞을 지나고 구례군 마산면의 들판을 적시며 흐르다가 마산면 사도리에서 섬진강에 합류한다. 난동 기점 15.3km이고 12:23이다.

황전천을 건너는 길은 나무 덱(deck)이다. 야릇한 향을 풍기는 꽃을 얼마 전까지 무성히 달고 있던 밤나무는 꽃을 모두 떨어뜨리고 알을 키우느라 정중동이다. 덱을 건너 잠시 숲길을 지나니 우람한 소나무들이 우뚝한 솔숲이 있고 그 아래 섬진강변 언덕에 날렵한 정자가 하나 있다. 바로 구례군 토지면土旨面 용두리龍頭里에 있는 **용호정龍湖亭**이다. 용호정은 일본에 나라를 뺏기자 절명시絶命詩 4수를 남기고 자결한 매천梅泉 황현黃玹의 제자들이 시계詩契를 조직하여 시를 짓고 낭송하면서 나라 잃은 울분을 달래던 역사적인 시회소詩會所이다. 황현의 나라 사랑하는 마음을 추모하고, 후진에게 항일 사상을 심어주려는 우국지사들의 의지가 담긴 정자이다. 정자는 측면 2칸 정면 3칸인데, 3칸 중 가운데는 방이고 좌우는 마루이며 팔작지붕을 인 집이다. 정자 우측에는 '용호정중수기념비龍湖亭重修記念碑'가 근엄하게 서 있고, 제법 세월을 인고했음직한 배롱나무 세 그루가 얌전히 자라고 있다. 그중 가장 멀리 떨어진 배롱나무의 줄기가 정자 쪽으로 한참 기울어져 있다. 배롱나무조차도 선인들의 울분과 애국심을 공유했음인가. 아직도 완전한 자주독립 국가는 요원한데, 애국지사들의 울분이 서린 용호정 앞을 흐르는 섬진강도 흐름을 멈춘 듯 호수처럼 조용하다. 그래서 '湖'가 들어가는 용호정일까. 용호정을 떠나 호수처럼 조용한 강변에 설치된 나무 덱을 따라 잠시 가니 우거진 대나무 숲이 나온다. 이곳이 청동기시대의 유적이 발견된 '용두리 유적지龍頭里遺蹟地'이다. 넓은 평야가 있고, 풍부한 물이 있는 강가, 과연 청동기시대부터 사람이 살기에 적지라고 여겨진다. 문제는 그 자리에 있는 대나무 여러 그루가 꽃을 피우고 있으며, 어떤 대나무는 죽실竹實의 무게를 이기지 못하여 넘어지고 있다. 네이버 지식백과에 따르면, 대나무는 오랫동안 꽃을 피우지 않다가 자라는 환경이 갑자기 변하거나 영양 상태가 좋지 않으면, 자손을 남기기 위해 대숲 전체가 함께 꽃을 피운다고 한다. 꽃이 피고 열매를 맺으면 대부분의 대나무가 말라 죽으며, 많은 대나무가 한꺼번에 죽는 까닭은 뿌리가 땅속줄기로 연결되어 있기 때문이라고 한다. 그리고 그 열매는 굶주린 사람에게 구황식품 역할을 했다고 한다. 대나무의 종족 보존 열망과 이타심에 경의를 표하지만, 그들이 죽어가는 환경의 변화를 알지 못해 안타깝다. **용두리**는 지리산의 용맥龍脈이 노고단에서 형제봉을 거치고 월령봉을 따라 내려오다가 섬진강에 이르렀는데 그곳이 용의 머리라 하여 용두라 부르게 되었다는 설과 지리산의 줄기가 강물에 침식되어 깎아 세운듯한 절벽이 강물에 잠기듯이 있는데 이 절벽의 형상이 마치 용의 머리 같다고 해서 용두라고 부르게 되었다는 설이 있다. 어느 설에 따르든 신령스럽고 상서로운 존재인 용의 은덕과 기상이 머물러주기를 바라는 주민들의 심정이 반영된 마을 이름인 듯하다. 대나무가 죽어가고 있는 덱이 끝나면 둘레길은 다시 섬진강 둑방길로 올라선다. 달구지 한 대가 지날 만한 폭에 포장이 안 된, 흙으로 된 둑방길이 동쪽으로 아득하게 뻗어 있다. 좌측에 넓은 평야를 끼고 흙길을 잠시 따라가다가 난동 기점 16.4km를 알려주는 벅수를 만난다. 이제부터 토지면 용두리에서 토지면 금내리金內里로 행정구역이 바뀐다. 12:56이다.

둑방길 우변에는 '섬진강 수달서식지 생태, 경관 보전 지역'이라는 글자를 상단에 달고, 수달 보존을 위한 환경 보호의 필요성을 강조하는 내용을 그 아래 담은 큼직한 목판 여러 개가 듬성듬성 서 있다. 수달이 살고 있을 만큼 **금내리** 일대가 청정지역이라는 점을 강조하면서, 둘레길 탐방객에게 섬진강의 청정성 유지에 협조해 달라는 당부를 담고 있다. 자연보호는 아무리 강조해도 모자랄 것이다. 심은 지 얼마 지나지 않은 벚나무가 있지만, 그늘 하나 없이 곧장 뻗은 금내리 둑방길을 흙이 주는 편안함을 느끼며 무리 없이 걷는다. 우측 섬진강 건너에는 야트막한 다섯 개의 연봉이 짙은 녹색을 뿜어내고 있다. 이른바 오봉산五峰山이다. 다섯 개의 봉이 이어져 있으니 오봉五峰이면 충분한데 불필요하게 '山'이 더 붙었다. '峰' 자체가 산을 나타내니 굳이 '山'을 더하는 것은 의미의 중복에 불과하다. 3음절을 선호하는 한국인들의 언어의식이 반영된 결과이다. 설악산雪嶽山도, 치악산雉嶽山도, 관악산冠嶽山도 마찬가지다. '嶽'이 큰산을 뜻하니 뒤에 '山'이 붙는 것 역시 불필요한 의미의 중복에 불과하다. 오봉 아래 섬진강 둔치에는 수양버들과 갈대가 어우러져 맑은 물결과 함께 절경을 뿜어낸다. 절경에 넋을 빼앗기며 걷다가, 벅수가 난동 기점 17.3km를 알려주는 지점에서 90도 좌회전하여 평야에 펼쳐진, 널찍한 농로를 따라 토지면 금내리 **원내圓內마을**로 들어간다. 이 마을은 서씨徐氏 집성촌이었는데 1800년경 고을 현감이 순시하러 와서 서씨는 담 안에서 살아야 번성하니 원내로 칭함이 어떠냐 하여 이후부터 주간마을에서 원내마을로 바꾸었다고 한다. 마을 좌측에 당산나무가 있고, 농가의 담벼락에는 벽화를 그려 아름답게 꾸며놓았다. 둥근 돌을 쌓아 만든 담도 정겹고, 자투리땅에 심은 옥수수도 반갑다. 전형적인 농촌이면서 넓은 들판 가운데 있는 마을이라 부유함이 느껴진다. 둘레길은 우측 동쪽으로 난 길을 돌아 마을의 북쪽 상단에서 벗어난다. 난동 기점 18.3km이고 13:32이다. 원내마을을 벗어나면 곧 구례와 하동을 오가는 19번 국도를 건너고, 넓디넓은 들판을 세로로 통과하는 농로를 따라 구례군 토지면 오미리五美里 오미마을로 들어선다. 오미마을 들판은 '종잣들'이라고 불리는데, 지리산 일대에 홍수나 가뭄이 들어 농사를 망치더라도 오미마을 들판만은 씨앗을 건질 수 있다 하여 붙은 이름이라고 한다. 그만큼 물이 좋고 기름진 들판이라는 뜻이다. 지리산둘레길을 걸으면서 세 번째로 방문하는 마을이다. **오미정**五美亭 앞에서 [난동-오미] 구간의 걷기를 마친다. 난동 기점 19.0km이고 13:45이다. 동시에 지리산둘레길 전 구간, 벅수의 배꼽에 표시된 총 거리 274.5km 걷기도 마친다.

하지만 미루어두었던 숙제가 남아 있다. 풍수지리에서 말하는 금환낙지金環落地의 명당으로 유명한, 양반 고택인 **운조루**雲鳥樓 내부를 관찰하는 일이다. 먼저 주 출입구인 대문에는 우측에 '龍'자를, 좌측에는 '虎'자를 써 붙여 벽사辟邪를 하였다. 우측 문 앞에는 누구나 쌀을 가져갈 수 있다는 '타인능해他人能解'가 쓰인 둥근 뒤주가 서 있는데, 아마도 새로 만든 듯하다. 대문 우측에는 동행랑東行廊이, 좌측에는 서행랑西行廊이 길게 늘어서 있어 머슴이나 하인이 많았음을 짐작할 수 있다. 대문 안으로 들어서면 큰 자연석을 이용한 한 길 정도의 견고한 축대가 정면으로 보이며, 그 위에 화단이 있고, 다시 화단 뒤에 5칸짜리 사랑채가 있다. 그리고 사랑채 앞에는 예상보다 작은 마당이 있다. 마당을 지나면 축대 중앙에 일곱 단의 돌계단을 올라 사랑채에 다다른다. 사랑채는 우측이 부엌이며, 다음 두 칸은 방이고, 나머지 두 칸은 마루인데 지붕은 우진각 형태이다. 사랑채 부엌에서 앞으로 작은 사랑채가 돌출하였는데, 이는 귀래정歸來亭이라 불린다. 이 역시 도연명 시인의 귀거래사歸去來辭 영향인 듯하다. 귀래정 밑에는 수동식 탈곡기가 녹이 슨 채 놓여 있어 아련한 향수를 자극한다. 또 귀래정 출입문 위에는 '闇修齋(암수재)'라는 글귀가 소박한 액자에 담겨 붙어 있다. 넓은 사랑채 부엌에는 거대한 가마솥이 녹슨 채 걸터 있고, 아주 큰 사각 뒤주가 있으며, 뒤주 위에는 가마가 올려져 있다. 사랑채 부엌의 동쪽 문으로 들어가면 ㄇ형으로 건물이 배치된 안채가 나타난다. 안채 마당 우측에는 장독대가 있고, 장독대 뒤로 곡식을 보관하는 곳간채가 있다. 그리고 마당 북쪽 귀퉁이에는 맷돌과 돌절구통이 옛 그대로 보관되어 있다. 맞배지붕을 이고 있는 안채의 방과 마루, 그리고 처마는 곳곳이 새로운 목재로 수리되어 세월의 흐름 속에서 건물도 옛 형태 보존이 쉽지 않음을 느낀다. 안채 부엌에는 무쇠솥이 걸린 아궁이가 셋이고, 초병인지 주병인지 용도는 알 수 없지만, 주둥이가 깨어진 옹기 호리병 여러 개가 선반에 나열되어 있다. 안채 부엌에서 서쪽으로 나가면 사

경국지색 서시(西施)의 이름을 달고 구례 분지를 흐르는 서시천

랑채 뒤뜰인데 이곳에 우물이 있다. 그러나 지금은 사용하지 않아 우물 안에 잡초만 무성하다. 뒤뜰에서 서쪽으로 돌면 다시 마당이 나오고, 마당을 거쳐 대문을 나오면 정면에 아담한 연지蓮池가 있어 풍치를 돋운다. 운조루는 예상보다는 규모가 크지 않으며, 대단히 효율적인 구조를 가진 소박한 옛집이다.

지리산둘레길 [난동-오미] 구간은 주로 서시천西施川을 따라 걸었다. 하천의 이름은 중국 미인의 대명사인 서시西施와 동일하다. 춘추시대 월越나라의 **서시**는 전한前漢의 왕소군王昭君, 삼국지연의에 등장하는 초선貂蟬, 양귀비楊貴妃라고도 불리는 당나라의 양옥환楊玉環과 더불어 중국 고대 사대미인四大美人으로 꼽히는 여인이다. 이

사대미인에게는 각각 아름다움과 관련한 설화가 전한다. 어느 가을 화창한 날, 변경을 나서 흉노 땅으로 시집가는 왕소군은 비통한 마음을 금하지 못해 비파를 연주했다. 이 비장한 이별 곡에 기러기들이 날갯짓을 멈추고 떨어졌다고 해서 후세 사람들은 그녀의 미모를 두고 낙안落雁이라 했다. 연환계連環計의 희생양이 되어 불행하게 생을 마감한 초선이 어느 날 뒤뜰 화원에서 달을 쳐다보니 달이 그녀의 미모에 움츠려 구름 뒤로 숨었다고 한다. 그리하여 후세 사람들은 그녀의 미모를 폐월閉月이라 표현하였다. 양옥환이 처음 궁중에 들어갔을 때 고향에 대한 그리움으로 화원에서 꽃을 보며 눈물을 흘렸다. 신세 한탄을 하면서 손으로 꽃을 만지니 갑자기 꽃이 부끄러워 잎을 말아 올렸다고 하여, 사람들이 수화羞花라는 말로 그녀의 미모를 예찬하였다. 춘추시대 월나라에 아주 예쁜 얼굴을 타고난 서시라는 여자가 있었다. 어느 날 서시가 냇가에서 빨래를 하는데 지나가는 물고기가 그의 미모에 놀라 헤엄치는 것을 잊고 물 아래로 가라앉아 버렸다고 한다. 그리하여 사람들은 그녀의 미모를 두고 침어浸魚라 했다. 나라를 기울게 할 만큼 아름다운 미인을 뜻하는 **경국지색**傾國之色이란 말이 있다. 당시 서시의 조국인 월나라는 와신臥薪하였던 오왕吳王 부차夫差에게 패망한 상태였다. 이에 상담嘗膽하던 월왕越王 구천勾踐의 충신인 범려范蠡가 서시를 오왕吳王 부차夫差에게 바치고, 서시의 미색에 빠져 정치를 태만하게 한 부차를 마침내 멸망시켰다. 중국 하夏나라 마지막 임금인 걸왕桀王은 말희妹嬉라는 여인을 총애하여 주지육림酒池肉林이라는 인공정원을 만들어 방탕한 생활에 빠져 살다가 은殷나라 탕왕湯王에게 나라를 잃었다. 그리고 포락지형炮烙之刑으로 유명한 은나라 주왕紂王은 달기妲己라는 미녀에 빠져 허우적거리다가 주周나라 무왕武王에게 패망하였다. 또 주나라 유왕幽王도 포사褒姒라는 미인 때문에 나라를 멸망의 구렁텅이로 밀어 넣었다. 허리가 가늘기로 유명한 포사는 평생 웃는 일이 없었는데 실수로 여산驪山에 봉화를 피우니, 사방의 제후들이 군사를 이끌고 구원하러 왔다가 허탕을 치니까 그제야 포사가 웃었다. 이에 유왕은 포사를 웃기기 위해 가짜 봉화를 자주 피웠고, 그때마다 제후들은 허탕을 쳤다. 그 후 외적外賊이 정말로 침입하여 봉화를 올리니 제후들이 거짓이라고 오지를 않아 나라가 함락되었다. 개원의 치開元之治라 불리며 문화, 경제, 교역, 군사력 등의 측면에서 융성기를 이끌었던 당唐나라 현종玄宗도 양옥환의 미모에 빠져 판단력을 잃고 국정을 소홀히 하여 안록산安祿山의 난으로 나라가 위기에 처하게 되었다. 서시, 말희, 달기, 포사, 양옥환, 이들은 모두 뛰어난 미모로 임금의 판단력을 흐리게 하여 망국의 길로 이끈 경국지색이었다. 과거에는 경국지색이었지만 오늘날은 **경인지색**傾人之色이 될 수도 있다. 지나치게 외모로만 상대를 평가하거나, 자신의 외모를 고치기에 집중한다면 스스로 무너질 수도 있음을 알아야 한다.

서시의 미모와 관련한 일화逸話나 고사성어도 전한다. 그녀가 살았던 마을은 동서로 나뉘어 있었는데 그녀는 서쪽에 살았기 때문에 서시西施라 했다. 동쪽 마을에 사는 동시東施도 있었다. 서시는 어릴

때부터 미인으로 정평이 나 있었다. 그래서 마을 처녀들이 서시의 행동을 따라 하곤 했는데, 심지어 서시가 배가 아파 찡그리는 것까지 따라 했다고 한다. 여기서 효빈效顰이란 단어가 생겼다. 찡그리는 것을 본받는다는 뜻이다. 또한 빈축嚬蹙이란 단어도 생겼는데, 역시 찡그린다는 뜻이다. 훗날 다른 사람들의 눈살을 찌푸리게 하는 언행을 비유할 때 '빈축을 사다'라고 표현하게 되었다. 특히 동쪽 마을에 살았던 동시는 서시가 하는 것이면 무엇이든 따라 했는데, 여기서 동시효빈東施效顰이란 고사성어가 생겨났다. 또 서시가 눈살을 찌푸린다는 서시빈목西施嚬目, 서시가 가슴을 쓰다듬는다는 서시봉심西施奉心이라는 말도 있다. 모두 덮어놓고 남의 흉내를 내거나, 또는 남의 단점을 장점인 줄 알고 모방하는 어리석음을 말한다. 외모지상주의로 번역되는 루키즘(Lookism)이라는 말이 있다. 외모가 개인 간 우열과 성패를 가름한다고 믿는 태도이다. 루키즘에 매몰된 현대인들은 외모가 연애나 결혼과 같은 사생활은 물론 취업과 승진 등 사회생활 전반까지 좌우한다고 믿는다. 그래서 현대인들은 외모를 가꾸는 데 많은 시간과 노력을 기울이게 된다. 근래 한국에서도 루키즘이 사회문제로 등장하기 시작했다. 세계에서 성형수술을 한 가장 많이 한 국가라는 조사 결과도 있고, 네티즌들의 열광적인 참여 속에 탄생한 인터넷 얼짱이라는 용어도 있다. 그리고 몸짱 열풍, 성형 중독증, 다이어트 강박증 등의 용어는 우리 사회가 외모지상주의에 집착하고 있음을 보여준다. "지금 열심히 공부하면 미래의 아내 얼굴이 달라진다."라는 말이 남자고등학교 교실에 급훈으로 걸린 것은 오래전 일이다. 더 문제는 외모 집착증이 남자도 비켜 가지 않는다는 것이다. 얼마 전, 한겨레 21은 "'존잘남'이라는 신흥계급의 부상"이라는 제목의 기사를 쓴 적이 있다. 그 기사에는 다음과 같은 글이 포함되어 있다. "남자의 외모가 너무 중요해졌다. 존잘남(매우 잘생긴 남자)뿐 아니라 '알파남, 얼굴천재, 상上남자, ㅆㅅㅌㅊ남, 최상위포식자, 채드(chad)'와 같이 성적 매력으로 남성 간 티어(tier, 계급)를 나누는 용어들이 끊임없이 생성 중이다. 과거 남자의 외모 평가가 머리숱, 키, 복근처럼 일부 항목에 국한됐던 것과 양상이 다르다." 오늘날 대한민국에 불고 있는 외모 열풍도 동시효빈, 서시빈목, 서시봉심, 부화뇌동附和雷同하는 어리석음에 매몰된 결과가 아닐까. 외모보다는 내면의 아름다움이 더 중요하다는 고리타분한 말은 하고 싶지 않다. 보기 좋은 떡이 먹기에도 좋다는 속담도 있듯이 외모를 아름답게 가꾼다고 해서 나쁠 것도 없다. 다만 외모에 지나치게 집착하고, 모든 것을 거는 태도는 본인은 물론 주변인, 나아가 사회를 불행하게 할 수도 있다는 점만은 명심하자.

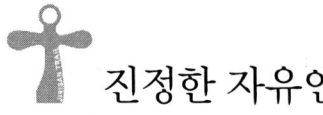
진정한 자유인
19구간 [오미-방광]

전라남도 구례군 토지면 오미리 오미마을과 구례군 광의면 방광리 방광마을을 잇는 12.3km의 [오미-방광] 구간은 지리산둘레길 21구간 중 제19구간이다. 이 구간은 전통마을의 흔적이 가장 많이 남아 있는 구간 중 하나이다. 오미마을과 상사마을에서는 운조루, 곡전재, 쌍산재에서 고택의 정취를, 효와 장수의 고장다운 삶의 향기를 느낄 수 있다. 화엄사 아래 지리산탐방안내소에서는 지리산의 자원과 역사를 살피고, 종복원센터에 들러 반달곰도 만날 수 있다. 구례 분지를 조망하며 농로와 숲길을 주로 걷는 아기자기함이 재미있다.

- 지리산둘레길 누리집에서 수정 인용

출처 : 지리산둘레길 누리집

2023년 11월 10일 금요일 10:10 전라남도 구례군求禮郡 토지면土늡面 오미리五美里 오미정五美亭 앞에 선다. 지리산둘레길 [오미 - 방광] 구간을 걷기 위해서이다. 부산 구포에서 새벽 기차를 탈 때만 하더라도 부슬거리던 비는 하동에서 군내버스를 탈 때쯤에 그치고 하늘도 맑아져 있었다. 하지만 지금 오미정 앞은 찬 바람이 제법 거세게 불고 있다. 어제까지 초여름 기온을 유지하다가 갑자기 기온이 뚝 떨어져 현재 섭씨 11도라고 한다. 둘레꾼들에게 시각적 즐거움을 주기 위해 마을 주민들이 마련한 듯한, 두 개의 화분에 담긴 노란 소국小菊이 성큼 다가온 추위 속에 오들오들 떨고 있다. 남쪽 오미들 건너 백운산이 거느린 국사봉은 상반신이 구름 속에 가려 있고, 계족산鷄足山과 오산鰲山은 옅은 운무를 이고 있어 신비로움을 자아낸다. 동쪽 파도리와 구산리 뒷산인 왕시루봉도 허리 이상을 구름 속에 담그고 육중하게 인간 세상을 압도한다. 해발 820m 월령봉 아래 금환낙지金環落地로 불리는 오미리 전경을 180도 조망한 후 오늘의 목적지 전라남도 구례군 광의면光義面 방광리放光里 방광마을을 향하여 서쪽으로 천천히 발을 옮긴다. 전체적 진행 방향은 남에서 북으로 향하지만, 오미리에서 용두리까지는 서진이다. 길은 일단 아스팔트 도로이다. 경사는 조금도 없는 평지길이다. 가장 먼저 눈에 담기는 것은 운조루 왼쪽에 무리 지어 있는 한옥 민박촌이다. 단아한 곡선미를 지닌, 큼직한 한옥들이 월령봉 자락에 안기듯이 들어앉은 모습은 평화로운 동양화 한 폭을 연상케 한다. 오미 기점 0.3km에서 만나는 작은 오미저수지의 물이 거센 파문을 일으키며 출렁이고 있어 바람의 세기가 강함을 알 수 있다. 저수지 둑길을 걸어 0.6km에서 월령봉 등산로와 겹치는 산길로 잠시 접어들어 푹신한 솔깔비 길을 걷는다. 땅에 떨어진, 마른 소나무 잎을 표준어로는 솔가리라 하는데 내 고향 창녕에서는 깔비라고 한다. 연기가 거의 나지 않고 불땀도 좋아서 땔감으로는 최상이지만 과거에는 매우 귀했다. 어린 시절 겨울 방학만 되면 뒷산에서 갈퀴로 솔깔비를 긁어오던 기억이 새록새록하다. 추억을 소환하는 산길도 잠시 0.9km 지점 주유소가 있는 곳에서 섬진강대로를 따라 걷는다.

곧 구례군 토지면 용두리龍頭里에서 **배틀재**가 표시된 벅수를 만난다. 오미 기점 1.1km이고, 10:36이다. 지리산 주능선의 서쪽 최고봉인 해발 1507m 노고단에서 매막등과 형제봉을 거쳐 해발 820m 월령봉을 경유하여 내려오는 능선이 섬진강에 이르러 멈추는데, 이 능선을 이 지역 사람들은 용맥龍脈이라 한다. 그 용맥이 섬진강과 만나는 지점을 용의 머리 부분이라 하여 용두龍頭라 부르게 되었다고도 하며, 용맥의 끝이 강물에 침식되어 깎아 세운 듯한 절벽이 강물에 잠기듯이 굽어보고 있는데 이 절벽의 형상이 마치 용의 머리 같다고 해서 용두라고 부르게 되었다고도 한다. 이 용두리의 야트막한 언덕은 배틀재란 이름으로 불린다. 오래전 섬진강 물줄기가 이곳까지 들어왔고 이 땅을 드나들던 사람들이 이곳에 배를 메어두었기 때문에 배틀재란 이름이 붙었다는데, 지금 이곳에선 섬진강물이 용두들을 건너 남쪽으로 아스라하게만 보인다. 그리고 배틀재는 섬진강대로에 편입되어 고개의 흔적조차 찾을 수 없다. 세월의 흐름은 물길도 바꾸고 지형도 바꾸는 것인가. 상전벽해桑田碧海가 아니라, 벽하황답碧河黃畓이 되어버린 놀라운 변화에 자연의 위대함과 동시에 인간의 왜소함을 새삼 느낀다. 하동 서당골에서부터 대체로 동쪽에서 서쪽으로 걸었던 둘레길 진행 방향은 이곳 배틀재에서부터 방향을 오른쪽으로 확 틀어 북진하게 된다. 그리고 둘레길은 화엄사로 향하는 2차선 아스팔트 도로와 겹치게 된다. 나뭇잎이나 풀색의 변화가 주는 아름다움은 느끼기 힘들고 스산함을 많이 갖게 하는 올해 가을, 지금 걷고 있는 흑회색 아스팔트와 겹쳐 허전함을 느끼게 한다. 허전함 속에 길은 좌측의 하사들을 끼고 구례군 마산면馬山面 사도리沙圖里 하사下沙마을로 이어진다. 마산면은 관내 마산리의 뒷산이 말의 형국인 것에서 유래하였다고 한다.

곧 하사마을 입구에 있는 작은등샘을 만난다. 아담한 정자 지붕 아래 맑은 물이 담긴 사각형의 샘이 단정하게 앉아 있다. 물맛이 궁금하지만, 추위 탓인지 목이 마르지 않아 그냥 지나친다. 마을 앞에는 작은 저수지가 있고 그 앞으로는 넓은 들판이 펼쳐져 있어 예부터 풍요로운 마을이었을 것 같다. 들판은 벼 수확이 끝나 텅 비었고, 흰 비닐에 싸인 볏짚 덩이만 군데군데 쌓아 놓았다. 마치 군대 시절 내복 재봉선에 들어앉은 이나 서캐처럼……. 저렇게 크고 둥글고 희게 묶어놓은 볏짚 덩이의 용도가 궁금하다. 예전에는 지붕 이고, 새끼 꼬고, 가마니 짜고, 소여물로 먹이고, 급하면 땔감으로도 쓰던 볏짚을 이제는 어디에 쓰려고 저렇게 뭉텅이를 만들어 놓았을까? 소도 사료로 키운다는데……. 의문 속에 발은 점점 하사마을 가운데로 옮겨 간다. 담장에는 황당하게도 장미 몇 송이가 피어서 계절감을 혼란스럽게 하는가 하면, 희고 노란 대국大菊이 뭉텅이뭉텅이 피어서 가을이라는 계절감을 짙게 느끼게 한다. 마을의 중앙쯤인 듯한 곳에 몸뚱이에 하사마을이라 쓴 벅수가 서 있지만, 배꼽의 거리 표시판이 빛이 바래 보이지를 않는다. 대충 짐작하건대 오미 기점 2km쯤이지 않을까 싶다. 10:50이다. 벅수 바로 옆에는 **모래그림마을 沙圖里**라 쓴 현판이 큼직하게 서 있다. 네이버 지식백과에 따르면 신라 말기 승려 도선이 마을 앞 강변에서 우연히 이인異人을 만나 세상사를 물었던바 이인은 말을 하지 않고 모래 위에 삼국도三國圖를 그려 삼국통일三國統一의 징조를 암시해 주어 도선이 이를 크게 깨닫고, 고려 태조 왕건을 인도하여 고려 창업에 큰 공을 세웠다고 한다. 후세인들이 모래 위에 그림을 그렸다 하여 사도리라 칭하였으며 일제 시절 윗마을과 아랫마을을 각각 상사마을과 하사마을로 나누었다고 한다. 중요한 사실은 들판 너머 멀리 보이는 섬진강물이 예전에는 이 마을까지 닿았다는 점이다. 천년의 세월은 이렇게 지형도 바꾸어 놓는 점에서 인생이 참으로 짧다는 것을 깨닫는다. 그리고 현판 옆에는 마을 전경 사진을 담고 주요 지명을 쓴 현판이 함께 서 있는데 뒷산 이름이 '똥뫼산'이라 하여 눈길을 끈다. 과거 똥은 중요한 비료였으므로 구태여 산에까지 가서 버렸을 리가 없으므로 똥을 모아놓은 똥뫼산은 아니었을 테고, 아마도 산의 모양이

똥 무더기처럼 생겨서 그런 이름이 붙었을 것으로 짐작이 간다. 하지만 '뫼'가 '山'이므로 '똥뫼+산'은 의미의 중첩이다. 그냥 똥뫼라 부르면 훨씬 정겹고 토속적인 느낌을 줄 텐데……. 아마도 3음절을 선호하는 우리 민족의 언어의식이 반영된 것 같다. 다시 몇 걸음 옮기니 마을 안길로 들어가는 곳에 충신, 효자, 열녀를 기리는 홍살문紅箭門(홍전문)이 서 있고 그 안으로 들어가면 구례군 향토문화유산 1호인 **효헌사**孝憲祠를 만난다. 조선 제2대 정종 임금의 12번째 왕자인 도평군과 두 부인의 위패가 봉안된, 아담한 와가瓦家 사당이다. 그는 어린 시절 부왕인 정종이 나이 들어가는 자신의 모습에 한탄하자 "제가 하늘에서 천도복숭아를 따다가 아버님께 바치고 싶습니다." 라는 시를 남겼다고 해서 '복숭아 도桃'를 넣은 도평군桃平君이란 시호를 받았다. 1901년 고종은 이런 도평군의 일화에 감탄하여 다시 효헌공孝憲公이란 시호를 내렸다고 한다. 효를 행한 사람을 공경하는 사당이다. 홍살문을 되돌아 나와 도로를 따라 조금만 가면 다시 **이규익지려**李圭翊之閭를 만난다. 풀이하면 효를 행한 이규익을 정려旌閭한 곳이란 뜻이다. '정려旌閭하다'는 충신, 효자, 열녀가 탄생한 동네에 정문(旌門=홍살문)을 세워 표창한다는 뜻이다. 그는 아버지의 병 치료를 위해 자신의 살을 베고 손가락을 잘라 피를 흘려드려 아버지를 3일간 더 살게 하였고, 6년이나 시묘살이를 하여 그 효성이 하늘에 닿아 꿩이 묘막墓幕에 들어오고 호랑이가 함께 지냈다고 한다. 이에 고종이 어린이를 교육하기 위해 각 군현에 두는 벼슬인 동몽교관童蒙敎官을 내렸다고 한다. 과거 어린이 도덕 교과서였던 소학小

學에는 '신체발부수지부모身體髮膚受之父母 불감훼상효지시야不敢毁傷 孝之始也'라는 말이 있다. 이는 '신체와 머리털과 피부는 부모로부터 받은 것이므로 상하지 않게 하는 것이 효의 시작'이라는 뜻이다. 이 규익은 자신의 살을 베고 손가락을 잘랐으니 소학의 가르침과는 정면으로 배치되는 행위를 한 것이다. 우리는 이규익의 모순된 행위를 어떻게 받아들여야 할까. 결국, 효는 부모가 필요로 하는 것은 행하고, 부모가 원하지 않는 것은 행하지 않아야 한다는 의미가 아닐까. 그리고 시대에 따라 효의 방법도 달라질 수 있음을 의미하는 것은 아닐까. 문득 돌아가신 부모님이 떠오른다. 생전에 행한 불효에 가슴이 미어질 뿐이다. 효의 고장 하사마을을 벗어나는 불효자의 마음은 흑회색 아스팔트만큼 어둡다.

들판 건너, 섬진강 너머 아련하게 보이는, 사성암四聖庵이 있는 오산鰲山에 시선을 던지며 이어지는 아스팔트 길을 잠시 걸으니 상사마을에 못 미쳐 삼거리 벅수를 만난다. 오미 기점 2.8km 지점이고 11:07이다. 이곳에서 오던 길을 계속 가면 쌍산재를 경유하여 상사마을 안 길을 통해 둘레길을 진행하게 되고, 오른쪽 시멘트 임도를 따르면 원래의 둘레길을 가게 된다. 나는 우회전하여 농로를 100m 정도 들어가 다시 좌회전하여 상사마을의 남쪽 옆구리 길을 따라 마을로 들어간다. 마을 안은 아스팔트로 포장되어 있고 승용차가 교행할 만큼 길이 넓다. 돌로 쌓은 담이 많고 어떤 것은 2m가 훌쩍 넘을 정도로 높다. 마을 정중앙에서 좌회전하여 쌍산재 쪽으로 내려간다. 가며 보니 집들이 흔한 전원주택이 아니고 고택의 품격을 지닌, 운치 있는 한옥들이 즐비하게 늘어서 있어 과연 유서由緖 깊은 마을임을 알 수 있다. 약간의 사행蛇行 길을 걸어 서쪽 마을 입구에 있는 쌍산재에 도착한다. **쌍산재**雙山齋는 토지면 오미리에 있는 운조루雲鳥樓 및 곡전재穀田齋와 더불어 구례군의 삼대 고택으로 꼽힌다. 네이버 지식백과에서는 쌍산재를 다음과 같이 소개하고 있다. "쌍산재는 유명한 고택치고는 작은 대문을 가지고 있다. 하지만 그 문을 들어서면 밖에서 바라본 것과는 다른 풍모를 내뿜는다. 마당에는 안채와 사랑채, 건넌방이 사이좋게 모여있다. 그 옆으로는 대나무 숲과 그 숲을 오르는 계단이 있는데 그 계단을 오르면 밖에서는 상상도 못했던 들이 나온다. 그리고 후문으로 나가면 작은 저수지와 둑방길이 나타난다. 쌍산재를 돌아보면 마치 입구는 작지만 속은 넓은 호리병을 보는 듯한 느낌을 갖게 된다." 하지만 나는 시간이 부족하다는 핑계로 집 안으로 들어가는 것을 포기하고 대문 옆에 있는 **당몰샘**으로 시선을 돌린다. 쌍산재의 담벼락 아래 가로세로 1m 정도의 정사각형 대리석 테를 두른 샘[泉(천)]이 작은 몽돌을 바닥에 깔고 투명한 물을 잠시도 쉬지 않고 흘러내리고 있다. 상사마을은 전국 최장수 마을로 알려진 곳인데, 이 마을 사람들은 당몰샘이 장수의 비결이라고 믿는다. 근거도 없고 과장된 말이겠지만 '지리산 약초 뿌리 녹은 물이 다 흘러든다'고 이 마을 사람들은 믿고 있다. 하지만 내가 궁금한 것은 당몰샘의 어원이다. 왜 '당몰'이라고 하는지 설명해주는 곳은 내가 찾아본 바에는 없다. '구례군청 누리집'에도, '지리산둘레길 누리집'에도, '네이버 백과사전'에도, 그리고 지금 이 자리 물이 솟아나는 당몰샘 현장에서도 그 이름의 유래를 설명해주지는 않는다. 다만 당몰샘 후면 담벼락에 붙은 손바닥 두 개 만한 대리석에 '千年古里(천년고리) 甘露靈泉(감로영천)'이라는 글귀가 새겨져 있다. 이 하사마을이 천년을 넘은 오래된 마을이라는 것과 당몰샘이 달콤한 이슬같이 신령한 샘이라는 뜻이다. 여기서 감로甘露가 고유어 '단물'로 바뀌고 다시 '당몰'로 바뀐 것이 아닐까 하고 추측해 본다. 물론 전라도 방언에 문외한인지라 단물이 당몰로 바뀌는 음운학적 과정은 설명할 수가 없다. 당몰샘에 걸린 바가지로 한 모금 달콤한 물을 맛보고는 다시 하사마을 방향으로 되돌아간다. 마을을 벗어나기 전에 이번에는 오형진지려吳馨眞之閭를 만난다. 역시 효자 오형진을 정려旌閭한 비각이다. 이 외에도 이 마을에는 고려시대 석불좌상과 삼층석탑이 있다는데 찾지를 못하고, 가리샘 전설도 전한다는데 알 수가 없다. 상사마을과 하사마을을 합친 구례군 마산면 사도리는 유서 깊은 마을이며, 물질적으로 풍요롭고, 문화적으로 미풍양속이 살아 있는, 환경적으로 청정한, 살기 좋은 마을임이 확실하다고 여기며 오미 기점 2.8km 지점의 벽수를 다시 만난다. 시각은 11:30이니 수박 겉핥기식으로 상사마을을 한 바퀴 도는 데 20분이 걸린 셈이다.

이제부터 둘레길은 상사마을을 뒤에서 감고 도는 숲길이다. 숲길이라지만 완전한 산길은 아니고 마을과 밭의 경계에 있는 호젓한 오솔길이다. 3.4km 지점을 지나면서 신우대 터널을 만나 귀신이 나올지도 모른다는 두려움을 즐기기도 한다. 그리고 4.3km 지점에서 상사마을 뒷길을 완전히 벗어나 시멘트 임도를 만난다. 임도를 걷는 동안 시야가 시원하게 틔어 구례 분지 넓은 들과 구례읍, 그리고 남에서 북으로 길게 늘어서 구례를 병풍처럼 감싸고 있는 견두지맥 능선이 한눈에 들어온다. 지리산둘레길을 걷는다는 것은 마을 안도 보고, 산과 들판 전체를 볼 기회를 동시에 갖는 것이다. 결국, 숲도 보고 나무도 보는 안목을 키우는 기회이다. 그러다가 벅수가 오미기점 4.7km를 가리키는 지점에 "경고, 송이 도둑 CCTV 찍힘! 다시 들어오면 고발 조치하겠음."이라고 쓰고 사진까지 인화하여 붙인 현수막이 길옆에 걸려 있다. 송이는 지자체에 경쟁 입찰하여 채취권을 불하받은 사람만이 딸 수 있는 것으로 알고 있다. 즉, 입찰금을 투자한 사람만이 채취권을 소유할 수 있다. 그러니 채취권이 없는 사람이 송이를 따는 것은 명백한 절도 행위로 정당한 권리를 가진 사람에게 물질적, 경제적 피해를 입히는 나쁜 행위이다. 결코 있어서는 안 될 일이 아직도 버젓이 저질러지고 있다는 현실이 안타깝다. 길은 계속 평탄한 임도이다. 4.9km 지점에 둘레꾼들을 위해 지어놓은 아담한 **육모정**에서 간편식으로 점심을 해결한다. 12:15이다. 식사 중 정면을 보니 먼저 매실 밭이 보이고, 그 위층에 교복을 단정하게 입은 여학생들만 몇백 명 모아놓은 듯한 소나무 숲이 예쁘게 서 있으며, 다시 그 위에는 새털구름이 담긴 파란 하늘이 차일遮日처럼 펼쳐져 있다. 비록 먹을거리는 볼품없어도 그 어느 비싼 레스토

랑보다도 분위기는 최상이다. 걷는 자만이 누릴 수 있는 호강이다. 눈과 입의 호강을 누린 후 12:30에 자리를 뜬다. 이어지는 임도를 편안하게 걷다가 오미 기점 5.6km에서 90도 우회전하여 목교를 건너 월령봉으로 오르는 산길로 접어든다. 12:50이다. 산길은 약간의 경사가 있지만, 하늘을 찌를 듯 날렵하게 뻗은 소나무들이 촘촘하게 늘어서 아름다운 숲을 이루어 놓았다. 사람을 기분 좋게 만드는, 참으로 멋진 숲길이다. 소나무숲이 주는 혜택을 온몸으로 느끼는 것도 잠시, 몸뚱이에 **황전마을 청내골**이라 쓴 벅수가 오미 기점 6.1km를 알리며 아름다운 숲을 벗어나는 나를 반긴다. 황전마을은 곧 만나게 될 화엄사 입구 상가단지가 있는 마을을 가리키지만, 청내골은 구체적으로 어디일까? 숲에서 한 발 내디디니 아주 작은 저수지가 나타나고 둘레길은 그 저수지의 둑으로 이어진다. 저수지 안에는 적당량의 물이 담겨 있고, 갈대꽃이 저수지 대부분을 점령하여 바람이 없음에도 흔들리는 장관을 연출하고 있다. 저수지 밖은 제법 경사가 급하게 초지가 이어지고 군데군데 억새가 하늘거리고 있다. 바로 이 저수지 둑 아래가 청내골이 아닐까? 네이버 블로그 '그래, 구례'에 실린 **청내골 배꽃**에는 "지리산 청내淸內골이 환합니다. 노고단 산줄기 하나가 섬진강을 바라보며 흘러내리는 화엄사 골짜기에 청내골이 있습니다. 청천淸天이라고 부르는 곳입니다. 밤하늘 별 같은 사람들이 순박하게 살았던 곳이었으나 여순사건으로 마을이 소개되고 인명도 살상된 역사의 현장입니다. 지금 청내골 입구에는 이곳에서 변을 당한 후손이 마을의 아픈 내력을 적은 작은 비석 안내문이 남아 있습니다. 해방 전부터 80년대까지는 도화가 만발하였던 곳으로 이은상, 벽초 홍명희와 그의 아들 홍기문, 서울대 초대 미대학장이며 근원수필을 쓴 김용준, 홍대 미대 초대학장을 역임한 서양화가 이종우(주시경의 맏사위), 시인 임학수, '고향의 작곡가 채동선 등 시인이나 화가 등 묵객들이 머물다 가는 곳이었으나 옛사람은 말이 없고 지금은 배꽃이 자리를 잡았습니다."라고 청내골을 소개하고 있다. 걷는 자만이 사라진 마을도, 고통의 역사도, 새로운 삶의 모습도 상상할 수 있지 않을까. 걸을 수 있는, 그리고 상상할 수 있는 나 자신에게 무한한 고마움을 느끼며 청내골인 듯한 비탈면을 왼쪽에 끼고 내리막을 걸어 6.8km 지점에서 황전천을 건너 황전마을에 도착한다. 13:10이다.

황전천黃田川은 마산천馬山川이라고도 하는데, 지리산 노고단과 종석대 사이에 있는 코재 바로 아래 차일봉에서 발원하여 화엄사 앞을 흘러, 지나온 사도리 들판에서 섬진강에 합류하는 하천이다. 간밤에 비가 제법 내렸는지 수량도 풍부하고 물소리도 세속의 시끄러움을 덮을 듯 청량하다. 무엇보다도 물이 맑아 곱디고운 쪽빛이다. 왜 청내골인지 알 것도 같다. 이렇게 맑고 깨끗한 물이 골 앞을 흐르니 淸內일 수밖에. **황전마을**은 구례군 마산면 황전리黃田里에 있는 마을이다. 옛날부터 땅이 비옥하고 들의 곡식이 잘 여문다고 하여 황둔黃芚마을로 불리다가 일제 시절 바로 옆 우전牛田마을과 합쳐져 황전마을이 되었다. 마산면의 지명은 관내의 마산리에서 유래하였는데 마을 뒷산이 말의 형국인 것에서 유래하였다고 전한다. 이제부터 길은 좌측으로 황전마을을, 우측으로 황전천을 끼고 화엄사 방향으로 오른다. 황전천 변에는 갈대가 머리를 산발한 채 무성하게 들어서 고독한 가을 분위기를 연출한다. 신경림 시인은 그의 시 **갈대**에서 "바람도 달빛도 아닌 것,/ 갈대는 저를 흔드는 것이 제 조용한 울음인 것을/ 까맣게 몰랐다."라고 노래하였다. 아침에 거세게 불던 바람도 자는 지금, 저 갈대들은 마치 울면서 흔들리는 것 같다. 아니다. 내가 우는 것인지도 모른다. 그래서 내가 흔들리는 것일지도 모른다. 갈대도 사람도 산다는 것은 조용히 우는 게 아닐까? 상념傷念은 근원적이지 않을까? 갈대에 감정을 이입하며, 청량한 물소리에 위안을 받으며 오미 기점 7.6km까지 걸어 오르니 **화엄사 관광지구**이다. 코로나19 대유행의 여파를 극복하려는 듯 도로와 주차장을 정비하는 공사가 곳곳에서 진행되고 있다. 하지만 상가 전체 분위기는 직격탄을 맞은 것처럼 이미 황폐해졌다. 당구장, 볼링장, 그리고 노래방과 나이트클럽 등 유흥업소 대부분은 문을 닫았고, 건물은 모두 창고처럼 낡아 보였다. 빨리 관광객도 많이 찾아오고 소비 심리도 진작되어 상가가 활기를 찾기를 기대해본다. 이 관광지구에서 노고단 쪽으로 황전천을 따라 1.0km를 들어가면 화엄사가 있다. **화엄사**는 544년(신라 진흥왕 5년) 신라의 고승 연기조사緣起祖師가 창건했다. 그러다가 정유재란의 와중인 1597년(조선 선조 30년) 토지면 송정리 석주관성에서 의병이 일본군과 대치할 때 승군과 군량을 지원해 준 보복으로 왜군倭軍에 의해 모든 건물이 불타 버렸다. 그 후 1630년(조선 인조 8년)에 벽암대사碧巖大師가 중심이 되어 절을 재건하여 대웅전을 비롯한 건물 대부분은 1636년에 중창을 완료했다. 그리고 1699년(조선 숙종 25년) 벽암대사의 제자인 계파桂波 성능선사性能禪師가 왕실의 후원을 받아 4년 동안 중창불사를 벌였다. 이 과정에서 장륙전丈六殿은 1702년 중건되었는데, 완공 후 숙종은 자신이 직접 쓴 '각황보전覺皇寶殿'이라는 편액을 내려 이때부터 각황보전으로 부르다가 이후 각황전으로 고쳐 부르게 되었다. 이외에도 화엄사는 국보 4점, 보물 5점, 지방유형문화재 2점과 천연기념물 보호수 1주 등 많은 유적을 보유하고 있어 문화적, 역사적, 생태적 가치가 높은 사찰이다. 이미 몇 차례 들렀던 곳이고, 둘레길에서 벗어난 곳이라 시간을 핑계 삼아 그냥 지나치기로 한다. 다만 한국전쟁 당시 절을 불태우라는 상부의 지시를 융통성 있게 어기고 사찰을 지켜낸 고 **차일혁 총경**과 각황전 중건과 관련한 설화를 연상하며 사찰로 향하는 도로를 잠시 바라보다가 관광지구를 떠난다.

　화엄사 관광지구를 벗어나 오미 기점 8.0km 지점에서 구례군 마산면과 광의면 경계에 있는 **차일봉**遮日峰으로 오르는 능선으로 접어든다. 13:40이고, 소나무 숲길이다. 위를 향해 쭉쭉 뻗은 소나무들이 빽빽이 들어서서 하늘을 가리고 있다. 지리산 노고단에서 종석대鐘石臺를 거쳐 남쪽으로 뻗어내리는 차일봉 능선, 해를 가린다는 차일봉이란 이름이 어디서 왔는지를 대번에 알겠다. 멋진 소나무숲에 취하는 것도 잠시, 10분 정도 걸었을 때 느닷없이 엄청난 면적의 공사장을 만난다. 빽빽한 소나무를 전부 베어내고 우람한 포클레인 한 대가 황토를 마구 뒤집고 있다. 무엇 하느라고 산을 이렇게 파서 뒤집는지 의아하기만 하다. 그 의문은 잠시 후 풀린다. 좌측은 공터이고 우측은 소나무숲인 길을 한참 걸어 공사장의 측면으로 돌아서니 "반달가슴곰 보금자리 조성을 위한 건설공사 현장입니다."라는 현수막이 걸려 있다. 생태계의 한 종을 지키기 위해 또 다른 생태계인 숲을 파괴하는 일을 어떻게 받아들여야 할지 난감하기만 하다. 어느 하나를 잃지 않고 둘 모두를 살릴 방법은 없는지 안타깝다. 안타까움 속에 나머지 숲길을 걸어 오미 기점 9.1km에서 시멘트 임도이자 농로로 내려서고 몸뚱이에 **당촌마을**이라 쓴 벅수를 만난다. 14:08이다. 둘레길 누리집에 따르면 이 마을은 본래 풍수지리상 베를 짜는 형국이라 해서 사직동絲織洞이라 했다고 한다. 대한제국 말기 세제 정립상 편의를 도모하기 위하여 당촌唐村으로 이름을 바꾸어 오늘에 이르고 있으며, 수령이 300년 된 마을 정자나무에서 매년 음력 정월 초삼일에 당산제를 지낸다고 한다. 둘레길은 당촌 뒷길 임도를 따라 수한마을까지 평탄하게 이어진다. 평탄한 길을 편안하게 걸으며 시선을 좌우로 돌려도 금년 가을은 알록달록 가을 색깔이 없다. 초록에서 서서히 빨강, 노랑, 주황 등으로 변하면서 윤기가 좌르르 흐르는 단풍은 없고, 윤기 없는 초록과 검게 타버린 잎이 공존하며, 가을 분위기 전체를 흐릿하게 만드는 나무와 풀만 있을 뿐이다. 둘레길은 수평으로 계속 이어지는 농로이고 10.4km 지점에서 벼를 베어낸 논 가장자리에 수북하게 피어 있는 나팔꽃 무더기를 만난다. 한두 송이가 아니라, 말 그대로 무더기이다. 넝쿨 줄기에 하트 모양의 녹색 잎을 무성히 달고 수많은 자주색 나팔꽃이 마치 나팔수들처럼 하늘을 향해 나팔을 불고 있다. 무더기도 하나가 아니고 여러 개이다. '기쁜 소식'이라는 꽃말을 지닌, 한여름에 피어야 할 나팔꽃이 입동이 지난 이 초겨울에 저렇게 무수히 핀 까닭은 무엇일까? 지난여름 지독히도 더웠던 이상기후 때문이 아니었을까? 기쁜 소식을 전하는 나팔꽃이 과연 기쁜 소식을 전하기 위해 피었을까? 의문 속에, 불안감 속에 나팔꽃을 감상하는 중에 산책 나온, 60대 당촌 주민 한 사람을 만난다. 그 사람도 나팔꽃 무더기에 시선을 주면서 이런 현상은 평생에 처음이라며 놀라움을 금치 못한다. 만난 김에 서쪽으로 넓게 펼쳐진 저 들판의 이름이 무어냐고 묻자, 그는 **광의들**이라면서 들판 가운데 있는 마을을 가리키며 **지천리**芝川里라고 소개한다. 그리고는 과거에는 부유한 마을로 근방 마을의 부러움을 샀으나, 지금은 인근 돈사豚舍에서 풍기는 악취로 인해 고통을 겪는 마을이라고 한다. 그리고 그 냄새가 풍기지 않는 마을은 자신이 사는 당촌과 곧 도착할 수한마을밖에 없다며 은근히 자기 마을을 자랑한다. 그와 헤어진 후 맹종죽 숲이 우거진 언덕으로 길은 접어들고 곧 오미 기점 10.7km에서 수한마을 배후로를 만난다. 14:40이다.

수한水寒**마을**은 구례군 광의면光義面 수월리水月里에 속하는 자연마을이다. 본래 물이 차다 하여 물한리로 불리다가 행정구역 개편으로 수한마을이 되었다. 전국 어디서나 만날 수 있는 영락없는 시골 마을의 풍경을 간직한 곳이다. 배에 수한마을이라 쓴 벽수 바로 앞 집에는 앙증맞은 송죽정松竹亭을 지어놓았다. 맹종죽을 얼기설기 엮어 지붕을 만들고 문짝으로 벽을 세워 탁상시계, 코뿔소, 태극기, 앵무새 조각 등으로 장식한 조형 정자이다. 그리고 마당에는 검은색의 큼직한 정원석 위에 사자 한 마리, 날개를 펼친 독수리, 목이 긴 두루미 두 마리 등의 조각품이 재미있게 배치되어 있다. 전부 둘레꾼들을 배려한 장식이다. 고마움 속에 마을로 들어서서 허리만큼 낮은 돌담길에서 친근감을 느끼며 마을회관 앞에 도달한다. 회관 앞에는 520년 된 느티나무가 있는데 이곳에서 매년 당산제를 지내 마을의 평안을 빌고 있다고 한다. 당산나무의 잎이 일시에 피면 풍년이 들고, 2~3회 나누어 피면 흉년이 든다는 전설이 전하기도 한다. 풍요를 기원하는 주민들의 소망이 들어 있는 무형문화재와 설화가 전승되는, 전통이 살아 있는 마을이다. 수한마을 이름과 잘 어울리는, 냇가에서 빨래하는 아낙들의 모습이 그려진 벽화를 감상하면서 마을을 벗어나 방광리로 향한다. 14:47이다. 둘레길은 광의들을 관통하는 아스팔트 길이다. 곧 천은사와 성삼재로 향하는 **매천로**를 가로로 건너는 지점에서 돌담에 심겨 있는, 노랗고 풍성한 소국小菊에 마음을 빼앗기다가 멀리 시선을 들어 지리산 3대 주봉의 하나인 해발 1507m 노고단과 종석대의 시원하게 드러난 모습에 감탄한다. 감탄하면서 평지를 걸어 오미 기점 11.6km에서 방광마을 글자와 화살표가 그려진 입석을 만난다. 14:56이다.

화살표가 그려진 길을 따라 손톱보다 작은, 붉은 열매가 조랑조랑 달린 산수유나무가 담벼랑 위로 솟아 있는 모습에서 김종길 시인의 "아, 아버지가 눈을 헤치고 따 오신/ 그 붉은 산수유 열매-."라는 시구도 떠 올리고, 옹기종기 매달린 돌배나무에서 [하동호-삼화실] 구간에서 만났던 명사마을의 돌배도 연상하며, 짙은 녹색으로 튼실하게 자라고 있는 가을배추에서 왕성한 식욕을 느끼면서 차츰차츰 방광리로 다가간다. 마을 입구 정자 옆에는 순박한 소녀들처럼 청순한 백소국白小菊 다발이 나그네를 반긴다. 마을 안으로 발을 디디자마자 오미 기점 12.0km 벅수도 만나고, 추억 어린 정미소도 마주친다. 바로 **방광리**이다. 구례군 광의면 방광리放光里는 본래 판관이 살았다 하여 팡괭이라 불리다 방광으로 변했다고 한다. 그렇다면 빛을 낸다는 뜻의 放光(방광)은 음차이다. 한편 다른 유래도 있다고 한다. 지리산 우번대라는 암자에 사미승과 노승이 살았는데, 어느 날 사미승이 남의 밭에서 좁쌀 세 알을 훔치는 것을 본 노승이 '3년간 일해 갚으라'는 벌을 사미승에게 내린다. 이후 사미승은 소로 변했고, 밭 주인집에서 여물 대신 밥을 먹고 살았다. 그런데 소가 싼 똥이 땅에 떨어지면 빛을 내면서 곡식이 잘 자랐고, 그래서 마을 이름이 방광리가 되었다는 전설이 그것이다. 이 전설에는 남의 것을 훔치면 안 된다는 가르침과 풍요에 대한 주민들의 염원이 담겨 있다. 나는 어쩐지 후자의 전설이 진실로 여겨진다. 빛을 내는 마을 방광리 마을회관 앞에는 540살 먹었다는 느티나무 3그루가 형제들처럼 자리를 잡았고, 그 나무 아래는 종석정種石亭이라는 마을 어르신들 쉼터가 자리를 잡고 있다. 회관 앞에는 직진하는 길과 좌회전하는 길이 공존하는데 마땅히 있어야 할 벅수가 없어 방향을 잡을 수가 없다. 짐작에 직진이 옳겠다 싶어 곧장 나아가 꼬불꼬불 마을을 통과한다. 각각의 집들은 돌담을 쌓고 담 안에 유실수有實樹 한 그루 이상을 심었다. 어떤 집은 주황색 감을 주렁주렁 매단 감나무를, 어떤 집은 빨간 열매를 무수히 매단 산수유나무를 심어서 마을 전체를 한 폭의 그림으로 보이게 한다. 참으로 풍요롭고 아름다운 마을이다. 하지만 지리산둘레길 시종점을 알리는 주황색 철제 벅수가 보이지 않는다. 그리고 길을 물을 주민도 보이지 않는다. 그러다 마침 공무를 집행하고 있는 면사무소 직원을 만나 둘레길 종점이 어딘지 물어 마을을 우회하여 지리산둘레길 [오미-방광] 구간의 종점인 **참새미골**에 도착한다. 나중에 안 사실은 마을회관 앞에서 좌회전해야 곧장 참새미골로 올 수 있다는 점이다. 참새미골 앞에 있는 소원바위는 지리산 산신이 참새미골에 자주 놀러 왔다가, 자식을 낳지 못하는 아낙네가 바위를 품고 간절히 소원을 비는 모습을 보고 아들을 점지해 주었다는 전설이 깃들어 있다. **소원바위** 앞에서 오늘의 지리산둘레길 [오미-방광] 구간의 탐방을 마친다. 오미 기점 12.3km이고 15:15이다.

지리산둘레길 [오미 - 방광] 구간을 걸으면서 자신을 옥죄고 있는 담벼락을 망치로 깨고 **진정한 자유**를 누린 두 사람을 만났다. [오미-방광] 둘레길에서 조금 벗어난 곳인 전라남도 구례군 광의면 수월리

진정한 자유인 차일혁 총경이 지켜낸 화엄사 계곡을 흐르는 황전천

월곡月谷마을에는 대한제국 말 우국지사이자 문장가인 매천梅泉 **황현黃玹** 선생의 위패를 모신 사당인 매천사梅泉祠가 있다. 황현 선생은 1910년 일제에 나라를 빼앗기자 그 치욕과 원통함을 이기지 못하여 절명시絶命詩 4수와 유서를 남기고 음독 순국하였다. 그가 태어난 곳은 광양시光陽市 봉강면鳳岡面 석사리石社里 서석西石마을이지만, 이사한 후 순절할 때까지 살았던 곳이 지금의 매천사가 있는 곳이다. 세종 때의 명재상 황희 정승의 후손으로 1855년 태어난 황현은 시문에 능하여 1885년(고종 22년) 생원시에 장원하였으나, 시국의 혼란함과 관리들의 부패상을 개탄하여 관직에 나가기를 단념하고 월곡마을에 은거하며 초가 3칸을 짓고, 구안당苟安堂이라 이름하여 학

문을 연구하고 후학을 가르치는 데 힘썼다.

> 鳥獸哀鳴海岳嚬 (조수애명해악빈)
> 　　새와 짐승도 슬피 울고 산하도 찡그리니
> 槿花世界已沉淪 (근화세계이침륜)
> 　　무궁화 세계가 이미 망했구나!
> 秋燈掩卷懷千古 (추등엄권회천고)
> 　　가을 등불 아래 책 덮고 천고의 역사를 회고하니
> 難作人間識字人 (난작인간식자인)
> 　　글을 아는 인간의 구실이 어렵구나!

절명시는 목숨을 끊으면서 쓴 시를 의미한다. 이 시는 그의 절명시 4수 중 제3수이다. 나라가 망한 것을 슬퍼하며, 역사를 돌이켜 지식인으로서 나라를 제대로 지키지 못한 자신을 자책하고 있다. 그는 이민족異民族의 지배를 받는 나라에서는 국가를 안정시키고 백성을 편안하게 해야 한다는 지식인의 의무를 실현할 수 없으리라는 확신 속에 비굴한 삶을 버리고 목숨을 스스로 끊은 것이다. 대한제국 말기 가렴주구苛斂誅求를 일삼던 탐관오리貪官汚吏들이 전부 일본 제국주의의 고관이 되어 다시 민중의 고혈膏血을 빨아 제 배를 채운 것에 비하면, 그는 현실과 타협하거나 일신의 이익을 탐하는 삶을 거부하고 영혼의 자유를 추구한 의인이다.

그리고 오늘의 둘레길 탐방에서 국보 및 보물급 유형문화재 11점

을 보유한 화엄사 앞을 지났다. 화엄사 경내에는 소중한 문화재 보존에 혁혁한 공을 세운, 빨치산 토벌대장이었던 서남지구 전투경찰대 제2연대장 **차일혁**車一赫(1920~1958) 총경의 공덕비가 있다. 한국전쟁 당시 정부는 지리산에서 활약하는 빨치산의 근거지를 없애기 위해 화엄사를 소각하라고 명령하였는데, 차일혁 대장은 "태우는 건 하루면 되지만 다시 세우려면 천 년으로도 부족하다."라며 국보인 화엄사 각황전의 문짝 하나만 떼 내어 불태우고는 상부에 화엄사를 소각하였다고 보고하였다. 그때 차일혁 대장이 아무런 역사의식 없이 명령대로 화엄사를 불태웠다면 우리의 소중한 문화유산을 지금은 볼 수 없을 것이다. 2008년 10월 18일, 정부는 그에게 화엄사를 비롯해 지리산의 문화유적을 지킨 공로를 인정하여 보관문화훈장 3등급을 추서하였다.

이른 아침 들판에 나가
일하는 농부에게 물어보라.

공산주의가 무엇이며
자본주의가 무엇인지 아는 사람이 몇 명이나 있겠는가.

지리산 싸움에서 죽은 군경이나 빨치산에게 물어보라.
공산주의를 위해 죽었다.

민주주의를 위해 죽었다 할 사람이
과연 몇이나 있겠는가?

그들은 왜 죽었는지
영문도 모른다고 할 사람이 태반일 것이다.

이 싸움에서 어쩔 수 없이 하지만
후에 세월이 가면 다 밝혀질 것이다.

미국과 소련 두 강대국 사이에 끼여 벌어진
부질없는 골육상쟁 동족상잔이었다고.

 이 시는 차일혁 총경이 생전에 쓴 시로 알려져 있다. 한국전쟁이 끝난 지 70년이 지난 지금도 우리 사회는 우파, 좌파의 이념 대립으로 인한 갈등이 여전히 존재하고 있는데, 빨갱이라면 무조건 죽여야 한다고 광분하던 한국전쟁 시기에 전쟁의 원인을 미국과 소련 두 강대국의 식민지 확장 정책 때문이었음을 정확히 인식하고 전쟁의 부질없음을 적고 있으니 그의 양심과 용기와 혜안慧眼은 탁월하다. 1953년 9월 18일 차일혁 부대는 지리산 빗점골에서 빨치산 대장 이현상을 사살하였다. 사살된 이현상의 시신은 이승만 대통령에게 보여주기 위해 서울로 운구하였는데, 이승만이 시신을 보기 싫다고 거절하여 창경원에서 일반인에게 공개하였다. 그 후 이현상의 시신은 친척들도 역적이라며 인수를 거부하여 다시 화개장터로 돌아왔고, 1953년 10월 8일 차일혁 대장은 화개장터 옆에 있는 섬진강 백사장에서 이현상의 시체를 그의 유품인 염주와 함께 화장하였다. 화장이 끝난 후 차일혁 토벌대장은 이현상의 뼈를 자신의 철모에 넣고 M1 소총으로 빻아 섬진강 물에 뿌렸다. 그리고는 권총을 꺼내 허공을 향해 3발을 쏘았다. 그것은 이현상이 가는 저승길에 부치는 차일혁의 조사弔辭였다. 그 후 차일혁은 이현상을 정중히 화장하였다는 이유로 상부로부터 많은 비난을 받은 것으로 알려졌다. 차일혁은 중국 황포군관학교를 졸업하고 이후 조선의용대에 입대하여 1938년부터 1945년까지 모택동이 이끄는 팔로군八路軍과 함께 항일유격전 활동을 벌였다. 해방 후 귀국하여 당시 미 군정의 보호 아래 있던 종로경찰서의 악명 높았던 일본인 경찰과 헌병사령관을 총으로 쏘았다. 그 후 입대하여 청년방위대 고문으로 한국전쟁 초 북한군과 유격전을 전개하다 1950년 12월 경찰로 편입하여 빨치산 토벌을 지휘하였다. 조선의용대는 좌익계열의 독립운동 단체였고, 지리산 인근에서 빨치산을 토벌할 때 공산주의자들에게 온정적이었다는 이유로 진해경찰서장 재직 당시 좌익혐의로 조사를 받기도 하였다. 차일혁 총경은 이후 공주경찰서장으로 좌천되었다가 1958년 8월 9일 금강에서 수영하던 중 그의 아들이 보는 앞에서 물속으로 들어가더니 나오지 않았다. 심장마비로 사망한 것이었다.

많은 사람이 일제의 탄압이라는 담벼락에 갇혀 침묵하거나 일제에 협조하고 있을 때, 차일혁은 그 담벼락을 깨고 중국으로 가서 독립운동 단체에 가담하여 활동하였다. 그리고 그는 이데올로기(Ideologie)라는 담벼락이 자신의 언행을 제한한다는 것을 정확히 인식하고 광복 후 민족진영에 합류하였으며, 적장 이현상을 정중히 화장하였고, 상부의 지시를 거부하고 화엄사를 지켜내었다. 그리고 황현이 시국의 혼란함과 관리들의 부패상을 개탄하여 관직에 나가기를 단념한 것이나, 일본이 대한제국의 국권을 침탈하자 분연히 순국한 것은 모두 보이지 않는 담벼락이 자신을 옥죄고 있음을 깨달았기에 가능하였다. 독일 철학자 **니체**는 "자유를 꿈꾸는 사람만이 자신을 옥죄고 있는 담벼락과 조우遭遇할 수 있을 뿐이다."라고 하였다. 결국, 차일혁과 황현은 자유를 꿈꾸는 사람들이었고, 그래서 보이지 않는 담벼락을 볼 수 있었으며, 마침내는 그것을 깨고 자유의지를 행한 사람들이었다. 그리고 니체는 "자유를 꿈꾸지 않는 사람은 담벼락에 갇혀 있지만 갇혀 있는 줄 모르는 사람이거나, 갇힌 줄 알지만, 그것에 익숙해진 사람이다."라고 하였다. 여기서 사람을 옥죄는 담벼락은 '영원히 고정되어 있어서 바뀔 수 없다고 상정된 것' 모두라고 철학자 **강신주**는 그의 저서 '철학이 필요한 시간'에서 말하고 있다. 여기서 영원히 고정되어 있어서 바뀔 수 없다고 상정된 것은 모두 부모나 학교, 국가, 사회, 종교 등을 통해 만들어진 제도적 규범이 무비판적으로 수용되면서 만들어진 것이다. 우리가 진정한 자유인이 되기 위해서는 나를 옥죄는 담벼락이 무엇인지를 인식할 수 있어야 하고, 그것을 망치로 깨뜨리는 사고와 행동을 해야만 한다. 오늘 만난 진정한 자유인 두 사람은 나에게 망치로 담벼락을 부수라고 명령하는 것 같다.

 오래된 신앙信仰
20구간 [방광–산동]

전라남도 구례군 광의면 방광리와 구례군 산동면 원촌리를 잇는 13km의 [방광–산동] 구간은 지리산둘레길 21구간 중 제20구간이다. 이 구간은 지리산국립공원을 이웃하며 걷는 임도, 그리고 마을과 마을을 잇는 옛길로 구성된다. 방광리를 지나 당동 예술인마을로 향하다 보면 대전리 석불입상과 조선 시대 남악사터를 볼 수 있다. 지초봉 일대는 구례수목원과 접해있어 다양한 숲 자원을 만난다. 진시황의 명을 받은 서불이 불로장생약을 찾기 위해 들렀다는 지초봉 옆의 구리재에 올라서면 구례 분지의 넓은 풍광이 한눈에 들어온다.

— 지리산둘레길 누리집에서 수정 인용

출처 : 지리산둘레길 누리집

2023년 11월 10일 지리산둘레길 [오미-방광] 구간 탐방을 마친 후 '빛을 내는 마을' 전라남도 구례군求禮郡 광의면光義面 **방광리**放光里를 다시 찾은 것은 정확히 81일이 지난 2024년 1월 30일 화요일이다. [방광-산동] 구간을 탐방하기 위해서이다. 일부러 한겨울을 택하여 지리산둘레길 탐방에 나선 것은 지리산 아래의 겨울 모습을 눈에 담기 위해서이다. 택시를 내린 곳은 **참새미마을**이라는 글자가 세로로 적힌 큼직한 간판이 달린 곳이다. 방광리의 북쪽 동구洞口이지만 아름다운 마을 모습이 다시 보고 싶어 골목을 더듬어 마을 안으로 들어간다. 거의 모든 집이 검은색을 띤, 그리 크지 않은 자연석을 쌓고, 돌 사이의 틈을 메운 흙 위에 이끼가 붙어, 어떤 집은 넝쿨 식물이 감아서 고풍스러운 느낌을 주는 담으로 둘려 있다. 담 높이도 사람 키보다 낮아 집과 집 사이, 집과 길 사이의 경계를 표시할 뿐이지 타인을 배척하려는 의도가 없어 참으로 정겹다. 그리고 담 안에는 어김없이 산수유나무나 감나무 몇 그루가 심겨 있어 옛 시골 마을의 모습을 그대로 간직하고 있다. 다만 김종길 시인이 성탄제聖誕祭라는 시에서 말한 "아, 아버지가 눈을 헤치고 따 오신/ 그 붉은 산수유 열매-"가 없어 아쉽다. 사랑하는 어린 아들이 앓아누웠을 때 해열제로 쓰기 위해 눈 속을 헤쳐서 구해온, 아버지의 자식에 대한 헌신적 사랑을 상징하는 붉은 산수유 열매가 지난 11월에는 집집마다 담장 위에 풍성하게 달려 있었는데……. 하지만 지금은 가지만 앙상한 저 나무에도 봄이 오면 노란 산수유꽃이 무한정 필 것이고, 여름이면 푸른 잎과 열매가 무성히 달렸다가, 가을이면 다시 부정父情

을 상징하는 붉은 산수유 열매가 무수히 빛을 발할 것이다. 그렇게 자연은 순환하면서 변하는 것이고 그 속에서 살아가는 방광리 주민들 역시 순간순간의 변화를 받아들이며 삶을 영위할 것이다. 텃밭에 심긴 마늘이 모진 겨울을 이기느라 잎의 끝이 노랗게 시들어 있지만 그래도 꿋꿋하게 생명의 강인함을 보여준다. 그리고 낮은 담 너머로 보이는 어떤 집 마당의 구석에는 장작이 가득 쌓여 있어 보기만 해도 따뜻함이 전해져 온다. 하늘은 구름 한 점 없이 파랗고 기온은 겨울답지 않게 따뜻하다. 맑고 따뜻함 속에 참새 소리가 유난히 크게 들릴 정도로 마을은 고요하고 평화롭다. 한편 둘레길 탐방 시작점에는 크고 둥근 **소원바위**가 우람하게 자리 잡고 있다. 마을 북쪽 입구에 있는 이 소원바위는 지리산 산신이 참새미골에 자주 놀러 왔다가, 자식을 낳지 못하는 아낙네가 바위를 품고 간절히 소원을 비는 모습을 보고 아들을 점지해 주었다는 전설이 깃들어 있다. 산신山神과 암석신巖石神에 대한 믿음이 결합한 자연신自然神 숭배 사상을 바탕으로 한 전설이다.

설레는 마음으로 소원바위 앞에서 [방광-산동] 구간 지리산둘레길 탐방을 시작한다. 누구를, 어떤 것을 만나고 무엇을 느끼고 얻을 것인가에 대한 기대감을 안고서. 진행 방향은 전체적으로 남에서 북으로이다. 11:17이다. 마을 아래로 내려서자 천은사 계곡에서 흘러온 물줄기가 있는 참새미골을 만난다. 이곳에는 방광리에서 운영하는 물놀이 시설이 있다. 캠핑장과 수영장이 갖추어져 있고, 부대 시설로 샤워실과 화장실 그리고 주차장이 설치되어 있다. 여름에는 제법 북적대는 피서지인 모양인데, 지금은 겨울이라 사람 하나 볼 수 없이 을씨년스러운 분위기이다. 곧 맑디맑은 참새미골 물을 건너 산길로 접어든다. 이제부터 둘레길은 산길과 임도를 번갈아 걷는다. 구례군 광의면 방광리와 대전리大田里의 마을 뒷산을 걷는 길이다. 해발 1354m 종석대에서 서쪽으로 뻗어내린 중간에 있는, 해발 726m 간미봉 남서쪽 비탈의 종아리 근처를 걷는 길이다. 낮은 언덕도 오르내리고, 신우대 터널도 지나고, 그리 굵지 않은 소나무가 우거진 숲길도 걷는다. 그리고 개가 열심히 짖는 농막 앞도 스쳐 지난다. 또한, 밤톨이 모두 빠진 쭉정이 밤송이도 밟으며 걷는다. 시야가 트이는 곳에서는, 구례읍을 병풍처럼 두른 견두지맥을 조망하기도 한다. 그러다가 방광 기점 1.8km에서 하늘을 향해 시원하게 뻗어 오른 단풍나무 군락지를 만난다. 가을이면 눈을 황홀하게 해 줄 단풍나무이지만 지금은 잎을 모두 떨어뜨리고 줄기와 가지만 은백색 빛을 발하며 고고하게 무리 지어 서 있다. 이처럼 자연은 계절의 바뀜에 순응하며 각각 달라진 모습으로 아름다움을 드러낸다. 참으로 위대한 자연이다. 신우대 우거진 언덕을 올라 오른쪽으로 방향을 틀어 잠시 오르니 2.0km 지점에서 아주 넓은 감나무 농원을 만난다. 구례군 광의면 대전리에 있는 **한울농원**이다. 12:02이다. '한'은 '크다'는 뜻이고 '울'은 '우리'의 준말이다. 따라서 '한울'은 '큰 우리'라는 뜻이다. 큰 우리라는 이름에 걸맞게 1,200그루의 감나무가 있는 매우 큰 농원이고, 역시 이름에 걸맞게 농장주는 큰마음으로 포용력을 발휘하여 둘레꾼들에게 농원 정중앙으로 둘레길을 내어 주고 있다. 또 간이 화장실까지 설치하여 둘레꾼들에게 편의를 제공하고 있다. 견물생심見物生心이라 가을에는 길 가는 둘레꾼들이 잘 익은 감에 손을 댈 수도 있고, 봄에는 하얗게 핀 감꽃이 달린 가지를 꺾을 수도 있을 텐데 정말 큰마음으로 길을 내어준 농장주에게 진심으로 존경심이 생기지 않을 수 없다. 역사의 현장이자 문화의 보고寶庫이며 생태계의 순환이 살아 있는 지리산둘레길은 이렇게 주민들의 양보로 이루어진 소중한 길이다.

원래 한밭골로 불리던 대전리는 마을 안으로 들어가지 않고, 마을 배후로만 지나간다. 한울농원의 언덕을 내려서서 목교木橋를 건너니 우거진 맹종죽 숲을 만나고, 임도를 따라 대숲을 돌아가니 마을 사람들이 미륵골이라 부르는 곳에서 대전리 **석불입상**石佛立像과 만난다. 이 불상에 대하여 지리산둘레길 누리집에서는 다음처럼 설명하고 있다.

"9~10세기경 고려 초기에 만들어진 대전리 석불입상은 불법을 관장하는 비로자나불의 상징인 지권인 수인을 하고 있다. 지권인(智拳印) 수인(手印)은 손가락을 꼬거나, 한 손의 검지를 다른 손바닥으로 움켜쥐는 형상이다. 이것은 너와 나, 부처와 중생이 둘이 아닌 하나라는 것을 뜻한다. 높이 190cm의 석불입상의 늠름한 자태는 후삼국을 통일한 신생국가 고려의 강력함을 표현하고, 적극적인 중생구제의 의지를 드러내고 있다. 전체적으로 몸체와 수인의 형태는 잘 남아 있지만, 얼굴은 많이 훼손되어 있는데, 아마도 부처의 코를 만지면 아들을 낳는다는 토속신앙의 영향일 것이다. 대전리 석불 옆에는 무릎을 꿇고 있는 보살상과 돌기둥 2개가 남아 있다. 이는 화엄사 사사자삼층석탑과 공양보살석등을 계승하는 것으로 추정된다. 아마도 보살상의 머리에는 석등이 있었을 것이고, 돌기둥은 그 석등을 지지하던 기둥이었을 것이다."

불교에서 수인이란 부처나 보살이 스스로 깨달아 몸에 지닌 진리나 서원誓願을 밖으로 표시하기 위하여 열 손가락으로 짓는 손 모양을 말한다. 그리고 훼손된 얼굴은 외래 종교인 불교가 우리나라의 토속신앙인 자연신 숭배 사상을 수용하여 기복신앙祈福信仰의 성격을 지니게 되었음을 보여주는 증거이다. 하지만 부러진 돌기둥은 아쉽게도 전각 밖으로 밀려나 돌담 구석에 팽개쳐져 있다. 비록 부러져서 보잘것없어도 천년이 넘는 시간 동안 수많은 사람의 간절한 기원을 지켜본, 소중한 신앙물이자 유형문화재인데 너무 가볍게 여겨서 안타깝다. 문화재 당국의 세심한 관리가 필요하지 않을까. 아쉬움 속에 석불을 뒤로하고 돌아서니 이팝나무와 벚나무 묘목이 밭에 가득하고, 이 묘목들을 판다는 글귀가 어설픈 나무판에 전화번호와 함께 쓰여 있다. 불심佛心 가득한 이 미륵골에도 현실적 삶이 엄연히 존재하고 있음에 비로자나 부처의 지권인 수인이 보여주는 중생과 부처는 둘이 아니라는 불이사상不二思想이 참임을 깨닫는다. 이어지는 임도 오른쪽으로 소나무와 동백나무 묘목이 밭에 가득하여 눈을 즐겁게 한다. 마침 왼쪽 시야도 탁 트여 견두지맥의 장쾌한 능선을 다시 조망하는 즐거움도 누린다. 수평으로 이어지던 임도가 90도 좌회전하여 잠시 내리막을 펼치더니 다시 90도 우회전하여 널찍한 길로 이어지며 좌측과 정면으로 산뜻하게 새로 지은 집들이 성글게 서 있다.

구례군 광의면 **온당리**溫堂里 **당동**堂洞이다. 방광 기점 3.0km이고 12:27이다. 지리산 **남악신**南嶽神을 모신 사당이 있었다 하여 사당의 당堂을 빌려 당몰이 되었다가 1914년 행정구역 개편 때 당동으로 고쳤다고 한다. 자연신 중 산신山神을 숭배한 흔적이 있는 마을이다. 우리나라에서 산이 신성시된 것은 오래전부터이다. 고조선을 비롯하여 가야, 신라의 건국신화에서 환웅, 김수로왕, 박혁거세는 모두 하늘로부터 산꼭대기를 거쳐 땅으로 내려온 데서 그것을 알 수 있다. 또 단군이 아사달의 산신이 되고, 신라의 석탈해가 토함산의 산신이 되는 것을 볼 때 당시에 이미 산신이 인격화되었음을 알 수 있다. 특히 신라에서는 산신 신앙이 두터워서 삼산오악신三山五岳神에 제사를 지냈는데, 삼산三山은 국가의 대소사를 신령께 고하던 나력산奈歷山, 옛날 왕들의 무덤과 고분이 있는 혈례산六禮山, 왕족들의 무덤이 있는 골화산骨火山을 말한다. 나력산은 지금의 경주慶州에 있고 골화산은 지금의 영천永川에 있으며, 혈례산은 지금의 청도淸道에 있다고 한다. 그리고 오악五岳은 동악東嶽인 토함산吐含山, 서악西嶽인 계룡산鷄龍山, 남악南嶽인 지리산智異山, 북악北嶽인 태백산太白山,

중악中嶽인 팔공산八公山을 일컫는데, 현재와 산 이름이 일치한다. 다만, 신라의 남악 제사 장소가 이 당동이었는지는 알 수가 없다. 온당리 당동의 남악사는 고려 태조 왕건이 왕조 창업을 기념하면서 세운 것이라 한다. 그리고 조선 초에 당동의 남악사가 지리산신사智異山神祠로 중창된 것으로 추측하고 있다. 조선은 지리산 당동 남악사에서 봄과 가을에 길[道(도)]을 관장하는 신령에게 국가적 차원에서 제사를 지냈으며, 지리산 산신이 영험하여 가뭄이 심할 때 기우제를 지내면 비를 내리게 해주었고, 전염병이 크게 돌면 지방관청에서 향과 축을 보내어 돌림병으로 죽은 귀신에게 지내는 제사인 여제厲祭를 지냈다고 하며, 지방 수령들은 국가적인 재앙이 닥치면 지리산 산신에게 제사를 올려 백성들에게 복을 내리고 은택을 베풀기를 기원하였다고 한다. 따라서 남악사에서 제사를 지내며 받들었던 지리산신은 국가적, 정치적, 사회적 신앙의 대상이었으며, 당동은 성스러운 산신제를 지내는 남악사가 있던 마을이었다. 다만, 둘레길 주변에는 남악사터가 어디에 있었는지 알려주는 표지판이 없는지라 그곳을 찾을 수가 없어 아쉬울 뿐이다. 아쉬움 속에 당동 사거리에 당도하니 **구례 예술인마을**을 안내하는 약도가 반짝이는 금속판에 새겨져 있고, 둘레길 진행 방향도 표시해 놓았다. 안내판이 알려주는 화살표를 따라 들어가니, 깔끔하고 정갈하며 현대적 조형미가 돋보이는 집들이 각각의 위치에서 각각의 자태를 뽐내는, 큼직한 마을이 눈에 가득 찬다. 원래의 당동 옆에 새로 조성한 구례 예술인마을이다. 서양화가, 동양화가, 조각가, 건축가, 목공예가들이 함께 조성한, 30여 호가 있는 예술인마을이다. 다양한 장르의 예술가들이 모여 사는 마을인 만큼 집들도 개성이 뚜렷하다. 아름다움을 창조하려는 공통의 목적의식을 지닌 예술가들이 한마을에 살면서 토론하고 격려하며 협력한다면 시너지효과가 생길 것이고 뛰어난 예술 창조로 이어질 수도 있을 것이다. 마을 상부의 회전교차로에서 마을 하부로 시선을 던지니 마을 앞 저수지인 난동제蘭洞堤와 조화를 이룬 모습이 참으로 아름다워 마을 이름에 걸맞다고 느낀다. 그야말로 배산임수背山臨水한 마을이다. 몸을 뒤로 돌려 산으로 난 길을 따라 숲으로 들어가 방광 기점 3.4km에서 90도 좌회전하여 난동 예술인마을을 벗어난다. 12:35이다.

숲길도 잠시 다시 임도가 나타나고 시야도 탁 트여 행글라이더 활공장滑空場을 정수리에 이고 있는 **지초봉**芝草峰이 우뚝 다가선다. 삼기三機의 행글라이더가 이미 이륙하여 마치 새처럼 여유롭게 하늘을 날고 있다. 그들이 하늘에서 느끼는 자유를 부러워하며 길을 걸으니 잠시 후 지초봉으로 가는 2차선 아스팔트 도로와 만나고 그곳에서 90도 우회전하여 제법 경사가 있는 도로를 따라 오른다. 12:42이다. 도로 왼쪽은 구례군 광의면 **온당리**溫堂里 **난동**蘭洞이고 오른쪽은 난동 주민들의 생활 터전인 논과 밭이다. 맨 먼저 만나는 주민은 삭힌 쇠똥 거름을 밭에 내는 할머니이다. 공손하게 인사한 후 이 마을이 난동인가를 여쭈어 확인한다. 하지만 왜 할머니 혼자 이 힘든 일을 하시느냐는 질문은 차마 하지 못한다. 할머니의 마음을 아프게 할 질문이기 때문이다. 농촌 주민의 고령화는 이미 알고 있는 문제이지만, 더 큰 문제는 농촌의 여성화이다. 남성이 여성보다 기대수명이 짧아서 생기는 현상이다. 남편이 없는 농촌 여성들이 논밭을 버려둘 수가 없으니 직접 노동을 할 수밖에 없는 현실이 애처롭다. 애처롭지만 내가 할머니 대신 거름을 낼 수도 없는 노릇이라 애써 고개를 돌려 좌측의 마을을 바라보며 걷는다. 난동은 마을 뒤에 있는 난약사蘭若寺라는 절의 이름과 난초가 많아서 난곡蘭谷이라 불린 데서 유래하였다고 한다. 이 마을에는 할아버지 당산과 할머니 당산이 따로 있으며, 할아버지 당산나무는 마을 입구에, 할머니 당산나무는 마을 안쪽에 자리를 잡고 마을의 안녕을 지키고 있단다. 마을에서는 매년 정월 초하루에 두 곳에서 당산제를 거행한단다. 할아버지 당산나무 옆에는 마을 밖에서 들어오는 액을 막고, 마을 안에서 흘러나가는 복을 막아 준다는, 돌로 쌓은 조탑造塔이 있다고 하는데, 둘레길은 마을을 비껴가므로 당산나무와 조탑을 볼 수는 없다. 당산제는 자연신 중 수목신樹木神을 숭배하는 신앙이며, 당산나무는 동신洞神으로 사회적 성격을 지니는 신앙의 대상이다. 마을을 바라보며 천천히 오르막 도로를 오르다가 도로 오른쪽에 수령樹齡 400년의 소나무 보호수 무리를 만난다. 나무는 모두 일곱 그루이고 그중 한 그루는 무엇 때문인지 허리가 부러져 넘어져 있는데, 굵기가 모두 달라 모든 나무가 400년 된 것은 아닌 듯하다. 그리고 줄기를 베어내고 남은 거대한 등걸 하나가 이끼를 잔뜩 달고 풀 속에 묻혀 있다. 아마도 폭풍우에 넘어진 것을 베어낸 모양인데 만약에 살아 있다면 가장 굵은 나무일 듯하다. 나무들 중앙에는 돌탑을 쌓고 제단을 마련해둔 것으로 보아 이 소나무들 역시 신앙의 대상이었던 듯하다. 소나무 무리에서 물러나 몸을 뒤로 틀어 난동을 바라보니 걸어오며 보지 못했던 난동의 전경도 보이고 수관(樹冠)에 몇 개의 까치집을 달고 있는 두 그루의 당산나무도 보인다. 평화로우면서도 넉넉함이 느껴지는 마을이다. 앞만 보고 걸으면 보지 못한 것도 뒤돌아보면 볼 수도 있음을 새삼 깨닫는다. 인생도 마찬가지 아닐까. 무작정 목표를 향하여 나아가기만 할 것이 아니라, 가끔은 지난날을 돌아보며 자신을 성찰할 필요가 있지 않을까. 여행은 이처럼 삶의 자세를 깨우칠 수 있다는 점에서도 가치 있는 행위이다. 다시 도로를 걸어 지초봉 쪽으로 오르면서 좌우를 보니 감나무밭이 대부분인데, 아마도 난동의 주 수입원이 감 농사인 듯하다. 방광 기점 4.1km에서 난동을 벗어나 구리재로 올라가는 시멘트 임도에 접어든다. 13:00이다.

구리재는 구렁이를 뜻하는 전라 방언 '구리'에서 가져온 이름으로 재에 오르는 길의 생김새가 구렁이가 움직이는 것처럼 구불구불하다고 해서 붙은 이름이란다. 하지만 이 지역 사람들은 실제로 구렁이를 구리로 발음하지 않는다. 정확히는 '구리이[guri-ŋi]'로 발음한다. 표준어로 두 번째 음절의 종성에서 발음하는 [ŋ]을 전라 방언에서는 세 번째 음절의 초성으로 발음하기 때문이다. 구리이재로 오르는 시멘트 임도는 오른쪽에 작은 계곡을 끼고 완만하게 이어진다.

오르는 도중 방광 기점 4.5km에서 질서정연하게 조성된 전주全州 최씨崔氏 종중宗中 평장平葬 묘역을 만나고, 그 앞에 있는 **온난제**溫蘭堤라는 작은 저수지 옆에서 물결 하나 일렁이지 않는 수면을 바라보며 점심을 먹는다. 13:15이다. 평온하다. 비록 빵 두 개와 두유 하나지만 열심히 걷고 평온하게 먹으니 아주 맛있게 먹힌다. 20분간 점심을 하고 다시 완만한 오르막을 느릿하게 걷는다. 오르면 오를수록 지금 오르고 있는 고개가 왜 구리이재인지 알겠다. 정말 구불구불 지그재그로 길은 이어진다. 커브를 돌거나 가파른 경사지는 시멘트로 포장하고 나머지 대부분은 흙길 그대로다. 모래흙이라서 얼었던 곳이 녹아도 질퍽거리지 않는다. 촉감이 부드러워 밟을수록 기분이 좋아지는 길이다. 방광 기점 5.5km에서 갑자기 길 왼쪽이 탁 트이더니 잠시 전 지났던 난동과 구례 들판, 그리고 견두지맥이 시원하게 조망된다. 견두지맥犬頭地脈은, 지리산 서북능선이 해발 1433m 만복대萬福臺에서 서쪽으로 방향을 틀어 1048m의 영제봉을 만들고 이어서 밤재를 지나면서 다시 남으로 방향을 바꾸어 774m의 견두산犬頭山을 세우고 600m 이상의 봉峰과 안부鞍部를 수없이 만들며, 구례군 산동면山洞面과 용방면龍方面 그리고 구례읍求禮邑의 서쪽을 병풍처럼 감싸며 남으로 달리다가 구례읍 신월리新月里에서 섬진강으로 잠기는 37.5km의 장쾌한 능선을 말한다. 다시 눈을 위로 향하니 하늘은 파란데, 봉황의 깃털 같은 구름도 있고 물고기 비늘 같은 구름, 그리고 물결이 일렁이는 듯한 흰 구름이 하늘을 수놓고 있다. 마치 가을 하늘처럼 아름답다. 다시 걸음을 옮기니

5.6km 지점에서 삼거리가 나타나고 이정목里程木은, 둘레길은 구리이재 방향의 오른쪽이고 왼쪽은 만남의 광장과 방문자센터로 가는 길임을 알려준다. 그리고 허리에는 **칡대밭골**이라는 이름표를 달고 있다. 14:00이다. 아마도 구리이재로 오르는 이 골짜기가 원래는 칡대밭골로 불리었던 모양이다. 이름으로 봐서는 칡이 많이 자라고 대나무가 우거진 곳이었던 모양이고, 대나무가 우거졌으니 마을도 있었을 것이다. 칡을 캐 먹고 살다가 한국전쟁 당시 공비토벌 과정에서 마을이 소개疏開된 것이 아닌가 하고 추측해본다. 구례군 누리집을 비롯하여 어디에도 칡대밭골을 설명해주는 데가 없으니 막연하게 추측해볼 수밖에……. 칡대밭골 삼거리를 지나 길은 다시 구불구불 이어지는데, 길가에는 둘레꾼들이 쉬어가라고 대리석을 반들반들하게 깎아 등받이 없는 긴 의자를 만들어 놓았다. 그리고 그 의자에는 삶의 지혜를 일깨우는 경구를 적어놓았다. "여기에 보이는 건 껍데기에 지나지 않아, 가장 중요한 것은 눈에 보이지 않아." "세상에서 가장 어려운 일은, 사람이 사람의 마음을 얻는 일이란다." "네가 오후 네 시에 온다면, 나는 세 시부터 행복해질 거야, 시간이 가면 갈수록 그만큼 나는 더 행복해질 거야." "너의 장미꽃이 그토록 소중한 것은 그 꽃을 위해 네가 공들인 그 시간 때문이야." 등등. 둘레꾼들에게 휴식과 삶의 지혜를 주려는 구례군의 정성과 배려가 참으로 고맙다. 고마움 속에 주로 소나무가 숲을 이루고 가끔 편백이 숲을 이루기도 하는, 폭이 한결같은, 승용차 한 대가 지날 만한 임도를 느릿느릿 걸어 오르니 어느덧 오르막이 사라지고 2층 정자

가 나타난다. 해발 487m **구리이재 마루**이며 구례군 광의면과 산동면의 경계지점이기도 하다. 방광 기점 7.7km이고 14:40이다. 오늘의 둘레길 탐방에서 가장 힘든 지점에 도달한 것이다. 아무리 힘들게 고개를 걸어 올라도 막상 꼭대기에 도달하면 힘든 과정은 모두 잊고 만족감을 느끼며 행복해진다. 미풍이 불어 오르막을 걸으며 흘린 등의 땀을 식혀주니 행복한 마음은 더 충만해진다. 몸을 돌려 지나온 길 쪽을 바라보니 구례 들판이 널찍하게 보이고, 앞으로 가야 할 길 쪽으로 시선을 던지니 산동면에 있는 지리산 온천 단지와 그곳을 에워싼, 만복대 - 영제봉 - 밤재로 이어지는 능선이 장쾌하다. 진행 방향의 좌측으로는 지초봉으로 오르는 등산로가, 우측으로는 간미봉으로 가는 등산로가 나를 유혹하지만, 오늘의 목표는 둘레길을 걷는 거라 마음을 걸어 닫고 구례수목원이 있는 내리막으로 발을 옮긴다. 지초봉芝草峰은 진도 홍주를 빚는 원료로 잘 알려진 지초가 많다고 해서 붙여진 이름이란다. 진시황제의 명을 받은 서불徐市이 불로장생약을 찾기 위해 들렀다는 전설도 서린 산이다.

구리이재 정점에서 구례수목원 쪽으로 내려가는 길은 난동에서 올라오는 길보다 상대적으로 경사가 급하다. 하지만 구렁이가 꿈틀거리듯이 구불구불 지그재그로 이어지는 것은 올라올 때와 마찬가지이다. 응달이라서 그런지 길에는 아직 녹지 않은 눈 흔적도 있고, 얼음이 얼어서 미끄러운 곳도 있다. 그리고 물이 흐르는 곳에는 굵은 고드름이 매달려 있기도 해서 계절이 겨울임을 분명히 알려주고 있다. 한편 내려가는 중 길옆에 굵은 나무가 들어선 편백숲을 조성하고 그 속에 나무 의자와 평상을 설치하여 쉼터를 만들어 놓았다. 둘레길을 걷는 나그네에게 편안함과 휴식을 제공하려는 구례군의 정성이 돋보이는 공간이다. 들어가서 쉬었다 가고 싶으나 겨울인데다 응달인지라 체온이 떨어질까 염려하여 그만두기로 한다. 내리막이라 힘들이지 않고 걸을 수 있기도 해서이다. 방광 기점 9.3km에서 구례수목원 방향으로 이어지던 임도에서 벗어나 숲속에 난 길로 들어가라고 벅수가 붉은 오른팔을 들어 알려준다. 아마도 구례수목원이 유료 입장 구역이라 더 이상의 진행을 막는 것으로 짐작된다. 숲길은 폭이 좁고 호젓한 오솔길이라 정겹다. 처음에는 소나무 숲이다가 잠시 후 참나무 숲으로 바뀌고, 길옆에는 작은 개울이 돌돌돌 물 흐르는 소리를 들려준다. 경사도 완만해서 걷기에 정말 좋다. 스스로 원해서 지리산둘레길을 찾아와 걷는 자만이 누릴 수 있는 축복이다. 숲속을 걷는 행복도 잠시 10.1km 지점에서 2차선 아스팔트 도로를 만나고 내 몸은 구례수목원 정문 앞에 선다. 15:20이다. **구례수목원**은 2020년 전라남도 공립수목원 제1호로 지정되었으며, 54ha의 산림면적 곳곳에 아름답게 조성된 13개의 주제 정원과 방문자안내소, 전시실, 종자학습관 등이 있는 곳이다. 또 다양한 자생나무들이 있고, 여러 종류의 꽃을 식재植栽하여 생태학습을 하고 체험을 즐기기에 좋은 곳이라 한다. 하지만 오늘의 목적이 구례수목원 방문이 아니기에 발길을 돌려 아스팔트 도로를 따라 내려간다.

내려가는 길의 좌우는 전부 산수유나무이다. 과연 산수유 고을답다고 생각하며 걷다가 길 오른쪽에 있는 제법 큰 마을을 만난다. 구례군 산동면山洞面 **탑정리**塔挺里 **탑동**塔洞이다. 방광 기점 11.0km 지점이고 15:37이다. 이 마을에는 통일신라 시대 조성된 것으로 추정되는 삼층석탑이 있어 탑동이란 이름을 얻었고, 행정구역도 탑정리가 되었다. 마을 복판에는 오래된 느티나무 당산목이 있어 해마다 당산제를 지내며, 마을 사람들과 나그네의 쉼터 구실을 한다고 한다. 탑동을 스치듯 지나 지리산 온천으로 들어가는 도로를 건너고, 다시 서시천西施川 상류에 있는 효동교孝洞橋를 건너면 효자 마을이라는 자부심이 넘쳐나는, 구례군 산동면 **내산리**內山里 **효동**孝洞으로 들어선다. 방광 기점 11.5km이고 15:45이다. 마을의 첫인상은 깔끔하다는 점이다. 오래된 시골 마을이면서도 집들을 잘 단장하였고, 담벼랑에는 마을 이름의 유래를 설명하는 글이 유려한 글씨로 쓰여 있으며, 어머니를 등에 업은 효자의 모습도 그려져 있다. 코로나 대유행으로 잠정 폐쇄되었던 둘레길이 재개되기를 바라는 마을 주민들의 바람이 담겼는지 모두 최근에 수리하여 단장하고, 그린 것 같다. 효동은 원래 마을 입구에 있는 바위가 열쇠를 의미하는 쇠통을 닮았다 하여 쇠통굴이라 불렀으나, 마을 뒷산이 청용혈靑龍穴 지세로 효자가 많이 나온다는 설에 의하여 효동이라 불리게 되었다고 한다. 효가 사라졌다고 안타까워하는 요즘, 이 마을이 주는 교훈이 새삼 소중하다고 여겨진다. 효의 가치를 가슴에 안고 둘레길은 구례군을 북에서 남으로 길게 관통하는 **서시천**을 왼쪽에 거느리고 이어진다. 걷다가 뒤로 돌아 시선의 각도를 높이니 종석대 - 성삼재 - 만복대로 이어지는 멋진 능선이 머리에 하얀 눈을 쓰고 산동면 일대를 육중한 자세로 내려보고 있다. 육중한 산이 주는 안정감을 안고 방광 기점 12.1km에서, 서시천의 지류인 수락천水落川을 가로지른 원효교院孝橋를 건너 구례군 산동면 **원촌리**院村里에 들어선다. 원촌은 산동면 소재지로 제법 큰 마을이다. 큰 마을답게 사람도 많이 보이고 차량의 이동도 잦다. 마을을 관통하는 도로를 따라 마을 가운데 있는 면사무소 앞에서 오늘의 탐방을 마무리한다. 탐방을 마치니 맑던 하늘이 흐려지고 바람도 불며 대기가 차가워진다. 방광 기점 12.7km이고 16:15이다.

자연신 숭배 사상이 담긴 소원바위

자연은 변화무쌍하지만 항구적恒久的이다. 하늘은 평소 맑고 평화롭지만 때로는 검은 구름이 덮이고 어마어마한 비를 내려 소중한 재산과 사람의 목숨을 빼앗아 가기도 한다. 반대로 긴 시간 비를 내리지 않아 농사를 망치게 하기도 한다. 그리고 때로는 번개가 번쩍거리고, 요란한 천둥소리를 내어 사람을 공포로 몰아넣기도 한다. 곡식을 자라게 하는 고마운 해도 하늘에서 순식간에 사라지는 기이한 현상이 생기기도 한다. 밤을 밝히는 달도 그 크기가 일정하지 않고 뜨는 시각도 날마다 변한다. 밤하늘에 뜨는 별도 그 자리가 일정하지 않고 계절별로 달라진다. 무더위가 기승을 부리는 여름이 있는가 하면, 몹시 추운 겨울도 있다. 봄이면 새싹이 돋아나고, 여름이면 무성하게 자라며 가을이면 열매가 열리는 신기한 일도 일어난다. 산은 그 속에 온갖 풀과 열매, 그리고 사냥감을 길러 사람에게 내어주지만, 압도적인 크기로 우뚝 서서 사람의 접근을 어렵게 하는가 하면, 때로는 사람의 목숨을 앗아가기도 한다. 그리고 그 속에 온갖 사나운 맹수가 득시글거리게 한다. 땅은 곡식을 자라게 하여 사람이 먹고살게 해주지만, 땅 역시 변화무쌍하여 사람을 곤경에 처하게 하기도 한다. 물은 만물의 목숨을 유지하게 해주지만, 홍수는 많은 것을 쓸어가 버리며, 바다의 거센 파도 역시 어부의 목숨을 빼앗기도 한다. 불은 잠자리를 따뜻하게 해주며 음식을 익혀 먹게 해주지만, 집이나 산 그리고 논밭을 태우기도 한다. 거대한 바위는 한결같이 변함없는 모습을 보이지만 때로는 사람을 위압하며 공포를 느끼게 한다. 나무도 그 가지에 열매를 달아 사람에게 먹을거리를 제공하지만, 가을이면 잎을 떨어뜨려 마치 죽은 것처럼 보이다가 봄이면 되살아난다. 어떤 동물은 사람의 먹잇감으로 사냥의 대상이 되지만, 어떤 동물은 사람에게 위해를 가해 상처를 입히거나 목숨을 앗아가기도 한다. 이처럼 자연은 사람에게 유익함을 주기도 하지만, 때로는 해로움을 주기도 한다. 그리고 변화무쌍한 것 같지만, 그 변화는 주기적으로 나타나며 긴 시간의 흐름에서 보면 그 모습은 영원하다. 오늘날과 같은 자연과학 지식을 가지기 전의 사람들은 이러한 자연을 두려움의 대상으로 여기고 인간의 삶을 좌우하는 신비한 힘을 가진 존재로 인식할 수밖에 없었다. 그래서 자연은 영적靈的 존재로 인식되어 신앙信仰의 대상이 되며, 나약한 인간은 제사를 지내 자연을 달래거나 보호를 요청하며 소원이 이루어지기를 빌기도 한다. 이렇게 자연력이나 자연물이 신앙의 대상으로 신격화된 것을 자연신自然神이라 한다. 이들 자연신은 대체로 인격을 갖춘 의인화된 모습으로 신앙의 대상이 되는데, 간혹 자연물 그대로의 모습을 지닌 정령精靈으로서 신앙의 대상이 되는 경우도 있다. 우리나라에서 자연신을 믿어온 역사는 오래되었으며 그 종류는 대체로 천상신天上神, 산신山神, 지신地神, 수신水神, 화신火神, 암석신巖石神, 수목신樹木神, 동물신動物神 등으로 나눌 수 있다.

오늘 방광리에서는 **소원바위**를 만났다. 소원바위는 지리산 산신이 참새미골에 자주 놀러 왔다가, 자식을 낳지 못하는 아낙네가 바위를 품고 간절히 소원을 비는 모습을 보고 아들을 점지해 주었다는 전설이 깃들어 있다. 산신과 암석신에 대한 믿음이 결합한 자연신 숭배 사상을 바탕으로 한 전설이다. 대체로 산신은 국가적 차원 또는 대규모 집단적 차원의 신앙 대상이 되는 경우가 많은데, 소원바위에서 산신은 개인적 차원의 신앙 대상이 되기도 하는 것을 알 수 있다. 또 민간에서는 자식 또는 아들을 못 낳은 부인들이 큰 바위를 기자祈子의 대상으로 삼는데 선바위, 선돌, 남근석 등으로 불리는 바위는 남자의 성기를 닮은 데서, 그리고 공알바위, 처녀바위 등으로 불리는 바위는 여자의 성기를 닮은 데서 기자의 대상이 된다. 방광리 소원바위는 둥글다는 점에서 공알바위 형태를 띠고 있다고 할 수 있다. 한편 대전리 미륵골에서는 얼굴이 심하게 훼손된 비로자나 석불을 만났다. 얼굴이 훼손된 이유는 아마도 부처의 코를 만지거나, 코를 깎은 돌을 몸에 지니면 아들을 낳는다는 민간신앙의 영향일 것이다. 불교는 원래 자기 수양을 통해 삶의 진리를 깨우치고 최고선의 경지에 도달하는 것을 목표로 삼는 수행종교修行宗教였다. 하지만 그 불교가 한반도에 전래하여 정착하기 위해서는 기존의 기복신앙적 성격을 지닌 토속신앙과 결합할 필요가 있었다. 한민족에게 불교 전래 이전의 토속신앙은 대부분 자연신 숭배였다. 그래서 불교는 자연스럽게 한민족의 자연신 숭배 신앙을 수용하여 기복신앙의 성격을 띠는 종교이면서 수행종교로서의 성격을 동시에 지니게 되었다. 큰 사찰에 가면 으레 볼 수 있는 산신각山神閣은 산신 숭배 사상을, 칠성각七星閣은 북두칠성 숭배 사상을 불교가 수용한 증거이다. 대전리 석불 역시 바위에 기자 치성致誠을 하던 자연신 숭배 사상이 자연스럽게 돌부처로 옮겨간 것으로 볼 수 있다. 대전리 돌부처는 개인적 차원의 신앙 대상이다. 온당리 당동에서는 지리산 산신에게 제사를 지내던 남악사 터가 있는 곳을 지났다. 남악사는 고려 태조 왕건이 왕조 창업을 기념하면서 세운 것이라 하며, 조선 초에 지리산신사智異山神祠로 중창한 것으로 추측하고 있다. 이는 산신을 국가적, 정치적, 사회적 차원에서 신앙한 것이다. 또 온당리 난동에서는 두 그루의 암수 당산나무를 보았고, 마을에서는 설날 두 당산나무에 각각 당산제를 지낸다고 한다. 한국민족문화대백과에 따르면, 당산제는 마을의 수호신인 당산신께 마을의 풍요와 평안 등을 기원하는 마을 단위의 제사라고 한다. 당산신堂山神은 마을을 외부의 재액災厄으로부터 지키며, 마을에 풍요를 보장해 주는 신이다. 그리고 당산은 당산신이 좌정한 곳으로 마을신앙의 구심점이 되는 특정한 장소나 신령을 일반적으로 부르는 명칭이다. 당산에는 마을에 따라 사당을 짓기도 하고 커다란 바위를 안치하기도 한다. 어떤 마을에서는 크게 자라고 장수하는 나무를 심기도 하는데, 이 나무를 당산나무라고 한다. 유교식 제사인 당산제가 끝나면 오늘날 농악대라 부르는 굿패를 만들어 마을 공동시설인 우물, 창고, 정자, 다리 등을 돌면서 굿을 친다. 그리고는 각 가정을 방문하여 문, 샘, 부엌, 마당, 장독대, 외양간, 변소 등 집안을 구석구석 돌면서 굿을 치는데, 이를 매구치기 또는 마당밟기, 지신밟기라고도 한다. 이때 각 가정에서는 간단한 음식을 차려 가신家神에게 치성을 드리고 굿패를 접대한다. 당산제가 끝난 당일이나 그 이튿날 밤에는 마을 사람들이 동서 또는 남녀로 편을 갈라 줄다리기를 하여 그해 농사의 풍흉을 점친다. 주로 호남과 영남 지역에서 거행하는 당산제는 유교식 제사와 줄다리기, 지신밟기를 복합적으로 병행하는 점이 특색이다. 결국, 당산제는 마을의 풍년과 평안을 위한 제의인 한편, 마을 사람들 모두가 참여하여 즐기는 축제의 성격도 지니고 있다. 2~3일간 행사가 진행되는 동안 마을 사람들은 얽혀 있는 감정을 해소하여 일체감을 가짐으로써 유대를 강화하고, 노동으로 힘든 육체에 활력을 불어넣기도 한다. 이렇게 마을의 안녕과 풍요를 기원하고 구성원들 간의 화해와 협력을 유도하며, 가신에게 치성을 드리는 당산제는 지리산둘레길에 걸쳐 있는 거의 모든 마을에서 오늘날에도 행해지고 있는, 개인적 성격을 지니면서 동시에 공동체적 성격을 지닌 자연신 숭배 신앙이다. 당산제를 행하는 난동을 떠나서는 이 지역에서 구리이재라 부르는 해발 487m '구렁이 고개'를 넘었다. 제주도를 제외한 한반도 전역에서 자생하는 구렁이는 예로부터 영물로 여겨 왔다. 구렁이는 지하와 지상을 오가며, 겨울에는 잠을 자고 봄에는 다시 나타난다. 구렁이의 이러한 생태는 민간신앙에서 주기적 재생으로 인식되며, 그것은 구렁이가 생명과 생산을 영속화하는 특별한 힘을 가진 존재임을 뜻한다. 그래서 구렁이를 터를 지키고 재복財福을 주는 상징물로 여기게 되었고, '업業' 또는 '지킴이'라 하여 민간에서 가신으로 신앙하였다. 업은 한 집안의 살림을 보호하거나 보살펴 주는 동물을 지칭하는데 이것이 집에서 나가면 집안이 망한다고 한다. 업구렁이를 내쫓거나 죽임으로써 집안이 망한 전설이 한반도 전역에서 전승되고 있다는 점에서, 구렁이를 자연신으로 광범위하게 신앙하여 왔음을 알 수 있다. 그리고 구렁이 신앙은 개인적 차원에서 행해지던 믿음이었다.

과거보다 현저하게 인지가 계발啓發된 오늘날에는 무형문화재 재현의 차원에서 지방자치단체별로 간혹 행하는 경우를 제외하고는 국가적, 사회적 측면에서 자연신을 숭배하는 제례 의식이 많이 사라졌다. 그리고 도시화하면서 가신을 신앙하는 행위도 거의 사라지고 없다. 하지만, 지리산둘레길에 걸쳐 있는 거의 모든 마을에서는 오늘날에도 당산제를 지낸다. 그리고 바닷가 마을에서는 용왕에게 뱃길과 어민의 무사와 풍어豐漁를 비는 제의인 용왕제龍王祭를 지낸다. 또 산골 마을에서는 수호신으로 믿는 산신에게 마을 사람들의 안녕과 풍요를 기원하기 위해 산신제를 지낸다. 한편 현대에 생겨난 의식이지만, 새해를 맞이하여 산을 자주 찾는 산악회들이 이번 한 해도 무사하면서도 즐겁게 산행을 하게 해달라고 기원하기 위해 산신에게 올리는 제례 의식인 시산제始山祭를 지낸다. 동제洞祭로 행해지는 당산제와 용왕제 그리고 산신제는 소망을 이루겠다는, 신에 대한 절대적 의존성보다는 마을 사람들 스스로 무사와 안녕을 지키려고 다짐을 하고 구성원끼리의 결속을 다지며 한바탕 즐기는 유희의 성격을 지니면서 현재에도 행해진다고 보아야 한다. 한해의 산행 시작을 알리고 안전하고 즐거운 산행이 되기를 바라는 시산제도 마찬가지이다. 실제로는 존재하지 않는 산신령을 부르고 소망을 고하는 형식을 취하는 것은 산을 인격체로 대하여 자연을 보호하고 안전하고 즐거운 산행을 하기 위한 노력을 자신에게 다짐하는 행위로 보아야 한다. 요컨대 **현대에서의 자연신 신앙**은 전지전능한 초월적 존재로서의 자연에 인간의 삶을 의탁하는 것이 아니라, 자연을 소중히 여기면서 그 속에서 삶의 의미를 찾는 행위로 계승 발전한 것으로 보아야 한다. 지리산둘레길은 자연신 신앙과 관련한 유형, 무형의 문화재가 살아 있는 문화의 보고이기에 걸을수록 정신이 충만해진다. 다다익선多多益善일 뿐만 아니라 다보익선多步益善이자 다행익선多行益善이다.

 # 민중영웅을 만나다
21구간 [산동-주천]

전라남도 구례군 산동면과 전북특별자치도 남원시 주천면을 잇는 15.9km의 [산동-주천] 구간은 지리산둘레길 21구간 중 제21구간이다. 이 구간은 지리산의 영봉 노고단을 바라보며 걸을 수 있고, 특히 봄철이면 현천마을에서 계척마을까지 이어진 산수유군락이 장관을 이루고, 계척마을에서는 우리나라에서 가장 오래되었다는 할머니 산수유나무와 정겨운 돌담길을 만날 수 있다. 그리고 이순신 백의종군로도 만날 수 있다. 수만 그루의 편백숲을 지나면 밤재로 오르고, 고갯마루에서 지리산 서북능선의 장쾌한 모습도 조망할 수 있다.

- 지리산둘레길 누리집에서 수정 인용

출처 : 지리산둘레길 누리집

2024년 3월 13일 수요일, 11:10에 산동면사무소가 있는 전라남도 구례군 산동면山洞面 원촌리院村里 지리산둘레길 [산동-주천] 구간의 시작점 벅수 앞에 선다. 이 구간은 거대한 지리산을 가운데 두고, 그 둘레를 에워싼 전북특별자치도와 전라남도 및 경상남도 등 3개 도와 남원시, 함양군, 산청군, 하동군, 구례군 등 5개 시군에 산재한 120여 개 마을을 잇는 총 길이 274km, 800리의 장거리 도보 길인 지리산둘레길 중 시계방향 순서로는 마지막인 21구간이다. 구례군 산동면 원촌리와 전북특별자치도 남원시南原市 주천면朱川面 장안리長安里 외평外坪마을을 잇는 15.9km의 [산동-주천] 구간은 지리산의 장쾌한 서북능선을 바라보며 걸을 수 있고, 특히 지금 같은 봄철이면 현천마을에서 계척마을까지 이어지는 산수유군락에서 눈의 즐거움을 누릴 수 있으며, 해발 490m의 밤재를 넘으며 인내심을 키워야 하는 고락苦樂의 길이다. 하늘은 구름 한 점 없이 맑지만 약간의 미세먼지가 투명성을 떨어뜨린다. 그리고 조금 차가운 바람이 불어 봄치고는 약간 싸늘하다. 산동면山洞面은, 이곳이 지리산 밑의 골짜기이므로 '산골'로 불리었는데 이를 한자로 바꾸어 '山洞(산동)'이라 하고 이에 행정구역 단위인 '面(면)'을 붙여 만든 지명이다. 그리고 산동면 소재지인 원촌은 월촌月村이라 부르던 것이 원촌으로 바뀌었다고도 하고, 고을을 다스리는 '원員'이 있던 곳이라 원촌이라 했다고도 한다. 마을 남쪽으로 서시천西施川이 흐르는데, 북쪽에서 흘러온 수락천水落川이 합류하는 곳이다. 그리고 마을 풍경은 70년대 시골 장터를 압축해 놓은 것처럼 아담하면서 정겹다. 또한, 여순반란사건과 한국전쟁을 거치면서 전체 가옥의 80%가 전소되었다가 다시 복원된 쓰라린 역사가 있기도 하다. 전체적으로 남에서 북으로 진행하는 둘레길은 과거 구례와 남원을 연결하던 구도로와 겹쳐져 이어진다. 전체적인 마을 풍경을 마음에 담은 후 천천히 북으로 발길을 옮기니 담벼락에 그려진 벽화가 시선을 끈다. 이 마을에서 유명한 것이 두부인데, 그 산동두부를 만드는 과정이 순서대로 그려져 있다. 그리고 맞은편 벽에 그려진, 막걸리 마시는 벽화 속의 촌로村老 3인은 내가 어렸을 때 본 시골 할아버지들 꼭 그대로여서 참으로 정겹다. 산수유의 고장답게 가로수도 산수유이고 자투리땅만 있어도 모조리 산수유이다. 원촌초등학교 앞 벽에는 추억을 소환하는 그림이 벽마다 그려져 있다. 여자아이들이 하는 고무줄놀이와 공기놀이, 그리 사내아이들이 하는 구슬치기와 말뚝박기 그리고 딱지치기 그림이 만화처럼 연이어 그려져 있어 내가 마치 그 시절로 돌아가 있는 착각을 일으키게 한다. 참으로 아름다운 마을이다. 그리고 그 아름다운 마을에 사는 사람들도 모두 동심 속에서 꿈을 먹는, 아름다운 사람들일 것 같다.

마을이 주는 아름다움을 가슴에 담고 원촌 기점 0.3km에서 원촌을 벗어나 두 갈래로 길이 나뉘는 지점에 선다. 오른쪽은 산동면 내산리內山里 삼성三星마을로 가는 길이고, 직진하면 산동면 계천리 현천마을로 가는 길이다. 둘레길에서 190m 벗어난 지점에 있는 **삼성마을**은 마을 앞에 별 모양의 큰 바위가 3개 있어 붙은 이름이란다.

삼성마을은 이 마을 출신인 이강희 화백이 귀향하여 마을 유래와 연관된 벽화를 그려 유명해진 마을이다. 시간이 넉넉하면 삼성마을을 찾아 화가의 고향 사랑 그림을 감상하고도 싶지만, 둘레길에서 잠시 벗어나야 한다는 점이 부담되어 멀찍이서 수락천이 마을을 감고 도는 모습을 바라보는 것으로 만족하기로 한다. 수락천의 물소리가 봄답게 경쾌하고 흥겹다. 경쾌한 물소리를 귀로 즐기며 아스팔트 도로를 따라 현천마을을 찾아간다. 길가 곳곳에는 노란 산수유가 지천이지만, 자기도 봄꽃이라며 암향暗香을 풍기는 매화도 간혹 보인다. 사이사이 밭에는 자급자족용 쪽파와 마늘이 싱싱하게 푸르다. 자연은 이렇게 색깔로, 소리로 겨울을 벗어나 분명히 봄이 되었음을 알려준다. 시각으로, 청각으로 봄이 왔음을 느끼며 산동 기점 1.1km에서 현천마을로 들어가는, 순천과 남원을 연결하는 4차선 산업도로이자 19번 국도 밑으로 뚫린 굴다리를 통과한다. 통과하여 현천마을을 향하여 단선 아스팔트 길을 천천히 걸어 오른다. 오르는 길의 우측은 집들이 듬성듬성 서고, 집 사이에는 논밭이 있으며 좌측은 전부 논이다. 논에는 작년 추수의 흔적인 벼 그루터기가 질서정연하게 땅에 박혀 있고, 그 위를 푸른 풀이 무성하게 덮여서 봄의 건강함을 뽐낸다. 그리고 우측 담벼랑 밑에는 키가 5cm 정도 되는 여린 줄기 끝에 흰 화심花心에 네 개의 보랏빛 꽃잎을 단, 새끼손톱보다 작은, 앙증맞은 개불알풀이 무더기로 피어서 오들오들 떨고 있어 나그네를 안쓰럽게 하고 연민을 느끼게 한다. 또 논물 속에는 마치 검은 돌을 박아놓은 듯 올챙이들이 무더기를 이루어 오글

거리고 있어 봄의 생동감을 느끼게 한다. 온몸으로 봄을 느끼며 걸어 오르니 산동 기점 1.8km에서 현천마을 주차장에 도착한다. 11:46이다. 산수유 마을로 가장 유명한 구례군 산동면 **계천리**桂川里 **현천**玄川**마을**은, 마을 뒷산인 견두산犬頭山의 모양이 현玄자를 닮았고, 한국 설화의 원형적原型的 심상心象인 옥녀가 빨래를 했다는 내川가 있어 유래되었다고 한다. 현천을 이 마을 사람들은 '개미내'라고 한다는데, 아마도 검은 물이라는 뜻의 '거미내'가 음운변화를 입어 개미내가 된 듯하다. 마을의 왼쪽 상부는 노란 꽃을 무수히 피우고 있는 산수유밭이 있어 그 아름다움에 취한 관광객이 연신 자세를 잡고 사진기를 누른다. 그리고 오른쪽 상부에는 당산나무 겸 마을 풍치목風致木인, 수령 300년 된 느티나무가 우람하게 자리 잡았고, 그 앞에는 '玄溪亭(현계정)'이라는 현판을 단 아담한 정자가 있으며, 다시 그 우측 아래에는 견두산에서 흘러내린 맑은 봄물을 가득 담은, 아담한 저수지가 파랗게 비단결을 일으키고 있다. 또 직진 상부는 마을로 들어가는 진입로다. 마을 안에는 유명인들과의 인연을 강조하는 몇몇 가게들도 있고, 마을 길은 산수유와 돌담이 어우러져 특별한 아름다움을 자아낸다. 하지만 견두산 산행을 마치고 마을 배후로 들어와 이 주차장까지 내려온 추억이 몇 번 있어 굳이 마을 안으로 들어가지는 않는다. 대신 둘레길이 이어지는 저수지 제방에 서서 마을과 뒷산을 조망한다. 병풍처럼 펼쳐진 뒷산을 배경으로 골짜기에 파묻힌 지붕들을 노란 산수유 숲이 덮고 있는 모습은 이 마을의 아우라(aura)를 보여준다. 현천마을이 풍기는 독특하고 고고한 분위기를 눈에 담고 산동 기점 2.0km 제방 끝에서 연관마을로 방향을 잡는다. 12:00이다.

견두산에서 동쪽으로 흘러내린 자락의 종아리 정도에 해당하는 정겨운 산길을 따라 등성이를 하나 넘으면 구례군 산동면 계천리 **연관煙罐마을**이다. 산동 기점 2.2km를 알려주는 벅수 앞에 우람한 당산나무 두 그루가 서 있는 데가 마을 입구이고, 딱 승용차 한 대가 지날 만한 아스팔트 도로가 아래에서 위로 뻗어 마을 안쪽으로 들어간다. 견두산 동쪽 비탈 무릎 정도에 자리 잡은 마을이다. 당산나무 옆에는 마을의 유래를 설명하는 아담한 비석이 서 있다. 조선 중엽 고씨高氏가 남원으로 가던 중 산 밑에서 연기가 피어오르는 것을 보고 길조라 여기고 정착 함으로써 마을이 형성되었고, 산밑에서 연기가 피어난 곳이라 하여 마을 이름은 연관이라 부르게 되었다고 한다. 도로를 건너면 폐가 두 채가 방치되어 있어 오늘날 시골의 황폐화와 왜소함을 보여준다. 폐가 위로 보이는 마을의 집들은 모두 노란 산수유로 덮여 있어 한 폭의 그림으로 다가온다. 폐가를 지나면 둘레길은 시멘트 농로 겸 임도로 이어진다. 농로를 들어서면서 시선을 동쪽으로 던지니 장쾌하고도 수려한 지리산 서북능선 일부가 한눈에 들어온다. 종석대鍾石臺에서 작은 고리봉을 거쳐 만복대萬福臺까지 해발 1300m 이상의 연봉連峯이 줄지어 서서 머리에 흰 눈을 쓰고 있는 모습은 참으로 장엄하여 인간의 왜소함을 느끼게 한다. 잠시 후 길 아래 우측에 서 있는 우람한 소나무 세 그루에서 위풍당당함을 느낀다. 그리고 빽빽하게 심긴 좌측 두릅 밭에서 봄의 미각을 상상하면서 군침을 흘려도 본다. 길은 임도에서 산길로, 산길에서 임도로 이어지며 오르락내리락을 거듭하며 나를 이끌어 간다. 작년 가을에 알을 잃어버린 밤송이 쭉정이가 지천으로 널려 발에 밟히면 인생무상을 깨닫기도 하면서……. 산동 기점 3.3km이자 계척마을 100m 전, 아담한 등성이에 예쁜 육각형 정자가 날렵하게 앉아서 나를 유혹한다. 점심도 먹고 쉬었다 가라고. 아무도 없는, 홀로 전세를 낸 넉넉한 정자에서 햇살을 받으며 느긋하게 먹는 점심은 비록 초라하지만 맛은 비길 데가 없다.

점심 후 정자를 떠나 산동 기점 3.4km에서 견두산 골짜기로 흘러온 봄물을 가득 담은 저수지를 만나며 구례군 산동면 계천리 **계척桂尺마을**로 들어선다. 12:48이다. 길은 단선 아스팔트 도로로 바뀌고, 마을의 옆구리를 남쪽에서 파고 들어가면서 집들을 구경한다. 먼저 자연석을 쌓아 만든 담이 사람 허리 정도로 낮아서 정겹다. 모나면 모난 대로, 둥글면 둥근 대로, 두꺼우면 두꺼운 대로, 얇으면 얇은 대로, 크면 큰 대로, 작으면 작은 대로, 인위적 손질 없이 좌우와 높이를 맞추어 자연스럽게 쌓아 올린 담장이다. 우리네 옛사람들의 담장 쌓는 지혜와 솜씨가 놀라울 정도이다. 어쩌면 집안이 훤히 보이는 이 낮은 돌담이 예술품이고 문화재가 아닐까. 견두산 자락의 비탈에 자리한 마을은 서쪽에서 동쪽으로, 위에서 아래로 집들이 길게 펼쳐지고, 그 가운데를 마을 길이 역시 길게 관통한다. 길에서 약간 북쪽에는 역시 견두산에서 흘러내리는 냇물이 마을을 관통한다. 마을 전체는 예의 산수유 노란 꽃으로 치장하고 있다. 최근 유행하는 펜션 단지의 인공미와는 전혀 다른, 참으로 자연미가 넘치는 마을이다. 마을 이름은 원래 계천溪川이었는데 마을 중심으로 흐르는 냇물이 계수桂樹나무처럼 생겼다 하여 '桂(계)'와 임진왜란을 피하여 베틀바위 안에서 베를 짜서 자로 재었다 하여 '尺(척)'을 써서 계척桂尺으로 바뀌었다고 한다. 둘레길은 마을 복판에서 동쪽으로 방향을 바꾸어 아래로 내려간다. 가다 보면 길 왼쪽에 수령樹齡 390년이라는 거대한 당산나무가 있고, 그 아래에는 큼직한 제단이 마련되어 있으며, 나무에는 새끼줄을 감아 놓은 것으로 보아 지금도 당산제를 지내 마을의 평안을 기원하는 모양이다. 더 아래로 내려가면 **산수유 시목지**始木地 광장이자 **이순신 백의종군로**白衣從軍路 광장이 나타난다. 산동 기점 3.9km이고 13:00이다. 들어서면 광장의 상단 우측에 산수유 시목이 낮은 철제 울타리로 보호받으며 서 있고, 그 앞에는 대리석 제단이 있으며, 다시 우측에는 산수유 시목을 설명하는 작은 비석이 서 있는데 그 내용은 "이 산수유나무는 1,000여 년 전 중국 산동성山東省에서 가져와 우리나라에서 가장 먼저 심은 나무 시조이다. 달전마을의 할아버지 나무와 더불어 할머니 나무라고 불리고 있으며, 여기에서 구례군을 비롯하여 전국에 산수유가 보급되었다고 한다. 산동면山洞面의 지명도 산수유에서 유래된 것으로 보며 열매는 신장 계통에 특효가 있다."이다. 확실히 다른 산수유나무보다 크고 웅장하다. 하지만 과연 문헌적 근거를 바탕으로 작성한 글인지 의문이 생기지만 애향심과 자부심을 드러내려는 지역 주민들의 마음을 믿기로 한다. 다만 산동면의 지명이 중국 산동성에서 유래하였다는 것은 옳지 못한 듯하다. 중국 산동은 중국의 그랜드캐니언으로 불리는 태항산맥太行山脈의 동쪽 지방을 의미한다. 그런데 이곳 산동은 골짜기 '洞(동)'이다. 따라서 중국 산동에서 이곳 산동이 유래하였다는 주장은 음의 유사성을 바탕으로 한 민간어원설民間語源說에 불과한 것 같다. 시목 앞에는 한반도 지형을 본뜬 광장이 화강암을 사용하여 깨끗하게 조성되어 있다. 그리고 시목을 기준으로 우측에는 석성石城을 쌓아 그 위에 보행로를 만들었으며, 보행로 좌우에는 이순신 장군의 난중일기 중 백의종군 당시의 심경이 담긴 글들을 번역하여 대리석에 새겨 붙여놓았다. 1597년(선조 30년) 조정에서는 '가토 기요마사加藤淸正(가등청정)가 바다를 건너올 것'이라는 일본이 흘린 거짓 정보에 속아 이순신에게 가토 기요마사를 생포하라고 명하였다. 그는 일본의 계략임을 알고 이에 응하지 않았다가 파직되고 투옥되어 혹독한 고신拷訊을 당하였다. 이후 우의정 정탁鄭琢 등의 도움으로 간신히 목숨을 구한 이순신은 도원수 권율權慄 밑에서 백의종군하라는 임금의 명을 받았다. 그리하여 이순신은 1597년 4월 1일 옥에서 풀려나고, 3일 한양을 떠나 6월 4일 경상남도 합천 초계草溪에 있는 도원수부都元帥府로 가다가, 권율 장군이 순천에 있다는 말을 듣고 순천까지 걸어 내려갔는데, 당시 구례와 하동을 거쳐 순천으로 내려간 일정과 여정이 난중일기亂中日記에 남아 있다. 경상남도와 전라남도는 각각 난중일기를 바탕으로 이순신 백의종군로를 복원했는데, 그 시작점이 바로 이곳이라 백의종군로 광장을 만들어 기념한 것이다. 한 위대한 인물의 고난이 고스란히 느껴지는 광장을 나와 4.1km 지점에서 계척마을을 벗어난다. 13:15이다.

마을을 벗어나는 곳에서 돌로 축대를 쌓아 수평을 유지한, 윤기 흐르는 녹색을 띤 양파가 건강하게 자라는 밭에서 봄의 싱싱함을 느낀다. 이제 둘레길은 밤재를 향하여 북쪽으로 이어지는 아스팔트 농로이다. 계천리 체육공원 닿기 전 길 좌측에 수령 600년의 푸조나무가 마을과 떨어진 곳에서 우람한 수형樹形을 뽐내는데 벼락을 맞았는지 나뭇가지가 찢어져 짠하게 보이고, 아직 잎이 나지 않은 나목裸木이라 어쩐지 고독해 보인다. 그리고 좌우에는 감나무를 비롯한 여러 수종이 도열해 있어 내가 농촌 길을 걷고 있음을 실감한다. 뒤돌아보니 지난 1월 30일 넘었던 구리이재가 지초봉과 간미봉 사이에 뚜렷하게 보여 힘들게 올랐던 감회가 떠오른다. 길옆을 흐르는, 밤재 골짜기에서 흘러오는 개천의 경쾌한 물소리를 동무 삼아 걷다가 체육공원을 지난 산동 기점 5.3km에서 농로 겸 임도를 이탈하여 둘레길은 좌측 산속으로 들어간다. 오늘의 탐방에서 본격적으로 산으로 들어가는 셈이다. 13:30이다. 제법 가파르게 산비탈을 오른다. 처음에는 소나무에 잡목이 섞인 숲이다가 산동 기점 5.9km부터 거대한 **편백숲**이 나타나고 둘레길은 숲 가운데를 관통하며 수평으로 펼쳐진다. 구례군에서 조성한 이 숲에는 수령 30년을 헤아리는 수만 그루의 편백이 둘레길 개통 이전부터 심겨 있다. 편백은 쭉쭉 뻗어서 좋다. 적당한 간격으로 서 있고 평화로워서 좋다. 편백숲 지붕은 한결같이 녹색이어서 좋다. 숲에는 산책로가 여러 갈래 있어 숲을 찾는 이들에게 다양한 경험을 할 수 있도록 해놓았는데, 벤치와 화장실 그리고 평상 등 편의 시설도 있어 구례군의 세심한 배려를 알 수 있다. 그리고 둘레길은 거리와 방향을 알려주는 벅수가 필요한 곳에 잘 세워져 헷갈리지 않는다. 편백이 뿜어내는 피톤치드를 온몸으로 느끼며 천천히 앞으로 나아가니 얼마 가지 못해서 둘레길은 다시 우측으로 방향을 틀어 원래 걷던 임도와 다시 만난다. 산동 기점 6.3km이고 14:00이다. 임도도 잠시 둘레길은 다시 우측으로 방향을 틀어, 밤재 바로 아래 골짜기에서 발원한 **마르지 않는 계곡물**이 흐르는 개천을 건넌다. 건너자마자 다시 좌측으로 몸을 틀어, 왼쪽으로는 마르지 않는 계곡을 끼고, 구례에서 남원으로 넘어가는 19번 국도를 오른쪽 어깨에 얹고 밤재 방향으로 산길을 오른다. 흔히 상사화相思花로 불리는 꽃무릇을 그 길을 따라 심어놓아 녹색 잎이 무성하다. 잎이 있을 때 꽃이 피지 않고 꽃이 피면 잎이 없어져 영원히 서로 만나지 못한다고 해서 이름 붙은 상사화, 꽃을 피우는 8월 이후에 이 길을 걷는다면 장관을 볼 듯하다. 음악처럼 들리는 계곡물 소리를 뒤로하고 6.9km 지점에서 다시 임도와 만난다. 임도는 대나무 숲을 통과하고 벌통이 가득한 오른쪽 밭을 지나면, 가슴에 '개조심'이라는 팻말을 단 벅수를 만난다. 그 벅수 앞에서 우측으로 방향을 트니 집 한 채가 나타나고, 개 짖는 소리가 무섭게 들린다. 아마도 양봉養蜂을 주업으로 하는 집이고, **외딴집**이다 보니 경계 및 경호용으로 개를 키우는 듯하다. 개 짖는 소리에 공포를 느끼며 외딴집 앞을 지나니 밤재로 오르는 임도를 가리키는 벅수와 마주한다. 산동 기점 7.2km이고 14:25이다.

이제 둘레길은 밤재를 향하여 > 형태로 전개된 길을 걸어 올라야 한다. 오늘의 탐방에서 가장 높이 오르는 길이다. 높은 곳으로 오르지만, 길은 완만한 경사를 유지한다. 그리고 대부분이 흙길이고, 급경사이거나 코너를 도는 곳만 시멘트 포장도이다. 이 길은 1988년 밤재터널이 뚫리기 전까지 19번 국도였다. 밤재터널과 동시에 개통된 새로운 도로에 19번 국도 역할을 넘겨주고 지금은 작은 트럭 한 대가 다닐 정도로 폭이 좁아진 임도가 되었고, 지리산둘레길의 일부로 편입되어 둘레꾼들이 밤재를 오르내리기 위해 걷는 길이 되었다. 길옆으로 전개되는 숲은 지금까지 보았던 다른 고갯길 숲보다 풍치風致가 상대적으로 떨어진다. 그것은 수종이 다양해 특정 수종이 군락을 이루지 못하기 때문이기도 하고, 낙엽수들이 아직 잎을 달지 않았기 때문이기도 하다. 그래도 지리산은 지리산이라 소나무와 편백, 그리고 참나무와 여러 낙엽수가 어울려 만들어 내는 숲은 눈을 즐겁게 하기에 부족하지 않다. 눈의 즐거움을 누리며 꾸준히 걸으니 어느새 **밤재** 꼭대기이다. 산동 기점 9.0km이고 15:05이다. 율치栗峙라고도 하는 해발 490m 밤재는 전라남도와 전북특별자치도의 경계이고, 구례군과 남원시의 경계이며, 산동면 원

달리와 주천면 배덕리의 경계이다. 또한, 밤재는 남향 기준으로 좌측 해발 1048m 영제봉英帝峰과 우측 해발 775m 견두산犬頭山 사이 안부鞍部에 있는 고개로 밤나무가 많아서 붙은 이름이다. 1597년 이순신 장군은 백의종군하라는 명을 받아 권율 도원수가 있는 순천으로 가기 위해 남원에서 이 밤재를 넘어 구례를 지났다고 한다. 또한, 정유재란 당시 구례에서 남원으로 향하는 왜군의 주요 침입로가 바로 이 밤재였다고 한다. 그리고 옛날 밤재터널이 없었을 때 인근 주민들은 버스를 타고 이 아슬아슬한 고갯길을 넘었다고 하며, 남쪽의 구름도 이 고개를 넘지 못해 비가 되어 구례들을 적셨다고 한다. 한편 2012년 5월 25일 지리산둘레길 전 구간 개통식과 함께 지리산둘레길 생명평화비生命平和碑 제막식이 열린 곳도 밤재이며, 2017년 9월 26일 왜적침략倭敵侵略 불망비不忘碑를 세운 곳도 밤재이다. 지배층의 무능과 비열함으로 인한 고통의 역사와 민중의 한을 품은, 그리고 밝은 미래를 향한 다짐이 담긴 밤재에서, 머리에 쓴 흰 눈이 아직도 풀지 못한 민족의 한恨인 듯한 지리산 서북능선의 육중한 연봉連峯이 주는 장쾌한 위엄을 한눈에 담는다. 그리고는 몸을 돌려 오늘의 둘레길 종점인 남원시 주천면 장안리 외평마을로 방향을 잡는다. 15:15이다.

이제부터 둘레길은 전북특별자치도 남원시南原市로 들어선다. 1597년(선조 30년) 정유재란 때 남원성을 지키기 위해 5만 6천 명의 왜적과 맞서 항전하다가 전사한 1만여 명의 군, 관, 민을 합장한 만인의총萬人義冢이 있는 충절忠節의 도시 남원, 성춘향의 절개와 흥부의 우애가 판소리 동편제東便制로 전승하는 국악의 성지이자 예술의 도시 남원으로 들어서는 발길은 제법 긴 거리를 걸었음에도 기대감으로 가볍다. 지금부터 길은 내리막이다. 도로 폭은 밤재로 오를 때와 거의 같으며 주변의 풍광이나 발밑에 밟히는 흙길이 주는 느낌도 오를 때와 별반 다르지 않다. 그러면서 간혹 나타나는 적송 군락지가 눈을 즐겁게 한다. 길기도 한 내리막 임도는 남원시 주천면朱川面 배덕리盃德里를 거쳐 송치리松峙里에서 끝난다. 벅수는 산동 기점 11.8km임을 알려주고, 시각은 15:45이다. 벅수 바로 앞에 있는 19번 국도 밑에 뚫린 터널을 통과하면 20여 년째 공사를 중단하고 내버려 둔, 흉물스러운 회색 건물이 나타난다. 무슨 일로 공사가 중단되었는지 알 수 없으나 지리산 유스호스텔로 알려진 미완성 건물은 주변을 을씨년스럽게 만든다. 12.1km 지점에서 19번 도로 밑 터널을 반대 방향으로 지나 다시 가파른 고개를 오른다. 높은 고개는 아니지만 이미 큰 고개를 넘었고 많은 거리를 걸은지라 다리에 통증이 온다. 그래도 우거진 소나무와 참나무 숲에서 위안을 받으며 힘을 쓰니 어느덧 **꼭두마루재**로 알려진 해발 338m 고갯마루이다. 산동 기점 12.7km이고 16:10이다. 꼭두마루재를 100m 정도 내려오니, 구례에서 남원으로 넘어오는 또 다른 고개인 숙성치宿星峙에서 흘러오는 작은 계곡을 만난다. 그곳을 건너면 둘레길은 계곡을 왼쪽에 끼고 숲길을 걸어 내려간다. 이 계곡 옆이 지리산과 한라산에만 서식한다는 매미꽃 군락지라고 하는데, 아쉽게도 아직은 싹도 내밀지 않았다. 6~7월에 앙증맞은 노란색 꽃을 피운다는데 그때 다시 온다면 장관일 듯하다. 계곡이 끝나고 임도를 만나는 지점의 벅수가 산동 기점 13.6km를 알려주며 배꼽 아래에 **무너미**라는 이름표를 달고 서 있다. 16:28이다. 바로 무너미재가 이곳임을 알려주는데 눈을 부릅뜨고 봐도 고개처럼 여겨지는 데가 없다. 아마도 시멘트 포장 임도를 만들 때 흙을 깎아내면서 고갯마루가 낮아져 버린 모양이다. 한편 무너미는 아마도 그 옛날 지리산이 물에 잠겼을 때 물이 넘나드는 고개였다고 붙은 이름일 것이다. 지리산권에는 산이 물에 잠김으로 인해 생겨난 지명이 몇 있다. 서북능선에 있는 고리봉은 배를 매어둔 고리였다고 해서 붙은 이름이고, 웅석봉에서 남으로 뻗어내리는 달뜨기능선은 달 하나가 앉을 만큼만 땅이 남고 나머지는 모두 물에 잠겼다고 해서 붙은 이름이며, [인월-금계] 구간에 있는 배너미재는 배가 넘나들던 고개라 해서 붙은 이름이다. 그런데 지리산이 바다에서 융기隆起하여 만들어진 산이란 것을 고려하면 전혀 터무니없는 말은 아닐 것이다. 지명 하나도 자연환경의 변화와 관련된 고유어라는 점에서 선인들의 지혜와 멋을 엿볼 수 있다. 무너미재에서 임도를 따라 200m 내려가면 배꼽 아래 **정문등**이라는 이름표를 단 벅수를 만난다. 정문은 홍살문이라고도 하는, 충신·효자·열녀 등을 표창하고 그 정신을 기리기 위하여 세운, 붉은 문인 절효정문節孝旌門의 준말이다. 그리고 등嶝은 나지막한 고개를 뜻한다. 따라서 정문등旌門嶝은 그 아래 절효정문이 있는 얕은 고개나 혹은 언덕을 말한다. 과연 산동 기점 13.8km를 알려주고 정문등이라는 이름표를 단 벅수 바로 아래, 내용궁마을로 내려가는 길목에 **류익경효자비각**柳益涇孝子碑閣이 정려旌閭되어 있다. 류익경은 고려 시대 남원도호부南原都護府에 살았던 사람으로 "어머니 현씨玄氏가 병에 걸리자 류익경은 어머니의 똥을 맛보고 사생死生 여부를 가늠했다. 이 일을 왕에게 보고하니 동부녹사東部錄事에 제수하였다"라는 기록이 신증동국여지승람新增東國輿地勝覽에 전한다고 한다. 류익경 비각 바로 뒤에는 서산瑞山 류씨柳氏 재실齋室인 감모재感慕齋가 단아하게 자리 잡아 류익경의 효심을 후손들이 기리고 있다. 또 비각 바로 앞에는 수령 300년의 배롱나무가 굳고 단단하게 자리하여 류익경의 위엄을 대신하고 있다. 잠시 고개 숙여 그의 효행에 경의를 표한다.

류익경효자비각을 떠나, 지리산 영제봉에서 맑게 흘러내린 물이 가득 담긴 장안제長安堤를 좌측에 끼고 돌아 남원시 주천면 용궁리龍宮里 **내용궁**內龍宮**마을**을 서쪽 옆구리로 파고 들어간다. 이름만으로는 경관이 뛰어난 섬이나 바닷가에 있을 법한 마을인데, 이렇게 깊은 지리산 자락에 용궁마을이 있다니 신기하고 의아하다. 용궁마을은 산이 병풍처럼 두른 분지에 자리한 마을로, 해발 1048m 영제봉이 마을 뒤에 우뚝 솟아 있다. 신라 때 그 영제봉에 부흥사富興寺라는 큰 절이 있었는데, 그 절의 고승과 선사들이 아래를 내려보니 이 마을이 마치 바닷속의 궁궐과 같아 땅 위의 용궁이라 했다고 하여 마을 이름이 용궁으로 되었다고 한다. 전망이 좋고 임산물이 풍부한 용궁마을은 구례 산동과 더불어 봄이면 산수유로 유명하다. 산동 기점 14.4km 마을 한복판에서 마을 전체를 조망하니 과연 앞뒤로 산수유가 지천으로 피어나고 있어 마을 전체가 노란 동화 속 나라 같다. 16:50이다. 내용궁마을을 벗어나면 길은 아스팔트 포장도로로 바뀐다. 도로 주변에는 산수유가 가로수로 심어져 세상을 노란색으로 물들인다. 장안제에서 흘러내리는 개천을 가로지른 내룡교内龍橋를 건너면 좌측에 낮은 산이 있고 그 산을 덮은 적송 군락이 눈을 황홀하게 한다. 하늘을 향해 쭉쭉 뻗은, 수만 그루의 붉은 소나무가 특수 임무를 띤 강한 군대처럼 빽빽하게 밀집하여 있다. 자연은 때로 위압적이지만, 그래도 아름다워서 좋다. 이어지는 도로를 걷다가 산동 기점 15.2km에서 남원시 주천면 **장안리**長安里 **외평**外坪 **마을**로 진입한다. 17:00이다. 아스팔트로 포장한 마을 길은 넓으며 직선으로 뻗어 있다. 그리고 마을은 평지에 위치하며, 집들은 새로 지은 집과 옛집이 공존하고 있다. 그리고 집과 집 사이에는 드문드문 논과 밭이 자리하고, 밭에는 마늘과 양파, 쪽파 등이 봄답게 푸름을 자랑하고 있다. 한눈에 보아도 잘사는 마을이다. 외평마을은 주천면 소재지이다. 원래 마을 생김새가 배[舟(주)] 같다고 하여 뱃들로 불렸는데, 이것이 밖들로 와전되다가 지금은 한자어로 바뀌어 외평外坪이라 불린다. 이 마을에서는 오래전부터 마을을 보호하기 위해 당산제와 함께 산신제를 올렸는데, 특이하게도 수령이 200년쯤 되는 감나무 당산이 있다고 한다. 하지만 마을이 워낙 크고, 안내판이 세워져 있지 않아 찾아볼 수가 없어 아쉽다. 마을 중심부에 있는 원천초등학교를 휘돌아 나가면 **지리산둘레길 남원 주천센터**가 있고,

민중영웅 이순신이 백의종군하며 넘었던 밤재 표지석

그 앞에서 오늘의 둘레길 탐방을 마친다. 산동 기점 15.9km이고 17:18이다.

표준국어대사전에서는 **영웅英雄**이란 "지혜와 재능이 뛰어나고 용맹하여 보통 사람이 하기 어려운 일을 해내는 사람"이라고 풀이하고 있다. 그래서 영웅은 탁월한 능력을 지녔기에 세인들로부터 신뢰와 존경을 받으며, 고난을 극복하기에 세인들에게 외경심畏敬心을 갖도록 한다. 하지만 국문학 연구에서는 영웅은 몇 가지 단계를 거쳐 완성되는 인물로 설정하고 있다. 서울대학교 교수를 역임한 문학박사 조동일은 **민중영웅 이야기**라는 책에서 이를 일곱 단락으로 설명하면서 영웅의 출현과 성격을 규명하고 있다. ① 고귀한 혈통을 지닌 인물이다. ② 잉태나 출생이 비정상적이다. ③ 보통 사람과는 다른 탁월한 능력을 타고난다. ④ 어려서 기아棄兒가 되어 죽을 고비에 이른다. ⑤ 구출자 및 양육자를 만나 죽을 고비에서 벗어난다. ⑥ 자라서 다시 위기에 처한다. ⑦ 투쟁으로 위기를 극복하고 최후의 승리자가 된다. 그리고 이러한 서사구조를 갖춘 실존 인물로는 주몽과 석탈해 그리고 궁예, 왕건의 할아버지인 작제건作帝建을 들고 있다. 또 서사무가敍事巫歌나 소설에 등장하는 허구적 영웅으로는 홍길동과 유충렬 외 6인을 들고 있다. 그런데 주몽, 석탈해, 궁예 등 실존 영웅이 보여주었던 집단적 표상과 역사의식 및 진취적 기상은 후대로 갈수록 잃어버리고, 유충렬, 숙향, 구운몽의 양소유 등 허구적 영웅은 윤리적이고 운명적인 성격만 두드러지거나, 애정의 영웅으로 바뀌어 고전적 영웅이 지녔던 의의와 가치가 크게 쇠퇴하였다. 영웅소설이 지닌, 이러한 한계를 극복하려는 차원에서 등장한 것이 민중영웅 이야기이다. 민중영웅의 일생은 상층영웅과는 다르게 세 단락으로 이루어진다. ① 미천한 혈통을 지닌 인물이다. ② 평범한 사람과는 다른 탁월한 능력을 보여준다. ③ 능력을 다 발휘하지 못하고 비참한 죽음을 맞는다. 이상은 조동일 교수가 지은 민중영웅 이야기를 발췌하여 정리한 것이다. 그런데 민중영웅이 ②에서 보여주는 탁월한 능력은 민중을 대신하여 그들의 소망을 달성하는 영웅적 행위이다. 그리하여 민중은 이 영웅에게 무한한 신뢰를 보내는 한편 새로운 세상을 열어주기를 기대한다. 이는 당시의 지배계층인 상층부의 내심과 상반되는 능력의 발휘이다. 상층부는 자신들이 누리는 기득권을 끝까지 누리고 후손들에게 세습하기를 원한다. 그래서 그들은 민중영웅을 살려둘 수 없으며, 결국 그들에 의해 민중영웅은 비참한 죽음을 맞는다.

나는 오늘 산수유 시목지에 있는 백의종군로白衣從軍路 광장을 지났다. 그리고 밤재를 넘었다. 지나면서 위대한 민중영웅 한 분을 만났다. 그 민중영웅은 이순신이다. 그는 오늘날 대한민국 국민 대부분이 존경과 흠모의 대상으로 삼으며, 그 존재만으로도 국민으로서의 자부심을 느끼게 해주는, 한국사에 등장하는 많은 위인 중에서 구국救國으로는 가장 뛰어난 영웅이다. 그래서 오직 그에게만 성웅聖雄이라는 칭호가 따른다. 이순신의 가문은 4대 때에 조선 왕조로 넘어오면서 두각을 나타낸다. 5대조인 이변李邊은 영중추부사領中樞府事와 홍문관 대제학을 지냈고, 증조부 이거李琚는 병조참의에 이르렀다. 그러나 할아버지 이백록李百祿이 조광조趙光祖 등 지치주의至治主義를 주장하던 소장파 사림少壯派士林들과 뜻을 같이하다가 기묘사화의 참화를 당한 뒤로, 아버지 이정李貞도 관직에 뜻을 두지 않았던 만큼 이순신이 태어날 즈음에 가세는 이미 기울어 있었다. 그런 점에서 이순신은 조동일이 주장한 "① 미천한 혈통을 지닌 인물이다."라는 민중영웅 단락에 부합한다고 볼 수 있다. 임진왜란이 일어나기 전 전라좌도수군절도사가 된 이순신은 일본군의 침략이 있을 것에 대비하여 거북선과 판옥선을 건조하고 화포를 전선에 탑재하는

등 군비를 확충하였다. 그리고 군량의 확보를 위해 해도海島에 둔전
屯田을 설치할 것을 조정에 요청하기도 하였다. 임진왜란이 일어나
자 이순신은 적의 전력을 정확히 파악한 후 연합 함대를 편성하고
적을 제압할 만큼의 전력을 배치하여 전투에 임하였다. 이순신 휘
하의 조선 수군이 적보다 전력이 열세인 상황에서 적과 싸워 이긴
경우는 세 번뿐이다. 한산대첩에서는 열세를 극복할만한 완벽한 함
정을 파서 이겼고, 장문포 해전은 본인의 의사와 상관없이 정치적
이유로 출정해서 이겼으며, 명량 해전은 전투를 피하면 나라가 망할
수 있으므로 출정하여 이겼다. 전체적인 전선의 수나 병사의 수가
왜적보다 열세임에도 그는 각각의 전투에서는 전력의 우세를 먼저
확보하고 싸워 이겼다. 그래서 그는 23전 23승이라는 신화적인 결
과를 만들어 낼 수 있었다. 영국의 호레이쇼 넬슨(Horatio Nelson)
같은 명장들은 모두 정부로부터 군사적, 물질적 지원을 받고 전쟁
에서 승리했지만, 이순신은 임금과 조정으로부터 아무런 지원도 받
지 못한 채 부하들과 합심하여 독립적으로 승리하였다. 도리어 이
순신이 조정과 명나라 육군에 식량이나 무기, 종이 등 각종 물자와
진상품을 지원해야만 했다. 그리고 몰려드는 피난민들을 모두 받아
들여 그들에게 농사를 짓게 하고 생계를 이어가게 하면서 동시에
군량으로 조달하였다. 또 진중에서 과거를 실시하여 천민도 무과에
급제하면 면천免賤해 주어 군사를 증강하고 군의 사기를 높였다. 왜
적과의 휴전기에 수군 기지에 전염병이 크게 퍼져 막대한 병력 손
실이 있었음에도 아픈 몸을 이끌고 군비를 꾸준히 확장하여 최강의

전력을 유지하였다. 이러한 업적은 "② 평범한 사람과는 다른 탁월한 능력을 보여준다."라는 민중영웅 단락에 완벽하게 부합한다. 그리고 그의 업적은 당시의 민중들로부터 열렬한 지지를 받았다. 하지만 지배계층인 임금이나 권력자들은 겉으로는 이순신의 업적을 칭찬하였으나 마음은 매우 불편하였다. 그것은 바로 민심이 이순신에게 향하기 때문이었다. 이리하여 질투심과 열등의식에 갇힌 임금과 권력자들은 이순신에게 조정을 기만하고 임금을 무시한 죄, 적을 토벌하지 않고 나라를 저버린 죄, 다른 사람의 공을 빼앗고 모함한 죄, 방자하여 꺼려함이 없는 죄 등 많은 죄명을 뒤집어씌워 악랄한 고문을 가하고 죽이려 하였다. 하지만 일부 신하들의 주장을 받아들여 선조는 그에게 백의종군을 명하였다. 그 후 칠천량漆川梁 해전에서 원균이 이끄는 조선 수군이 궤멸당하자 그를 다시 삼도수군통제사로 기용하지 않을 수 없었다. 하지만 이순신은 일본이 완전히 물러가면 임금과 권력자들이 자신을 마구 물어뜯어 만신창이로 만들 것을 알고 있었다. 그래서 마지막 노량해전에서 대장선을 선두에 노출하여 총탄을 맞았다. 그의 죽음은 "③ 능력을 다 발휘하지 못하고 비참한 죽음을 맞는다."라는 민중영웅 단락에 부합한다고 볼 수 있다. 이순신, 그는 조선 민족을 위기에서 살려낸 '집단적 영웅'이며, 조선에 실제로 존재한 인물이 역사의 흐름을 바꾸었기에 '역사적 영웅'이며, 전투에서의 승리를 위해 왕명까지도 거부하였기에 '진취적 영웅'이며, 누구의 도움도 없이 홀로 싸워 이겼기에 '주체적 영웅'이며, 민중을 살리기 위해 능력을 발휘하였으며 민중의 지지를 받았기에 '민중영웅'이다. 이순신은 운명론에 사로잡히지 않고 주체적 각성을 갖추어 권력의 억압에 맞선 진정한 민중영웅이다. 지금의 대한민국에는 특정 분야에서 탁월한 능력을 발휘하여 영웅으로 불리는 사람은 간혹 있지만 민중영웅은 없다. 그것은 민중영웅을 용납하지 않는 기득권 세력의 방해 때문이기도 하며, 민중영웅이 들어설 자리가 사람들의 마음에 없기 때문이기도 하다. 그래서 현재의 대한민국은 갈등과 분열로 불안하기만 하다. 위대한 민중영웅이 출현하여 갈등과 분열을 해소하여 하나 된 대한민국이 되기를 염원해 본다.

지리산둘레길 숲 구간 탐방기
길 있는 길

초판1쇄 발행 2024년 7월 26일

지은이 손상률
펴낸이 이길안
펴낸곳 세종출판사

주소 부산광역시 중구 흑교로 71번길 12 (보수동2가)
전화 463-5898, 253-2213~5
팩스 248-4880
전자우편 sjpl5898@daum.net
출판등록 제02-01-96

ISBN 979-11-5979-696-8 03980

정가 20,000원

이 책은 저작권법에 따라 보호받는 저작물이므로 무단전재와
무단복제를 금지하며, 이 책 내용의 전부 또는 일부 내용을 재사용하려면
사전에 저작권자와 세종출판사의 동의를 받아야 합니다.
* 잘못된 책은 교환해 드립니다.